高职高专工学结合、课程改革规划教材

交通职业教育教学指导委员会
路桥工程专业指导委员会　组织编写

U0868106

Lumian Shigong Jishu

路面施工技术

道路桥梁工程技术专业用

夏连学　主　编

陈忠达［长安大学］
严晓生［中交第二公路工程局有限公司］　主　审

人民交通出版社

内 容 提 要

本书是高职高专工学结合、课程改革规划教材，是在各高等职业院校积极践行和创新先进职业教育理念，深入推进“校企合作，工学结合”人才培养模式的大背景下，由交通职业教育教学指导委员会路桥工程专业指导委员会根据新的课程标准编写而成。

本书基于公路路面设计和施工过程，共设置了公路路面结构图设计与识读、路面施工准备工作、基层和垫层施工、沥青路面施工、水泥混凝土路面施工、路面实施性施工组织设计编制6个学习情境，每个学习情境包含若干个学习(工作)任务。在内容编排上，本书以路面结构设计过程和结构层施工过程为主线，根据能力训练的要求以及可持续发展的需要，安排了必要的专业理论知识学习。

本书主要供高等职业教育道路桥梁工程技术专业教学使用，也可作为路桥类工程技术人员的培训教材或自学用书。

图书在版编目(CIP)数据

路面施工技术/夏连学主编.—北京:人民交通出版社,2011.2
高职高专工学结合、课程改革规划教材
ISBN 978-7-114-08889-6

Ⅰ.①路… Ⅱ.①夏… Ⅲ.①路面-道路工程-工程施工-高等学校:技术学校-教材 Ⅳ.①U416.204

中国版本图书馆CIP数据核字(2011)第019143号

高职高专工学结合、课程改革规范教材

书　　名：路面施工技术
著 作 者：夏连学
责任编辑：任雪莲
出版发行：人民交通出版社股份有限公司
地　　址：(100011) 北京市朝阳区安定门外外馆斜街3号
网　　址：http://www.ccpress.com.cn
销售电话：(010) 59757973
总 经 销：人民交通出版社股份有限公司发行部
经　　销：各地新华书店
印　　刷：北京市密东印刷有限公司
开　　本：787×1092　1/16
印　　张：20.75
字　　数：515千
版　　次：2011年2月　第1版
印　　次：2023年1月　第11次印刷
书　　号：ISBN 978-7-114-08889-6
定　　价：46.00元

序

为深入贯彻落实教育部《关于全面提高高等职业教育教学质量的若干意见》及全国普通高等学校教学工作会议的有关精神,积极推行与生产劳动和社会实践相结合的学习模式,把工学结合作为高等职业教育人才培养模式改革的重要切入点,带动教学内容和教学方法改革。交通职业教育教学指导委员会路桥工程专业指导委员会在完成《道路桥梁工程技术专业教学标准和课程标准研究》的基础上,按照职业岗位(群)的任职要求,构建了突出职业能力培养的"教学标准"和"课程标准",并据此组织全国20多所交通高职高专院校道路桥梁工程技术专业的教师编写了14门课程的工学结合、课程改革规划教材。专业"教学标准"和"课程标准"是全国道路桥梁工程技术专业多年建设成果的总结和提炼。

按照2010年4月路桥工程专业指导委员会所确定的编写原则,本套教材力求体现如下特点:

体系规范。以工学结合、校企合作所开发的教材为切入点,在"教学标准"和"课程标准"确定的框架下,改革教学内容和教学方法,突出专业教学的针对性,选定教材的内容。

内容先进。用新观点、新思想审视和阐述教材内容,所选定的教材内容适应公路建设发展需要,反映公路建设的新知识、新技术、新工艺和新方法。

知识实用。以职业能力为本位,以应用为核心,以"必需、够用"为原则,教材紧密联系生活和生产实际,加强了教学的针对性,能与相应的职业资格标准相互衔接。

使用灵活。体现教学内容弹性化,教学要求层次化,教材结构模块化;有利于按需施教,因材施教。

交通职业教育教学指导委员会
路桥工程专业指导委员会
2010年12月

前　言

高等职业教育肩负着培养面向生产、建设、服务和管理第一线需要的高技能人才的使命，在我国加快推进社会主义现代化建设中，具有不可替代的作用。随着我国经济的快速发展，以及经济一体化进程的推进，目前正处在社会产业结构调整和经济发展的关键时期，职业教育既面临着极好的发展机遇，也面临着严峻的挑战。交通高等职业教育作为我国职业教育和交通运输现代化建设的重要组织部分，担负着培养适应交通运输行业第一线需要的高素质技能型人才的重任。

教育部《关于全面提高高等职业教育教学质量的若干意见》（教高〔2006〕16号）中指出"发挥行业企业和专业教学指导委员会的作用，加强专业教学标准建设"，"高等职业院校要积极与行业企业合作开发课程，根据技术领域和职业岗位（群）的任职要求，参照相关的职业资格标准，改革课程体系和教学内容。建立突出职业能力培养的课程标准，规范课程教学的基本要求，提高课程教学质量。"根据这一精神，交通职业教育教学指导委员会于2007年启动交通运输类主干专业教学标准与课程标准的研究工作，并以指令性研究课题的形式下达给各专业指导委员会，道路桥梁工程技术专业教学标准与课程标准的研究就是其中一项指令性课题。

道路桥梁工程技术专业教学标准与课程标准的研究工作在专业调研、人才需求分析和交通高职道路桥梁工程技术专业建设与教学改革现状分析的基础上，通过与从事交通建设行业、企业和专业教学的一线行业专家和教学专家共同分析论证，对道路桥梁工程技术专业所涵盖的岗位（群）进行了职业能力和工作任务分析，通过典型工作任务分析、行动领域归纳、学习领域转换等步骤和方法，形成了道路桥梁工程技术专业课程体系，在课程体系优化的基础上形成专业教学标准与课程标准。

"路面施工技术"是道路桥梁工程技术专业的一门专业核心课程，其目标是在具备了路面工程施工的基本知识、基本理论和决策方法的基础上，培养学生解决公路路面施工技术和实施性施工组织设计等问题的能力，以及运用国家现行施工规范、规程、标准的能力，并进行路面施工新技术、新工艺的应用学习。学生通过本课程的学习应达到公路施工员资格证书中相关技术考证的基本要求。

本书由河南交通职业技术学院夏连学教授主编，由中交第二公路工程局有限公司严晓生教授级高级工程师和长安大学陈忠达教授担任本书主审，湖南交通职业技术学院彭富强教授担任责任编委。参加本教材编写的人员分工如下：学习情境一的工作任务一至工作任务四、工作任务七中的路面结构设计图案例及附录等由河南交通职业技术学院夏连学编写，学习情境一的工作任务五至工作任务七由郑州市公路管理局张凤萍高级工程师编写，学习情境二、学习情境六由浙江交通职业技术学院徐忠阳编写，学习情境三由河南交通职业技术学院何晨编写，学习情境四由山西交通职业技术学院郭超祥编写，学习情境五由湖北交通职业技术学院余继凤编写。

本教材在编写过程中，参考并引用了附于本书末尾的参考文献中作者的部分成果，在此一并致以诚挚谢意。

限于编者水平，书中有不当乃至错误之处，诚挚希望广大读者批评指正，以便进一步修改和补充。

编　者

2010 年 8 月

目　　录

学习情境一　公路路面结构图设计与识读

学习目标

1. 知道公路路面工程的结构组成、路拱形式及路面类型；
2. 知道公路路面设计应收集的资料及分析、处理的方法；
3. 能正确选用面层、基层、垫层的类型；
4. 知道公路沥青路面、水泥混凝土路面设计的基本原理；
5. 知道公路沥青路面、水泥混凝土路面设计的依据、内容和方法；
6. 能根据具体条件选择路面结构形式；
7. 根据设计资料和有关技术规范的要求，正确绘制常用沥青路面结构图；
8. 根据设计资料和有关技术规范的要求，正确绘制常用水泥混凝土路面结构图；
9. 能读懂路面结构设计图表；
10. 会计算路面工程数量。

工作任务

任务1. 沥青路面结构图设计；

任务2. 水泥混凝土路面结构图设计。

学习指南

路面结构设计图纸是路面施工的主要依据之一。路面结构图设计工作就是设计人员在具备了路面基本知识、基本理论、设计方法和熟悉有关技术规范的前提下，依据公路所在地区的自然条件、交通组成及交通量、原材料供应、路面使用要求等具体情况，拟订路面结构设计初步方案，经过路面结构组合设计、路面厚度计算和方案经济技术比选后，绘制路面结构设计图纸。

本学习情境基于路面设计的工作过程，分解为7个工作任务。每个学生应沿着如下流程进行学习：

认知公路路面结构组成 → 熟悉路面结构设计应收集的资料 → 知道路面结构设计的原理与方法 → 熟悉路面结构设计的流程 → 熟悉路面结构设计图的组成内容 → 熟悉路面工程数量的计算方法

教学方法建议

"教、学、做"一体化，结合案例教学法，完成沥青路面结构图设计及水泥混凝土路面结构图设计。

检查与评价

1. 沥青路面结构图及水泥混凝土路面结构图设计应收集的资料报告；
2. 沥青路面结构图及水泥混凝土路面结构图设计依据的选择和计算报告；
3. 沥青路面结构组合及水泥混凝土路面结构组合设计结果；

4. 沥青路面结构厚度及水泥混凝土路面结构厚度计算结果；

5. 沥青路面结构图及水泥混凝土路面结构图的组成内容；

6. 沥青路面结构图及水泥混凝土路面结构图工程数量表。

学习资料

1. 教材与案例；

2. 中华人民共和国行业标准. 公路工程技术标准(JTG B01—2003). 北京:人民交通出版社,2004;

3. 中华人民共和国行业标准. 公路沥青路面设计规范(JTG D50—2006). 北京:人民交通出版社,2006;

4. 中华人民共和国行业标准. 公路水泥混凝土路面设计规范(JTG D40—2002). 北京:人民交通出版社,2003。

工作任务一　认知公路路面结构组成

路基和路面是公路的主要工程结构物。路基是按照路线位置和一定的技术要求修筑的带状构造物,是路面的基础,承受由路面传来的行车荷载。路面是在路基顶面的结构层,是由各种符合规范质量要求的筑路材料或混合料分层铺筑的层状组合结构,在自然环境中直接承受行车荷载的作用。

路面底面以下 0.80m 范围内的路基部分称为路床。在结构上分为上路床(0 ~ 0.30m)及下路床(0.30 ~ 0.80m)两层。

路面是铺筑于路床顶面的不同层次的组合结构,从公路的横断面方向看,其表面一般是由行车道、(中央分隔带)、硬路肩和土路肩组成。路面的横断面形式通常分为槽式横断面和全铺式横断面,如图 1-1-1 所示。

路基填挖到设计标高后,在路基上按路面设计宽度范围将路基挖成与路面厚度相同的浅槽;或路基填筑到路床顶面后,按路面设计宽度范围在两侧的路肩部位培土(压实)形成与路面厚度相同的浅槽;也可采用半挖半培的方法形成浅槽。然后在浅槽内铺筑路面。公路路面一般都采用槽式横断面,如图 1-1-1a)所示。

全铺式横断面是在路基全部宽度内都铺筑路面。在高等级公路建设中,有时为了将路面结构内部的水分迅速排出,在全宽范围内铺筑基层材料,保证水分由横向排入边沟。有时考虑到道路交通的迅速增长,为适应扩建的需要,将硬路肩全部按行车道标准铺筑面层。在盛产石料的山区或较窄的路基上,也可全宽铺筑砂石路面。全铺式路面横断面形式如图 1-1-1b)所示。

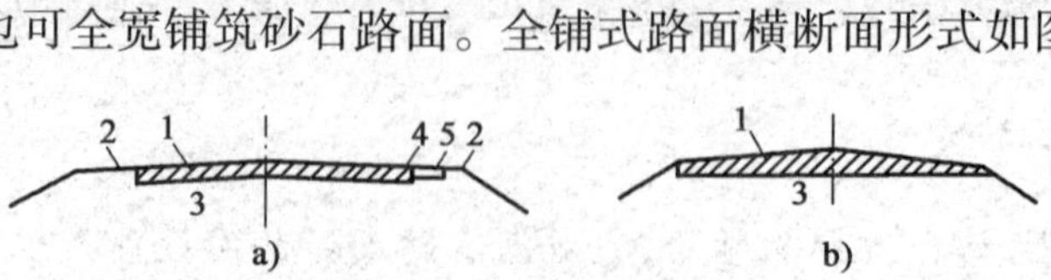

图 1-1-1　路面横断面形式示意图

a)槽式横断面;b)全铺式横断面

1-路面;2-土路肩;3-路基;4-路缘石;5-硬路肩(紧急停车带)

坚强且稳定的路基为路面结构长期承受汽车荷载作用提供了重要的保证;路面结构层对路基起保护作用,使路基不会直接承受车轮和大气的破坏作用,保持稳定状态。路基和路面实际上是不可分割的整体。

路面工程是一种线形工程,有的公路延续数十公里至数百公里。由于公路沿线地形起伏,地质、地貌、气象特征多变,因此路面工程具有复杂多变的特点。路面工程还具有结构类型多、技术含量高、工艺先进和造价高的特点,路面工程造价一般占公路工程总造价的30%左右,有些公路甚至更高一些。

现代化的公路运输,既要求公路能全天候通行车辆,又要求车辆能安全、舒适、节能、减排少的运行。因此,精心设计,精心施工,使路基、路面能长期具备良好的使用性能,对节约投资、提高运输效益具有十分重要的意义。

一、路面结构层次

行车荷载和自然因素对路面的影响随深度的增加而逐渐减弱,因此,对路面材料的强度、抗变形能力和稳定性的要求也随深度的增加而逐渐降低。为了适应这一特点,路面结构通常是分层铺筑,即按照使用的要求、受力状况、土基支承条件和自然因素影响程度的不同,分成若干层次。按照各个层位功能的不同,沥青路面结构层一般可划分为面层、基层、底基层和垫层等;水泥混凝土路面结构层一般划分为面层、基层和垫层三个层次。路面结构层次示意图如图1-1-2所示。

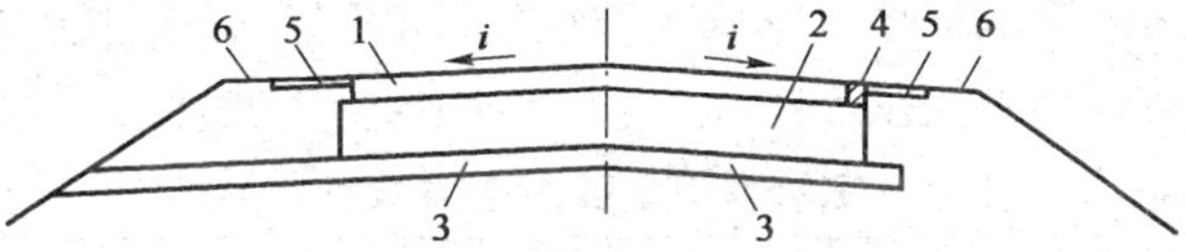

图1-1-2　路面结构层次示意图

i-路拱横坡度;1-面层;2-基层(有时包括底基层);3-垫层;4-路缘石;5-硬路肩;6-土路肩

1. 面层

面层是直接承受车轮荷载反复作用和自然因素影响的结构层,它承受较大的行车荷载的垂直力、水平力和冲击力的作用,同时还受到降水的侵蚀和气温变化的影响。

面层应具备较高的结构强度、抗变形能力、较好的水稳定性和温度稳定性,而且应当耐磨、不透水,其表面还应有良好的抗滑性和平整度。常用路面面层的材料类型及适用范围见表1-1-1。

常用面层类型及适用范围　　表1-1-1

面层类型	适用范围
沥青混凝土	高速公路、一级公路、二级公路、三级公路、四级公路
水泥混凝土	高速公路、一级公路、二级公路、三级公路、四级公路
沥青碎石、沥青贯入式、沥青表面处治	三级公路、四级公路
砂石路面	四级公路

沥青类路面的面层可为单层、双层或三层。双层结构自上而下分别称之为表面层、下面层;三层结构自上而下分别称之为表面层、中面层、下面层。如高速公路沥青面层总厚度一般为18~20cm,可分为表面层、中面层、下面层三层铺筑,并根据各分层的要求采用不同的级配组成。水泥混凝土路面一层的铺筑厚度一般为24~26cm,有的水泥混凝土路面也可分上下两层铺筑,分别采用不同强度等级的水泥混凝土材料。有的水泥混凝土路面上铺筑2~2.5cm

厚的应力吸收层后，再加铺沥青混凝土结构层（厚 5cm 左右）构成的复合式结构，它是水泥混凝土路面改建工程中采用的一种结构形式。但厚度不超过 3cm 的沥青表面处治层，在结构计算时不能作为一个独立的层次。

2. 基层与底基层

基层承受由面层传来的车轮荷载的反复作用（主要是垂直力作用），并将其传布到下面的（底基层）垫层和土基中。

在沥青路面结构中，基层是主要的承重层，它应具有足够的强度和稳定性、耐久性和较高的承载能力，并具有良好的扩散应力的能力；底基层是设置在基层之下，并与面层、基层一起承受车轮荷载的反复作用的次承重层，对底基层材料质量的要求和基层基本相同，可使用当地符合要求的材料来修筑。在水泥混凝土路面结构中，基层承受的垂直力作用较小，其应具有足够的抗冲刷能力和一定的刚度。

基层、底基层遭受自然因素的影响虽然比面层小，但仍然有可能经受地下水和通过面层渗入的雨水浸湿，所以基层、底基层结构应具有足够的水稳定性和抗冲刷能力。基层表面虽不直接与车轮接触，为了保证面层的平整性，其表面应有较好的平整度。

修筑基层、底基层的材料主要有各种结合料（如二灰、水泥等）、稳定集料或土类、贫水泥混凝土、沥青混合料、天然砂砾、各种碎石或砾石等，常用的基层、底基层类型见表 1-1-2。

基层或底基层可为单层或双层。基层为双层时，可分别称为上基层、下基层，底基层为双层时，可分别称为上底基层、下底基层。

各种常用基层、底基层类型 表 1-1-2

沥青稳定类		沥青碎石、沥青稳定碎石等
水泥混凝土类		碾压混凝土、贫混凝土等
无机结合料稳定类	水泥稳定类	水泥碎石、水泥砂砾、水泥土等
	石灰工业废渣类	石灰粉煤灰（二灰）、二灰碎（砾）石、二灰砂砾、二灰土
	石灰稳定类	石灰碎石土、石灰砾石土、石灰土、石灰土碎石等
粒料类嵌锁、级配型	嵌锁型	泥结碎石、泥灰结碎石、填隙碎石等
	级配型	级配碎石、级配砾石、级配砂砾等

3. 垫层

垫层是设置在基层或底基层和土基之间的结构层，它的主要作用是加强土基、改善基层或底基层的工作条件。垫层应具有排水、隔水、防冻等功能。

修筑垫层所用的材料，应具有一定的强度，且水稳性和隔热性要好。常用材料有两类：一类是用松散粒料，如粗砂、砾石和炉渣等组成的透水性垫层；另一类是整体性材料，如石灰粉煤灰稳定粗粒土或炉渣石灰稳定粗粒土等组成的稳定性垫层。

应当指出，不是任何路面结构都需要上述几个层次，各级公路应根据具体情况设置必要的结构层。

4. 功能层

在路面设计和施工中，为了加强沥青路面各结构层的层间接触，避免层间滑动位移产生，保持路面结构的整体性，在基层表面以及面层间设置的沥青或沥青混合料联结层，或为了防止水分浸入而在沥青面层或基层上铺筑的有一定厚度的沥青混合料薄层，统称为路面功能层。这些功能层不作为路面力学计算模型中的结构层，在路面厚度计算中不计其厚度。

路面功能层包括透层、黏层和封层。

为使沥青面层与非沥青材料基层结合良好，在基层上喷洒液体石油沥青或乳化沥青或煤沥青而形成的透入基层表面一定深度的薄层，称为透层，也称为透层沥青或透层油。

为加强路面沥青层与沥青层之间、沥青层与水泥混凝土路面之间的黏结而洒布的沥青材料薄层，称为黏层，也称为黏层沥青或黏层油。

为封闭路面表面空隙、防止水分浸入而在沥青面层或基层上铺筑的有一定厚度的沥青混合料薄层，称为封层。其中铺筑在沥青面层表面的封层称为上封层，铺筑在沥青面层下面、基层表面的封层称为下封层。

二、路拱及路拱横坡度

为了保证路面上的雨水及时排出，减少雨水对路面的浸润和渗透，从而保证路面结构强度，路面表面做成中间高、两侧低的形状，称之为路拱。在横断面上路拱形式常采用直线形（直线—直线）和直线抛物组合线形（直线—抛物线—直线）两种形式。

路面表面的高差与水平距离的百分比称为路拱横坡度。沥青混凝土、水泥混凝土路面，平整度和水稳定性较好，渗水性也小，通常采用直线形路拱和较小的路拱横坡度。其他沥青路面和砂石路面，为了有利于迅速排除路表积水，一般采用直线抛物线形路拱和较大的路拱横坡度。表 1-1-3 列出了各种不同类型路面的路拱平均横坡度参考值。

各类路面的路拱平均横坡度参考值 表 1-1-3

路面类型	沥青混凝土、水泥混凝土	其他沥青路面	碎石、砾石等粒料路面
路拱平均横坡度（%）	1 ~2	1.5 ~2.5	3 ~4

选择路拱横坡度，应充分考虑有利于行车平稳和有利于横向排水两方面的要求。在干旱和有积雪、浮冰的地区，应采用低值，多雨地区采用高值；当道路纵坡较大或路面较宽，或行车速度较高时，或交通量和车辆载重较大时，或常有拖挂汽车行驶时，应采用平均坡度的低值；反之则应取用高值。

高速公路和一级公路设有中央分隔带。通常采用两种方式布置路拱横断面。若分隔带未设置排水设施，路面表面则做成中间高、两侧低，由单向横坡向路肩方向排水。若分隔带设置纵向排水设施，则两侧路面分别单独做成中间高、两侧低的路拱，向中间排水设施和路肩两个方向排水。

路肩横坡度一般较路面横坡度大 1%。但是高速公路和一级公路的硬路肩采用与路面行车道相同的结构时，应采用与路面行车道相同的路面横坡度。

三、路 面 分 类

在路面设计中，从路面结构的力学特性出发，将路面分为下述三种类型。

1. 柔性路面

柔性路面是指整体结构刚度（路面结构抵抗竖向变形的能力）较小，在车辆荷载作用下产生较大的弯沉变形，路面结构的抗弯拉强度较低，主要靠抗压、抗剪强度来承受车辆荷载作用的路面。它主要包括由各种粒料类嵌锁型、级配型基层及沥青稳定类基层和各类沥青面层或砂石类面层所组成的路面结构。车轮荷载通过各结构层向下传递到土基的压应力较大，因而对土基的强度和稳定性要求较高。

2. 刚性路面

刚性路面主要是指用水泥混凝土作面层或基层的路面结构。刚性路面与柔性路面的主要区别在于路面的破坏状态和它分布到路基上的荷载状态有所不同。刚性路面的特点是刚度与强度很高,弹性模量也大,结构呈板体性,分布到土基的荷载面较宽,传递到土基的应力较小。

3. 半刚性路面

半刚性路面主要是指由无机结合料稳定集料或土类材料铺筑的基层和各类沥青面层所组成的路面结构。无机结合料稳定类基层在前期具有柔性路面的力学性质,后期的强度和刚度均有较大幅度的增长,但最终的强度和刚度仍远小于水泥混凝土,这类基层称为半刚性基层。亦即铺筑在半刚性基层上的沥青面层路面结构称为半刚性基层沥青路面,简称"半刚性路面"。

工作任务二　认知对路面的基本要求

一、影响路面的主要因素

1. 行车荷载

汽车是路面的服务对象,路面的主要功能是长期保证汽车快速、安全、舒适地通行。汽车荷载又是造成路基路面结构损坏的主要原因。因此,为了保证设计的路基路面结构达到预计的功能,具有良好的结构性能,应对行驶的汽车进行分析,包括汽车轮重与轴重的大小与特性,不同车型车轴的布置,设计使用期限内汽车轴型的分布以及车轴通行量逐年增长的规律,汽车静态荷载与动态荷载特性比较等。

2. 自然环境因素

路面是一种常年暴露于大自然的线形构造物,公路沿线地区的气温、降雨量、降雪量、冰冻深度、日照、年蒸发量、风力、风向等,会影响路基路面的水温状况。路面的稳定性在很大程度上由路面结构的温度和湿度所决定。

深入调查公路沿线的自然条件,从整体(地区)和局部(具体路段)去分析研究,掌握各有关自然因素的变化规律及其对路基路面稳定性的影响,从而因地制宜地采取有效的工程技术措施,这是正确进行路基路面设计、施工、养护,进而提高公路使用质量的重要前提。

3. 路面材料的力学特性

路面材料在车轮荷载和环境因素的作用下所表现出的力学强度特性,对路面的使用品质和使用寿命有重大影响。深刻理解路面材料的力学特性有助于正确判别路面各种病害的真实成因,也有助于理解路面设计的基本原理。

4. 人为因素

人为因素主要是指从事路面设计、施工及养护人员的素质和管理水平,包括路基路面设计、施工及养护方案的正确性和可行性等。

路基设计时,应根据各路段的具体情况采用合理的路基断面形式,做好地面和地下排水,对不良地质路段还应采取必要或特别的措施防止路基病害的发生。路面设计时,应根据各地的气候特点,采用合理的结构组合和厚度,并采用适当的路面结构排水设施。精心组织路面施工,严格控制路面原材料和结构的质量,及时有效的养护措施,都十分必要。

二、对路面的基本要求

为了保证汽车能全天候地在路面上快速、安全、舒适行驶,对路面的基本要求有以下几点。

1. 具有足够的承载能力

行驶在公路上的汽车,通过车轮把垂直力、水平力以及汽车产生的振动力和冲击力传给路面,使路面结构内部产生应力、应变和位移。如果路基路面结构整体或某一组成部分的强度或抗变形能力不足,则路面就会出现断裂、沉陷、波浪或车辙等病害,影响路基路面的正常使用。因此要求路面结构整体及其各组成部分都必须具有与行车荷载相适应的承载能力。

路面结构的承载能力包括强度和刚度两个方面。路面结构的强度是指抵抗车轮荷载引起的各个部位的各种应力(如压应力、拉应力、剪应力等),保证不发生压碎、拉断、剪切等各种破坏的能力。路面结构的刚度是指抵抗车轮荷载作用下引起的变形,保证不发生过量变形(如沉陷、波浪或车辙等病害)的能力。

2. 具有足够的稳定性

路面结构的稳定性是指路面结构在水和温度等自然因素的作用下,能较好地保持其工程设计要求的几何形态及物理、力学性能的能力。路面结构的稳定性主要包括整体稳定性、水稳定性、温度稳定性(高温稳定性或低温稳定性)等。

大气降水会使路面结构内部的湿度状态发生变化。如水泥混凝土路面,如果不能及时将水分排出结构层,会发生唧泥现象;水泥混凝土路面接缝渗入的水,在车轮荷载反复作用下,会冲刷基层,导致结构层提前破坏。沥青混凝土路面,由于水分的侵蚀,会引起沥青结构层剥落或松散。砂石路面,在雨季会因雨水冲刷和渗入结构层,而导致强度下降,产生沉陷、松散等病害。因此,加强防水、排水是确保路面水稳定性的重要措施。

气温周期性的变化对路面结构的稳定性有重要影响。高温季节沥青路面软化,在车轮荷载作用下会产生较大的变形。水泥混凝土路面面板在高温季节会翘曲变形,在车轮荷载的反复作用下则容易产生裂缝或造成断板。北方在低温冰冻季节,沥青路面、水泥混凝土路面、半刚性基层由于低温会产生大量收缩裂缝。

3. 具有足够的表面平整度

路面表面平整度是指路面表面纵向的凹凸量的偏差值。路面表面平整度是影响行车安全、行车舒适性以及运输效益的重要使用性能。表面平整度通常以不平整度值作为指标来衡量,相对来说,是一项宏观控制指标。不平整的路面表面会增大行车阻力,并使车辆产生附加的振动作用。这种振动会造成行车颠簸,影响行车的速度和安全、驾驶的平稳和乘客的舒适感。同时,振动作用还会对路面施加冲击力,从而加剧路面和汽车机件的损坏和轮胎的磨损,并增大油料的消耗。此外,不平整的路面还会积滞雨水,加速路面的破坏。

优良的路面平整度,要依靠优良的施工装备,精细的施工工艺,严格的施工质量控制,以及经常和及时的养护来保证。同时,路面的平整度与整个路面结构和路基顶面的强度、抗变形能力有关,与结构层所用材料的强度、抗变形能力以及材料的均匀性有很大关系。

4. 具有足够的表面抗滑性能

路面表面抗滑性能亦称粗糙度,是指路面能够提供汽车车轮在其上安全行驶所需要的足够附着力(或称摩擦力)的性能。其通常用摩擦系数和构造深度来表示,相对来说,是一项微观控制指标。

路面表面要求平整,但不能光滑。汽车在光滑的路面上行驶,车轮与路面之间缺乏足够的附着力或称摩擦力，雨天高速行车，紧急制动或突然起动，爬坡或转弯时，车轮易产生空转或打滑，致使行车速度降低，油料消耗增加，甚至引起交通事故。

路面表面的抗滑能力通常采用坚硬、耐磨、表面粗糙的集料组成路面表层材料来实现，也可采用一些工艺性措施（如水泥混凝土路面的刷毛或刻槽等）来实现。此外，路面上的积雪或污泥等也会降低路面的抗滑性，必须及时予以清除。

5. 具有足够的耐久性

路面结构在行车荷载和冷热、干湿气候因素的多次重复作用下，路面材料的性能产生老化衰变，路面使用性能将逐步降低，从而逐渐产生疲劳破坏和塑性形变累积，缩短路面的使用年限。因此，路面结构必须具备足够的抗疲劳强度以及抗老化和抗累积形变的能力，以保持或延长路面的使用寿命。

为了提高路面的耐久性，除了精心设计、精选材料、精细施工外，经常和及时的养护、维修和恢复路用性能是十分必要的。

6. 具有良好的环保性能

汽车在砂石路面上或灰尘较多的其他路面上行驶时，车身后面所产生的真空吸引力会将面层表面或其中较细材料吸出而飞扬尘土，甚至导致路面松散、脱落和坑洞等破坏。路面扬尘会加速汽车机件的损坏，影响行车视距，降低行车速度，而且对乘客和沿线居民的环境卫生以及货物和路旁农作物都带来不良影响。因此，要求路面在行车过程中尽量减少扬尘。

汽车在路面上行驶时，除发动机等噪声外，路面不平整引起车身的振动是噪声的又一来源。为降低噪声，应提高路面施工的平整度。

工作任务三　收集公路路面设计资料

一、路面设计的任务

路面设计工作是公路设计工作中一个重要的组成部分，特别是高速公路、一级公路，路面设计显得十分重要。

路面设计工作的具体任务是：①交通量调查、分析与预测；②公路沿线自然因素（地质、水文、气象等）调查；③选择路面结构层原材料；④路面混合材料配合比设计；⑤路面材料设计参数的测试与确定；⑥路面结构组合设计与厚度计算；⑦路面排水系统设计和其他路面工程设计等；⑧路面结构方案的技术经济综合比选，提出推荐方案；⑨绘制路面结构图。

为确保路面设计质量，在路面设计之前应进行专门的外业调查，收集相关资料，以作为路面设计工作的依据。在外业调查时需收集的资料有：①交通量及交通组成情况；②工程地质和水文地质条件；③天然土的湿度和水文资料；④气象资料；⑤路面材料产地和供应情况；⑥当地路面使用经验和其他情况；⑦工程投资情况；⑧施工单位的技术力量、机具设备、劳动力组成情况；⑨原有路基路面状况（仅在原有路面大修、改造时进行，新建公路无此任务）。

本工作任务主要学习交通量及交通组成、公路自然区划、沥青路面使用性能的气候分区、路面结构设计安全等级、土质路基干湿类型划分等资料的分析、收集方法。

二、车辆荷载与交通调查

1. 车辆的分类

公路上通行的汽车车辆主要分为客车与货车两大类。客车又分为小客车、中客车与大客车。小客车自身质量与满载总质量都比较轻，但车速高，一般可达 120km/h，有的高档小客车可达 200km/h 以上；中客车一般包括 6 ~ 20 个座位的中型客车；大客车一般是指 20 个座位以上的大型客车（包括铰接车和双层客车），主要用于长途客运。

货车又分为整车、牵引式挂车和牵引式半挂车。整车的货厢与汽车发动机为一整体；牵引式挂车的牵引车与挂车是分离的，牵引车提供动力，牵引后挂的挂车，有时可以拖挂两辆以上的挂车；牵引式半挂车的牵引车与挂车也是分离的，但是通过铰接相互连接，牵引车的后轴也担负部分货车的质量，货车车厢的后部有轮轴系统，而前部通过铰接悬挂在牵引车上。货车总的发展趋势是向大吨位发展，特别是集装箱运输水陆联运业务开展之后，货车最大吨位已超过 40t。

汽车的总质量通过车轴与车轮传递给路面，所以路面结构的设计主要以轴重作为荷载标准。对于公路上行驶的多种车辆组合，路面结构设计时，重型货车与大客车起决定作用，轻型货车与中、小客车影响很小，有时可以忽略不计。但是在考虑路面表面特性要求时，如平整性、抗滑性等，以小汽车为主要对象，因为小汽车的行驶速度高，在高速行车条件下应具有良好的平稳性与安全性。

2. 路面设计使用的汽车参数

无论是客车还是货车，车身的全部重力都通过车轴上的车轮传给路面，对于路面结构设计而言，应更加重视汽车的轴重。由于轴重的大小直接关系到路面结构的设计承载力与结构强度，为了统一设计标准和便于交通管理，各个国家对于轴重的最大限度均有明确的规定。

目前，在我国公路上行驶的货车的后轴轴载一般在 60 ~ 130kN 范围内，大部分在 100kN 以下。公路上行驶的部分汽车的有关参数见表 1-3-1。

部分汽车路面设计使用的参数 表 1-3-1

序号	汽车型号	总重(kN)	载重(kN)	前轴重(kN)	后轴重(kN)	后轴数	轮组数	轴距(cm)	出产国
1	解放 CA10B	80.25	40.00	19.40	60.85	1	双		中国
2	解放 CA15	91.35	50.00	20.97	70.38	1	双		中国
3	解放 CA30A	103.00	46.50	29.50	2×36.75	2	双		中国
4	解放 CA50	92.90	50.00	24.70	68.20	1	双		中国
5	解放 CA340	78.70	36.60	22.10	56.60	1	双		中国
6	解放 CA390	105.15	60.15	35.00	70.15	1	双		中国
7	东风 EQ140	92.90	50.00	23.70	69.20	1	双		中国
8	黄河 JN150	150.60	82.60	49.00	101.60	1	双		中国
9	黄河 JN162	174.50	100.00	59.50	115.00	1	双		中国
10	黄河 JN162A	178.50	100.00	62.28	116.22	1	双		中国
11	黄河 JN253	187.00	100.00	55.00	2×66.00	2	双		中国
12	黄河 JN360	270.00	150.00	50.00	2×110.0	2	双		中国
13	黄河 QD351	145.65	70.00	48.50	97.15	1	双		中国
14	延安 SX161	237.14	135.00	54.64	2×91.25	2	双	135	中国
15	长征 XD160	213.00	120.00	42.60	2×85.20	2	双		中国
16	长征 XD250	189.00	100.00	37.80	2×72.60	2	双		中国
17	长征 XD980	182.40	100.00	37.10	2×72.65	2	双	122	中国

续上表

序号	汽车型号	总重(kN)	载重(kN)	前轴重(kN)	后轴重(kN)	后轴数	轮组数	轴距(cm)	出产国
18	长征 CZ361	229.00	120.00	47.60	2×90.70	2	双	132	中国
19	交通 SH141	80.65	43.25	25.55	55.10	1	双		中国
20	交通 SH361	280.00	150.00	60.00	2×110.0	2	双	130	中国
21	南阳 351	146.00	70.00	48.70	97.30	1	双		中国
22	齐齐哈尔 QQ560	177.00	100.00	56.00	121.00	1	双		中国
23	太脱拉 111	186.70	102.40	38.70	2×74.00	2	双	120	捷克
24	太脱拉 111R	188.40	102.40	37.40	2×75.50	2	双	122	捷克
25	太脱拉 111S	194.90	102.40	38.50	2×78.20	2	双	122	捷克
26	太脱拉 138	211.40	120.00	51.40	2×80.00	2	双	132	捷克
27	太脱拉 138S	225.40	120.00	45.40	2×90.00	2	双	132	捷克
28	斯柯达 706R	140.00	73.00	50.00	90.00	1	双		捷克
29	日野 KB222	154.50	80.00	50.20	104.30	1	双		日本
30	日野 KF300D	198.75	106.65	40.75	2×79.00	2	双	127	日本
31	日 ZM440	260.00	152.00	60.00	2×100.00	2	双	127	日本
32	尼桑 CK20L	149.85	85.25	49.85	100.00	1	双		日本
33	尼桑 CW(L)40HD	237.60	141.75	50.00	2×93.80	2	双		日本
34	扶桑 FP101	154.00	94.10	54.00	100.00	1	双		日本
35	扶桑 FU102N	214.00	133.80	44.00	2×85.00	2	双		日本
36	扶桑 FV102N	254.00	164.95	54.00	2×100.00	2	双		日本
37	菲亚特 682N3	140.00	75.50	40.00	100.00	1	双		意大利
38	菲亚特 650E	105.00	67.00	33.00	72.00	1	双		意大利
39	依士兹 TD50	132.20	76.65	42.20	90.00	1	双		日本
40	依士兹 TD50D	142.95	76.65	46.55	96.40	1	双		日本
41	依发 H6	132.00	65.50	45.50	86.50	1	双		德国
42	沃尔沃 N8648	175.00	100.00	55.00	120.00	1	双		瑞典
43	斯堪尼亚 L760	180.00	100.00	70.00	110.00	1	双		瑞典
44	玛斯 200	137.00	72.00	36.00	101.00	1	双		前苏联
45	布切奇 5BR2N	92.50	50.00	24.55	67.95	1	双		罗马尼亚
46	切贝尔 D45.01	101.00	55.00	32.00	69.00	1	双		匈牙利
47	切贝尔 D750.0	160.00	93.60	60.00	100.00	1	双		匈牙利

3. 汽车荷载对路面的作用分析

汽车在路面上行驶，将使路面产生应力、应变和位移，这是促使路面损坏的重要因素。但不同的车型对路面产生的损坏作用也不同。在路面设计时，一般考虑车辆荷载的下列因素：

(1)汽车在路面上有停驻、行驶、制动、转向等状态，随着汽车在路面上运动状态的变化，车轮荷载的作用方向和作用力大小也将有所改变。

(2)汽车停驻在路面上时，只考虑车轮对路面的垂直作用力，一般用 P 表示。垂直力的大小与汽车质量有关。车辆愈重，作用于路面上的垂直力愈大，作用深度愈深，因此垂直力是路面厚度计算的基本依据。

(3)汽车在行驶时,对路面除有垂直作用力 P 以外,还有水平力的作用,一般用 Q 表示。据测定,汽车正常行驶时,Q 一般为(0.2 ~0.3)P;当制动和启动时,Q 一般为(0.75 ~0.8)P。水平力的作用沿深度消失很快,一般显著有效深度只有 10 ~20cm。由于它的作用而使路面产生磨损、推移等,一般集中在路面面层。因此,要想消除它对路面的损坏作用,必须提高面层材料的抗剪强度。

(4)汽车在不平整的路面上行驶时,车轮对路面还将产生振动力和冲击力。在水泥混凝土路面设计中,往往用提高垂直力数值的办法来考虑这些影响,即将垂直力乘以一个大于 1 的动荷系数。在沥青路面设计中,考虑到汽车行驶时对路面作用的瞬时性,这种影响是有利的,可近似地认为这种影响能够抵消冲击力的影响,故设计时只考虑垂直静压力。

除了上述因素外,车轮接触面形状、单位压力和当量圆半径;交通量及交通组成;横向分布系数等也是非常重要的影响因素。

4. 交通调查与轮迹横向分布

1)交通量调查

在单位时间内,通过公路某一横断面的往返车辆数称为交通量。交通量可以按小时为单位统计,也可按日统计,还可按年统计。按小时统计的称为小时交通量,按日统计的称为日交通量,按年统计的称为年交通量。

车辆对路面的损坏作用,除与车轮荷载的大小和方向有关外,还与它的作用次数有关。同一路面结构,在同一时间内,行驶的车辆愈多,路面愈易损坏;反之,行驶的车辆愈少,路面使用寿命愈长。必须考虑荷载作用次数的影响。因此,交通量是路面设计的重要依据之一。

事实上,任何一条道路的交通量都是随着时间、季节经常变化的。为了简化计算,对交通量随时间变化的情况,只能按一定的时间间隔来考虑,一般对逐时逐日变化的情况不予考虑,而考虑它逐年的变化情况。这样,常用的日交通量通常应理解为一年内每天交通量之和的算术平均值,即年平均日(昼夜)交通量。

交通量的调查方法主要有两种,一种是人工登记车辆的方法,另一种是利用仪器检测(轴重仪)。轴重仪目前用得比较少。我国公路部门的交通量观测站观测的交通量资料不是按不同轴载严格分类记录,而是按交通工具和车型分为 11 大类进行记录。这些观测站的交通量资料在交通规划时被公路主管部门引用,以确定修建方案和道路等级,取得道路宽度和通行车道数,或在交通工程问题中采用。用于公路的路面结构设计与计算时,难以准确地确定交通量参数。

为了使交通量参数比较准确,应将各类混合行驶的车辆进行不同轴载的具体分类,分别进行实测记录。对沥青路面结构性能影响大的车辆主要为中型载货汽车、大型载货汽车、载货拖挂车、大型客车和大中型拖拉机五大类。沥青路面设计中的交通量调查应着重调查这五大类车型的交通量。对水泥混凝土路面结构性能影响大的车辆主要为中型载货汽车、大型载货汽车、大型客车等。

在路面设计过程中,为了充分利用交通观测站的调查资料,需要对交通量、交通组成进行补充调查。对行驶车辆要分方向、分车型、分轴型以及分空载、满载和超载等情况分别登记。

2)轮迹横向分布规律

路面的使用寿命并不直接与交通量发生关系,而是与车轮实际作用次数有关。所谓车轮实际作用次数,是指在路面某一点上车轮碾压的实际次数。由于汽车在道路上行驶,并不像火车那样固定在一个轨道上,而是分散在路面的全宽,路面愈宽,分散性愈大。

经调查研究发现:第一,路面宽度内各部分经受的车轮碾压次数是不均等的。对于非渠化交通的公路，在路面中间部分经受的碾压次数最大，愈靠近路面边缘愈小，据此有理由将路面中间部分设计得厚些，边缘部分设计得薄些，以使路面在全宽范围内有相同的寿命，但在实际设计中为了施工方便，设计时以中间行车最集中部分的标准荷载作用次数为依据设计成等厚路面。第二，路面中间部分车轮碾压概率最大值，对于不同宽度（或不同车道数）的路面是不一样的。这意味着当交通量相同时，在宽度（或车道数）不同的两条公路上路面中间部分实际车轮作用次数是不同的，因此，若两种情况下路面结构相同，但使用寿命却不同。

为了考虑上述因素的影响，在路面设计时，必须对路面全宽范围车轮实际作用总次数乘上一个系数，使之折算为相应于不同宽度（或不同车道数）的路面行车最集中部分的车轮实际作用次数，该系数称为轮迹横向分布系数。

三、选定公路自然区划

我国地域辽阔，各地气候、地形、地貌、水文地质等自然条件相差很大，而这些自然条件与公路建设密切相关。为区分不同地理区域自然条件对公路工程影响的差异性，并在路基路面的设计、施工和养护中采取适当的技术措施和采用合适的设计参数，以体现各地公路设计与施工的特点，侧重必须解决的问题，更有利于保证公路的质量和经济合理，经过长期研究，我国的公路部门制定了《公路自然区划标准》（JTJ 003—1986）。

制定公路自然区划的原则是：①道路工程特征相似；②地表气候区划差异性；③自然气候因素既有综合又有主导作用。为使自然区划便于在实践中应用，结合我国地理、气候特点，将全国的公路自然区划分为三个等级。

1. 一级区划

首先将全国划分为多年冻土、季节冻土和全年不冻土三大地带；然后根据水热平衡和地理位置，划分为冻土、温润、干湿过渡、湿热、潮暖、干旱、高寒七个大区：I. 北部多年冻土区；II. 东部温润季冻区；III. 黄土高原干湿过渡区；IV. 东南湿热区；V. 西南潮湿区；VI. 西北干旱区；VII. 青藏高寒区。

七个一级自然区的路面结构设计注重的特点各有不同，根据各地区经验，可大致归纳如下：

（1）I 区——北部多年冻土区。该区北部为连续分布的多年冻土，南部为岛状分布的多年冻土。对于泥沼地多年冻土层，最重要的道路设计原则是保温，不要轻易挖去覆盖层，使路堤下保持冻结状态，若冻土层受大气热量影响融化，则后患无穷。对于非多年冻土层的处理方法则不同，需将泥炭层全部或局部挖去，排干水分，然后填筑路堤。对于该区的林区山地道路，因表土湿度大，地面径流大，最易翻浆，应采取换土、稳定土、砂垫层等处理方法。

（2）II 区——东部温润季冻区。该区路面结构突出的问题是防止翻浆和冻胀。翻浆的轻重程度取决于路基的潮湿状态，可根据不同的路基潮湿状态采取措施。该区缺乏砂石材料，采用稳定土基层已取得一定的经验。

（3）III 区——黄土高原干湿过渡区。该区的特点是黄土对水分的敏感性，干燥的土质路基强度高、稳定性好。在河谷盆地的潮湿路段以及灌区耕地，土基稳定性差，强度低，必须认真处理。

（4）IV 区——东南湿热区。该区雨量充足集中，雨型季节性强，台风暴雨多，水毁、冲刷、滑坡是道路的主要病害，路面结构应结合排水系统进行设计。该区水稻田多，土基湿软、强度低，必须认真对待。由于气温高、热季长，要注意沥青类面层材料的热稳定性和防透水性。

（5）V 区——西南潮湿区。该区山多，筑路材料丰富，应充分利用当地材料筑路。对于水文不良路段，必须采取措施，稳定路基。

（6）IV 区——西北干旱区。该区大部分地下水位很低，虽然冻深多在 1.0 ~ 1.5m，但一般道路冻害较轻。个别地区，如河套灌区、内蒙草原洼地，地下水位高，翻浆严重。丘陵区 1.5m 以上的路堑冬季积雪厚，雪水浸入路面造成危害，所以沥青面层材料应具有良好的防透水性，路肩也应做防水处理。由于气候干燥，砂石路面经常出现松散、搓板和波浪现象。

（7）VII 区——青藏高寒区。该区局部路段有多年冻土，须按保温原则设计。由于地处高原，气候寒冷，昼夜气温相差很大，日照时间长，沥青老化很快，又因为年平均气温相对偏低，路面易遭受冬季雪水渗入而破坏。

2. 二级区划

二级区划仍以气候和地形为主导因素，但具体标志与一级区划有显著区别。一级自然区的共同标志为气候因素潮湿系数 K 值（即年降水量与年蒸发量之比），地形因素是独立的地形单元。二级区划的划分则需因区而异，将上述标志具体化或加以补充，其标志是以潮湿系数 K 为主的一个标志体系。

根据二级区划的主导因素与标志，在全国七个一级自然区内又分为 33 个二级区和 19 个副区（亚区），共有 52 个二级自然区。它们的名称见表 1-3-2，各二级区的区界、自然条件对工程的影响详见有关标准及其附录。

公路自然区划名称表 表 1-3-2

I. 北部多年冻土区	IV. 东南湿热区
I_1 连续多年冻土区	IV_1 长江下游平原润湿区
I_2 岛状多年冻土区	IV_{1a} 盐城副区
II. 东部温润季冻区	IV_2 江淮丘陵、山地湿润区
II_1 东北东部山地润湿冻区	IV_3 长江中游平原中湿区
II_{1a} 三江平原副区	IV_4 浙闽沿海山地中湿区
II_2 东北中部山前平原重冻区	IV_5 江南丘陵过湿区
II_{2a} 辽河平原冻融交替副区	IV_6 武夷南岭山地过湿区
II_3 东北西部润干冻区	IV_{6a} 武夷副区
II_4 海栾中冻区	IV_7 华南沿海台风区
II_{4a} 冀热山地副区	IV_{7a} 台湾山地副区
II_{4b} 旅大丘陵副区	IV_{7b} 海南岛西部润干副区
II_5 鲁豫轻冻区	IV_{7c} 南海诸岛副区
II_{5a} 山东丘陵副区	V. 西南潮湿区
III. 黄土高原干湿过渡区	V_1 秦巴山地润湿区
III_1 山西山地、盆地中冻区	V_2 四川盆地中湿区
III_{1a} 雁北张宣副区	V_{2a} 雅安、乐山过湿副区
III_2 陕北典型黄土高原中冻区	V_3 三西、贵州山地过湿区
III_{2a} 榆林副区	V_{3a} 滇南、桂西润湿副区
III_3 甘东黄土山地区	V_4 川、滇、黔高原干湿交替区
III_4 黄渭间山地、盆地轻冻区	V_5 滇西横断山地区
	V_{5a} 大理副区

续上表

VI. 西北干旱区	VII. 青藏高寒区
VI_1 内蒙草原中干区	VII_1 祁连、昆仑山地区
VI_{1a} 河套副区	VII_2 柴达木荒漠区
VI_2 绿洲、荒漠区	VII_3 河源山原草甸区
VI_3 阿尔泰山地冻土区	VII_4 羌塘高原冻土区
VI_4 天山、界山山地区	VII_5 川藏高山峡谷区
VI_{4a} 塔城副区	VII_6 藏南高山台地区
VI_{4b} 伊犁河谷副区	VII_{6a} 拉萨副区

3. 三级区划

三级区划是对二级区划的进一步划分。三级区划的方法有两种，一种是按照地貌、水文和土质类型将二级自然区进一步划分为若干类型单元；另一种是继续以水热、地理和地貌等标志将二级区划细分为若干区域。各地可根据当地的具体情况选用。三级区划由各省、自治区、直辖市自行划定。

公路自然区划的应用主要体现在：公路路面设计人员通过查“公路自然区划图”可以得到所设计的公路路面位于哪一个二级区划中；再通过查表的方式获取所设计的公路路面主要病害形式、着重解决的问题和相关设计参数等。

四、选择沥青路面使用性能的气候分区

沥青路面的长期路用性能不仅与荷载有关系，还与环境因素及气候因素有关。夏季持续高温是引起沥青路面车辙的重要原因，冬季气温骤降将导致沥青路面的低温开裂。

我国幅员辽阔，气候变化大，各个地区对沥青路面使用性能的要求应有差别。在选择沥青胶结料等级、进行沥青混合料配合比设计和检验沥青混合料的使用性能时，应考虑沥青路面工程的环境因素，尤其是温度和湿度条件。我国为此提出了“沥青及沥青混合料气候分区指标”及相应的分区图。气候分区指标分别为高温指标、低温指标和雨量指标。气候分区情况见表1-3-3。

气候分区种类、气候因子指标汇总表 表1-3-3

设计高温分区指标　一级区划分为3个区			
高温气候区	1	2	3
气候区名称	夏炎热区	夏热区	夏凉区
最热月平均日最高气温(℃)	>30	30~20	<20

设计低温分区指标　二级区划分为4个区				
低温气候区	1	2	3	4
气候区名称	冬严寒区	冬寒区	冬冷区	冬温区
极端最低气温(℃)	<-37	-37.0~-21.5	-21.5~-9	>-9

设计雨量分区指标　三级区划分为4个区				
雨量气候区	1	2	3	4
气候区名称	潮湿区	湿润区	半干区	干旱区
年降雨量(mm)	>1 000	1 000~500	500~250	<250

沥青路面温度分区由高温和低温组合而成，第一个数字代表高温分区，第二个数字代表低温分区，数字越小表示气候因素越严重；温度和雨量组成的气候分区由高温—低温—雨量组合而成，第三个数字代表雨量分区。气候分区为研究沥青面层最高温度与气温的关系，以及计算沥青路面的温度应力、车辙深度等奠定了基础。

五、选择路面结构设计安全等级

公路工程结构的设计安全等级，根据结构破坏可能产生后果的严重程度划分。《公路工程结构可靠度设计统一标准》(GB/T 50283—1999)中规定的公路工程结构设计安全等级为三个等级，路面工程的设计安全等级仅考虑高速公路、一级公路和二级公路的路面，相应的安全等级规定为一级、二级、三级。该标准还规定，公路工程路面结构的设计基准期 T 应采用：沥青混凝土路面结构不大于15年，水泥混凝土路面结构不大于30年。现行的《公路水泥混凝土路面设计规范》(JTG D40—2002)中为三、四级公路路面增加了一个设计安全等级——四级，相应的设计基准期为20年。同一技术等级公路的路面结构宜取相同的安全等级，必要时部分路段的设计安全等级可降低一级。

所设计的路面结构应具有的可靠度水平可以用结构的可靠度指标表示。可靠度的定义为：路面结构在规定的时间内、在规定的条件下能满足预定水平要求的概率。度量路面结构可靠性的一种数量指标称为可靠指标，由标准正态分布反函数的定义确定，亦可称之为保证率系数。

现行《公路水泥混凝土路面设计规范》(JTG D40—2002)中规定：路面设计安全等级一级、二级、三级、四级对应的目标可靠度分别为95%、90%、85%、80%，相对应的目标可靠指标分别为1.64、1.28、1.04、0.84。

六、划分土质路基的干湿类型

土质路基的强度和土质路基上的路面结构组合均与其干湿类型密切相关。

现行的公路路面设计规范中将土质路基的干湿类型分为干燥、中湿、潮湿和过湿四种。这四种干湿类型表示路基工作时路基土所处的含水状态。正确区分路基的干湿类型是搞好路基路面设计的前提。

路基干湿类型划分方法主要有以下两种。

1. 根据平均稠度划分

路基土的稠度 w_c 是指土的液限含水率 w_L 与土的含水率 w 之差和土的液限含水率 w_L 与塑限含水率 w_p 之差的比值，即

$$w_c = (w_L - w)/(w_L - w_p) \tag{1-3-1}$$

土的稠度较准确地表示了土的各种形态与湿度的关系，稠度指标综合了土的塑性特性，包含了液限与塑限，全面直观地反映了土的硬软程度，物理概念明确。

(1)当 $w_c = 1.0$，即 $w = w_p$，为半固体与硬塑状的分界值。

(2)当 $w_c = 0$，即 $w = w_L$，为流塑与流动状的分界值。

(3)当 $1.0 > w_c > 0$，即 $w_L > w > w_p$，土体处于可塑状态。

我国现行的《公路沥青路面设计规范》(JTG D50—2006)和《公路水泥混凝土路面设计规

范》(JTG D40—2002)中规定,路面设计时路基的干湿类型以实测最不利季节(指路基路面结构处于最不利工作状态的季节)路床顶面以下0.80m深度内土的平均稠度$\overline{w}_c$,以及表1-3-4中土基干湿状态的稠度建议值确定。

土基干湿类型的稠度建议值表 表1-3-4

干湿类型 / 土质类别	干燥状态	中湿状态	潮湿状态	过湿状态
	$w_c \geq w_{c1}$	$w_{c1} > w_c \geq w_{c2}$	$w_c > w_c \geq w_{c3}$	$w_c < w_{c3}$
土质砂	$w_c \geq 1.20$	$1.20 > w_c \geq 1.00$	$1.00 > w_c \geq 0.85$	$w_c < 0.85$
黏质土	$w_c \geq 1.10$	$1.10 > w_c \geq 0.95$	$0.95 > w_c \geq 0.80$	$w_c < 0.80$
粉质土	$w_c \geq 1.05$	$1.05 > w_c \geq 0.90$	$0.90 > w_c \geq 0.75$	$w_c < 0.75$

注:w_{c1}、w_{c2}、w_{c3}分别为干燥和中湿、中湿和潮湿、潮湿和过湿状态路基土的分界稠度,w_c为路床顶面以下0.80m深度内的平均稠度。

最不利季节路床顶面以下0.80m深度内土的平均稠度确定方法是:在路床顶面以下0.80m深度内,每10cm取土样测定其天然含水率、塑限含水率和液限含水率,按式(1-3-2)和式(1-3-3)计算。

$$\overline{w} = \sum_{i=1}^{8} w_i / 8 \tag{1-3-2}$$

$$\overline{w}_c = (w_L - \overline{w}) / (w_L - w_p) \tag{1-3-3}$$

式中:$\overline{w}$——土的平均含水率;

w_i——路床顶面以下0.80m深度内,每10cm为一层,第i层土的天然含水率,%;

$\overline{w}_c$——路床顶面以下0.80m深度内土的算术平均稠度;

w_L——土的液限含水率(液限塑限联合测定法测定),%;

w_p——土的塑限含水率(液限塑限联合测定法测定),%。

2. 根据临界高度划分

对于新建公路,由于路基尚未建成,无法按上述方法现场勘查路基的湿度状况,可根据当地稳定的平均天然含水率、液限、塑限计算平均稠度,并考虑路基高度,有无地下水、地表积水的影响,论证后确定路基土的干湿类型。

由路基高度来判别路基土的干湿类型一般以路基临界高度作为判别标准。路基临界高度是指在最不利季节,路基分别处于干燥、中湿或潮湿状态时,路床顶面距地表积水水位或地下水位的最小高度。在路基位置的地表积水水位或地下水位一定的情况下,路基土的稠度由下而上逐渐增大,如图1-3-1所示。H_1对应于w_{c1},为干燥和中湿状态的临界高度;H_2对应于w_{c2},为中湿与潮湿状态的临界高度;H_3对应于w_{c3},为潮湿和过湿状态的临界高度。

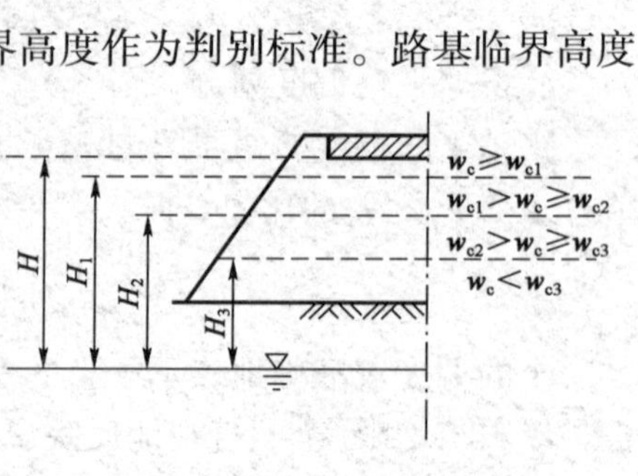

图1-3-1 路基临界高度与路基干湿类型

路基临界高度可根据土质、气候条件按当地经验确定。当缺乏实际资料时,可参考表1-3-5、表1-3-6或现行《公路沥青路面设计规范》(JTG D50—2006)的有关附表选用。

距地表长期积水水位的路基临界高度参考值 表 1-3-5

公路自然区划	砂性土(细粒土质砂)			黏性土(黏质土)			粉性土(粉质土)		
	H_1	H_2	H_3	H_1	H_2	H_3	H_1	H_2	H_3
$Ⅲ_2$	1.1~1.3	0.9~1.1	0.6~0.9	1.75~2.2	1.3~1.7	0.9~1.3	1.9~2.4	1.4~1.9	1.0~1.4
$Ⅲ_3$	1.1~1.3	0.9~1.1	0.6~0.9	1.6~2.1	1.2~1.6	0.9~1.2	1.8~2.3	1.4~1.8	1.0~1.4
$Ⅳ_3$				0.8~0.9	0.5~0.6	0.3~0.4	0.9~1.0	0.6~0.7	0.3~0.4
$Ⅳ_5$				1.0~1.1	0.6~0.7	0.3~0.4			
$Ⅳ_6$				0.9~1.0	0.5~0.6	0.3~0.4			
$Ⅳ_7$	0.9~1.0	0.7~0.8	0.6~0.7	1.0~1.1	0.7~0.8	0.4~0.5			
$Ⅴ_1$	1.1~1.3	0.9~1.1	0.6~0.9	1.6~2.0	1.2~1.6	0.8~1.2	1.7~2.2	1.3~1.7	0.9~1.3
$Ⅵ_2$	1.1~1.4	0.9~1.1	0.6~0.9	1.65~2.2	1.2~1.65	0.75~1.2	1.85~2.3	1.4~1.85	0.9~1.4
$Ⅶ_3$	1.2~1.5	0.9~1.2	0.6~0.9	1.75~2.3	1.3~1.75	0.75~1.3	(2.0~2.4)	(1.6~2.0)	(1.0~1.6)

距地下水位的路基临界高度参考值 表 1-3-6

公路自然区划	砂性土(细粒土质砂)			黏性土(黏质土)			粉性土(粉质土)		
	H_1	H_2	H_3	H_1	H_2	H_3	H_1	H_2	H_3
$Ⅱ_1$				2.9	2.2		3.8	3.0	2.2
$Ⅱ_2$				2.7	2.0		3.4	2.6	1.9
$Ⅱ_3$	1.9~2.2	1.3~1.6		2.5	1.8		3.0	2.2	1.6
$Ⅱ_4$				2.4~2.6	1.9~2.1	1.2~1.4	2.6~2.8	2.1~2.3	1.4~1.6
$Ⅱ_5$	1.1~1.5	0.7~1.1		2.1~2.5	1.6~2.0		2.4~2.9	1.8~2.3	
$Ⅲ_2$	1.3~1.6	1.1~1.3	0.9~1.1	2.2~2.75	1.7~2.2	1.3~1.7	2.4~2.85	1.9~2.4	1.4~1.9
$Ⅲ_3$	1.3~1.6	1.1~1.3	0.9~1.1	2.1~2.5	1.6~2.1	1.2~1.6	2.3~2.75	1.8~2.3	1.4~1.8
$Ⅳ_2$				1.6~1.7	1.1~1.2	0.8~0.9	1.7~1.9	1.2~1.3	0.8~0.9
$Ⅳ_4$	1.0~1.1	0.7~0.8		1.7~1.8	1.0~1.2	0.8~1.0			
$Ⅳ_6$	1.0~1.1	0.7~0.8		1.8~2.0	1.3~1.5	1.0~1.2	2.0~2.2	1.5~1.6	1.0~1.1
$Ⅳ_7$				1.7~1.8	1.4~1.5	1.1~1.2			
$Ⅴ_1$	1.3~1.6	1.1~1.3	0.9~1.1	2.0~2.4	1.6~2.0	1.2~1.6	2.2~2.65	1.7~2.2	1.3~1.7
$Ⅴ_{4.5}$				1.7~1.9	0.9~1.1	0.4~0.6	2.2~2.5	1.4~1.6	0.5~0.7
$Ⅵ_2$	1.4~1.7	1.1~1.4	0.9~1.1	2.2~2.75	1.65~2.2	1.2~1.65	2.3~2.5	1.85~2.3	1.4~1.85
$Ⅶ_3$	1.5~1.8	1.2~1.5	0.9~1.2	2.3~2.85	1.75~2.3	1.3~1.75	2.4~3.1	2.0~2.4	1.6~2.0

注:1. 表中数值摘录于现行的《公路沥青路面设计规范》(JTG D50—2006)。
2. 缺少资料的二级区可论证地参考相邻二级区数值。

地表长期积水水位或地下水位,通过公路勘测设计野外调查获得,路基高度从路线纵断面设计图或路基设计表中查得,扣除预估的路面厚度即可得到路床顶面距地下水位或地表积水水位的高度 H。

在新建公路的初步设计中,确定路基的干湿类型时,先选定路基处于干燥、中湿、潮湿状态的临界高度 H_1、H_2、H_3,再根据路床顶面距地表积水水位或地下水位的高度 H 按表 1-3-7 判断土基的干湿类型。

由土基的干湿类型并结合表 1-3-4 可论证地得到各路段路基土的平均稠度 $\overline{w}_c$。

为了保证路基的强度和稳定性不受地表积水或地下水的影响,在设计路基时,要求路基保持干燥或中湿状态,路床顶面距地下水位或地表积水水位的距离要大于或等于干燥、中湿状态所对应的临界高度。

路基干湿类型 表 1-3-7

路基干湿类型	平均稠度与分界稠度的关系	一般特征
干燥	$w_c \geqslant w_{c1}$	土基干燥、稳定,路面强度和稳定性不受地下水和地面积水的影响($H > H_1$)
中湿	$w_{c1} > w_c \geqslant w_{c2}$	土基上部土层处于地下水或地表积水影响的过渡带区内($H_2 < H \leqslant H_1$)
潮湿	$w_{c2} > w_c \geqslant w_{c3}$	土基上部土层处于地下水或地表积水的毛细影响区内($H_3 < H \leqslant H_2$)
过湿	$w_c < w_{c3}$	土基极不稳定,冰冻区春融翻浆,非冰冻区雨季软弹,土基经处理后方可铺筑路面($H \leqslant H_3$)

工作任务四 公路沥青路面结构图设计

一、沥青路面设计理论概况

1. 沥青路面结构的破损模式

沥青路面在使用过程中的破损形态各异,破损的原因是错综复杂的,根据破损现象的成因及对路面使用性能的影响,路面的破损可分为以下几种主要模式。

1)沉陷

沉陷是路面在车轮荷载作用下,其表面产生的较大凹陷变形,有时凹陷两侧伴有隆起现象,如图 1-4-1 所示。当沉陷严重超过了结构的变形能力时,在结构层受拉区产生开裂,由于车轮荷载的重复作用有可能逐渐发展成网裂。引起路面沉陷的主要原因是各种因素造成路基不均匀沉降或路基土自然沉降而发生的路基变形。当路基承受从路面传递到路床顶面的车轮荷载压力超过其抗压强度,就会产生沉陷并导致路面的开裂、变形和破坏。

2)车辙

车辙是路面结构层及土基在行车荷载重复作用下的补充压实,以及结构层材料的侧向位移产生的累计永久变形。这种变形出现在行车轮迹带处,特别是在渠化交通的情况下容易形成路面的纵向带状凹陷。车辙是沥青路面的主要病害之一。对于沥青路面而言,即使每一次行车荷载作用下产生的残余变形量很小,多次重复作用累积起来的残余变形总和将会较大,足以影响车辆的正常行驶。

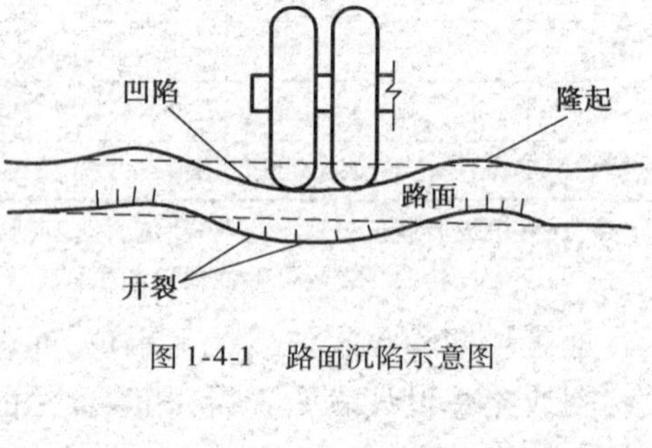

图 1-4-1 路面沉陷示意图

沥青路面的车辙与荷载应力大小、重复作用次数,以及路面结构层沥青混合料的性能和土基的性质有关。

3)疲劳开裂

疲劳开裂是指由于车轮荷载的反复作用,路面材料在低于极限抗拉强度的情况下,结构层经受重复拉应力或拉应变而最终导致结构层开裂。疲劳开裂的特点表现为,路表无显著的永久变形,开始阶段多数是细而短的横向不规则开裂,并逐渐发展为网状开裂,开裂的宽度和范围不断扩大。

结构层达到临界疲劳状态时所承受的车轮荷载重复作用次数称为疲劳寿命。

产生疲劳开裂的主要原因是:结构整体强度不足或在车轮荷载反复作用下,沥青结构层底面或半刚性基层底面产生的拉应力(或拉应变)超过材料的疲劳强度,底面产生开裂,并逐渐扩展延伸到表面。

4)推移

推移一般是指沥青路面材料沿行车方向发生剪切或拉裂破损而出现推挤或拥起现象(对于弯道部分,推移方向也可能发生在侧向),如图1-4-2所示。造成推移的主要原因是:沥青路面受到较大的水平荷载作用(在车辆经常启动、制动的路段及弯道、坡度变化处等),在车辆荷载的垂直力和水平力的综合作用下,使结构层内产生的剪应力超过材料的抗剪强度。同时也与行驶车轮的冲击、振动有关。

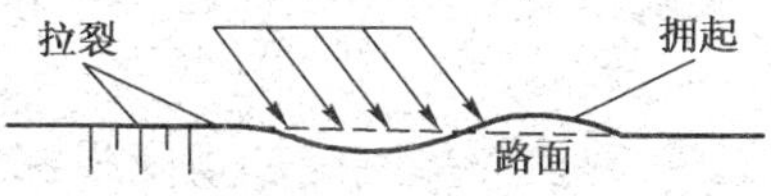

图1-4-2　推移示意图

5)低温收缩开裂

沥青路面结构中的一些半刚性结构层在低温(负温度)时由于材料收缩受限制而产生较大的拉应力,当它超过材料相应条件下的抗拉强度时便产生横向间隔性的裂缝(间距一般为10~60m不等),严重时有可能发展为纵向裂缝(因为路面的纵向约束远大于横向约束)。在冰冻地区,沥青面层及半刚性基层冬季都可能出现这种裂缝。低温收缩裂缝的产生与荷载无关。

2. 公路沥青路面设计基础理论

由不同材料的路面结构层和土基组成的沥青路面结构整体,在车辆荷载作用下产生的应力、应变关系一般表现为非线形特性,准确地说,沥青路面在力学性质上属于非线形的弹—黏—塑性体。考虑到行驶的车辆荷载具有瞬时性(仅百分之几秒),在沥青路面结构中产生的黏—塑性变形数量很小,对于厚度较大、强度较高的沥青路面,将其简化为线形弹性体是可行的,并用弹性层状体系理论分析计算应力、变形和位移等分量。

弹性层状体系由若干个弹性层组成,上面各层具用一定的厚度,最下面为弹性半空间体。弹性层状体系理论的基本假设为:

(1)各层是连续的、完全弹性的、均匀的、各向同性的,且各层的位移和变形是微小的。

(2)土基(最下层)在水平方向和垂直向下方向为无限大,其上各层厚度有限,但水平方向为无限大。

(3)各层在水平方向无限远处、土基在垂直向下方向无限远处,其应力、变形和位移为零。

(4)层间接触情况——或者位移完全连续(称为连续体系),或者层间仅竖向应力和位移连续而无摩阻力(称为滑动体系)。

(5)不计自重作用。我国现行的《公路沥青路面设计规范》(JTG D50—2006)规定,沥青路面设计采用双圆垂直均布荷载作用下的多层弹性连续体系理论,并以累计当量轴次来反映路面结构和材料的疲劳特征。

3. 沥青路面设计的控制指标

综上所述,应当根据沥青路面在行车荷载和自然因素作用下所产生的应力、应变和位移量不超过路面任一结构层中材料的允许应力、应变和位移量来确定路面结构层的组合和厚度,以防止或减少各种路面破损现象的发生，保证在设计使用年限内汽车能够在路面上安全、迅速、舒适的行驶。沥青路面设计的控制指标可表述如下：

1）控制路基土压缩引起路面沉陷的指标

可选用路床顶面的垂直压应力或垂直压应变作为设计指标。如选用垂直压应力为设计指标，则车轮荷载作用下路床顶面产生的垂直压应力 σ_Z 不应超过路基土的容许抗压强度 σ_{ZR}：

$$\sigma_Z \leqslant \sigma_{ZR} \tag{1-4-1}$$

2）控制车辙深度的指标

目前，控制车辙深度的指标有两种，一种是路面各结构层（包括土基）的残余变形总和 l_c，另一种是路基表面的垂直变形（应变）ε_Z。残余变形总和 l_c 不应超过容许总残余变形 l_{cR}，垂直应变 ε_Z 不应超过容许垂直变形 ε_{ZR}：

$$l_c \leqslant l_{cR} \text{ 或 } \varepsilon_Z \leqslant \varepsilon_{ZR} \tag{1-4-2}$$

3）路面整体刚度和强度指标

路基路面在车轮荷载作用下产生的垂直位移（垂直变形）通常称为弯沉。路基或路面材料是非线性弹塑性体，路面总弯沉包括可以恢复的变形（称为回弹变形或回弹弯沉）和不可以恢复的变形（称为残余变形或残余弯沉）两部分。

为了控制路基路面的总变形，防止网裂、沉陷、车辙，使路面具有足够的整体刚度和强度，可以采用路表设计弯沉值 l_d 作为路面整体刚度和强度的控制指标。路面表面实际可能产生的回弹弯沉值 l_s 不应超过路表设计弯沉值 l_d：

$$l_s \leqslant l_d \tag{1-4-3}$$

4）控制疲劳开裂的指标

控制疲劳开裂的指标可以采用结构层底面的拉应力或拉应变，即结构层底面可能产生的最大拉应力 σ_m 或最大拉应变 ε_m 不应超过容许拉应力 σ_R、容许拉应变 ε_R：

$$\sigma_m \leqslant \sigma_R \text{ 或 } \varepsilon_m \leqslant \varepsilon_R \tag{1-4-4}$$

5）控制剪切破损的指标

为了防止高温季节道路交叉口、停车场等汽车经常起动、制动的路段沥青面层产生推挤和拥包等破损现象发生，可采用面层抗剪强度作为控制指标。在车轮垂直力和水平力综合作用下，面层中可能产生的最大剪切应力 τ_m 不应超过容许剪切应力 τ_R：

$$\tau_m \leqslant \tau_R \tag{1-4-5}$$

6）控制低温缩裂的指标

低温时结构层材料因收缩受约束而产生的温度拉应力 σ_{tm} 不应超过该温度时材料的容许拉应力 σ_{tR}：

$$\sigma_{tm} \leqslant \sigma_{tR} \tag{1-4-6}$$

目前，世界各个国家沥青路面设计方法采用的控制指标不尽相同，有的方法采用一个指标，有的方法采用几个指标，但不少国家沥青路面设计均采用路表设计弯沉值作为主要的控制指标。路表弯沉不仅反映路面整个结构层及土基的整体强度和刚度，而且与路面的使用状态存在一定的内在联系，同时弯沉值的测定也很方便。

我国现行的《公路沥青路面设计规范》（JTG D50—2006）规定：高速公路、一级公路、二级公路的路面结构，以路表面回弹弯沉值、沥青混凝土层的层底拉应力和半刚性材料层的层底拉应力为设计指标。三级公路、四级公路的路面结构以路表面设计弯沉值为设计指标。有条件时，对重载交通路面宜检验沥青混合料的抗剪切强度。

二、沥青路面厚度计算的依据

(一)车轮荷载图示

汽车的总重分布于轴上,而轴重又分布于轮上。车轮对路面的作用力是通过轮胎与路面的接触来传递的,因此,车轮对路面的作用力并不是集中荷载,而是分布荷载。

车轮与路面的实际接触面积称为轮印面积。轮印的形状一般近似椭圆形,对于重载车辆,轮印的形状一般近似矩形。因轮胎表面做有各式花纹,故中间有很多空隙。目前,在沥青路面设计中,为计算方便,将其转化为等面积的圆形,简称为当量圆。

当量圆的面积与轮重、轮胎尺寸、轮胎内压等因素有关。汽车的后轮轴每侧一般为双轮,将双轮轮印的面积相加化为一个等值当量圆,称为单圆图示;将双轮的每个轮印分别化为一个小圆,并且认为两个小圆面积是相等的,称为双圆图示,如图 1-4-3 所示。显然双圆图式比单圆图示更接近于实际情况。我国的《公路沥青路面设计规范》(JTG D50—2006)中规定采用双圆荷载计算图示。

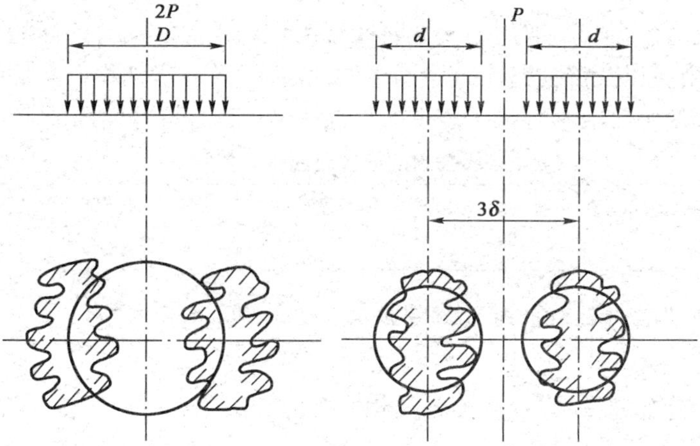

a)　　b)

图 1-4-3　车轮轮印及其简化图示

a)单圆图示;b)双圆图示

在公路沥青路面设计中,需要确定轮印当量圆的直径。假定单个轮重 P 的作用力均匀分布在接触面上各点,则轮胎内压就是汽车荷载对路面的均布荷载 p。对单圆图示而言,若当量圆的面积为 A,则轮印当量圆的直径为:

$$D = \sqrt{\frac{4A}{\pi}} = \sqrt{\frac{4 \times 2P}{\pi p}} \tag{1-4-7}$$

对于双圆图示而言,当量圆的面积为 A,轮印当量圆的直径为:

$$d = \sqrt{\frac{4A}{\pi}} = \sqrt{\frac{4P}{\pi p}} \tag{1-4-8}$$

式中:p——轮胎压强,MPa;

P——作用在车轮上的荷载,kN;

d、D——分别为双圆和单圆轮印(轮胎接触面)当量圆直径,m。

（二）标准轴载及其参数

公路上行驶的车辆种类繁杂，不同车型（轴型和轴载）和不同的作用次数对路面影响不同，沥青路面设计时，为便于设计与计算，应将各种轴载的作用次数换算成某种统一轴载的当量轴次。这种作为轴次换算的统一轴载，称为标准轴载。我国公路与城市道路路面设计规范中均以 100kN 作为设计标准轴载。

现行的《公路沥青路面设计规范》（JTG D50—2006）中规定：沥青路面设计采用双轮组单轴载 100kN 作为标准轴载，以 BZZ—100 表示。标准轴载的计算参数按表 1-4-1 确定。对于运煤或运建筑材料等大型载重车为主的公路，经论证单独选用设计计算参数。

标准轴载计算参数 表 1-4-1

标准轴载 P(kN)	轮胎接地压强 p(MPa)	单轮传压面当量圆直径 d(cm)	单轮传压面当量圆半径 δ(cm)	两轮中心距 (cm)
100	0.70	21.30	10.65	$1.5d(3\delta)$

（三）沥青路面设计年限

在计算路面疲劳寿命时所取用的基准时间称为设计年限。沥青路面的设计使用年限应根据经济、交通发展情况以及该公路在公路网中的地位，考虑环境和投资条件综合确定。各级公路的沥青路面设计使用年限不宜低于表 1-4-2 的要求。若有特殊使用要求，可适当调整。

各级公路的沥青路面设计年限 表 1-4-2

公路等级	高速公路、一级公路	二级公路	三级公路	四级公路
设计年限（年）	15	12	8	6

（四）设计车道上标准轴载的累计当量轴次

1. 设计交通量

沥青路面的设计交通量，应在实测各类相关车型轴载谱（各种车辆不同轴重的概率分布）的基础上，参照项目可行性研究报告等有关交通量预测资料，考虑未来各种车型的组成，论证地确定各种车型（代表轴载）在路面交工后第一年双向日平均交通量（作用次数）n_i。

设计年限内交通量的平均增长率 γ，在项目可行性研究报告等资料的基础上，经研究分析确定。

2. 标准轴载的当量轴次

按弯沉等效或拉应力等效的原则，将不同车型、不同轴载的作用次数换算为与标准轴载 BZZ—100 相当的作用次数称为当量轴次。沥青路面厚度计算时，各种车型的不同轴载作用次数应换算成 BZZ—100 标准轴载的当量轴次。当量轴次的换算方法如下：

1）采用路表设计弯沉值及沥青层层底拉应力为指标时

凡轴载小于或等于 130kN 的各级轴载（包括车辆的前、后轴，一般宜大于 25kN）P_i 的作用次数 n_i 均应按式（1-4-9）换算成标准轴载 P 的当量作用次数 N_i。

$$N_i = C_1 C_2 n_i \left(\frac{P_i}{100}\right)^{4.35} \tag{1-4-9}$$

各级轴载的作用次数换算成标准轴载的当量作用次数的总和为：

$$N = \sum_{i=1}^{k} N_i = \sum_{i=1}^{k} C_1 C_2 n_i \left(\frac{P_i}{100}\right)^{4.35} \tag{1-4-10}$$

式中：N——标准轴载的当量轴次，次/d；

n_i——被换算车型的各级轴载的作用次数，次/d；

P_i——被换算车型的各级轴载，kN；

C_1——被换算车型的轴数系数，当轴间距大于3m时，应按单独一个轴计算；当轴间距小于3m时，按双轴或多轴计算，轴数系数 $C_1=1+1.2(m-1)$，m 为轴数；

C_2——被换算车型的轮组系数，双轮组为1；单轮组为6.4；四轮组为0.38。

通常称 $C_1C_2\left(\frac{P_i}{100}\right)^{4.35}$ 为轴载换算系数，用 K 表示：

$$K=C_1C_2\left(\frac{P_i}{100}\right)^{4.35} \tag{1-4-11}$$

2）当以半刚性材料层层底拉应力为设计指标时

凡轴载小于或等于130kN的各级轴载（包括车辆的前、后轴，一般宜大于50kN）P_i的作用次数 n_i均应按式（1-4-12）换算成标准轴载 P 的当量作用次数 N'。

$$N'=\sum_{i=1}^{k}C'_1C'_2n_i\left(\frac{P_i}{100}\right)^{8} \tag{1-4-12}$$

此时的轴载换算系数为：

$$K'=C'_1C'_2\left(\frac{P_i}{100}\right)^{8} \tag{1-4-13}$$

式中：C'_1——被换算车型的轴数系数，当轴间距小于3m时，双轴或多轴取 $C'_1=1+2(m-1)$；

C'_2——被换算车型的轮组系数，双轮组为1.0，单轮组为18.5，四轮组为0.09。

公路上通行的各种主要汽车，路面设计使用的计算参数可参考表1-3-1。

3. 标准轴载累计当量轴次计算

在设计年限内，考虑车道数量影响后，一个车道上标准轴载的当量轴次总合称为累计当量轴次。

设计年限内一个车道上的累计当量轴次 N_e可用式（1-4-14）计算：

$$N_e=\frac{[(1+\gamma)^t-1]\times365}{\gamma}N_1\eta \tag{1-4-14}$$

式中：N_e——设计年限内一个车道上的累计当量轴次，次/车道；

t——设计年限，年；

γ——设计年限内交通量的平均增长率，%；

N_1——路面交工后（运营）第一年的双向日平均当量轴次，次/d；

η——车道系数，可按表1-4-3选用。

车道系数　　表1-4-3

车道特征	双向单车道	双向两车道	双向四车道	双向六车道	双向八车道
车道系数 η	1.0	0.6～0.7	0.4～0.5	0.3～0.4	0.25～0.35

注：公路无分隔时，车道窄宜选高值，车道宽宜选低值。

当上下行交通荷载有明显差异时，可按上下行交通特点分别进行结构与厚度设计。当交通流出现明显的超载时，设计人员应根据调查资料对累计当量轴次进行修正。

（五）交通等级

目前，公路沥青路面厚度计算中采用设计年限内一个车道上的累计当量标准轴次作为设计荷载的依据。但是,累计当量标准轴次不能反映交通量的组成情况,也不能反映车辆荷载对路面产生车辙、平整度、耐磨抗滑等性能指标的直接影响,难以用累计当量标准轴次建立相关关系。对原材料的技术指标要求,以及在混合料设计、结构设计等方面,一般与公路等级有关,公路等级越高,技术指标要求越高。从有关调查资料分析得知,同一公路等级的交通量及组成却大不相同。因此,应当根据国内交通的实际情况,在考虑公路等级的同时,也考虑交通量等级的影响。

现行的《公路沥青路面设计规范》(JTG D50—2006)中根据一个车道累计当量轴次或每车道、每日平均大型客车及中型以上的各种货车交通量大小,将交通等级划分为轻交通、中等交通、重交通和特重交通四个等级,见表1-4-4。当用两种方法划分的交通等级不相同时,选择一个较高的交通等级作为设计交通等级。

交通分级 表1-4-4

交通等级	BZZ—100 累计当量轴次 N_e(次/车道)	大型客车及中型以上的各种货车交通量 [辆/(d·车道)]
轻交通	$<3\times10^6$	<600
中等交通	$3\times10^6\sim1.2\times10^7$	600~1500
重交通	$1.2\times10^7\sim2.5\times10^7$	1500~3000
特重交通	$>2.5\times10^7$	>3000

(六)路基与路面材料的强度指标

路基和路面材料的强度可用若干指标来表示,如抗压强度、抗剪强度、抗压回弹模量、CBR值等。我国的公路沥青路面设计以弹性层状体系理论为基础,以路表设计弯沉值作为路面整体刚度和强度的控制指标。由于抗压回弹模量(简称回弹模量)能较好的反映路基或路面材料所具有的弹性性质,故计算公路沥青路面厚度时采用回弹模量来表示路基和路面材料的抗压强度。(抗压)回弹模量是指路基或路面材料在荷载作用下产生的压应力与其相应的回弹应变的比值。

1. 确定路基回弹模量

路基回弹模量用 E_0 表示。对于原有路基的回弹模量应采用实测法确定。在新建公路初步设计时,路基的回弹模量值应根据查表法、室内试验法、换算法等,经综合分析、论证,确定沿线不同路基状况的路基回弹模量设计值。当路基建成后,应在不利季节实测各路段路基回弹模量的代表值,以检验是否符合设计值的要求,如达不到要求应采取措施加以处理。下面简要介绍路基回弹模量的确定方法。

1)现场实测法

(1)现场承载板法。按照《公路路基路面现场测试规程》(JTG E60—2008)中的规定,在现场土基表面用圆形承载板对土基逐级加载、卸载,测定土基在各级压强下的回弹变形,绘制压力—回弹变形曲线,在曲线上选取回弹变形不超过0.5mm或1mm的各级压力和变形,按公式(1-4-15)计算路基的回弹模量。

$$E_{0b}=\frac{\pi D}{4}\cdot\frac{\sum P_i}{\sum l_i}(1-\mu_0^2) \tag{1-4-15}$$

式中:E_{0b}——土基回弹模量,MPa;

D——承载板直径,300mm;

P_i——各级荷载,kN;

l_i——各级荷载对应的回弹变形,0.01mm;

μ_0——土基材料的泊松比,取0.35。

某路段路基回弹模量设计值应按下式计算:

$$E_{0D} = (\overline{E}_{0b} - Z_a S)/K_1 \tag{1-4-16}$$

式中:E_{0D}——某路段土基回弹模量设计值,MPa;

$\overline{E}_{0b}$、S——实测土基回弹模量的平均值及均方差,MPa;

Z_a——保证率系数,高速公路、一级公路取2.0,二、三级公路取1.645,四级公路取1.5;

K_1——不利季节影响系数,可根据当地经验确定。

(2)现场轮隙弯沉法。在已建成的路基上,在不利季节用杠杆式弯沉仪(常称为贝克曼梁)测定土基各测点在标准汽车(后轴重为100kN)的作用下轮隙中心的回弹弯沉值l_i。某路段实测回弹弯沉的代表值l_0与土基回弹模量值E_{0D}之间的关系式为:

$$E_{0D} = \frac{2p\delta}{K_1 l_0}(1 - \mu_0^2)\alpha_0 \times 10^2 \tag{1-4-17}$$

式中:p——测定标准车单轮轮胎接地压强,MPa;

δ——当量圆半径,mm;

l_0——某路段实测回弹弯沉的代表值,0.01mm,$l_0 = \overline{l}_0 + Z_a S$;

$\overline{l}_0$、S——某路段实测回弹弯沉的平均值及均方差,0.01mm;

Z_a——保证率系数,高速公路、一级公路取2.0,二、三级公路取1.645,四级公路取1.5;

α_0——均质弹性体弯沉系数,取0.712。

路基施工过程中,通常根据某路段土基回弹模量的设计值E_{0D},由式(1-4-17)反算该路段土基的设计回弹弯沉值l_{0D},以l_{0D}为路基强度的控制标准。路基完工后,实测每个路段路基顶面各测点的回弹弯沉值l_i,计算其代表值l_0,当$l_0 \leq l_{0D}$时,则路基强度符合要求。

2)室内承载板试验法

选择路基用土料场,取土样,按重型击实标准确定的最佳含水率和最大干密度制备三组土样试件(不同压实度,每组三个试件),用直径为100mm的小承载板,按规定的试验方法测得不同压实度与其相对应的回弹模量值,绘成压实度—回弹模量关系曲线;查图求得标准压实条件下土的回弹模量值E。

土基回弹模量的设计值,应考虑公路等级,采用下式计算:

$$E_{0D} = \frac{Z}{K}\lambda E \tag{1-4-18}$$

式中:Z——考虑保证率的折减系数,高速公路、一级公路取0.66,二、三级公路取0.59,四级公路取0.52;

λ——试筒尺寸约束修正系数,100mm直径承载板取0.59,50mm直径承载板取0.78;

K——考虑不利季节和路基干湿类型的综合影响系数,可参考表1-4-5选用。

综合影响系数 表1-4-5

土基稠度 w_c	$w_c \geq w_{c1}$	$w_{c1} > w_c \geq w_{c2}$	$w_c < w_{c2}$
综合影响系数	1.3	1.6	1.9

3)换算法

在有条件的情况下,各地区可以建立现场测试法土基回弹模量 E_0 与压实度(K)、路基土的稠度 w_c 或室内试验法路基土回弹模量 E_0 与室内加州承载比 CBR 值之间的相关关系式,再根据相关关系式推算 E_0 值。

4)查表法

在新建公路的初步设计中,无法现场测定土基的 E_0 值,或不具备室内试验条件时,可按下列步骤由查表法预测土基的回弹模量值。

(1)判断各路段土基的干湿类型。根据路基高度和预估的路面厚度,参考表 1-3-5、表 1-3-6或《公路沥青路面设计规范》(JTG D50—2006)中相关的附表,确定路基高度与临界高度的关系,据此判断土基的干湿类型。

(2)确定各路段土基的平均稠度 w_c 值。根据路段土基的干湿类型和土的种类,利用表 1-3-4或《公路沥青路面设计规范》(JTG D50—2006)中的相关表论证地确定路基土的平均稠度 w_c。

(3)查表确定土基的回弹模量 E_0。根据土类和二级自然区划以及选定的路基土的平均稠度,参考表 1-4-6 或《公路沥青路面设计规范》(JTG D50—2006)中的相关表预测土基回弹模量值。

对于碎、砾石土的回弹模量详见《公路沥青路面设计规范》(JTG D50—2006)附录 E 表 E.3。

需要说明的是,表 1-4-6 所列的土基回弹模量值是在路基压实度为轻型击实标准时总结归纳的结果,当采用重型击实标准时,土基回弹模量值可较表列数值提高 20% ~35%。

现行的《公路沥青路面设计规范》(JTG D50—2006)规定:设计时宜使路基处于干燥或中湿状态,土基回弹模量值应大于 30MPa,重交通、特重交通公路土基回弹模量值应大于 40MPa。否则应采取技术措施对路基进行处理。

二级自然区划各土组土基回弹模量参考值(MPa) 表 1-4-6

区划	稠度 w_c / 土组	0.80	0.90	1.00	1.05	1.10	1.15	1.20	1.30	1.40	1.70	2.00
II_1	黏质土	19.0	22.0	25.0	26.5	28.0	29.5	31.0				
	粉质土	18.5	22.5	27.0	29.0	31.5	33.5					
II_2	黏质土	19.5	22.5	26.0	28.0	29.5	31.5	33.5				
	粉质土	20.0	24.5	29.0	31.5	34.0	36.5					
II_{2a}	粉质土	19.0	22.5	26.0	27.5	29.5	31.0					
II_3	土质砂	21.0	23.5	26.0	27.5	29.0	30.0	31.5	34.5	37.0	45.5	
	黏质土	23.5	27.5	32.0	34.5	36.5	39.0	41.5				
	粉质土	22.5	27.0	32.0	34.5	37.0	40.0					
II_4	黏质土	23.5	30.0	35.5	39.0	42.0	45.5	50.5	57.0	65.0		
	粉质土	24.5	31.5	39.0	43.0	47.0	51.5	56.0	66.0			
II_5	土质砂	29.0	32.5	36.0	37.5	39.0	41.0	42.5	46.0	49.5	59.0	69.0
	黏质土	26.5	32.0	38.5	41.5	45.0	48.5	52.0				
	粉质土	27.0	34.5	42.5	46.5	51.0	56.0					
II_{5a}	粉质土	33.5	37.5	42.5	44.5	46.5	49.0					

续上表

区划	稠度 w_c 土组	0.80	0.90	1.00	1.05	1.10	1.15	1.20	1.30	1.40	1.70	2.00
III_1	粉质土	27.0	36.5	48.0	54.0	61.0	68.5	76.5				
III_2	土质砂	35.0	38.0	41.5	43.0	44.5	46.0	47.5	50.5	53.5	62.0	70.0
	黏质土	27.0	31.5	36.5	39.0	41.5	44.0	46.5	52.0	57.5		
	粉质土	27.0	32.5	38.5	42.0	45.0	48.5	51.5	59.0			
III_{2a}	土质砂	37.0	40.0	43.0	44.5	46.0	47.5	49.0	52.0	54.5	62.5	70.0
III_3	土质砂	36.0	39.0	42.5	44.0	45.5	47.0	48.5	51.5	54.5	63.0	71.0
	黏质土	26.0	30.0	34.5	36.5	38.5	41.0	46.0	47.5	52.0		
	粉质土	26.5	32.0	37.0	40.0	43.0	46.0	49.0	55.0			
III_4	粉质土	25.0	34.0	45.0	51.5	58.5	66.0	74.0				
IV_1	黏质土	21.5	25.5	30.0	32.5	35.0	37.5	40.5				
IV_{1a}	粉质土	22.0	26.5	32.0	35.0	37.5	40.5					
IV_2	黏质土	19.5	23.0	27.0	29.0	31.0	33.0	35.0				
	粉质土	31.0	36.5	42.5	45.5	48.5	51.5					
IV_3	黏质土	24.0	28.0	32.5	35.0	37.5	39.5	42.0				
	粉质土	24.0	29.5	36.0	39.0	42.5	46.0					
IV_4	土质砂	28.0	30.5	33.5	35.0	36.5	38.0	39.5	42.0	45.0	53.0	61.0
	黏质土	25.0	29.5	34.0	36.5	38.5	41.0	43.5				
	粉质土	23.0	28.0	33.5	36.0	39.0	42.0					

注：表中未列出的土基回弹模量值请查看《公路沥青路面设计规范》(JTG D50—2006)附录 F 表 F.0.3。

2. 确定路面材料的回弹模量与劈裂强度

公路沥青路面厚度计算时，各结构层材料的抗压强度均采用抗压回弹模量表示。沥青混凝土和半刚性材料的抗拉强度，采用劈裂试验测得的劈裂强度表示。路面设计中，各结构层材料强度设计参数应根据公路等级和设计阶段的要求确定。

高速公路、一级公路施工图设计时，应选取工程用路面材料（沿线筑路材料和外购材料）进行混合料配合比设计，在选定配合比的基础上，按有关试验规程的规定实测各结构层材料的抗压回弹模量和抗拉强度的设计值。各级公路采用新材料时，也必须实测设计参数。高速公路、一级公路初步设计或二级及二级以下公路设计时，可借鉴本地区已有的试验资料或工程经验确定。

（1）半刚性材料的抗压回弹模量，按《公路工程无机结合料稳定材料试验规程》（JTG E51—2009）中规定的顶面法测定。沥青混合料的抗压回弹模量测试方法应按《公路工程沥青及沥青混合料试验规程》（JTJ 052—2000）中 T 0713—2000 规定的方法进行（试验温度为 20℃和 15℃，不浸水）。

（2）沥青混合料的极限劈裂强度按《公路工程沥青及沥青混合料试验规程》（JTJ 052—2000）中 T 0716—93 规定进行，试验温度为 15℃。半刚性材料的极限劈裂强度按《公路工程无机结合料稳定材料试验规程》（JTG E51—2009）中有加载压条的方法进行。水泥稳定类材料系指龄期为 90d 的极限劈裂强度；二灰稳定类、石灰稳定类材料系指龄期为 180d 的极限劈裂强度;水泥粉煤灰稳定类材料系指龄期为120d的极限劈裂强度。

在工程可行性研究阶段,可参考表1-4-7、表1-4-8,论证地选用各种材料的回弹模量及抗拉强度。

基层、底基层材料强度设计参数 表1-4-7

材料名称	配合比或规格要求	抗压模量 E(MPa)(弯沉计算用)	抗压模量 E(MPa)(拉应力计算用)	劈裂强度 σ(MPa)
二灰砂砾	7:13:80	1 100 ~ 1 500	3 000 ~ 4 200	0.6 ~ 0.8
二灰碎石	8:12:80	1 300 ~ 1 700	3 000 ~ 4 200	0.5 ~ 0.8
水泥砂砾	4% ~ 6%	1 100 ~ 1 500	3 000 ~ 4 200	0.4 ~ 0.6
水泥碎石	4% ~ 6%	1 300 ~ 1 700	3 000 ~ 4 200	0.4 ~ 0.6
石灰水泥粉煤灰砂砾	6:3:16:75	1 200 ~ 1 600	2 700 ~ 3 700	0.4 ~ 0.55
水泥粉煤灰碎石	4:16:80	1 300 ~ 1 700	2 400 ~ 3 000	0.4 ~ 0.55
石灰土碎石	粒料占60%以上	700 ~ 1 100	1 600 ~ 2 400	0.3 ~ 0.4
碎石灰土	粒料占40% ~ 50%	600 ~ 900	1 200 ~ 1 800	0.25 ~ 0.35
水泥石灰砂砾土	4:3:25:68	800 ~ 1 200	1 500 ~ 2 200	0.3 ~ 0.4
二灰土	10:30:60	600 ~ 900	2 000 ~ 2 800	0.2 ~ 0.3
石灰土	8% ~ 12%	400 ~ 700	1 200 ~ 1 800	0.2 ~ 0.25
石灰土处理路基	4% ~ 7%	200 ~ 350	—	—
级配碎石	基层连续级配型	300 ~ 350	—	—
	基层骨架密实型	300 ~ 350	—	—
	底基层、垫层	200 ~ 250	—	—
填隙碎石	底基层	200 ~ 280	—	—
未筛分碎石	底基层	180 ~ 220	—	—
级配砂砾、天然砂砾	底基层	150 ~ 200	—	
中、粗砂	垫层	80 ~ 100	—	—

沥青混合料强度设计参数 表1-4-8

材料名称		抗压模量 E(MPa)		15℃劈裂强度(MPa)	备注
		20℃	15℃		
细粒式沥青混凝土	密级配	1 200 ~ 1 600	1 800 ~ 2 200	1.2 ~ 1.6	AC-10、AC-13
	开级配	700 ~ 1 000	1 000 ~ 1 400	0.6 ~ 1.0	OGFC
沥青玛蹄脂碎石		1 200 ~ 1 600	1 600 ~ 2 000	1.4 ~ 1.9	SMA
中粒式沥青混凝土		1 000 ~ 1 400	1 600 ~ 2 000	0.8 ~ 1.2	AC-16、AC-20
密级配粗粒式沥青混凝土		800 ~ 1 200	1 000 ~ 1 400	0.6 ~ 1.0	AC-25
沥青碎石基层	密级配	1 000 ~ 1 400	1 200 ~ 1 600	0.6 ~ 1.0	ATB-25、ATB-35
	半开级配	600 ~ 800	—	—	AM-25、AM-40
沥青贯入式		400 ~ 600	—	—	—

(七)设计弯沉值

对于沥青路面上某一个固定的测点,当它受到车轮荷载的作用时,就产生垂直位移(垂直变形)，在加荷过程中观测的变形值是总弯沉；当车轮荷载卸除后，路面就向上回弹，在卸荷过程中观测到的变形值是弹性(回弹)弯沉；总弯沉与弹性弯沉之差就是残余弯沉，如图1-4-4所示。根据观测发现，对于强度较高或使用多年而处于稳定状态的老路面，其残余弯沉仅为总弯沉的10%左右，可认为路面是处于或接近弹性工作状态。因此，可采用路面回弹弯沉来表征路面的整体刚度和强度。

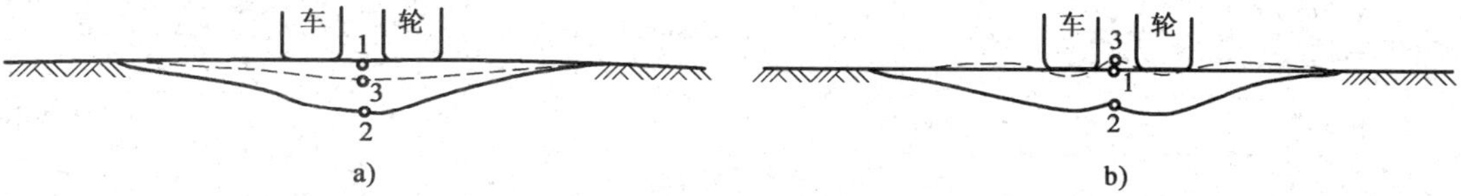

图1-4-4 路面的总弯沉与弹性弯沉

——加荷时；- - -卸荷后

路面回弹弯沉值可用杠杆式弯沉仪由标准汽车按前进卸荷法进行测定。弯沉值的大小反映了路面的整体刚度和强度，在相同车轮荷载作用下，路面弯沉值愈大，则路面抵抗垂直变形的能力愈弱，反之则强。理论与实践表明，应该根据路面的使用寿命等因素来确定沥青路面的设计弯沉值。

设计弯沉值的含义是：根据设计年限内一个车道上预测通过的累计当量轴次、公路等级、路面结构类型而确定的路表弯沉设计值，用l_d表示。

通过大量的调查、测定、分析发现，标准轴载累计当量作用次数与设计弯沉值之间存在良好的双对数相关关系，在此基础上又考虑了不同公路等级、面层和基层类型对设计弯沉值确定的影响，公路沥青路面设计规范采用式(1-4-19)计算设计弯沉值：

$$l_d = \frac{600}{N_e^{0.2}} A_c A_s A_b \qquad (1\text{-}4\text{-}19)$$

式中：l_d——设计弯沉值，0.01mm，对沥青路面系指路面温度为20℃时的值；

N_e——设计年限内一条车道上累计当量轴次，次；

A_c——公路等级系数，高速公路、一级公路为1.0，二级公路为1.1，三、四级公路为1.2；

A_s——面层类型系数，沥青混凝土面层为1.0，热拌和冷拌沥青碎石、沥青贯入式(含上拌下贯式)路面、沥青表面处治为1.1；

A_b——路面结构类型系数，半刚性基层沥青路面时，$A_b=1.0$；柔性基层沥青路面时，$A_b=1.6$。

【案例1-4-1】 某双向四车道一级公路拟修建二灰碎石基层沥青混凝土路面，基层厚度为20cm。路面竣工后第一年双向平均日交通量见表1-4-9，交通量年平均增长率γ为7.5%，路面设计年限为15年，试计算路面设计弯沉值。

解： (1)求各类车型的轴载换算系数。

查表1-3-1给出各车型的汽车参数，填入表1-4-9内。

汽车参数及交通量换算表 表1-4-9

车　型	解放 CA-10B	黄河 JN-150	东风 EQ-140	解放 CA-50	太脱拉 138	黄河 QD-351	日野 KB222
交通量(辆/d)	3 000	300	1 000	1 000	100	200	200
后轴重(kN)	60.85	101.6	69.2	68.2	80.0	97.15	104.3
后轴轴数	1	1	1	1	2	1	1

续上表

车　型	解放 CA-10B	黄河 JN-150	东风 EQ-140	解放 CA-50	太脱拉 138	黄河 QD-351	日野 KB222
后轴换算系数	0.115	1.071	0.202	0.189	0.833	0.882	1.201
前轴重(kN)	19.4	49.0	23.7	24.7	51.4	48.5	52.2
前轴换算数	—	0.287	—	—	0.354	0.275	0.319
总换算数	0.115	1.358	0.202	0.189	1.187	1.157	1.520
当量轴次(次/d)	345	407	202	189	119	231	304
使用第一年日当量轴次总和:1 797 次/日							

(2)每类车型的当量轴次=交通量×轴载换算系数。

(3)计算路面使用初期日当量轴次总和:

$$N_1 = 1\,797(\text{次}/\text{d})$$

(4)计算累计当量轴次 N_e。

四车道一级公路,查表1-4-3取 $\eta = 0.4$,则:

$$N_e = \frac{[(1+\gamma)^t - 1]\times 365}{\gamma}N_1\eta = \frac{[(1+0.075)^{15}-1]}{0.075}\times 365 \times 1\,797 \times 0.4$$
$$= 6\,852\,466(\text{次})$$

(5)计算路面设计弯沉值。

公路等级系数 $A_c = 1.0$,面层类型系数 $A_s = 1.0$,路面结构类型系数 $A_b = 1.0$,则:

$$l_d = \frac{600}{N_e^{0.2}}A_cA_sA_b = \frac{600}{6\,852\,466^{0.2}}\times 1.0 \times 1.0 \times 1.0$$
$$= 25.76(0.01\text{mm})$$

(八)整体性结构层材料的容许拉应力计算

整体性结构层材料的容许拉应力 σ_R 是路面承受行车荷载反复作用达到临界破坏状态时的最大疲劳拉应力。容许拉应力的确定与材料的极限抗拉强度有关(极限抗拉强度的大小通过试验确定),同时也与重复荷载作用次数有关。现行公路沥青路面设计规范中,容许拉应力按下列公式确定:

$$\sigma_R = \frac{\sigma_s}{K_s} \tag{1-4-20}$$

式中:σ_s——整体性结构层材料的极限劈裂强度,MPa,由试验确定;

K_s——抗拉强度结构系数,同荷载的反复作用次数有关。

对于沥青混凝土层:

$$K_s = 0.09N_e^{0.22}/A_c \tag{1-4-21}$$

对于无机结合料稳定集料类:

$$K_s = 0.35N_e^{0.11}/A_c \tag{1-4-22}$$

对于无机结合料稳定细粒土类:

$$K_s = 0.45N_e^{0.11}/A_c \tag{1-4-23}$$

【案例1-4-2】 同案例1-4-1,沥青混凝土上面层为中粒式沥青混凝土,15℃时的劈裂强度为1.00MPa,二灰碎石基层180d龄期的劈裂强度为0.50MPa,试计算沥青混凝土和二灰碎石的容许拉应力。

解： (1)计算沥青混凝土面层的容许拉应力。

同【案例 1-4-1】，N_e =6 852 466 次，σ_s =1.0MPa，公路等级系数 A_c =1.0，则抗拉强度结构系数为：

$$K_s = 0.09N_e^{0.22}/A_c = 0.09 \times 6\,852\,466^{0.22}/1.0$$
$$=2.872$$

沥青混凝土面层的容许拉应力为：

$$\sigma_R = \frac{\sigma_s}{K_s} = \frac{1.0}{2.872} = 0.348(\text{MPa})$$

(2)计算二灰碎石基层的容许拉应力。

①当量轴次换算(见表 1-4-10)。

二灰碎石基层拉应力计算当量轴次换算表　　表 1-4-10

车　型	解放 CA-10B	黄河 JN-150	东风 EQ-140	解放 CA-50	太脱拉 138	黄河 QD-351	日野 KB222
交通量(辆/d)	3 000	300	1 000	1 000	100	200	200
后轴重(kN)	60.85	101.6	69.2	68.2	80.0	97.15	104.3
后轴轴数	1	1	1	1	2	1	1
后轴换算系数	0.019	1.135	0.053	0.047	0.503	0.793	1.400
前轴重(kN)	19.4	49.0	23.7	24.7	51.4	48.5	52.2
前轴换算数	—	—	—	—	0.090	—	0.102
总换算数	0.019	1.135	0.053	0.047	0.593	0.793	1.502
当量轴次(次/d)	57	341	53	47	59	159	300
使用第一年日当量轴次总和:1 016 次/d							

②计算路面使用初期日当量轴次总和：

$$N_1 = 1\,016(\text{次}/\text{d})$$

③计算累计当量轴次 N_e。

四车道一级公路，取 η =0.4，则：

$$N_e = \frac{[(1+0.075)^{15}-1]}{0.075} \times 365 \times 1\,016 \times 0.4$$
$$=3\,874\,294(\text{次})$$

④计算二灰碎石基层的容许拉应力。

σ_s =0.50MPa，公路等级系数 A_c =1.0，则抗拉强度结构系数为：

$$K_s = 0.35N_e^{0.11}/A_c = 0.35 \times 3\,874\,294^{0.11}/1.0$$
$$=1.857$$

二灰碎石基层的容许拉应力为：

$$\sigma_R = \frac{\sigma_s}{K_s} = \frac{0.5}{1.857} = 0.269(\text{MPa})$$

三、沥青路面结构组合设计

1. 沥青路面设计遵循的原则

沥青路面的强度和稳定性，除取决于路面结构层外，还与路基土类或岩性、路基土的湿度、密度、路基横断面形式（填方或挖方）等有直接关系。为使所设计的沥青路面技术先进、经济合理、安全可靠，并与周围环境协调，在沥青路面设计工作中应遵循下列原则：

（1）开展现场资料调查和收集工作，做好交通荷载分析与预测，按照全寿命周期成本的理念进行路面设计。

（2）调查掌握沿线路基特点，查明土质、路基干湿类型，在对不良地质路段处理的基础上，按面层耐久、基层坚实、土基稳定的要求进行路基路面综合设计。

（3）遵循因地制宜、合理选材、节约投资的原则，选择技术先进、经济合理、安全可靠、方便施工的路面结构方案。

（4）结合当地条件，积极、慎重地推广新技术、新结构、新材料、新工艺、新设备，并认真铺筑试验路段，总结经验，不断完善，逐步推广。

（5）符合国家环境保护的有关规定，保护相关人员的安全和健康，重视材料的再生利用与废弃料的处理。

（6）高速公路、一级公路的沥青路面不宜采用分期修建。对软土地区或高填方路基、黄土湿陷地区等可能产生较大沉降的路段，以及初期交通量较小的公路可“一次设计、分期修建”。

2. 沥青路面各结构层的选择

1）面层类型的选择

沥青路面面层类型，应与公路等级、使用要求、交通等级相适应。面层类型选择不仅要考虑高强、平整、抗滑、热稳性好、低温性能好、水稳性好和不透水等性能，还应考虑设几层较为合适。如交通繁重的公路，面层应为2～3层，以抵抗水平力在面层底部产生的剪应力。采用空隙率大的沥青混合料或沥青贯入式碎石做面层时，应在其上加设沥青类封层。

沥青混凝土、沥青玛蹄脂碎石可用于各级公路的面层；沥青碎石、沥青贯入式、沥青表面处治和稀浆封层可用于三级公路、四级公路的面层；冷拌沥青混合料可用于交通量小的三级公路、四级公路的面层。

应根据不同地区公路等级及所处层位的功能要求，并综合考虑满足耐久性、抗车辙、抗裂、抗水损害能力、抗滑性能等多方面要求以及施工机械、工程造价等实际情况选择沥青混合料的种类。沥青路面各层适用的沥青混合料参考类型见表1-4-11。

沥青路面各层适用的沥青混合料参考类型 表1-4-11

筛孔系列	结构层次	高速公路、一级公路、二级公路		其他等级公路	
		三层式沥青混凝土路面	两层式沥青混凝土路面	沥青混凝土路面	沥青碎石路面
方孔筛系列	上面层	AC-13 AC-16 AC-20	AC-13 AC-16	AC-10 AC-13 AC-16	AM-10 AM-13
		SMA-10 SMA-13			
		OGFC-10 OGFC-13			
	中面层	AC-20 AC-25			
		SMA-16 SMA-20			
	下面层	AC-20 AC-25 ATB-25 ATB-30	AC-20 AC-25	AM-16 AM-20	AM-16 AM-20

2）基层与底基层类型选择

基层要有足够的强度、一定的刚度和水稳定性。基层、底基层选择应贯彻就地取材的原则，认真做好当地材料的调查，根据交通量及其组成、气候条件、筑路材料以及路基水文状况等因素，选择技术可靠、经济合理的结构层。

每一类型的基层都有各自的特点。沥青混合料类、水泥或二灰稳定集料类、贫混凝土及级配碎石可用于交通量繁重的公路基层，其他类型（嵌锁型、级配型）的材料可适用于较小交通量的公路基层。

底基层应充分利用沿线质量符合要求的地方材料，可采用无机结合料稳定细粒土或粒料类等。

为了保护路面面层边缘，当不设置路缘石时，基层宽度每侧至少比面层宽出25cm；底基层每侧至少比基层宽出15cm。基层、底基层的两侧通常设置1∶1的坡面，形成梯形断面。

3）垫层类型选择

垫层通常设在路基处于潮湿和过湿以及有冰冻翻浆的路段，以排除路面、路基中滞留的自由水。常用材料有两类：一类是用松散粒料，如粗砂、砾石、碎石和煤渣等组成的透水性垫层；另一类是整体性材料，如水泥或石灰粉煤灰稳定类等组成的稳定性垫层。

高速公路和一、二级公路的排水层应铺至路基同宽，以利路面结构排水，保证路基稳定。一般情况下垫层宽度应比底基层每侧至少宽出25cm，两侧通常亦设置1∶1的坡面，形成梯形断面。

3. 沥青路面结构组合设计要求

路基路面是一个整体结构，各结构层有各自的特性和作用，并相互制约和影响，结构组合不合理，所用材料再好、厚度再大也无济于事。路面结构层的组合设计，就是按行车和环境因素对不同层位的要求，结合各类结构层本身的性能进行合理的组合，最大限度地发挥各结构层的效能，使整个路面结构经济合理。

要使路面有足够的整体刚度和强度，还应保证路基的强度和稳定性。否则，单靠加强或增厚面层或基层，并不能收到良好的效果，同时也不经济。稳定路基的一般措施，最经济最易办到的方法是，加强路基排水和使路基达到要求的压实度。

1）各结构层的强度组合设计要求

车轮荷载作用于路面表面，路面结构内部产生的竖向应力和应变随深度而递减；车轮荷载的水平力作用产生的应力和应变随深度递减的速度更快。因而对各层材料的强度（刚度）的要求，也可随深度而相应减小，如图1-4-5所示。路面各结构层一般应按强度自上而下递减的方式组合。这样既能充分发挥各结构层材料的效能，又能充分利用当地材料充当底基层和基层，以降低造价。

采用强度（刚度）按深度递减的规律组合路面时，还应注意各相邻结构层之间的模量不能相差过大。上下两层模量相差过大时，上层底面将会因下层变形过大而产生较大的拉应变，导致上层被拉裂。根据分析和经验，路面结构层厚度与层间模量比有密切关系。

对于半刚性基层沥青路面结构，沥青层的回弹模量一般小于半刚性基层的回弹模量，基层与沥青面层的模量比宜在1.5～3.0之间；基层与底基层的模量比不宜大于3.0；底基层与土基的模量比宜在2.5～12.5之间。

对于柔性基层沥青路面结构，沥青层与沥青层之间的回弹模量相差比较小，而沥青层与级配碎石层之间的回弹模量相差比较大，此时沥青层底的拉应力较大。选用结构层间模量逐渐递减的组合可使结构受力更合理。

2)结构层的层数和厚度组合设计要求

沥青路面通常为多层结构，结构层层数越多，越能体现强度与荷载应力随深度变化的规律相适应，而且能够降低工程造价。但是，结构层层数过多将带来施工工艺及材料制备上的困难。为了便于施工，路面结构层的层数不宜过多。

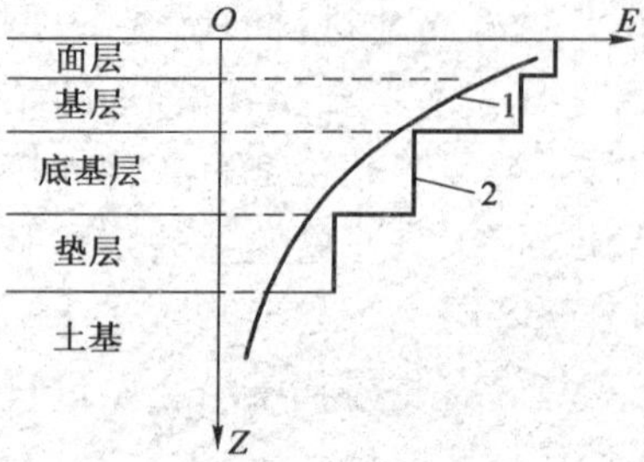

图 1-4-5　应力与强度随深度的变化

1-荷载应力分布曲线；2-材料强度 E 布置曲线

每一结构层的施工最小厚度和适宜厚度的确定，要综合考虑下面的因素：

(1)结构层的造价。由于路面各层造价不同，面层造价比较高，而基层、垫层的造价相对比较低，因此，面层厚度一般比较小，基层、垫层相对比较厚。

(2)各结构层扩散应力的效果。根据理论分析，基层厚度为 15 ~ 25cm 时，增大基层厚度对减小路面表面弯沉和减小面层底面拉应力有明显作用；当基层厚度大于 40cm 时，再增加基层厚度，作用已不明显。结合使用经验，基层厚度一般以 15 ~ 40cm 为宜。

(3)压实机具的能力。一般来说，沥青面层每层的压实厚度最大为 6 ~ 10cm；基层每层的压实厚度为 15 ~ 20cm，有重型机具压实的条件下，可根据试验将压实厚度增加到 20 ~ 25cm。在安排各结构层厚度时，应尽量使其与压实机具所能达到的厚度相适应。

(4)沥青面层的厚度。应与混合料的公称最大粒径相匹配。采用的公称最大集料粒径偏大时，如沥青面层的施工厚度偏小，施工过程混合料容易离析，而且碾压时石料压碎情况严重，不仅达不到增强抗车辙能力的目的，还会造成沥青面层透水，导致局部早期水损坏。

现行的《公路沥青路面施工技术规范》(JTG D50—2006)规定，沥青面层集料的最大粒径从上至下逐渐增大，并应与压实层厚度相匹配。热拌热铺密级配沥青混合料，沥青层每层的压实层厚度不宜小于集料公称最大粒径的 2.5 ~ 3 倍；对 SMA 和 OGFC 等嵌挤型混合料，沥青层每层的压实层厚度不宜小于集料公称最大粒径的 2 ~ 2.5 倍；对骨架密实型级配沥青混合料面层，沥青层每层的压实层厚度不宜小于集料公称最大粒径的 3 倍。

根据组成材料的公称最大粒径，并考虑有利于结构层应力分布、有利于压实成稳定的结构层次等因素，以及结合施工经验，现行的《公路沥青路面设计规范》(JTG D50—2006)提出了各类结构层施工最小厚度和适宜厚度(见表 1-4-12)。

各类结构层的压实最小厚度与适宜厚度　　表 1-4-12

结构层类型		最大粒径(mm)	公称最大粒径(mm)	符　号	压实最小厚度(mm)	适宜厚度(mm)
密级配沥青混合料(AC)	砂粒式	9.5	4.75	AC-5	15	15 ~ 30
	细粒式	13.2	9.5	AC-10	20	25 ~ 40
		16	13.2	AC-13	35	40 ~ 60
	中粒式	19	16	AC-16	40	50 ~ 80
		26.5	19	AC-20	50	60 ~ 100
	粗粒式	31.5	26.5	AC-25	70	80 ~ 120

续上表

结构层类型		最大粒径（mm）	公称最大粒径（mm）	符　号	压实最小厚度（mm）	适宜厚度（mm）
沥青玛蹄脂碎石混合料（SMA）	细粒式	13.2	9.5	SMA-10	25	25~50
		16	13.2	SMA-13	30	35~60
	中粒式	19	16	SMA-16	40	40~70
		26.5	19	SMA-20	50	50~80
半开级配沥青碎石（AM）	细粒式	16	13.2	AM-13	35	40~60
	中粒式	19	16	AM-16	40	50~70
		26.5	19	AM-20	50	60~80
	粗粒式	31.5	26.5	AM-25	80	80~120
密级配沥青碎石（ATB）	粗粒式	31.5	26.5	ATB-25	70	80~120
		37.5	31.5	ATB-30	90	90~150
	特粗式	53	37.5	ATB-40	120	120~150
开级配沥青碎石（ATPB）	粗粒式	31.5	26.5	ATPB-25	80	80~120
		37.5	31.5	ATPB-30	90	90~150
	特粗式	53	37.5	ATPB-40	120	120~150
开级配沥青磨耗层（OGFC）	细粒式	13.2	9.5	OGFC-10	20	20~30
		16	13.2	OGFC-13	30	30~40
沥青贯入式					40	40~80
沥青上拌下贯式					60	60~80
沥青表面处治					10	10~30
无机结合料稳定类（水泥稳定类、石灰粉煤灰稳定类、石灰稳定类）					150	180~200
贫混凝土					150	180~240
级配碎石、级配砾石					80	100~200
泥结碎石					80	100~150
填隙碎石					100	100~120

注：表中未列出的结构层的压实最小厚度与适宜厚度参见现行的《公路沥青路面设计规范》（JTG D50—2006）。

3）各结构层的层间结合设计要求

在进行结构组合设计时，应注意相邻层次的互相影响，采取相应的技术措施限制或消除所产生的不利影响。

在半刚性结构层上修建沥青面层时，由于半刚性结构层材料的干缩和温缩开裂，会导致面层相应地出现反射裂缝，应采取相应的技术措施防止反射裂缝。从理论上分析，如沥青层与半刚性基层之间是连续体系时，沥青层多数处于受压状态或出现较小拉应力，半刚性基层主要承受拉应力；沥青层与其下承层之间若接触面处于浸水状态，可能导致界面产生滑移，上层底面会出现比连续状态大1~2倍的拉应力。半刚性基层沥青路面，应采取层间结合的可靠技术措施，防止层间滑移，并提高沥青混合料的抗剪强度。

（1）半刚性基层沥青路面宜采取以下措施减少收缩开裂和反射裂缝：

①选用骨架密实型半刚性基层，严格控制细料含量、结合料剂量、含水率及养生时间。

②适当加大沥青面层的厚度，在半刚性结构层上设置沥青稳定碎石或级配碎石等柔性基层。

③在半刚性结构层上设置改性沥青应力吸收层或应力吸收膜或者铺设实践证明有效的耐高温的土工合成材料等。

(2)层间结合紧密的技术措施：

①沥青层之间设置黏层沥青，可用乳化沥青、改性乳化沥青或热沥青。

②各种基层上设置透层沥青，应具有良好的渗透性能，可用液体沥青(稀释沥青)，乳化沥青等。

③在半刚性基层上设置下封层。

④新、旧沥青层之间，以及沥青层与旧水泥混凝土板之间洒布黏层沥青，宜用热沥青、改性乳化沥青或乳化沥青。

⑤拓宽路面时，新、旧路面接茬处喷涂黏结沥青，并在接茬顶面各 1m 宽度范围内设置防裂土工织物。

⑥双层式半刚性基层宜采用连续摊铺、碾压工艺。

⑦沥青面层与水泥混凝土桥面之间宜设置防水黏结层。

4)垫层设计要求

当路线通过潮湿、过湿地区及软弱地基时，可采取设置垫层，或换填砂砾等透水材料，或掺入无机结合料(或固化剂)等处理地基。各级公路的排水垫层应与边缘排水系统相连接，垫层宽度应铺筑到路基边缘或与边沟下的渗沟相连接。

对于冰冻地区各级公路的中湿和潮湿路段，水和温度的综合作用常常产生冻胀和翻浆病害。路面结构除了要保证力学强度的要求外，其总厚度还应满足防冻厚度的要求，以免在路基内出现较厚的聚冰带，从而导致路面的不均匀冻涨。过潮湿路段需做特殊处理。

(1)垫层设计的基本要求：

①防冻垫层应采用透水性好的粒料类材料，通过 0.075mm 筛孔颗粒含量不宜大于 5%。垫层厚度视具体情况而定，一般为 150 ~ 200mm，重冰冻地区潮湿、过湿路段可为300 ~ 400mm。

②采用碎石和砂砾垫层时，颗粒组成宜满足无结合料材料的级配要求，最大粒径应与结构层厚度相协调，一般最大粒径应不超过结构层厚度的 1/2；采用未筛分碎石和天然砂砾垫层时，最大粒径应为结构层厚度的 1/3 ~ 2/3。以保证形成骨架结构，提高结构层的稳定性。

③可在路基顶面设土工合成材料隔离层，以防止路基污染粒料类垫层或隔断地下水。

(2)冰冻区划分。冰冻区根据 20 年以上的冻结指数平均值划分为重冰冻区、中冰冻区、轻冰冻区和非冰冻区，见表 1-4-13。冻结指数是每年冬季负温度与天数乘积的累积值(℃ · d)，各地可根据气象部门 20 年以上的观测资料或现行的《公路沥青路面设计规范》(JTG D50—2006)附录 B 资料查得。

冰 冻 区 划 分 表 1-4-13

冰冻区划分	重 冰 冻 区	中 冰 冻 区	轻 冰 冻 区	非 冰 冻 区
冻结指数(℃ · d)	≥2 000	2 000 ~ 800	800 ~ 50	≤50

(3)道路多年最大冻深计算。道路多年最大冻深 Z_{max} 按式(1-4-24)计算：

$$Z_{max} = abcZ_d \tag{1-4-24}$$

式中：Z_{max}——多年最大冻深(从路表面至道路冻结线)，m；

a——路面路基材料热物性系数，见表 1-4-14；

b——路基湿度系数，见表 1-4-15；

c——路基断面(填、挖)形式系数,见表1-4-16;

Z_d——大地标准冻深,m。

路面路基材料热物性系数 a 表1-4-14

路基材料	黏质土	粉质土	粉土质砂	细粒土质砾、黏土质砂	含细粒土质砾(砂)
热物性系数	1.05	1.1	1.2	1.3	1.35
路面材料	水泥混凝土	沥青混凝土	二灰土及水泥土	二灰碎石及水泥碎(砾)石	级配碎石
热物性系数	1.4	1.35	1.35	1.4	1.45

注:a 值取大地冻深范围内路基及路面各层材料的加权平均值。

路基湿度系数 b 表1-4-15

干湿类型	干燥	中湿	潮湿	过湿
湿度系数	1.0	0.95	0.90	0.80

路基断面形式系数 c 表1-4-16

填挖形式	路基填土高度					路基挖方深度			
	零填	2m	4m	6m	>6m	2m	4m	6m	>6m
断面形式系数	1.0	1.02	1.05	1.08	1.10	0.98	0.95	0.92	0.90

(4)防冻厚度验算。冰冻地区各级公路的中湿、潮湿路段,应进行防冻厚度验算。

根据交通量计算的结构层总厚度应不小于表1-4-17中最小防冻厚度的规定。若结构层总厚度小于最小防冻厚度时,应增加防冻垫层使其满足最小防冻厚度的要求。

最小防冻厚度(cm) 表1-4-17

路基干湿类型	道路冻深	黏质土、细粒土质砂路基			粉质土路基		
		砂石类基、垫层	稳定土类基、垫层	工业废渣类基、垫层	砂石类基、垫层	稳定土类基、垫层	工业废渣类基、垫层
中湿	50~100	40~45	35~40	30~35	45~50	40~45	30~40
	100~150	45~50	40~45	35~40	50~60	45~50	40~45
	150~200	50~60	45~55	40~50	60~70	50~60	45~50
	>200	60~70	55~65	50~55	70~75	60~70	50~65
潮湿	60~100	45~55	40~50	35~45	50~60	45~55	40~50
	100~150	55~60	50~55	45~50	60~70	55~65	50~60
	150~200	60~70	55~65	50~55	70~80	65~70	60~65
	>200	70~80	65~75	55~70	80~100	70~90	65~80

注:1. 在《公路自然区划标准》(JTJ 003—1986)中,对潮湿系数小于0.5的地区,II、III、IV等干旱地区防冻厚度应比表中值减少15%~20%。

2. 对II区,细粒土质砂路基防冻厚度应比表中值减少5%~10%。

四、新建沥青路面结构厚度计算

1. 沥青路面设计程序

在掌握了公路交通量和沿线的地质、水文、气象、筑路材料供应情况等调查资料的基础上,可按下列程序进行沥青路面的设计工作。

(1)根据设计要求,按弯沉或拉应力指标分别计算设计年限内一个车道上的累计标准轴载当量轴次,确定设计交通量与交通等级,拟订面层、基层类型,并计算设计弯沉值。

(2)按路基土类与干湿类型及路基横断面形式,将路基划分为若干路段(一般情况下每段长度不宜小于500m,若为大规模机械化施工,不宜小于1km),确定各个路段土基回弹模量设计值。

(3)参考本地区的经验拟定几种可行的路面结构组合和厚度方案,根据工程选用的材料进行配合比设计试验,测定各结构层材料的抗压回弹模量、抗拉强度等,确定各结构层材料的设计参数,计算容许拉应力值。

(4)根据设计指标采用多层弹性体系理论设计程序计算或验算路面厚度。一般先由设计弯沉值计算路面厚度。对于高速公路、一级公路、二级公路的沥青混凝土层和半刚性材料基层、底基层再验算其拉应力是否满足容许拉应力的要求。如不满足要求,或调整路面结构层厚度,或变更路面结构组合,或调整材料配合比,以提高极限抗弯拉强度,再重新计算。

(5)对于季节性冰冻地区的沥青路面,应验算防冻厚度是否符合要求。

(6)进行技术经济比较,确定采用的路面结构方案。

上述设计程序可用设计框图表示,如图1-4-6所示。

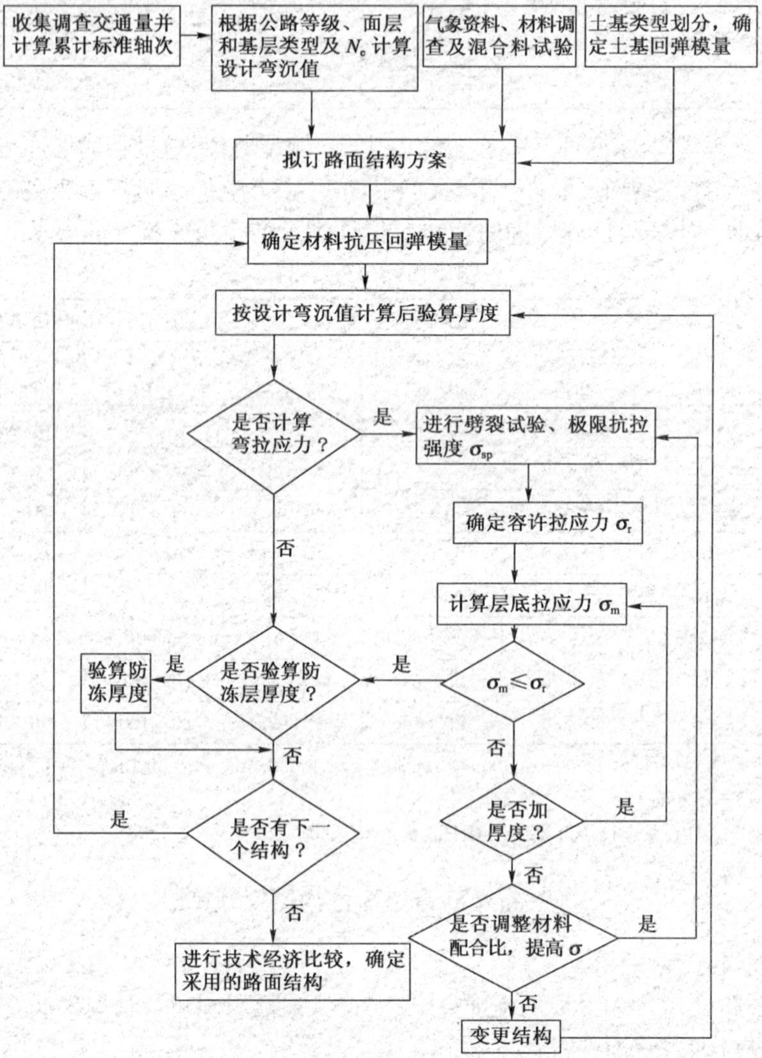

图1-4-6 路面结构设计程序框图

2. 轮隙中心路表回弹弯沉的计算

沥青路面厚度根据多层弹性理论、层间接触条件为完全连续体系时，在双圆均布荷载作用下，轮隙中心处 A 点路表计算（或实测）弯沉值 l_s 小于或等于设计弯沉值 l_d 的原则进行计算，其力学图示如图 1-4-7 所示。计算公式表示为：

$$l_s \leqslant l_d \tag{1-4-25}$$

$$l_s = 1\,000\frac{2p\delta}{E_0}\alpha_c F \tag{1-4-26}$$

$$\alpha_c = f\left(\frac{h_1}{\delta},\frac{h_2}{\delta},\cdots,\frac{h_{n-1}}{\delta},\frac{E_2}{E_1},\frac{E_3}{E_2},\cdots,\frac{E_0}{E_{n-1}}\right) \tag{1-4-27}$$

$$F = 1.63\left(\frac{l_s}{2\,000\delta}\right)^{0.38}\left(\frac{E_0}{p}\right)^{0.36} \tag{1-4-28}$$

式中：l_s——路表计算（或为实测）弯沉值，0.01mm；

p——标准车型的轮胎接地压强，MPa；

δ——当量圆半径，cm；

α_c——理论弯沉系数；

F——弯沉综合修正系数；

E_0 或 E_n——土基抗压回弹模量值，MPa；

$E_1, E_2, \cdots, E_{n-1}$——各层材料的抗压回弹模量值，MPa；

h_1、$h_2, \cdots, h_{n-1}$——各结构层厚度，cm。

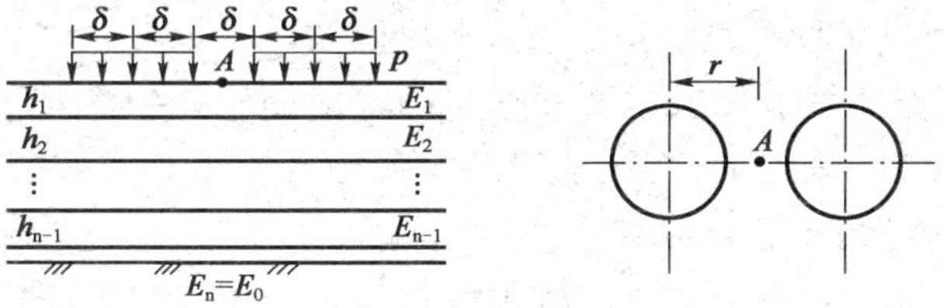

图 1-4-7　路面弯沉值计算图示

计算步骤如下：

（1）对拟订的结构组合，拟订某一层位作为设计层。在拟订的路面结构中，先拟订某一层作为设计层，拟订面层和其他各层的厚度。一般情况下，当采用半刚性基层、底基层结构时，可选任一层作为设计层；当采用半刚性基层、粒料类材料为底基层时，应拟订面层、底基层厚度，以半刚性基层为设计层；当采用柔性基层、底基层的沥青路面时，宜拟订面层、底基层的厚度，求算基层厚度，此时若求得基层厚度过厚时，可考虑选用沥青碎石或沥青贯入碎石做上基层，以减薄路面总厚度，增加结构强度和稳定性。

（2）计算设计车道的累计当量轴次 N_e，确定设计弯沉值 l_d。

（3）确定土基的抗压回弹模量设计值 E_0。

（4）论证地确定各层材料的抗压回弹模量设计值。

（5）根据设计车道累计当量轴次、设计弯沉值、各结构层的抗压回弹模量、土基抗压回弹模量以及已知结构层的厚度，利用专用设计程序即可求得设计层的厚度。

3. 路面结构层层底拉应力计算

对于高速公路、一级公路、二级公路的沥青混凝土层和半刚性材料基层、底基层，应验算其拉应力是否满足容许拉应力的要求。如不满足要求,或调整路面结构层厚度,或变更路面结构组合,或调整材料配合比,以提高极限抗弯拉强度,再重新计算。

计算路面结构层层底拉应力时,仍然以多层弹性层状体系理论为基础,层间接触条件为完全连续体系,其计算图示如图 1-4-8 所示。层底拉应力以单圆的中心点 B 及双圆轮隙中心以下的点 C 为计算点,并取最大值作为层底最大拉应力。

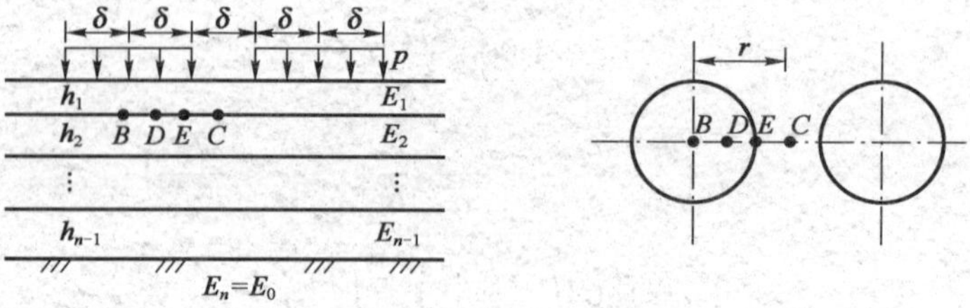

图 1-4-8　层底拉应力计算图示

整体性材料层底拉应力采用最大拉应力的理论公式(1-4-29)计算。

$$\sigma_m = p\bar{\sigma}_m \tag{1-4-29}$$

式中:$\bar{\sigma}_m$——理论最大拉应力系数,

$$\bar{\sigma}_m = f\left(\frac{h_1}{\delta},\frac{h_2}{\delta},\cdots,\frac{h_{n-1}}{\delta},\frac{E_2}{E_1},\frac{E_3}{E_2},\cdots,\frac{E_0}{E_{n-1}}\right) \tag{1-4-30}$$

$$\sigma_m \leqslant \sigma_R \tag{1-4-31}$$

根据计算参数,利用专用设计程序即可完成层底拉应力计算。

4. 沥青路面结构层厚度的设计方法

路面各结构层的厚度可按计算法或验算法确定。

(1)计算法。根据路用性能要求或工程经验确定路面结构组合类型,先拟订某一层作为设计层,然后根据混合料类型与施工工艺要求确定其他各层厚度,按规定的流程计算设计层厚度。设计层厚度不应小于最小施工厚度。

(2)验算法。根据本地区典型路面结构确定路面结构组合类型,然后根据混合料类型与施工工艺要求确定各结构层的厚度,按规定的流程进行结构验算,验算通过后即可作为备选结构。

5. 新建沥青路面交工时整体强度检测

路面交工时应在不利季节采用 BZZ—100 标准轴载实测轮隙中心处路表弯沉值。其弯沉代表值应符合式(1-4-32)的要求:

$$l_{0j} \leqslant l_a \qquad l_{0j} = (\bar{l}_0 + Z_aS)K_1K_3 \tag{1-4-32}$$

式中:l_{0j}——某路段实测路表弯沉的代表值,0.01mm;

l_a——路表面弯沉检测的标准值,0.01mm,按最后确定的路面结构厚度与材料模量计算的路表面弯沉值,即按式(1-4-26)计算的路表面弯沉值;

$\bar{l}_0$、S——某路段实测路表回弹弯沉的平均值及标准差,0.01mm;

Z_a——保证率系数,高速公路、一级公路取 1.645,其他公路沥青路面取 1.5;

K_1——季节影响系数,可根据当地经验确定;

K_3——温度修正系数,温度修正方法按有关规定进行。

检测路表弯沉值时,一般以 1 ~ 3km 为一评定路段。检测频率视公路等级每车道每 10 ~ 50m 测一点。对于半刚性基层结构宜用 5.4m 的弯沉仪,对于柔性基层结构可用 3.6m 的弯沉仪。当沥青层厚度小于或等于 50mm 时，可不进行温度修正。

五、改建沥青路面设计

沥青路面和砂石路面在使用年限内其使用性能和承载能力会不断降低，当路面上通过的累计当量轴次超过设计的标准轴载累计当量轴次时，便不能满足正常行车的要求，路面需补强或改建。

1. 改建路面设计的一般规定

（1）改线路段应按新建路面设计。加宽路面、提高路基、调整纵坡的路段应视具体情况按新建或改建路面设计。在原有路面上补强时，按改建路面设计。

（2）调查原路面现状，对路面破损程度进行分段评价，分析路面破损原因，分段拟订路面改建工程设计方案。

（3）交通量大的高速公路、一级公路以及城市郊区公路宜选择结构合理、施工安全、对交通干扰较少，以及既节能减排又保证工程质量的设计方案。

（4）设计方案应考虑原路面沥青混合料、半刚性基层材料的再生利用，并结合已有的成果和经验，积极慎重地推广再生技术。

（5）在原路扩宽工程中应采取措施加强新、老路面之间的结合，防止加宽部分与原有路面间产生差异沉降。

（6）路面改扩建工程，应根据设计方案修建试验路，以总结交通组织疏导、施工组织、施工方案、施工工艺、施工质量控制等方面经验，改进设计方案。

2. 沥青路面加铺层（包括罩面层和补强层）设计

1）原有路面调查分析

对原有路面主要调查分析的内容如下：

①调查破损情况，包括裂缝率、车辙深度、修补面积等。

②评价原路面结构承载能力——原路面表面弯沉检测。

③根据破损情况调查和承载能力测试与评价，选择路面外观为好、中、差的典型使用情况，进行分层钻芯或探坑取样，采集沥青混合料和基层、底基层、土基的样品试验，分析破坏原因，判断其破坏层位及是否可以利用。

④取样调查路床范围内路基土的分层含水率、土质类型及承载力等，分析路基的稳定性、强度以及路基路面范围内排水状况等。

2）原有路面结构承载能力评价

原有路面整体的承载能力以路表实测回弹弯沉表示。各路段的路表回弹弯沉值的测定采用 BZZ—100 标准轴载汽车，用杠杆式弯沉仪（也称贝克曼梁）进行。测点应在路面行车道的轮迹带上，测点间距为 20～50m，特殊路段或因需要可适当加密。每车道、每段的测点数不少于 20 个。

原有路面回弹弯沉值的大小同路面面层类型、结构组合和厚度、路基土类型和干湿状态、路面使用年限以及路面温度等有关，实测弯沉值之间存在着差异，为了利用实测各点的弯沉值评价原有路面的承载能力，需对所测弯沉值进行统计加工，寻求有代表性的弯沉值。计算代表弯沉值时，可根据三倍标准差原则处理（舍弃）个别过大或过小的测点值。各路段的计算弯沉值 l_0 按式（1-4-33）计算：

$$l_0 = (\bar{l}_0 + Z_a S)K_1 K_2 K_3 \tag{1-4-33}$$

式中：$\bar{l}_0$、S——某路段实测路表回弹弯沉的平均值及标准差，0.01mm；

Z_a——保证率系数，高速公路、一级公路取1.645，其他公路沥青路面取1.5；

K_1——季节影响系数，根据当地经验确定；

K_2——湿度影响系数，根据当地经验确定；

K_3——温度修正系数，温度修正方法按有关规定进行。

$$\bar{l}_0 = \frac{1}{n}\sum_{i=1}^{n} l_i \qquad S = \sqrt{\frac{\sum_{i=1}^{n}(\bar{l}_0 - l_i)^2}{n-1}} \qquad C_v = \frac{S}{\bar{l}_0} \times 100\% \tag{1-4-34}$$

（1）季节影响系数K_1。由于路面在一年内的不同季节具有不同的承载能力，经过加铺层设计的路面必须保证在不利季节具有良好的状况，实测各点的弯沉值应在不利季节再进行。当无法在不利季节测定时，要对实测弯沉值进行季节修正，将测定值换算为不利季节的测定值。各地区应根据多年累积的实测资料统计分析得到季节影响系数K_1。

（2）湿度影响系数K_2。在原有砂石路面上加铺沥青面层以后，路基和基层中的水分蒸发较以前困难，致使路基和基层中湿度增加，强度降低，弯沉增大。特别是在自然区划为$\mathrm{III}_{1.2.3}$、$\mathrm{VI}_{1.1a.2}$、VII_4区内更容易发生这种情况。这些自然区划中，在原砂石路面上测得的弯沉值应乘以反映这种湿度变化导致弯沉增大的湿度影响系数K_2。湿度影响系数应根据本地区的使用经验确定。

（3）温度修正系数K_3。原有沥青路面弯沉值测定以20℃为标准状态。当原有路面为厚度大于5cm的沥青路面时，弯沉测定值随原有沥青路面温度的变化而变化。原路面为厚度大于5cm的沥青面层，或测定弯沉时的温度不是20℃ ±2℃时，为了使不同温度时测定的弯沉结果可作比较，需把不同温度测定的结果换算为标准温度为20℃时的弯沉值l_{20}，其换算系数（或称温度修正系数）为：

$$K_3 = \frac{l_{20}}{l_T} \tag{1-4-35}$$

式中：l_T——测定时沥青面层内平均温度为T时的弯沉值，0.01mm。

温度修正系数K_3的计算方法如下：

①计算测定时沥青面层的平均温度T。

$$T = a + bT_0 \tag{1-4-36}$$

式中：a、b——系数，$a = -2.65 + 0.52h$，$b = 0.62 - 0.008h$；

T_0——测定时路表温度与测定前5h平均气温之和，℃；

h——沥青面层厚度，cm。

②计算温度修正系数。

当$T \geqslant 20$℃时，

$$K_3 = e^{h(1/T-1/20)} \tag{1-4-37}$$

当$T < 20$℃时，

$$K_3 = e^{0.002h(20-T)} \tag{1-4-38}$$

当原路面沥青面层的厚度小于或等于5cm时，不需温度修正。

（4）不同测定轴载的弯沉值换算。如采用非标准轴载（轴重60～130kN）的汽车测定弯沉时，则宜按式（1-4-38）将非标准轴载测得的弯沉值换算为标准轴载下的弯沉值。

$$\frac{l_{100}}{l_i} = \left(\frac{P_{100}}{P_i}\right)^{0.87} \tag{1-4-39}$$

式中：P_{100}、l_{100}——分别为100kN标准轴载及其相对应的弯沉值；

P_i、l_i——分别为非标准轴载及其相对应的弯沉值。

3）原有路面的分段

原有路面加铺层（包括罩面层和补强层）设计应根据下列情况将全线划分为若干段：

（1）将原路面的破损形态、弯沉值、破损原因相近的划分为一段。

（2）在同一路段内，若局部路段弯沉值很大，可先修补处理再进行补强。在计算该路段代表弯沉值时，可不考虑个别弯沉值大的点。

（3）一般按1km为单位对路况进行评价。当路况评价指标基本接近时，可将路段延长。在水文、土质条件复杂或需要特殊处理的路段，其分段长度可视实际情况确定，一般施工长度不小于300m。

4）旧沥青路面处理

（1）沥青路面的整体强度符合要求，车辙深度小于10mm，轻度裂缝，但平整度及抗滑性能较差时，可直接加铺罩面，恢复表面使用功能。

一般单层沥青混凝土罩面厚度可为30～50mm；超薄层罩面厚度宜为20～25mm。预防性养护可选用稀浆封层、微表处等。

（2）对中度、重度裂缝路段，宜视具体情况铣刨路面，否则，应进行灌缝、修补坑槽等处理，必要时采取防裂措施后再加铺沥青层。对沥青层网裂、龟裂或沥青老化的路段应进行铣刨并清除干净，设黏层沥青后，再加铺沥青层。

为减缓反射裂缝，可在旧路面上设置应力吸收层或铺设土工合成材料。土工合成材料之上，应有大于或等于70mm的沥青层。

（3）对整体强度不足或破损严重的路段，视路面破损程度确定挖除深度、范围以及加铺补强层的结构与厚度。

对于路面加宽部分，在加宽部分路基土的压实度符合要求的前提下，先使加宽部分的整体强度与原有路面的整体强度相同，然后再进行全幅补强。

5）原有路面补强层设计方法

（1）确定原有路面各路段的当量回弹模量E_t。各路段的当量回弹模量按式（1-4-40）计算：

$$E_t = 1\,000\frac{2p\delta}{l_0}m_1 m_2 \tag{1-4-40}$$

式中：E_t——原有路面的当量回弹模量，MPa；

p——标准轴载车型的轮胎接地压强，MPa；

δ——标准轴载车型单轮传压面当量圆半径，cm；

l_0——原路面的计算弯沉值，0.01m；

m_1——用标准轴载的汽车在原路面上测得的回弹弯沉值与用承载板在相同压强条件下所测得的回弹变形值之比，即轮板对比值；应根据各地的对比试验结果论证地确定，在没有对比试验资料的情况下，可取$m_1=1.1$进行计算；

m_2——原有路面当量回弹模量扩大系数。

计算与原有路面接触的补强层层底拉应力时，m_2按式（1-4-41）计算；计算其他补强层层底拉应力及弯沉值时，$m_2=1.0$。

$$m_2 = e^{0.037\frac{h'}{\delta}\left(\frac{E_{n-1}}{p}\right)^{0.25}} \tag{1-4-41}$$

式中：E_{n-1}——与原路面接触层材料的抗压模量，MPa；

h'——各补强层相当于原路面接触层的模量 E_{n-1} 的等效总厚度，cm，可按式(1-4-42)计算。

$$h' = \sum_{i=1}^{n-1} h_i (E_i/E_{n-1})^{0.25} \tag{1-4-42}$$

式中：E_i——第 i 层补强层材料的抗压回弹模量，MPa；

h_i——第 i 层补强层的厚度，cm；

$n-1$——补强层层数。

(2)加铺补强层结构设计。当原有路面强度不足时，应进行补强设计，设计方法与新建沥青路面设计方法相同。

原有路面补强层结构设计不同于新建沥青路面结构设计，结构设计应根据不同的破损状态采取不同的设计方案和原路面处理方案。

高速公路、一级公路、二级公路的补强设计方案应依原有路面弯沉值 l_0、破损状态为主要依据进行设计。主要方案有：当弯沉值 l_0 较小时，可直接加铺沥青层，视加铺厚度、裂缝情况考虑减缓反射裂缝措施；当弯沉值 l_0 较大、原路面较破坏严重时，在不受高程限制的情况下，可加铺半刚性基层（贫混凝土基层）、沥青层；当直接加铺受高程限制或原路面破坏严重时，可下挖至某结构层再加铺补强层；设计应考虑纵、横向调坡给路面结构厚度带来的变化（有时铺设调平层）。

(3)加铺补强层设计步骤：

①计算原有路面的当量回弹模量 E_t。

②拟订几种可行的结构组合与结构层厚度，并通过试验或参照当地成熟经验确定各补强层的材料参数。

③根据加铺层的类型确定设计指标，当以路表回弹弯沉为设计指标时，弯沉综合修正系数按式(1-4-43)计算；当以拉应力为控制指标时，确定了设计厚度以后，宜按式(1-4-28)计算弯沉综合修正系数，最后计算路表回弹弯沉。

$$F = 1.45\left(\frac{l_s}{2\,000\delta}\right)^{0.61}\left(\frac{E_t}{p}\right)^{0.61} \tag{1-4-43}$$

④采用弹性层状体系理论设计程序计算设计层的厚度或进行结构验算。对季节性冰冻地区的中湿、潮湿路段还应验算防冻厚度。

⑤进行技术经济比较，确定采用的补强设计方案。

工作任务五　公路水泥混凝土路面结构图设计

一、水泥混凝土路面设计理论概况

水泥混凝土路面是指以水泥混凝土做面层（配筋或不配筋）的路面，亦称刚性路面，包括普通混凝土、钢筋混凝土、连续配筋混凝土、预应力混凝土和钢纤维混凝土等面层板和基（垫）层所组成的路面。我国常用的水泥混凝土路面是普通混凝土路面。

普通混凝土路面是指除接缝区和局部范围（边缘和角隅）外，面层内均不配置钢筋的水泥混凝土路面。

本工作任务中着重介绍普通混凝土路面结构图设计。

1. 水泥混凝土路面的力学特性

水泥混凝土属脆性材料，抗弯拉强度比抗压强度低得多。水泥混凝土面层在车轮荷载作用下产生的弯拉应力超过其极限弯拉强度时，水泥混凝土板便产生断裂破坏。在车轮荷载的重复作用下，水泥混凝土面层会在低于其极限抗弯拉强度时出现疲劳破坏。此外，由于面层顶面和底面的温差会产生温度翘曲应力，面层的平面尺寸越大，翘曲应力也越大。为使水泥混凝土路面能够经受车轮荷载的多次重复作用和抵抗温度翘曲反复作用，并对地基变形有较强的适应能力，水泥混凝土面层应有足够的弯拉强度和厚度。

1）水泥混凝土面层的强度特性

水泥混凝土的强度是其硬化后的主要力学性能，按照我国《普通混凝土力学性能试验方法》的规定，水泥混凝土强度有：立方体抗压强度、棱柱体抗压强度、劈裂抗拉强度、弯拉强度、剪切强度和黏结强度等。与一般工程结构不同，水泥混凝土路面以弯拉强度作为主要强度指标，抗压强度作为参考或辅助指标。同时，在水泥混凝土路面评价时采用劈裂强度，水泥混凝土的抗拉强度也有应用。

（1）抗压强度。一般工程结构中采用抗压强度作为评价水泥混凝土力学性能的指标。由于抗压强度试件尺寸较小、抗压强度试验方法简单，路面工程中通常将其作为设计、施工的参考指标。此外，水泥混凝土的抗压强度是影响混凝土耐磨性的重要因素，随着抗压强度的提高，混凝土的耐磨性增强，可以将抗压强度作为间接评价混凝土耐磨性的指标。

（2）弯拉强度。水泥混凝土路面设计中，由于面层板承受行车荷载和温度荷载的共同作用，面层所需要的厚度取决于面层底面所产生的弯拉应力和水泥混凝土的弯拉强度。因此，采用弯拉试验确定的弯拉强度能更好地同路面受力状况相匹配。

弯拉试验采用梁式试件，试件的标准尺寸为 150mm × 150mm × 550mm。试件尺寸减小为 100mm × 100mm × 400mm 时，其弯拉强度测定值乘以 0.85 的转化系数作为标准试件的强度。标准弯拉试验采用三分点加荷方式，以往采用的中点加荷，其测定值约比三分点加荷大15% ~20%。

（3）劈裂强度。在水泥混凝土面层施工质量检验和现有水泥混凝土面层评定时，直接进行弯拉强度试验有一定的困难，通常采用钻芯方式取出圆柱形试件，进行劈裂试验确定其劈裂强度，根据所建立的劈裂强度与弯拉强度的经验关系式，由劈裂强度换算得到弯拉强度。

劈裂强度试验采用圆柱体试件。试件直径随钻芯直径而定，一般为 100mm 或 150mm，试件高度为面层厚度。

（4）抗拉强度。水泥混凝土的抗拉强度通常采用直接拉伸和间接拉伸试验测得。直接拉伸试验时，棱柱体试件在两端固定，施加拉力至试件破坏，破坏荷载除以截面积即得抗拉强度。但是水泥混凝土的直接拉伸试验难以做得准确，因为试件很不容易夹紧，试件与作用荷载易产生偏心，且有较大的试验误差，因此抗拉试验不是一种标准试验方法，很少使用。

我国国家标准和有关部颁的技术规程均规定采用劈裂抗拉试验间接确定水泥混凝土的抗拉强度。在试验室进行劈裂抗拉试验一般采用 150mm × 150mm × 150mm 立方体试件，置于上下压条之间，保持轴向受力方向，连续而均匀地加荷直至立方体试件破坏。

水泥混凝土的抗拉强度在普通水泥混凝土路面设计中未予应用，而在连续配筋混凝土路面设计时，采用水泥混凝土的极限抗拉强度指标确定面层内纵向钢筋的配筋率。

2）水泥混凝土面层的疲劳特性

水泥混凝土面层承受行车荷载及温度和湿度变化所产生的应力的反复作用。材料在承受反复应力作用时,会在低于静载极限强度值时出现破坏。材料强度随荷载反复作用而降低的现象称为疲劳。水泥混凝土出现疲劳损坏时所能经受的反复应力重复作用次数,称为混凝土的疲劳寿命。疲劳寿命随反复应力的增大而减小,不同疲劳寿命时水泥混凝土能承受的反复应力的大小,称作混凝土的疲劳强度。

我国现行的《公路水泥混凝土路面设计规范》(JTG D40—2002)规定,水泥混凝土路面面层是以行车荷载疲劳应力和温度疲劳应力综合作用下不产生断裂作为设计标准,即行车荷载产生的荷载疲劳应力和温度翘曲疲劳应力之和不超过水泥混凝土弯拉强度的设计值。因此,预估水泥混凝土面层的疲劳寿命,应当以水泥混凝土面层的弯拉疲劳强度作为水泥混凝土路面结构设计的依据之一。

3)水泥混凝土面层的应力—应变特性

水泥混凝土是一种多相复合材料,其应力—应变特性是各组成相(集料、水泥石)应力—应变性状的组合。集料和水泥石的应力—应变关系虽然都是线性的,但其弹性模量值却相差很大,使得水泥混凝土的应力—应变曲线呈现非线性。

综上所述,为使水泥混凝土路面能够经受车轮荷载的多次重复作用、抵抗温度翘曲应力,并对地基变形有较强的适应能力,混凝土面板必须具有足够的抗弯拉强度和厚度。

2. 水泥混凝土路面设计基础理论

水泥混凝土路面板在车辆荷载作用下产生的变形微小,在力学分析时常将其视为弹性板,由基层(垫层)和路基组成的地基视为弹性地基,因此,水泥混凝土路面在力学模式上可视为弹性地基上的弹性板,简称弹性地基板。将水泥混凝土面层下的基层(有时还有底基层或垫层)及路基作为弹性层状地基,应用弹性层状体系理论可求解基层顶面的当量回弹模量。水泥混凝土路面是一种弹性层状结构,可应用弹性层状体系理论求解水泥混凝土路面问题。

水泥混凝土面板的刚度远大于基(垫)层和路基的刚度。在荷载作用下,它具有良好的扩散荷载的能力,所产生的弯曲变形远小于其厚度,因此,一般采用小挠度薄板理论进行分析。

1)小挠度弹性薄板的基本假设

在弹性力学里,两个平行面和垂直于这两个平行面的平面所围成的柱面或棱柱面简称板。两个平行板面之间的垂直距离 h 称为厚度,平分厚度 h 的平面称为板的中面。如果板的厚度 h 远小于中面的最小边尺寸 b(例如 $h = b/8 \sim b/5$),这种板称薄板。当薄板弯曲时,中面所弯成的曲面称为薄板的弹性曲面,而中面内各点在竖向的(即垂直于中面方向的)位移称为挠度。水泥混凝土板属于等厚体小挠度弹性薄板,力学参数为弹性模量 E 和泊松比 μ。也就是说,虽然板很薄,但仍然具有相当的弯曲刚度,因而其挠度远小于厚度。

研究弹性小挠度薄板在垂直于中面的荷载(板顶为局部范围内的汽车轮载,板底为地基反力)作用下的弯曲时,通常采用下述三项基本假设:

(1)垂直于中面方向的应变极其微小,可以忽略不计。

(2)垂直于中面的法线,在弯曲变形前后均保持为直线并垂直于中面,因而无横向剪切应变。

(3)中面上各点无平行于中面的位移。

对于弹性地基薄板,板与地基的联系又采用了如下假设:

(1)在变形过程中,板与地基的接触面始终吻合,即板底与地基表面的竖向位移是相同的。

(2)在板与地基的两接触面之间没有摩阻力(可以自由滑动),即接触面上的剪应力视为零。

2)地基顶面的挠度与反力之间的关系

地基顶面的挠度与反力之间的关系有如下两种不同的假说。

(1)温克勒地基。假设地基上任一点的反力仅同该点的挠度成正比,而与其他点无关,即地基相当于由互不联系的弹簧组成。这是以反力模量 K 表征的地基,简称 K 地基。

(2)弹性半空间地基。它是以弹性模量和泊松比表征的地基,简称 E 地基。假设地基为一个各向同性的弹性半无限体。

弹性半空间地基假设要比温克勒地基假设更符合地基实际的工作情况。但在荷载作用于板边、板中或板角隅处,对有限尺寸的矩形板,运用弹性半无限地基板理论计算相应位置的挠度和弯矩时,在数学上遇到困难。因此,在实际计算中常采用近似的数值计算方法——有限元法。

根据我国的生产实践和科研成果,我国现行规范采用弹性地基板理论,而地基模型则采用以弹性模量和泊松比表征的弹性半空间地基假说。

3)水泥混凝土路面温度应力分析

水泥混凝土路面板内不同深处的温度随气温的变化而变化,这种变化使水泥混凝土板出现膨胀和收缩变形的趋势。当变形受阻时,板内便产生胀缩应力或翘曲应力。板的平面尺寸越大,翘曲应力越大,这种温度疲劳应力是导致混凝土板破坏的原因之一。路面板划分为有限尺寸板块后,因收缩而产生的应力很小,可不予考虑。由于水泥混凝土板、基层和土基的导热性能较差,当气温变化较快时,使板顶面与底面产生温度差,因而板顶与板底的胀缩变形大小也就不同。当气温升高时,板顶面温度较其底面高,板顶膨胀变形较板底的大,则板中部可能隆起;相反,当气温下降时,板顶面温度较其底面板低,板顶收缩变形较板底大,因而板的边缘和角隅可能翘起,如图 1-5-1 所示。由于板的自重、地基反力和相邻板的钳制作用,使部分翘曲变形受阻,从而使板内产生翘曲应力。由气温升高引起的板中部隆起受到限制时,板底面出现拉应力;而当气温降低引起的板四周翘起受阻时,板顶面出现拉应力。

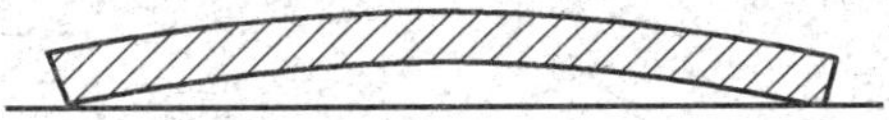

a)

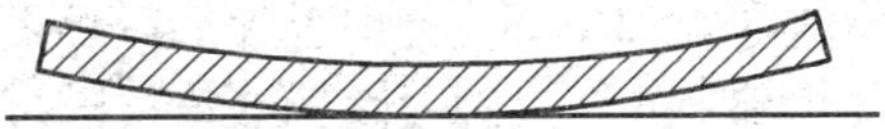

b)

图 1-5-1 混凝土路面板的翘曲变形

a)气温升高时;b)气温降低时

为了分析翘曲应力,威斯特卡德作了如下假设:温度沿板断面呈直线变化,板和地基始终保持接触,不计板自重,从而导出了板仅受地基约束时的翘曲应力计算公式。

4)水泥混凝土路面厚度设计方法

路面厚度的设计方法有经验法和解析法两大类。经验法是以足尺试验路为基础,经过长期的观测建立起标准轴载作用次数、路面结构厚度和使用性能之间的经验公式,如美国的 AASHO 法。解析法则是以结构分析为基础,利用弹性地基板理论来解算荷载应力,并以疲劳开裂作为路面破坏临界状态,如美国的 PCA 法。我国目前仍采用解析法,并以设计基准期末期混凝土面层板出现疲劳断裂为临界状态作标准。

二、水泥混凝土路面设计依据

水泥混凝土路面设计，应根据道路的使用任务、性质和要求，结合当地气候、水文、土质、材料、施工技术、实践经验以及环境保护要求等，通过技术经济分析，以最低的寿命周期费用提供一种合适的路面结构。该结构在设计使用期内，按规定满足预期的使用性能要求，并同所处的自然环境相适应。

水泥混凝土路面是一种复合结构，其设计的主要内容包括：各结构层材料组成设计、结构组合与厚度设计、面层接缝设计、路面排水设计以及钢筋配置设计等。

水泥混凝土路面设计的依据包括以下几项。

（一）可靠度设计标准

现行的《公路水泥混凝土路面设计规范》（JTG D40—2002）中，对水泥混凝土路面设计引入了目标可靠度、材料力学性能和结构尺寸参数的变异水平等级等指标。

现行规范选定的水泥混凝土路面结构设计方法，仅考虑满足路面的结构性能要求，并以行车荷载和温度梯度综合作用产生的疲劳断裂作为设计标准。因而水泥混凝土路面结构可靠度也可定义为：在规定的设计基准期内，在规定的交通和环境条件下，行车荷载疲劳应力和温度梯度应力的总和不超过混凝土弯拉强度的概率。

在可靠度概念中，应明确以下两方面的含义。

1. 设计基准期

设计基准期是指路面设计取用的使用时间。需要指出的是，设计基准期不是路面结构的使用寿命，而是指计算路面结构可靠度时，考虑各项基本度量与时间关系所取用的基准时间。在这个时间段内关于路面结构可靠性的分析是有效的。虽然它与路面的寿命有一定的联系，但并不是一旦路面的使用年限超过路面的设计基准期路面就全部报废，而是路面结构的可靠度下降。

2. 功能

对于路面，即为使用性能，包括功能性和结构性两个方面，预定使用性能是用规定温湿状态下特定的临界状态表示的。

在可靠度设计方法中，各项设计参数都可用均值作为标准值。考虑到混凝土强度值在工程中的应用习惯，设计时的强度标准值按随机变量正态分布的15%分位值取值。这一取值标准所产生的影响，已考虑到可靠度系数中。

《公路水泥混凝土路面设计规范》（JTG D40—2002）规定，各级公路水泥混凝土路面结构的设计安全等级及相应的设计基准期、目标可靠指标和目标可靠度，应符合表1-5-1的规定。各安全等级路面的材料性能和结构尺寸参数的变异水平等级，宜按表1-5-1的建议选用。

可靠度设计标准 表1-5-1

公路技术等级	高速公路	一级公路	二级公路	三、四级公路
安全等级	一级	二级	三级	四级
设计基准期（年）	30	30	20	20
目标可靠度（%）	95	90	85	80
目标可靠指标	1.64	1.28	1.04	0.84
变异水平等级	低	低~中	中	中~高

上表所列的材料性能和结构尺寸参数的变异水平等级为建议采用的等级，也可按施工技术、施工质量控制和管理要求达到和可能达到的具体水平选用其他等级。降低选用的变异水平等级，须增加混凝土面层的设计厚度要求；而提高选用的变异水平等级，则可降低混凝土面层的设计厚度或混凝土的设计强度要求。可通过技术经济分析和比较予以确定。但对于高速公路的路面，为保证优良的行驶质量，不宜降低变异水平等级。

（二）主要设计参数的变异水平等级与变异系数

材料性能和结构尺寸参数的变异水平等级，按施工技术、施工质量控制和管理水平分为低、中和高三级。各变异水平等级主要设计参数的变异系数变化范围应符合表 1-5-2 的规定。

变异系数 C_v 的变化范围 表 1-5-2

变异水平等级	低	中	高
水泥混凝土弯拉强度、弯拉弹性模量	$C_v \le 0.10$	$0.10 < C_v \le 0.15$	$0.15 < C_v \le 0.20$
基层顶面当量回弹模量	$C_v \le 0.25$	$0.25 < C_v \le 0.35$	$0.35 < C_v \le 0.55$
水泥混凝土面层厚度	$C_v \le 0.04$	$0.04 < C_v \le 0.06$	$0.06 < C_v \le 0.08$

由滑模或轨道式施工机械施工，并进行认真、严格的施工质量控制和管理的工程，可选用低变异水平等级。由滑模或轨道式施工机械施工，但施工质量控制和管理水平较弱的工程，或者采用小型机具施工，而施工质量控制和管理得到认真、严格执行的工程，可选用中、低变异水平等级。采用小型机具施工，施工质量控制和管理水平较弱的工程，可选用高变异水平等级。

选定了变异水平等级，施工时就应采取相应的技术和管理措施，以保证主要设计参数的变异系数控制在表 1-5-2 相应等级的规定范围内。

（三）可靠度系数

现行的公路水泥混凝土路面设计规范中，水泥混凝土路面结构设计以行车荷载和温度梯度综合作用产生的疲劳断裂作为设计的极限状态，其表达式为：

$$\gamma_r(\sigma_{pr} + \sigma_{tr}) \le f_r \qquad (1\text{-}5\text{-}1)$$

式中：γ_r——可靠度系数，依据所选目标可靠度及变异水平等级按表 1-5-3 确定；

σ_{pr}——行车荷载疲劳应力，MPa；

σ_{tr}——温度梯度疲劳应力，MPa；

f_r——水泥混凝土弯拉强度标准值，MPa。

可 靠 度 系 数 表 1-5-3

变异水平等级	目标可靠度（%）			
	95	90	85	80
低	1.20 ~ 1.33	1.09 ~ 1.16	1.04 ~ 1.08	—
中	1.33 ~ 1.50	1.16 ~ 1.23	1.08 ~ 1.13	1.04 ~ 1.07
高	—	1.23 ~ 1.33	1.13 ~ 1.18	1.07 ~ 1.11

注：变异系数在其变换范围的下限时，可靠度系数取低值；上限时，取高值。

可靠度系数是目标可靠度及设计参数变异水平等级和相应的变异系数的函数。设计时，可依据各设计参数变异系数值在各变异水平等级变化范围内的情况选择可靠度系数。

（四）设计车道标准轴载累计作用次数

1. 标准轴载与临界荷位

水泥混凝土路面结构设计以轴重 100kN 的单轴—双轮组荷载作为标准轴载。临界荷位是指混凝土板内产生最大荷载和温度梯度综合疲劳损坏时标准轴载的作用位置。现行规范中选取水泥混凝土板的纵向边缘中部作为产生最大荷载和温度梯度综合疲劳损坏的临界荷位，如图 1-5-2 所示。

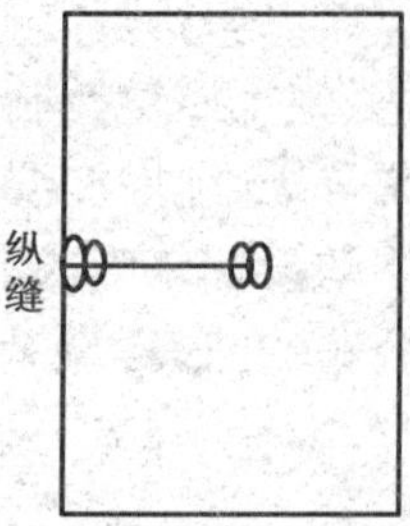

图 1-5-2 临界荷位

2. 轴载换算方法

不同轴—轮型和轴载的作用次数，按式(1-5-2)换算为标准轴载的作用次数。

$$N_s = \sum_{i=1}^{n} \delta_i N_i \left(\frac{P_i}{100}\right)^{16} \tag{1-5-2}$$

式中：N_s——100kN 的单轴—双轮组标准轴载的作用次数；

P_i——单轴—单轮、单轴—双轮组、双轴—双轮组或三轴—双轮组轴型 i 级轴载的总重，kN；

n——轴型和轴载级位数；

N_i——各类轴型 i 级轴载的作用次数；

δ_i——轴—轮型系数，单轴—双轮组时，$\delta_i = 1$；单轴—单轮时，$\delta_i = 2.22 \times 10^3 P_i^{-0.43}$；双轴—双轮组时，$\delta_i = 1.07 \times 10^{-5} P_i^{-0.22}$；三轴—双轮组时，$\delta_i = 2.24 \times 10^{-8} P_i^{-0.22}$。

3. 设计车道标准轴载累计作用次数 N_e 计算

1）设计车道使用初期的年平均日货车交通量

利用当地交通量观测站的观测和统计资料，或者通过设立站点进行交通量观测，获取所设计公路的初期年平均日交通量（双向）和车辆组成数据（车型、轴型和轴载），剔除 2 轴 4 轮以下的客、货车交通量，即可得到公路使用初期的年平均日货车交通量（双向）。

调查分析双向交通的分布情况，选取交通量方向分配系数，一般情况可采用 0.5。依据设计公路的车道数，参照表 1-5-4 确定交通量车道分配系数。

交通量车道分配系数 表 1-5-4

单向车道数	1	2	3	≥4
车道分配系数	1.0	0.8～1.0	0.6～0.8	0.5～0.75

注：交通量大时，取低值；交通量小时，取高值。

公路使用初期的年平均日交通量（双向）乘以方向分配系数和车道分配系数，即可得到设计车道使用初期的年平均日交通量（ADTT）。

设计基准期内交通量的年平均增长率 g_r，可按公路等级和功能以及所在地区的经济和交通发展情况，通过调查分析，采用预估方法确定。

2）轴载调查与分析

利用当地称重测站的测定和统计资料，或者通过设立站点进行轴重调查和测定，获取所设计公路通过的车型、轴型和轴载组成数据，分析计算设计车道使用初期的标准轴载日作用次数。分析方法有轴载当量换算系数法和车辆当量轴载系数法两种。

(1)轴载当量换算系数法。统计 1 000 辆 2 轴 6 轮以上客、货车辆单轴、双联轴和三联轴 3 种轴型分别出现的次数，并分别称取其轴重。称重测定资料分别按轴型 i 和轴重级位 j 整理，得到各种轴型的轴载谱。单轴轴载按 10kN 分级（如 80～90kN、90～100kN…），双联轴和三联轴轴载按 20kN 分级（如 60～80kN、80～100kN…）。各种轴型不同轴载级位的标准轴载当量换算系数按式(1-5-3)计算确定。

$$k_{p,ij} = \delta_{ij}\left(\frac{P_{ij}}{100}\right)^{16} \quad (1\text{-}5\text{-}3)$$

式中：$k_{p,ij}$——各种轴型不同轴载级位的标准轴载当量换算系数；

i——轴型；

j——轴载级位；

P_{ij}——i 种轴型 j 级轴载的轴重，kN；

δ_{ij}——i 种轴型 j 级轴载的轴—轮型系数，按公式(1-5-2)确定。

由轴载谱和轴载当量换算系数按式(1-5-4)计算得到设计车道使用初期的标准轴载日作用次数。

$$N_s = \frac{\text{ADTT}}{1\,000}\sum_i n_i \sum_j (k_{p,ij}P_{ij}) \quad (1\text{-}5\text{-}4)$$

式中：N_s——设计车道使用初期的标准轴载日作用次数；

ADTT——年平均日交通量；

n_i——每 1 000 辆 2 轴 6 轮以上客、货车辆中 i 种轴型出现的次数；

P_{ij}——i 种轴型 j 级轴载的频率(以分数计)。

(2)车辆当量轴载系数法。将 2 轴 6 轮以上客、货车辆分为 3 大类：整车类，细分为单后轴货车、双后轴货车和大客车 3 类；半挂车类，细分为 3 轴、4 轴、5 轴和 5 轴以上 3 类；全挂车类，细分为 4 轴、5 轴、6 轴和 6 轴以上 3 类。各类车辆的轴型分为单轴、双联轴和三联轴 3 种。

称重测定资料分别按车型和轴型整理得到相应的轴载谱。单轴轴载按 10kN 分级，双轴轴载和三轴轴载按 20kN 分级。

各类车辆的当量轴载系数按式(1-5-5)计算确定。

$$k_{p,k} = \sum_i \left[\sum_j (k_{p,ij}P_{ij})\right] \quad (1\text{-}5\text{-}5)$$

式中：$k_{p,k}$——车辆当量轴载系数；

k——车辆类型；

P_{ij}——i 种轴型 j 级轴载的频率(以分数计)。

由各类车辆的组成数据，可按式(1-5-6)计算得到标准轴载日作用次数。

$$N_s = \text{ADTT}\sum_k (k_{p,k}p_k) \quad (1\text{-}5\text{-}6)$$

式中：N_s——标准轴载日作用次数；

p_k——k 类车辆的组成比例(以分数计)。

3)设计车道标准轴载累计作用次数

设计基准期内水泥混凝土面层临界荷位处所承受的标准轴载累计作用次数，可按式(1-5-7)计算确定。

$$N_e = \frac{365N_s[(1+g_r)^t - 1]}{g_r}\eta \quad (1\text{-}5\text{-}7)$$

式中：N_e——标准轴载累计作用次数；

N_s——设计车道使用初期标准轴载日作用次数；

t——设计基准期；

g_r——交通量年平均增长率；

η——临界荷位处的车辆轮迹横向分布系数，按表 1-5-5 选用。

车辆轮迹横向分布系数 表 1-5-5

公路等级		纵缝边缘处
高速公路、一级公路、收费站		0.17～0.22
二级及二级以下公路	行车道宽＞7m	0.34～0.39
	行车道宽≤7m	0.54～0.62

注：车道或行车道宽或者交通量较大时，取高值；反之，取低值。

（五）交通等级

水泥混凝土路面所承受的轴载作用，按设计基准期内设计车道所承受的标准轴载累计作用次数分为特重、重、中等、轻 4 个等级，分级范围见表 1-5-6。

交通分级 表 1-5-6

交通等级	特重	重	中等	轻
设计车道标准轴载累计作用次数 N_e（$\times 10^4$）	＞2 000	100～2 000	3～100	＜3

（六）混凝土弯拉强度标准值

现行的《公路水泥混凝土路面设计规范》（JTG D40—2002）中，水泥混凝土的设计弯拉强度标准值为 28d 龄期的弯拉强度。当水泥混凝土浇筑 90d 内不开放交通时，可采用 90d 龄期的弯拉强度，其约为 28d 强度的 1.15 倍。各交通等级要求的水泥混凝土弯拉强度标准值不得低于表 1-5-7 的规定。

混凝土弯拉强度标准值（MPa） 表 1-5-7

交通等级	特重	重	中等	轻
水泥混凝土的弯拉强度标准值	5.0	5.0	4.5	4.0
钢纤维混凝土的弯拉强度标准值	6.0	6.0	5.5	5.0

（七）最大温度梯度标准值

水泥混凝土面层顶面和底面的温度差与板厚的比值称为温度梯度，计量单位表示为℃/m。

水泥混凝土面层的最大温度梯度标准值 T_g，可按照公路所在地的公路自然区划按表 1-5-8 选用。

最大温度梯度标准值 T_g（℃/m） 表 1-5-8

公路自然区划	Ⅱ、Ⅴ	Ⅲ	Ⅳ、Ⅵ	Ⅶ
最大温度梯度	83～88	90～95	86～92	93～98

注：海拔高时，取高值；湿度大时，取低值。

三、水泥混凝土路面结构组合设计

水泥混凝土路面设计应当将路基和路面各结构层作为一个整体综合考虑。

1. 路基

水泥混凝土的弹性模量为 $25\times10^3\sim40\times10^3$MPa，水泥混凝土面层板具有很高的刚度和扩散荷载的能力，通过面层板和基层传到路基顶面的荷载应力值很小，一般不超过 0.05MPa。

因此，对路基承载能力的要求并不高。然而，如果土基的稳定性不足，在水温变化的影响下出现较大的变形，特别是不均匀沉陷，则仍将给混凝土面板带来很不利的影响。实践证明，由于土基不均匀支承，使面板在受荷时底部产生过大的弯拉应力，导致水泥混凝土路面产生破坏。因此，对路基的基本要求是稳定、密实、均质，对路面结构提供均匀的支承，即路基在环境和荷载作用下产生的不均匀变形很小。

高液限黏土及含有机质的细粒土，不能用作高速公路、一级公路的路床填料或二级以下公路的上路床填料；高液限粉土及塑性指数大于 16 或膨胀率大于 3% 的低液限黏土，不能用作高速公路、一级公路的上路床填料。因条件限制而必须采用上述土做填料时，应掺加石灰或水泥等结合料进行改善。

影响路基强度和稳定性的地面水和地下水，必须拦截或排出路基范围以外。地下水位高时，宜提高路堤设计标高。在设计标高受限制，未能达到中湿状态路基的临界高度时，应选用粗粒土或低剂量石灰（或水泥）稳定细粒土作路床或上路床填料；未能达到潮湿状态路基的临界高度时，除采用上述填料措施外，还应采取在边沟下设置排水渗沟等降低地下水位的措施。

路基压实度和路基填料的强度、最大粒径应符合现行的《公路路基设计规范》（JTG D30—2004）的有关规定。多雨潮湿地区，对于高液限黏土及塑性指数大于 16 或膨胀率大于 3% 的低液限黏土，应对填料进行改良，以满足有关技术要求，并在含水率略大于其最佳含水率时压实。

2. 基层与垫层

1）基层

水泥混凝土路面的基层所承受的车辆荷载应力较小，面层下设置基层的目的是：

（1）延长路面寿命。设置基层的水泥混凝土路面，可以提高路面结构的承载能力，延长路面的使用寿命。

（2）防唧泥。水泥混凝土面层如直接铺筑在路基上，会由于路基土塑性变形量大、细料含量多和抗冲刷能力低而极易产生唧泥现象。铺设基层后，可减轻以至消除唧泥的产生。但未经处治的砂砾基层，其细料含量和塑性指数不能太高，否则仍会产生唧泥。

（3）防冰冻。在季节性冰冻地区，采用对冰冻不敏感的粒状多孔材料铺筑基层，可以减少路基的冰冻深度，从而减轻冰冻的危害作用。

（4）降低路基不均匀变形。设置基层之后，可以减小路基顶面的压应力，从而减轻路基不均匀变形对面层的影响。

（5）防水。在湿软土基上，铺筑开级配粒料基层，可以排除从路表面渗入面层板下的水分，以及隔断地下毛细水上升。

（6）方便施工。基层为面层施工（如立侧模、运送混凝土混合料等）提供方便。

基层应具有足够的抗冲刷能力和一定的刚度，且断面正确，表面平整。理论计算和实践都已证明，采用整体性好、具有较高弹性模量（如贫混凝土、沥青混凝土、水泥稳定碎石、石灰粉煤灰稳定碎石、级配碎石等）的材料修筑基层，可以确保混凝土路面良好的使用特性和延长路面的使用寿命。

基层类型宜依照交通等级按表 1-5-9 选用。混凝土预制块面层应采用水泥稳定粒料基层。

适宜各交通等级的基层类型 表 1-5-9

交 通 等 级	基 层 类 型
特重交通	贫混凝土、碾压混凝土或沥青混凝土
重交通	水泥稳定粒料或沥青稳定碎石
中等或轻交通	水泥稳定粒料、石灰粉煤灰稳定粒料或级配粒料

湿润和多雨地区，路基为低透水性细粒土的高速公路、一级公路或者承受特重交通的二级公路，宜采用排水基层。排水基层可选用多孔隙的开级配水泥稳定碎石、沥青稳定碎石或碎石，其孔隙率约为20%。

基层的宽度应比混凝土面层每侧至少宽出300mm（采用小型机具施工时），或500mm（采用轨模式摊铺机施工时），或650mm（采用滑模式摊铺机施工时）。路肩采用混凝土面层，其厚度与行车道面层相同时，基层宽度宜与路基同宽。级配粒料基层的宽度也宜与路基同宽。

研究资料表明，用厚基层来提高土基的支承力，或者说借以降低面层应力或减薄面层厚度一般是不经济的。但是随着稳定类基层厚度的减小，基层底面的弯拉应力随之增大，因此基层厚度不宜太薄。

各类基层厚度的适宜范围见表1-5-10。有关基层的其他要求可参见现行的设计规范。

各类基层厚度的适宜范围 表 1-5-10

基 层 类 型	厚度适宜的范围（mm）
贫混凝土或碾压混凝土基层	120～200
水泥或石灰粉煤灰稳定粒料基层	150～250
沥青混凝土基层	40～60
沥青稳定碎石基层	80～100
级配粒料基层	150～200
多孔隙水泥稳定碎石排水基层	100～140
沥青稳定碎石排水基层	80～100

2）垫层

垫层主要设置在温度和湿度状况不良的路段上，以改善路面结构的使用性能。遇有下述情况时，需在基层下设置垫层：

（1）季节性冰冻地区的中湿路基和潮湿路基，当地最大冰冻深度大于0.5m，且路面的总厚度（面层和基层厚度）小于表1-5-11规定的路面最小防冻厚度时，应设置防冻垫层，厚度的差值用垫层的厚度来补足。

水泥混凝土路面最小防冻厚度（m） 表 1-5-11

路基干湿类型	路 基 土 质	当地最大冰冻深度（m）			
		0.50～1.00	1.01～1.50	1.51～2.00	>2.00
中湿路基	低、中、高液限黏土	0.30～0.50	0.40～0.60	0.50～0.70	0.60～0.95
	粉土、粉质低、中液限黏土	0.40～0.60	0.50～0.70	0.60～0.85	0.70～1.10
潮湿路基	低、中、高液限黏土	0.40～0.60	0.50～0.70	0.60～0.90	0.75～1.20
	粉土、粉质低、中液限黏土	0.45～0.70	0.55～0.80	0.70～1.00	0.80～1.30

注：1. 冻深小或填方路段，或者基、垫层为隔温性能良好的材料，可采用低值；冻深大或挖方及地下水位高的路段，或者基、垫层为隔温性能稍差的材料，应采用高值。

2. 冻深小于0.50m的地区，一般不考虑结构层防冻厚度。

(2)水文地质条件不良的土质路堑，路床土湿度较大时，宜设置排水垫层。

(3)路基可能产生不均匀沉降或变形时，可加设半刚性垫层。

垫层材料的强度要求不一定要高，但其水稳性、隔热性能要好。垫层材料以就地取材为原则。防冻垫层和排水垫层一般采用颗粒材料(砂砾、中粗砂等)。半刚性垫层可采用低剂量无机结合料、稳定粒料或土。

垫层的宽度应与路基同宽，其最小厚度为150mm。

3. 面层

水泥混凝土面层(面板)应具有足够的强度、耐久性，表面应抗滑、耐磨、平整。

理论分析表明，轮载作用于水泥混凝土面板中部时，面板所产生的最大应力约为轮载作用于板边部时的2/3。因此，为了适应荷载应力的变化，水泥混凝土面板的横断面应采用中间薄两边厚的形式，如图1-5-3所示。一般边部厚度较中部约大25%，从路面最外两侧板的边部开始，在60～100cm宽度范围内逐渐减薄至中间厚度。但是厚边式路面对土基和基层的施工带来不便，而且使用经验也表明，在厚度变化转折处，易引起板的折裂。因此，目前国内外常采用等厚式断面。

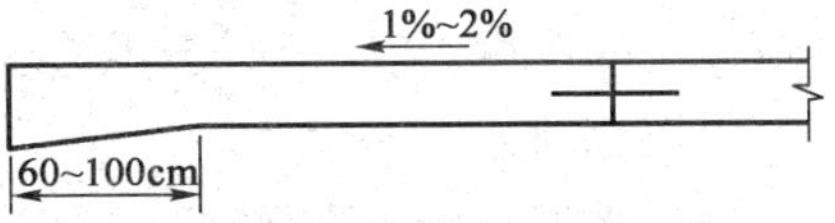

图1-5-3　水泥混凝土面层变截式横断面示意图

面层一般采用设置纵、横向接缝的普通混凝土。普通混凝土面层板平面形状通常采用纵向接缝同横向接缝垂直相交的矩形。纵缝两侧的横缝应对接上，不得相互错位，以避免纵缝处两侧板块粘连时由于纵向相对位移受阻而使横缝两侧的板块出现横向感应裂缝。在横缝不设传力杆的中等和轻交通路面上，横缝也可设置成与纵缝斜交，使车轴两侧的车轮不同时作用在横缝的一侧，从而减少轴载对横缝的影响，但横缝的斜率不应使板的锐角小于75°。

现行的《公路水泥混凝土路面设计规范》(JTG D40—2002)规定，纵向接缝的间距(即板宽)按路面宽度在3.0～4.5m范围内确定。

横向接缝的间距(即板长)大小影响板内温度应力、接缝缝隙宽度和接缝传荷能力。普通混凝土面层的横缝间距一般采用4～6m。板块宜尽可能接近正方形，以改善其受力状况。面层板的长宽比不宜超过1.30，平面尺寸不宜大于25m²。

在进行路面结构组合设计及初拟面层厚度时，各交通等级下的水泥混凝土面板初估厚度可参照表1-5-12所列范围选取。普通混凝土面层板的厚度按规定的计算方法确定。面板的最小厚度不宜小于180mm。

在各级面层厚度参考范围内，标准轴载作用次数多、变异系数大、最大温度梯度大，或者基、垫层厚度小，或者模量值低时，取高值。

水泥混凝土面层厚度的参考范围(mm)　　表1-5-12

交通等级	特重				重			
公路等级	高速	一级		二级	高速	一级		二级
变异水平等级	低	中	低	中	低	中	低	中
面层厚度	≥260	≥250	≥240		270～240	260～230	250～220	
交通等级	中等					轻		
公路等级	二级		三、四级		三、四级	三、四级		
变异水平等级	高	中	高		中	高	中	
面层厚度	240～210	230～200			220～200	≤230	≤220	

4. 路肩和路面排水

1)路肩

路肩铺面结构应具有一定的承载能力,其结构层组合和材料选用应与行车道路面相协调,并保证进入路面结构中的水的排除。路肩铺面可选用水泥混凝土面层或沥青面层。

路肩水泥混凝土面层的厚度通常采用与行车道面层等厚,其基层宜与行车道基层相同。选用薄面层时,其厚度不宜小于150mm,基层应采用开级配粒料。

路肩为沥青面层时,宜选用密实型沥青混合料。其基层可选用无机结合料稳定粒料或级配粒料。行车道路面结构不设内部排水设施时,沥青面层和不透水基层的总厚度不宜超过行车道面层的厚度,基层下应选用透水性材料填筑。

2)路面排水

通过水泥混凝土面层接缝、裂缝和外侧边缘下渗的水量(特别在降水量大而接缝填封料失效的情况下)比预料的要多。路面修建往往采用槽式结构,因而下渗到基层或底基层内的水常积滞在路槽内,从而侵蚀基层、底基层和路基,造成唧泥和错台的出现。

为迅速排除渗入路槽内的水分,应从路面排水和路肩制作等以下几点进行考虑:

(1)行车道路面应设置双向或单向横披,坡度为1% ~2%。路肩铺面的横向坡度值宜比行车道路面的横坡度值大1% ~2%。

(2)行车道路面结构设置排水基层或垫层时,应在排水基层或垫层外侧边缘设置纵向集水沟和带孔集水管,并间隔50 ~100m设置横向排水管。

(3)排水基层的纵向边缘集水沟,路肩采用水泥混凝土面层时,可设在路肩下或路肩外侧边缘内;路肩采用沥青面层时,可设在路肩内侧边缘内。排水垫层的纵向边缘集水沟设在路床边缘。

四、水泥混凝土路面接缝设计

由于一年四季气温的变化,水泥混凝土面层会产生不同程度的膨胀和收缩,从而引起混凝土板的轴向变形。在一昼夜中,白天气温升高,混凝土板顶面温度较底面温度高,这种温度坡差会形成板的中部隆起的趋势。夜间气温降低,板顶面温度较底面温度低,会使板的周边和角隅发生翘起的趋势,发生翘曲变形,如图1-5-4a)所示。这些变形会受到板与基础之间的摩阻力和黏结力,以及板的自重、车轮荷载等的约束,致使板内产生过大的应力,造成板的断裂[图1-5-4b)]或拱胀等破坏。

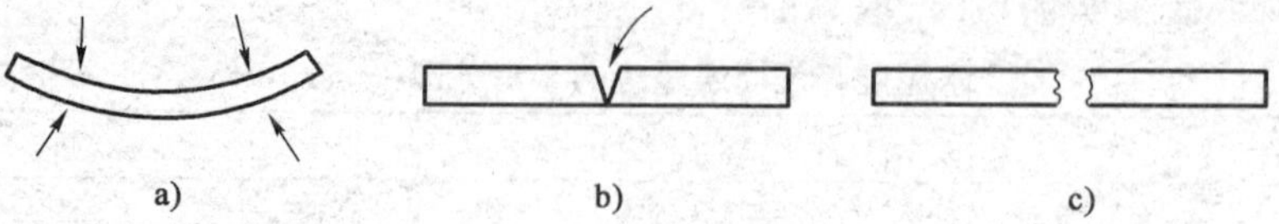

图1-5-4　混凝土板的变形

a)混凝土板的翘曲变形;b)混凝土板开裂;c)混凝土板被拉开

由图1-5-4可知,由于翘曲而引起裂缝,则在裂缝发生后被分割的两块板体尚不致完全分离,倘若板体温度均匀下降引起收缩,则将使两块板体被拉开[图1-5-4c)],从而失去荷载传递作用。

为避免这些缺陷,不得不在水泥混凝土路面纵横两个方向设置许多接缝,把整个路面分割成许多板块，如图 1-5-5 所示。

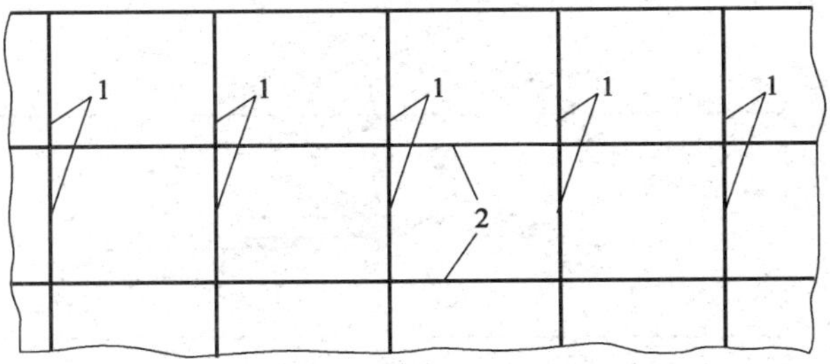

图 1-5-5　路面接缝设置

1-横缝；2-纵缝

水泥混凝土面层的接缝可分为：横向接缝和纵向接缝。

横向接缝是垂直于行车方向的接缝，共有三种形式：横向缩缝、横向施工缝和胀缝。缩缝保证板因温度和湿度的降低而收缩时沿该薄弱断面缩裂，从而避免产生不规则的裂缝。胀缝保证板在温度升高时能部分伸张，从而避免产生路面板在热天的拱胀和折断破坏，同时胀缝也能起到缩缝的作用。每日施工结束或因临时原因中断施工时，必须设置横向施工缝，其位置应尽可能选在缩缝或胀缝处。

纵向接缝是平行于行车方向的接缝，共有两种形式：纵向缩缝和纵向施工缝。

在任何形式的接缝处板体都不可能是连续的，其传递荷载的能力总不如非接缝处，而且任何形式的接缝都不免要漏水。因此，对各种形式的接缝，都必须为其提供相应的传荷与防水的设施。

1. 横向接缝的构造与布置

1）横向缩缝

普通水泥混凝土面层的横向缩缝间距一般为 4～6m（即板长），在昼夜气温变化较大的地区，或地基水文情况不良路段，应取低限值，反之取高限值。

横向缩缝可等间距或变间距布置，采用假缝形式（只在横向缩缝位置面层顶部锯切成一定深度的槽口）。特重和重交通公路、收费广场以及邻近胀缝或自由端部的 3 条缩缝，应采用设传力杆假缝形式，其构造如图 1-5-6a）所示。其他情况可采用不设传力杆假缝形式，其构造如图 1-5-6b）所示。

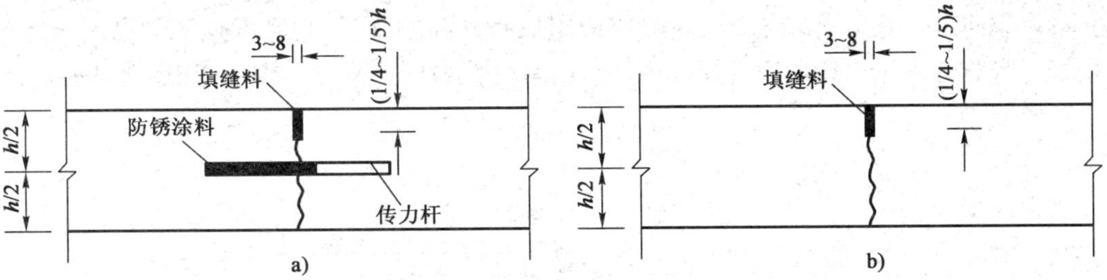

图 1-5-6　横向缩缝构造（尺寸单位：mm）

a）设传力杆假缝型；b）不设传力杆假缝型

横向缩缝顶部锯切槽口的深度为面层厚度的 1/5～1/4，宽度为 3～8mm，槽内填塞填缝料。高速公路的横向缩缝槽口宜增设深 20mm、宽 6～10mm 的浅槽口。其构造如图 1-5-7 所示。

2）横向施工缝

设在缩缝处的施工缝，应采用加传力杆的平缝形式，其构造如图 1-5-8a）所示；设在胀缝处的施工缝，其构造与胀缝相同。遇有困难需设在缩缝之间时，施工缝采用设拉杆的企口缝形式，其构造如图 1-5-8b）所示。

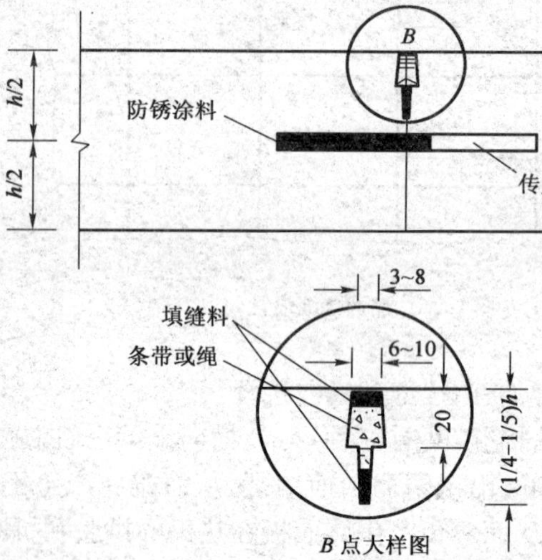

图 1-5-7　浅槽构造（尺寸单位：mm）

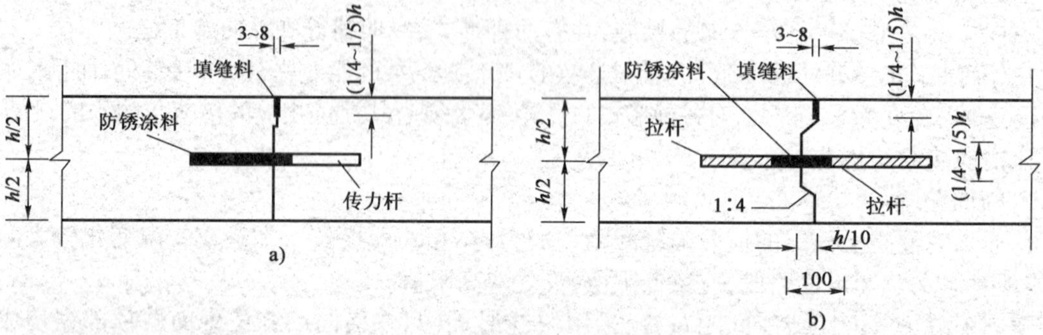

图 1-5-8　横向施工缝构造（尺寸单位：mm）

a）设传力杆平缝型；b）设拉杆企口缝型

3）胀缝

在邻近桥梁或其他固定构造物处或与其他道路相交处应设置横向胀缝。设置胀缝的条数，视膨胀量大小而定。低温浇筑混凝土面层或选用膨胀性高的集料时，宜根据实际情况确定是否设置胀缝。胀缝宽 20mm，缝内设置填缝板和可滑动的传力杆。胀缝的构造如图 1-5-9 所示。

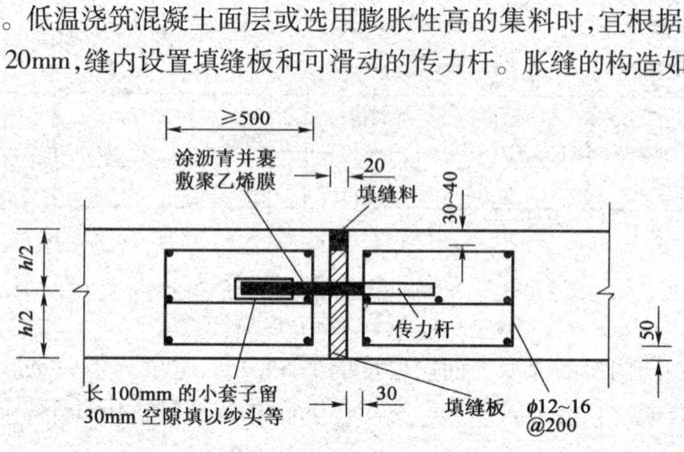

图 1-5-9　胀缝构造（尺寸单位：mm）

4）传力杆

传力杆的主要作用是提高接缝的传荷能力。我国绝大部分混凝土路面的横向缩缝均未设传力杆，原因是施工不便。接缝是混凝土路面的最薄弱处，在承受特重交通和重交通的普通混凝土面层的横向缩缝内，必须设置传力杆。

传力杆应采用光面钢筋。其尺寸和间距可按表1-5-13选用。最外侧传力杆距纵向接缝或自由边的距离为150～250mm。

传力杆尺寸和间距（mm） 表1-5-13

面层厚度	传力杆直径	传力杆最小长度	传力杆最大间距
200	28	400	300
240	30	400	300
260	32	450	300
280	35	450	300
300	38	500	300

2. 纵向接缝的构造与布置

纵向接缝的布设，应视路面宽度和施工铺筑宽度而定。

一次铺筑宽度小于路面宽度时，应设置纵向施工缝。纵向施工缝采用平缝形式，上部应锯切槽口，深度为30～40mm，宽度为3～8mm，槽内灌塞填缝料。其构造如图1-5-10a）所示。

一次铺筑宽度大于4.5m时，应设置纵向缩缝。纵向缩缝采用假缝形式，锯切的槽口深度应大于施工缝的槽口深度。采用粒料基层时，槽口深度应为板厚的1/3；采用半刚性基层时，槽口深度应为板厚的2/5。其构造如图1-5-10b）所示。

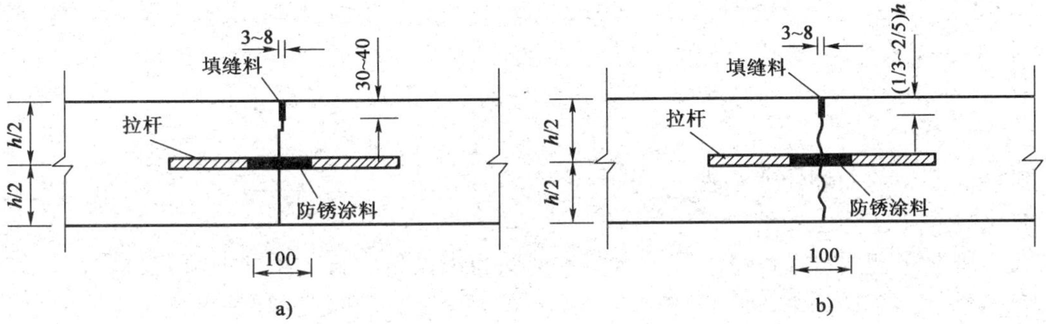

图1-5-10 纵缝构造（尺寸单位：mm）
a）纵向施工缝；b）纵向缩缝

纵缝应与路线中线平行。在路面等宽的路段内或路面变宽路段的等宽部分，纵缝的间距和形式应保持一致。路面变宽段的加宽部分与等宽部分之间，以纵向施工缝隔开。加宽板在变宽段起终点处的宽度不应小于1m。

拉杆的主要作用是防止纵向接缝张开。拉杆应采用螺纹钢筋，设在板厚中央，并应对拉杆中部100mm范围内进行防锈处理。拉杆的直径、长度和间距可参照表1-5-14选用。施工布设时，拉杆间距应按横向接缝的实际位置予以调整，最外侧的拉杆距横向接缝的距离不得小于100mm。

拉杆直径、长度和间距(mm) 表 1-5-14

面层厚度	到自由边或未设拉杆纵缝的距离(m)					
	3.00	3.50	3.75	4.50	6.00	7.50
200~250	14×700×900	14×700×800	14×700×700	14×700×600	14×700×500	14×700×400
260~300	16×800×900	16×800×800	16×800×700	16×800×600	16×800×500	16×800×400

注:拉杆直径、长度和间距的数字为直径×长度×间距。

3. 交叉口接缝的布置

纵缝与横缝一般作成垂直正交,使混凝土板具有90°的角隅。纵缝两旁的横缝一般成一条直线。实践证明,如横缝在纵缝两旁错开,将导致板产生从横缝延伸出来的裂缝。

两条道路正交时,各条道路的直道部分均保持本身纵缝的连贯,而相交路段内各条道路的横缝位置应按相对道路的纵缝间距作相应变动,保证两条道路的纵横缝垂直相交,互不错位。

两条道路斜交时,主要道路的直道部分保持纵缝的连贯,而相交路段内的横缝位置应按次要道路的纵缝间距作相应变动,保证与次要道路的纵缝相连接。

相交道路弯道加宽部分的接缝布置,应不出现或少出现错缝和锐角板。

在次要道路弯道加宽段起终点断面处的横向接缝,应采用胀缝形式。膨胀量大时,应在直线段连续布置2~3条胀缝。

4. 接缝填封材料

接缝填封材料按使用性能分胀缝接缝板和接缝填缝料两类。

胀缝接缝板应选用能适应混凝土面板的膨胀与收缩,且施工时不变形、复原率高和耐久性良好的材料。高速公路和一级公路的胀缝接缝板宜选用泡沫橡胶板、沥青纤维板;其他等级公路也可选用木材类或纤维类板。

接缝填缝料应选用与混凝土面板接缝槽壁黏结力强、回弹性好,且适应混凝土面板的收缩、不溶于水、不渗水、高温时不流淌、低温时不脆裂和耐老化的材料。常用的填缝材料有聚氨酯焦油类、氯丁橡胶类、乳化沥青类、聚氯乙烯胶泥、沥青橡胶类、沥青玛蹄脂及橡胶嵌缝条。

各类接缝填封材料的技术要求参见现行的《公路水泥混凝土路面施工技术规范》(JTG F30—2003)。

5. 特殊部位的一般处理方法

1)边缘钢筋布置

水泥混凝土面层自由边缘下基础薄弱或接缝为未设传力杆的平缝时,可在面层边缘的下部配置钢筋。通常选用2根直径为12~16mm的螺纹钢筋,置于面层底面之上1/4厚度且不小于50mm处,间距为100mm,钢筋两端向上弯起,如图1-5-11所示。

纵向边缘钢筋一般只做在一块板内,不得穿过缩缝,以免妨碍板的翘曲;但有时亦可将其穿过缩缝,但不得穿过胀缝。为加强锚固能力,钢筋两端应向上弯起。在横向胀缝两侧板边缘以及混凝土路面的起终端处,为加强板的横向边缘,亦可设置横向边缘钢筋。

2)角隅钢筋布置

承受特重交通的胀缝、施工缝、自由边的面层角隅及锐角面层角隅,宜配置角隅钢筋。通常选用2根直径为12~16mm的螺纹钢筋,置于面层上部,距顶面不小于50mm,距边缘为100mm,如图1-5-12所示。

3)端部的处理

水泥混凝土路面与固定构造物相衔接的胀缝无法设置传力杆时,可在毗邻构造物的板端部内配置双层钢筋网;或在长度约为 6 ~ 10 倍板厚的范围内逐渐将板厚增加 20% 。

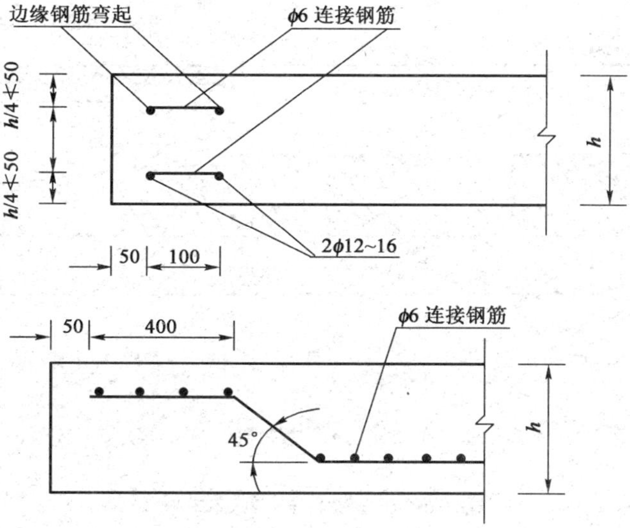

图 1-5-11　边缘钢筋布置(尺寸单位:mm)

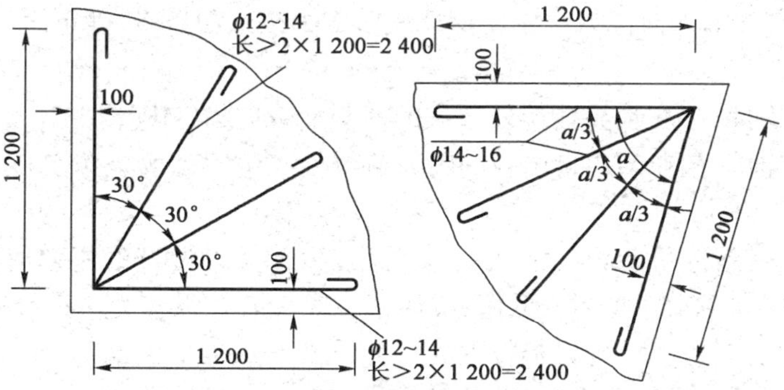

图 1-5-12　角隅钢筋布置(尺寸单位:mm)

水泥混凝土路面与桥梁相接处,桥头设有钢筋混凝土搭板时,应在搭板与混凝土面层板之间设置长 6 ~ 10m 的钢筋混凝土面层过渡板。过渡板与搭板之间的横缝采用设拉杆平缝形式;过渡板与混凝土面层板之间的横缝采用设传力杆胀缝形式。膨胀量大时,应连续设置 2 ~ 3 条设传力杆胀缝。当桥梁为斜交时,钢筋混凝土面层过渡板(渐变板)的锐角部分应采用钢筋网补强。

水泥混凝土路面与桥梁相接处,桥头未设搭板时,宜在桥台与混凝土面层板之间设置长 10 ~ 15m 的钢筋混凝土面层板;或设置由混凝土预制块面层或沥青面层铺筑的过渡段,其长度不小于 8m。

水泥混凝土路面与沥青路面相接时,由于沥青面层难以抵御水泥混凝土面层的膨胀推力,容易出现沥青面层的推移拥起,而形成接头处的不平整,引起跳车。其间应设置至少 3m 长的过渡段。过渡段的路面采用两种路面呈阶梯状叠合布置,其下面铺设的变厚度水泥混凝土过渡板的厚度不得小于 200mm,如图 1-5-13 所示。过渡板与混凝土面层相接处的接缝内设置直径 25mm、长 700mm、间距 400mm 的拉杆。混凝土面层毗邻该接缝的 1 ~ 2 条横向接缝应设置胀缝。

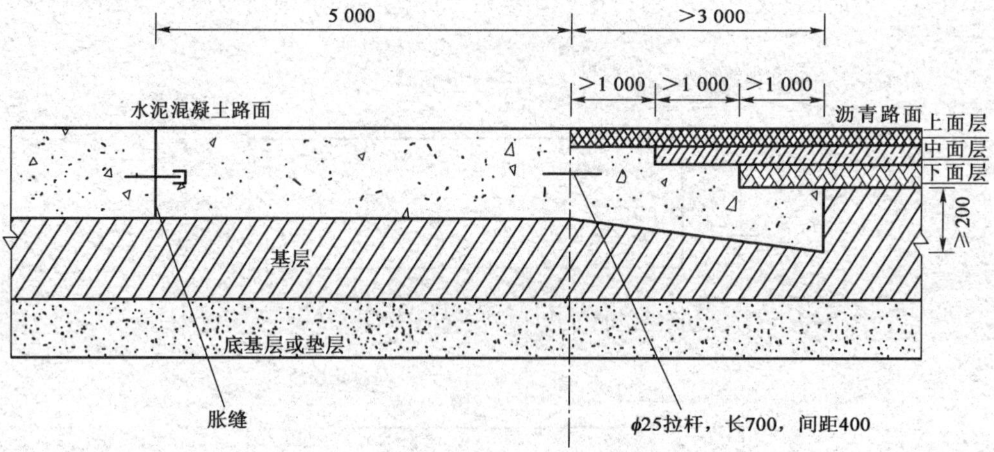

图 1-5-13　混凝土路面与沥青路面相接段的构造布置(尺寸单位:mm)

五、水泥混凝土路面板厚计算

1. 荷载应力分析

选取水泥混凝土面板的纵向边缘中部作为产生最大荷载和温度梯度综合疲劳损坏的临界荷位。标准轴载 P_s 在临界荷位处产生的荷载疲劳应力按式(1-5-8)确定。

$$\sigma_{pr} = k_r k_f k_c \sigma_{ps} \tag{1-5-8}$$

式中：σ_{pr}——标准轴载 P_s 在临界荷位处产生的荷载疲劳应力，MPa；

σ_{ps}——标准轴载 P_s 在四边自由板的临界荷位处产生的荷载应力，MPa，按式(1-5-9)计算确定；

k_r——考虑接缝传荷能力的应力折减系数，纵缝为设拉杆的平缝时，k_r = 0.87 ~ 0.92(刚性和半刚性基层取低值，柔性基层取高值)；纵缝为不设拉杆的平缝或自由边时，k_r = 1.0；纵缝为设拉杆的企口缝时，k_r = 0.76 ~ 0.84；

k_f——考虑设计基准期内荷载应力累计疲劳作用的疲劳应力系数，按式(1-5-11)计算确定；

k_c——考虑偏载和动载等因素对路面疲劳损坏影响的综合系数，按公路等级查表1-5-15确定。

综合系数 k_c　　　　表 1-5-15

公路等级	高速公路	一级公路	二级公路	三、四级公路
k_c	1.30	1.25	1.20	1.10

标准轴载 P_s 在四边自由板临界荷位处产生的荷载应力为：

$$\sigma_{ps} = 0.077 r^{0.60} h^{-2} \tag{1-5-9}$$

$$r = 0.537 h \left(\frac{E_c}{E_t}\right)^{1/3} \tag{1-5-10}$$

式中：r——水泥混凝土面板的相对刚度半径，m；

h——水泥混凝土面板的厚度，m；

E_c——水泥混凝土的弯拉弹性模量，MPa，可按表 1-5-16 选用；

E_t——基层顶面当量回弹模量，MPa。

水泥混凝土弯拉弹性模量经验参考值范围　　表 1-5-16

弯拉强度(MPa)	1.0	1.5	2.0	2.5	3.0
抗压强度(MPa)	5.0	7.7	11.0	14.9	19.3
弯拉弹性模量(GPa)	10	15	18	21	23
弯拉强度(MPa)	3.5	4.0	4.5	5.0	5.5
抗压强度(MPa)	24.2	29.7	35.8	41.8	48.4
弯拉弹性模量(GPa)	25	27	29	31	33

设计基准期内的荷载疲劳应力系数 k_f 计算式如下：

$$k_f = N_e^v \tag{1-5-11}$$

式中：N_e——设计基准期内标准轴载累计作用次数；

v——与混合料性质有关的指数，普通混凝土、钢筋混凝土、连续配筋混凝土，$v=0.057$；碾压混凝土和贫混凝土，$v=0.065$；钢纤维混凝土，v 按照式(1-5-12)计算确定。

$$v = 0.053 - 0.017\rho_f \frac{l_f}{d_f} \tag{1-5-12}$$

式中：ρ_f——钢纤维的体积率，%；

l_f——钢纤维的长度，mm；

d_f——钢纤维的直径，mm。

2. 计算基层顶面当量回弹模量 E_t

在水泥混凝土路面设计理论中，把混凝土面板以下的部分当作弹性半空间体地基。分析板内荷载应力时，应将基层、垫层和土基等换算成弹性半空间体地基，用基层顶面的当量回弹模量来表示弹性半空间体地基的模量值。具体确定时按新建公路和改建公路分别考虑。

新建公路的基层顶面当量回弹模量可按式(1-5-13)计算确定：

$$E_t = ah_x^b E_0 \left(\frac{E_x}{E_0}\right)^{1/3} \tag{1-5-13}$$

$$E_x = \frac{h_1^2 E_1 + h_2^2 E_2}{h_1^2 + h_2^2} \tag{1-5-14}$$

$$h_x = \left(\frac{12D_x}{E_x}\right)^{1/3} \tag{1-5-15}$$

$$D_x = \frac{E_1 h_1^3 + E_2 h_2^3}{12} + \frac{(h_1 + h_2)^2}{4}\left(\frac{1}{E_1 h_1} + \frac{1}{E_2 h_2}\right)^{-1} \tag{1-5-16}$$

$$a = 6.22\left[1 - 1.51\left(\frac{E_x}{E_0}\right)^{-0.45}\right] \tag{1-5-17}$$

$$b = 1 - 1.44\left(\frac{E_x}{E_0}\right)^{-0.55} \tag{1-5-18}$$

式中：E_0——路床顶面的回弹模量，MPa，可按表 1-5-17 选用；

E_x——基层和底基层或垫层的当量回弹模量，MPa；

E_1、E_2——基层和底基层或垫层的回弹模量，MPa，可按表 1-5-18 选用；

h_x——基层和底基层或垫层的当量厚度，m；

D_x——基层和底基层或垫层的当量弯曲刚度，MN/m；

h_1、h_2——基层和底基层或垫层的厚度，m；

a、b——与 E_x/E_0 有关的回归系数。

底基层和垫层同时存在时,可先按式(1-5-14)~式(1-5-16)将底基层和垫层换算成具有当量回弹模量和当量厚度的单层,然后再与基层一起按上述各式计算基层顶面当量回弹模量。无底基层和垫层时,相应层的厚度和回弹模量分别以零值代入上述各式进行计算。

中湿路基路床顶面回弹模量经验参考值范围(MPa) 表 1-5-17

土组	公路自然区划				
	II	III	IV	V	VI
土质砂	26~42	40~50	39~50	35~60	50~60
黏质土	25~45	30~40	25~45	30~45	30~45
粉质土	22~46	32~54	30~50	27~43	30~45

垫层和基层回弹模量经验参考值范围(MPa) 表 1-5-18

材料类型	回弹模量	材料类型	回弹模量
中、粗砂	80~100	石灰粉煤灰稳定粒料	1 300~1 700
天然砂砾	150~200	水泥稳定粒料	1 300~1 700
未筛分碎石	180~220	沥青碎石(粗粒式,20℃)	600~800
级配碎砾石(垫层)	200~250	沥青混凝土(粗粒式,20℃)	800~1 200
级配碎砾石(基层)	250~350	沥青混凝土(中粒式,20℃)	1 000~1 400
石灰土	200~700	多孔隙水泥碎石(水泥剂量 9.5%~11%)	1 300~1 700
石灰粉煤灰土	600~900	多孔隙沥青碎石(20℃,沥青含量 2.5%~3.5%)	600~800

在旧柔性路面上铺筑水泥混凝土面层时,原柔性路面顶面的当量回弹模量可按式(1-5-19)计算确定:

$$E_t = 13\,739 l_0^{-1.04} \tag{1-5-19}$$

式中:l_0——以后轴重 100kN 的车辆进行弯沉测定,经统计整理后得到的原路面计算回弹弯沉值,0.01mm。

3. 温度应力分析

在临界荷位处的温度疲劳应力按式(1-5-20)计算:

$$\sigma_{tr} = k_t \sigma_{tm} \tag{1-5-20}$$

式中:σ_{tr}——临界荷位处的温度疲劳应力,MPa;

σ_{tm}——最大温度梯度时水泥混凝土板的温度翘曲应力,MPa,按式(1-5-21)计算;

k_t——考虑温度应力累计疲劳作用的疲劳应力系数,按式(1-5-22)计算。

最大温度梯度时水泥混凝土板的温度翘曲应力按照式(1-5-21)计算确定:

$$\sigma_{tm} = \frac{\alpha_c E_c h T_g}{2} B_x \tag{1-5-21}$$

式中:α_c——混凝土的线膨胀系数,1/℃,通常可取为 1×10^{-5}/℃;

T_g——最大温度梯度,可按照公路所在地的公路自然区划按表 1-5-8 选用;

B_x——综合温度翘曲应力和内应力作用的温度应力系数，可以按照 l/r 和 h 查图 1-5-14 确定。

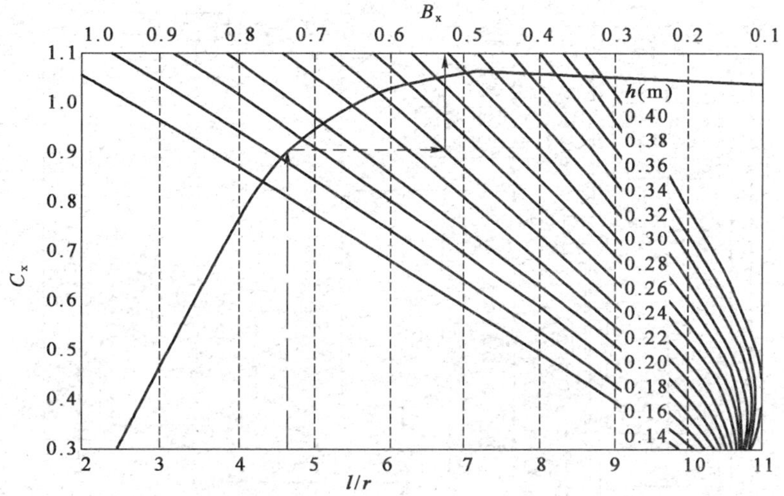

图 1-5-14　温度应力系数 B_x 诺模图

温度疲劳应力系数按式(1-5-22)计算确定：

$$k_t = \frac{f_r}{\sigma_{tm}}\left[a\left(\frac{\sigma_{tm}}{f_r}\right)^c - b\right] \tag{1-5-22}$$

式中：a、b 和 c——回归系数，根据公路所在地区的公路自然区划查表 1-5-19 确定。

回 归 系 数　　表 1-5-19

系　数	公路自然区划					
	II	III	IV	V	VI	VII
a	0.828	0.855	0.841	0.871	0.837	0.834
b	0.041	0.041	0.058	0.071	0.038	0.052
c	1.323	1.355	1.323	1.287	1.382	1.270

4. 水泥混凝土板厚计算流程

首先，根据相关的设计依据，进行行车道路路面结构的组合设计（初拟路面结构，包括路床、垫层、基层和面层的材料类型和厚度），并按照水泥混凝土面层厚度建议范围，依据交通等级、公路等级和所选变异水平等级初选水泥混凝土板厚度。然后，分别计算荷载疲劳应力和温度疲劳应力。当荷载疲劳应力同温度疲劳应力之和与可靠度系数的乘积小于且接近于混凝土弯拉强度标准值时，则初选厚度可作为水泥混凝土板的计算厚度。否则，应改选水泥混凝土板厚度，重新计算，直到满足要求为止。设计厚度依据计算厚度按 10mm 向上取整。水泥混凝土板厚计算流程图见图 1-5-15。

5. 水泥混凝土面板厚度计算案例

公路自然区划 II_5 区拟新修建一条一级公路，路基为粉质土，处于中湿状态。拟修建普通水泥混凝土路面，行车道宽 2×7.5m，两侧硬路肩宽 2×1.5m，不设中间分隔带。经交通调查和计算得知,设计车道使用初期标准轴载日作用次数为 1 500 次/d,交通量年平均增长率为 6%。当地水泥、石灰、碎石等材料供应充足,试设计该水泥混凝土路面。

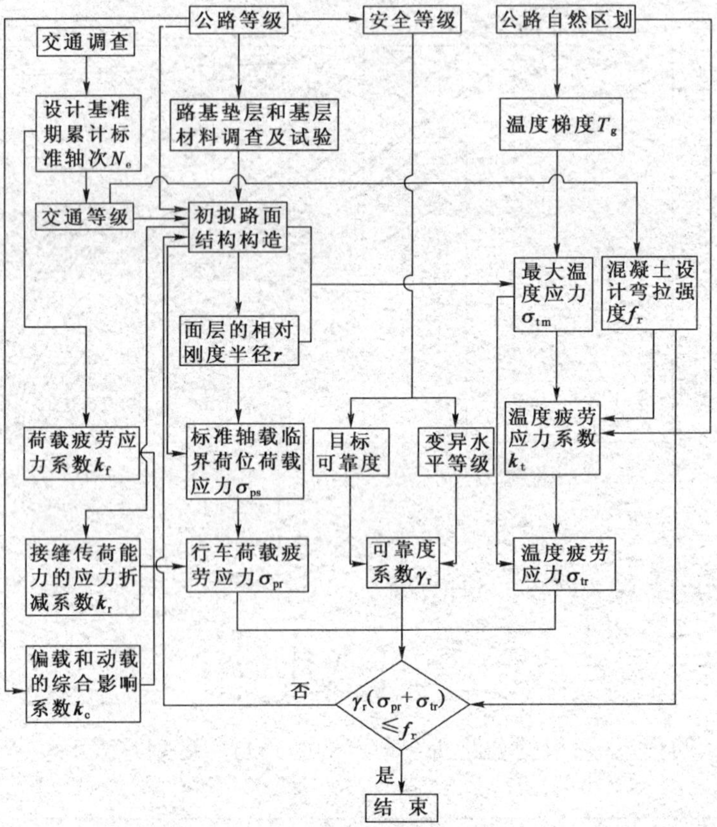

图 1-5-15 混凝土板厚度计算流程图

解:(1)交通分析。

由表 1-5-1 可知,一级公路的设计基准期为 30 年,安全等级为二级。查表 1-5-5,临界荷位处的车辆轮迹横向分布系数取 0.22。

设计基准期内,设计车道标准荷载累计作用次数为:

$$N_e = \frac{N_s \times [(1+g_r)^t - 1] \times 365}{g_r}\eta = \frac{1\,500 \times [(1+0.06)^{30} - 1] \times 365}{0.06} \times 0.22$$

$$= 9.522 \times 10^6 (\text{次})$$

与表 1-5-6 对照,属重交通等级。

(2)初拟路面结构。

查表 1-5-1,取相应于安全等级的变异水平等级为中级。根据一级公路、重交通等级和中级变异水平等级,查表 1-5-12,初拟普通混凝土面层厚度为 0.24m。普通混凝土面板的平面尺寸采用宽 4.5m,长 5.0m。纵缝为设拉杆平缝,横缝为设传力杆的假缝。

根据当地材料供应情况,基层选用水泥稳定碎石(水泥剂量取 5%),厚 0.20m。垫层选用 0.15m 厚的石灰土(石灰剂量取 10%)。

(3)路基路面材料参数确定。

查表 1-5-17,路基回弹模量取 25MPa。查表 1-5-18,石灰土垫层回弹模量取 600MPa,水泥稳定碎石基层回弹模量取 1 300MPa。查表 1-5-7，普通混凝土面层的弯拉强度标准值为 5.0MPa，由表 1-5-16 可得相应弯拉弹性模量标准值为 31GPa。

(4)计算基层顶面当量回弹模量。

$$E_x = \frac{h_1^2 E_1 + h_2^2 E_2}{h_1^2 + h_2^2} = \frac{1\,300 \times 0.20^2 + 600 \times 0.15^2}{0.20^2 + 0.15^2} = 1\,048(\mathrm{MPa})$$

$$D_x = \frac{E_1 h_1^3 + E_2 h_2^3}{12} + \frac{(h_1 + h_2)^2}{4}\left(\frac{1}{E_1 h_1} + \frac{1}{E_2 h_2}\right)^{-1}$$

$$= \frac{1\,300 \times 0.20^3 + 600 \times 0.15^3}{12} + \frac{(0.20 + 0.15)^2}{4}\left(\frac{1}{1\,300 \times 0.20} + \frac{1}{600 \times 0.15}\right)^{-1}$$

$$= 3.083(\mathrm{MN/m})$$

$$h_x = \sqrt[3]{12D_x/E_x} = \sqrt[3]{12 \times 3.083/1\,048} = 0.328(\mathrm{m})$$

$$a = 6.22\left[1 - 1.51\left(\frac{E_x}{E_0}\right)^{-0.45}\right] = 6.22 \times \left[1 - 1.51 \times \left(\frac{1\,048}{25}\right)^{-0.45}\right] = 4.471$$

$$b = 1 - 1.44\left(\frac{E_x}{E_0}\right)^{-0.55} = 1 - 1.44 \times \left(\frac{1\,048}{25}\right)^{-0.55} = 0.815$$

$$E_t = a h_x^b E_0 \left(\frac{E_x}{E_0}\right)^{1/3} = 4.471 \times 0.328^{0.815} \times 25 \times \left(\frac{1\,048}{25}\right)^{1/3} = 156(\mathrm{MPa})$$

普通混凝土面层的相对刚度半径为：

$$r = 0.537h\left(\frac{E_c}{E_t}\right)^{1/3} = 0.537 \times 0.24 \times \left(\frac{31\,000}{156}\right)^{1/3} = 0.752(\mathrm{m})$$

(5)计算荷载疲劳应力。

标准轴载在临界荷位处产生的荷载应力为：

$$\sigma_{ps} = 0.077 r^{0.6} h^{-2} = 0.077 \times 0.752^{0.6} \times 0.24^{-2} = 1.127(\mathrm{MPa})$$

因纵缝为设拉杆平缝，接缝传荷能力的应力折减系数 $k_r = 0.87$。考虑设计基准期内荷载应力累计疲劳作用的疲劳应力系数 $k_f = N_e^{0.057} = (9.522 \times 10^6)^{0.057} = 2.499$。

根据公路等级，查表可得，考虑偏载和动载等因素对路面疲劳损坏影响的综合系数 $k_c = 1.25$。

荷载疲劳应力为：

$$\sigma_{pr} = k_r k_f k_c \sigma_{ps} = 0.87 \times 2.499 \times 1.25 \times 1.127 = 3.06(\mathrm{MPa})$$

(6)计算温度疲劳应力。

由表 1-5-8 可得，II_5 区最大温度梯度取 88℃/m。板长 5m，$l/r = 5/0.752 = 6.65$，由图 1-5-14可查得，普通混凝土板厚 $h = 0.24\mathrm{m}$，$B_x = 0.64$。

最大温度梯度时混凝土板的温度翘曲应力为：

$$\sigma_{tm} = \frac{\alpha_c E_c h T_g}{2} B_x = \frac{1 \times 10^{-5} \times 31\,000 \times 0.24 \times 88}{2} \times 0.64 = 2.10(\mathrm{MPa})$$

温度疲劳应力系数为：

$$k_t = \frac{f_r}{\sigma_{tm}}\left[a\left(\frac{\sigma_{tm}}{f_r}\right)^c - b\right] = \frac{5.0}{2.10}\left[0.828 \times \left(\frac{2.10}{5.0}\right)^{1.323} - 0.041\right] = 0.526$$

温度疲劳应力为：

$$\sigma_{tr} = k_t \sigma_{tm} = 0.526 \times 2.10 = 1.10(\mathrm{MPa})$$

(7)判断水泥混凝土路面结构设计要求

查表1-5-1可知，安全等级为二级时，相应于二级安全等级的变异水平等级取中级，目标可靠度为90%。据此查表1-5-3，取可靠度系数 $\gamma_r = 1.16$。则：

$$\gamma_r(\sigma_{pr} + \sigma_{tr}) = 1.16 \times (3.06 + 1.10) = 4.83(\text{MPa}) \leqslant f_r = 5.0\text{MPa}$$

所选普通混凝土面层厚度(0.24m)可以承受设计基准期内荷载应力和温度应力的综合疲劳作用。

当地最大冰冻深度小于0.5m，不需要验算防冻厚度。

六、认知其他类型的水泥混凝土面层设计方法

1. 钢筋混凝土面层

钢筋混凝土面层是指面层板内配置有纵、横向钢筋或钢筋网并设接缝的混凝土面层。

水泥混凝面层一般采用设接缝的普通混凝土。当普通水泥混凝土面层板的平面尺寸较大或形状不规则，或者高填方、软土地基、填挖交界段的路基等有可能产生不均匀沉降；或者面层板下埋设有地下设施等情况时，应采用设置接缝的钢筋混凝土面层。

钢筋混凝土面层的纵向接缝间距要求与普通混凝土面层相同，横向接缝间距一般为6～15m。钢筋混凝土面层的厚度计算要求与普通混凝土面层厚度计算要求相同。

钢筋混凝土面层配筋的目的是为平衡混凝土面层收缩受限制时产生的拉力。当混凝土面层收缩时其中央两侧向内的摩阻力为一半面层混凝土的质量乘以其与基层的摩阻系数，这一摩阻力即为作用于混凝土面层中央的拉力，并假定沿面层断面平均作用而由钢筋承受。

混凝土的重度取 24kN/m^3、钢筋的容许应力取75%的屈服强度时，每延米混凝土面层宽(或长)所需的配筋量(mm^2)按式(1-5-23)计算：

$$A_s = \frac{16L_s h\mu}{f_{sy}} \tag{1-5-23}$$

式中：A_s——每延米混凝土面层宽(或长)所需的配筋面积，mm^2；

L_s——计算纵向钢筋时，为横缝间距；计算横向钢筋时，为不设拉杆的纵缝或自由边之间的间距，m；

h——混凝土面层厚度，mm；

μ——面层与基层之间的摩阻系数，基层为水泥、石灰或沥青稳定粒料时，可取1.8；基层为无结合料的粒料时，可取1.5；

f_{sy}——钢筋的屈服强度，MPa，按表1-5-20选用。

钢筋强度和弹性模量经验参考值 表1-5-20

钢筋类型	钢筋直径 d(mm)	屈服强度 f_{sy}(MPa)	弹性模量 E_s(MPa)
R235(Q235)	8～20	235	2.1×10^5
HRB335	6～50	335	2.0×10^5
HRB400	6～50	400	2.0×10^5
KL400	8～40	400	2.0×10^5

为使板内应力尽可能分散，宜采用小直径钢筋。纵向和横向钢筋宜采用相同直径或相近的直径，其直径差不应大于4mm。钢筋的最小直径和最大间距应符合表1-5-21的规定。钢筋的最小间距应为集料最大粒径的2倍。

钢筋最小直径和最大间距　表 1-5-21

钢筋类型	光面钢筋	螺纹钢筋
最小直径(mm)	8	12
纵向最大间距(mm)	150	350
横向最大间距(mm)	300	750

纵向钢筋设在面层顶面下 1/3 ~ 1/2 板厚范围内，横向钢筋位于纵向钢筋之下。边缘钢筋到纵缝或自由边的距离一般为 100 ~ 150mm。根据经验，钢筋的纵向搭接长度一般不小于 35 倍钢筋直径，搭接位置应错开，各搭接端连线与纵向钢筋的夹角应小于 60°。

2. 连续配筋混凝土面层

连续配筋混凝土面层是指面层板内配置有纵向连续钢筋和横向钢筋，横向不设缩缝的混凝土面层。

连续配筋混凝土面层的纵向配筋率设计采用以下 3 项设计标准：

(1)混凝土面层横向裂缝的平均间距为 1.0 ~ 2.5m。

(2)裂缝缝隙的最大宽度为 1mm。

(3)钢筋的拉应力不超过钢筋的屈服强度。

纵向配筋设计的方法参见现行的《公路水泥混凝土路面设计规范》附录 E，纵向配筋率通常为 0.6% ~ 0.8%。最小纵向配筋率，冰冻地区为 0.7%，一般地区为 0.6%。横向配筋设计按照钢筋混凝土面层方法计算确定。

连续配筋混凝土面层的纵向和横向钢筋均应采用螺纹钢筋，其直径为 12 ~ 20mm。钢筋布置应符合下列要求：

(1)纵向钢筋设在面层顶面下 1/3 ~ 1/2 板厚范围内，横向钢筋位于纵向钢筋之下。

(2)纵向钢筋的间距不大于 250mm，不小于 100mm 或集料最大粒径的 2.5 倍，横向钢筋的间距不大于 800mm。

(3)纵向钢筋的焊接长度一般不小于 10 倍(单面焊)或 5 倍(双面焊)钢筋直径，焊接位置应错开，各焊接端连线与纵向钢筋的夹角应小于 60°。

(4)边缘钢筋到纵缝或自由边的距离一般为 100 ~ 150mm。

连续配筋混凝土板内的钢筋并非按承受荷载应力进行设计的。因此，连续配筋混凝土面层的厚度计算要求与普通混凝土面层厚度计算要求相同。

3. 钢纤维混凝土面层

钢纤维混凝土面层是指混凝土面层中掺入钢纤维的混凝土面层。钢纤维混凝土面层的纵向接缝间距要求与普通混凝土面层相同，横向接缝间距一般为 6 ~ 10m。

在混凝土中掺入一些低碳钢、不锈钢或玻璃钢的纤维，使其成为一种均匀而多向配筋的混凝土。试验表明，钢纤维与混凝土的握裹力高达 4MPa。钢纤维混凝土面层的厚度按钢纤维掺量确定，钢纤维体积率为 0.6% ~ 1.0% 时(过多则混凝土和易性不好)，其厚度为普通混凝土面层的 0.65 ~ 0.75。特重交通或重交通时，其最小厚度为 160mm；中等交通或轻交通时，其最小厚度为 140mm。

钢纤维长度宜为 25 ~ 60mm，直径 0.25 ~ 1.25mm，过长则与混凝土拌和易成团，过短则混凝土强度增高不多，长度与直径的最佳比值为 50 ~ 70。钢纤维的抗拉强度标准值不宜小于 600 级(600 ~ 1 000MPa)。

钢纤维混凝土集料公称最大粒径宜为钢纤维长度的1/2～1/3，并不宜大于26.5mm（铣削型钢纤维）或19mm（剪切型或熔抽型钢纤维）。水泥用量不得低于360kg/m³（非冰冻地区）或380kg/m³（冰冻地区）。

4.碾压混凝土面层

碾压混凝土路面是指采用振动碾压的方式成型的水泥混凝土路面。碾压混凝土面层的纵向接缝间距要求与普通混凝土面层相同，横向接缝间距一般为6～10m。

碾压混凝土是一种含水率低，通过振动碾压施工工艺达到高密度、高强度的水泥混凝土。碾压混凝土路面与普通水泥混凝土路面相比能节省大量的水泥，且施工速度快，养生时间短，具有很好的社会经济效益。

根据我国碾压混凝土路面的施工水平，全厚式碾压混凝土路面的平整度难以达到规定的要求。国外也没有直接用作车辆高速行驶的路面面层。因此，碾压混凝土路面一般适用于二级及其以下等级的公路。碾压混凝土面层的厚度计算要求与普通混凝土面层厚度计算要求相同。

碾压混凝土面层混凝土的集料公称最大粒径不宜大于19mm，水泥用量不得少于280kg/m³（非冰冻地区）或310kg/m³（冰冻地区）。

工作任务六　认知路面排水结构

路面排水的目的是迅速排除路面表面的大气降水和渗入路面结构中的水，防止水对路面结构层的损害（水损害），确保路面结构的强度和稳定性。

路面排水设计应根据公路等级、降水量、路线纵坡等因素，结合路基、桥涵结构物排水设计，合理选择排水方案，布置排水设施，形成完整、畅通的排水体系，保证路基路面稳定。路面排水包括路表排水、中央分隔带排水及路面结构内部排水。

一、路面表面排水

路表排水常采用分散排水和集中排水两种形式。分散排水由路面横坡、路肩和边坡防护组成，适用于路线纵坡平缓、汇水量较小、路堤高度较低的路段。集中排水由路面横坡、拦水缘石或矩形槽、泄水口和急流槽组成，适用于路堤高度较高，或路堤边坡易受冲刷的粉性土、砂性土路段，以及凹形曲线底部等。

一般情况下，分散排水路段的土路肩常采用生态防护，种植适合当地气候、土质条件的草皮，并在底基层顶面外侧设置横向排水管，将滞留在填土绿化层底面的渗水通过横向排水管排到路基外，如图1-6-1a)所示。对于低填方路堤，可采用图1-6-1b)所示构造，垫层铺至路基边缘。

冲刷相对较大的路段，土路肩宜用不小于50mm厚的预制水泥混凝土块铺砌或现场浇筑混凝土，下设砂砾、砂、碎石等透水材料，以利于路面结构排水，如图1-6-1c)所示；也可用碎石、砂砾加固，如图1-6-1d)所示。

分散排水设计应与路基边坡防护、边沟或排水沟相结合。

采用集中排水时，直线路段的集中排水泄水口的间距应按有关规范计算确定，一般30～50m设一处，其开口宽度一般为0.5m。在凹形竖曲线的底部或其他位置，宜适当加密。拦水带可用沥青混凝土或预制水泥混凝土制作。当用沥青混凝土拦水带时，其沥青混凝土混合料的级配宜符合有关规范规定，沥青用量宜按马歇尔试验确定的最佳沥青用量增加0.5%～

1% ,采用双面击实 50 次,孔隙率宜为 2% ~4% 。预制水泥混凝土拦水缘石,或用滑模整体浇筑的缘石,应预留相应的出水孔,以免阻止路面结构内部排水。

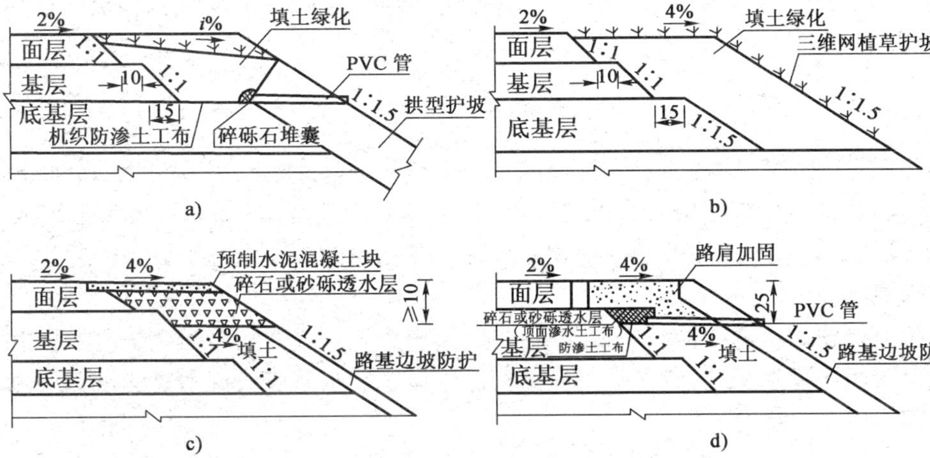

图 1-6-1 分散排水路肩构造图(尺寸单位:cm)

a)土路肩边部构造 I;b)土路肩边部构造 II;c)土路肩边部构造 III;d)土路肩边部构造 IV

对新建高速公路超高段的集中排水,宜采用在左侧路缘带左侧设置有钢筋混凝土盖板的预制整体式 U 形混凝土沟或缝隙式排水沟,每 25 ~ 50m 设一处集水井,并通过横向排水管引至边坡的急流槽或暗管,如图 1-6-2 所示。

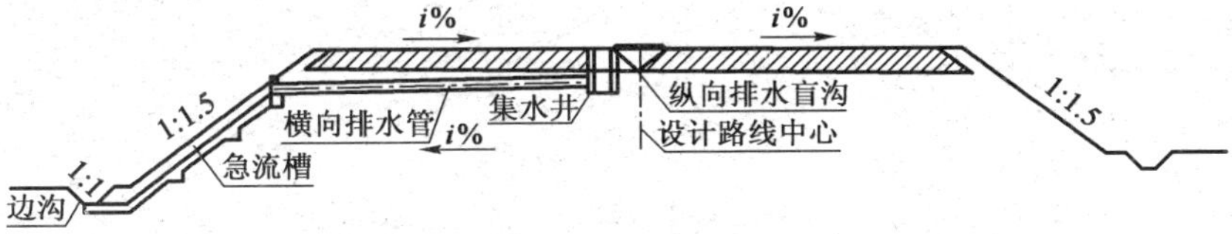

图 1-6-2 超高段集中排水构造图

二、中央分隔带排水

中央分隔带的排水设施由排水沟(明沟、暗沟、盲沟)、渗沟、雨水井、集水井、横向排水管等组成,中央分隔带可用凸式、平式或凹式。一般不封闭,也可封闭,如图 1-6-3 所示。

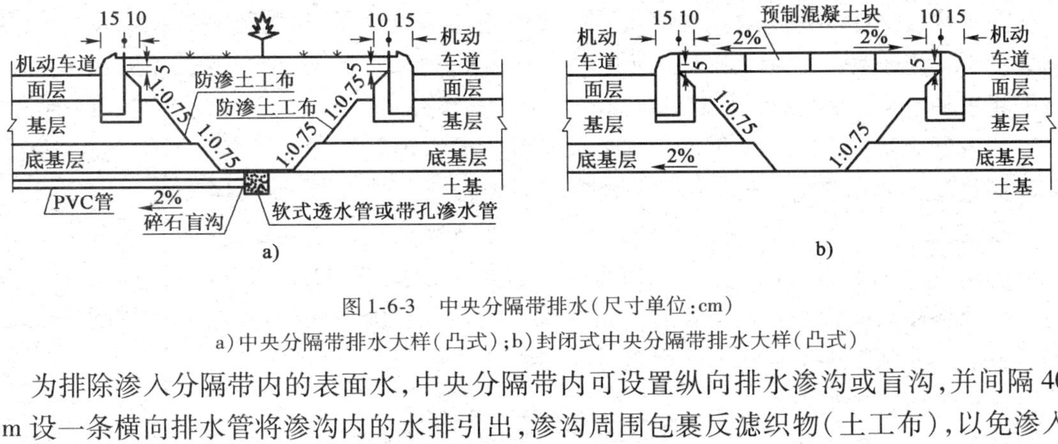

图 1-6-3 中央分隔带排水(尺寸单位:cm)

a)中央分隔带排水大样(凸式);b)封闭式中央分隔带排水大样(凸式)

为排除渗入分隔带内的表面水,中央分隔带内可设置纵向排水渗沟或盲沟,并间隔 40 ~ 80m 设一条横向排水管将渗沟内的水排引出,渗沟周围包裹反滤织物(土工布),以免渗入水携带的细粒将渗沟堵塞。渗沟上的回填料与路面结构的交界处铺设防水土工布或设置防水层。

中央分隔带封闭后可不设内部排水系统。封闭可用 40 ~ 80mm 预制混凝土或现浇混凝土,其下设砂砾垫层。

三、路面内部排水

在潮湿和多雨地区,路基由透水性差的细粒土组成的高速公路、一级公路或重要的二级公路;或路基两侧有滞水,可能渗入路面结构内;或严重冰冻地区,路基为由粉性土组成的潮湿、过湿路段;或现有路面改建或改善工程均需排除积滞在路面结构内的水分等情况下,宜设置路面内部排水系统。

为排除通过路面接缝、裂缝、空隙或由路基、路肩渗入并滞留在路面结构内的自由水,可沿路面边缘设置边缘排水系统,或者在路面结构层内设置排水基层或排水垫层排水系统。

1. 路面边缘排水系统

路面边缘排水系统是由透水性填料(碎石、砂砾、砂等)集水沟、纵向排水管、横向出水管和过滤织物(土工布)组成的,如图 1-6-4 所示。

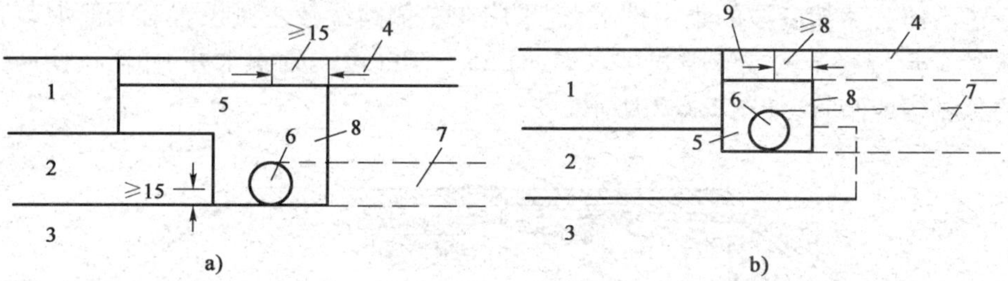

图 1-6-4　边缘排水系统(尺寸单位:cm)

a)新建路面边缘排水系统;b)改建路面边缘排水系统

1-面层;2-基层;3-垫层;4-路肩面层;5-集水沟;6-排水管;7-出水管;8-反滤织物;9-回填路肩面层

纵向排水管通常选用聚氯乙烯(PVC)或聚乙烯(PE)塑料管。排水管设 3 排槽口或孔口,排水管的埋设深度应保证不被车辆或施工机械压裂,并应低于当地的冰冻深度。在非冰冻地区,新建路面时,排水管管底通常与基层底面齐平;改建路面时,管中心应低于基层顶面。排水管的纵向坡度宜与路线纵坡相同,但不得小于 0.25%。

横向出水管选用不带槽或孔的聚氯乙烯或聚乙烯塑料管,管径与排水管相同。出水管的横向坡度不宜小于 5%。埋设出水管所开挖的沟,须用透水材料回填,透水性填料由水泥处治开级配粗集料组成,其孔隙率为 15% ~ 20%。出水管的外露端头用镀锌铁丝网或格栅罩住。出水口的下方应铺设水泥混凝土防冲刷垫板或者对泄水道的坡面进行浆砌片石防护,以防止水流冲刷路基边坡和植物生长。出水水流应尽可能排引至排水沟或涵洞内。

集水沟底面的最小宽度,对新建路面,不应小于 30cm;对改建路面,应能保证排水管两侧各有至少 5cm 宽的透水填料。透水填料底面和外侧围以反滤织物(土工布),以防垫层、基层路肩内的细料侵入而堵塞填料空隙或管孔。反滤织物可选用由聚酯类、丙烯材料制成的无纺织物,能透水,但细粒土不能随水一起透过。

2. 排水基层的排水系统

当路面内部可能出现自由水滞留时,可采用开级配沥青碎石或骨架空隙型水泥稳定碎石或级配碎石做排水基层,如图1-6-5所示。排水基层的集料应选用洁净、坚硬而耐久的碎石,其压碎值不应大于28%,最大粒径可为19mm或26.5mm,集料级配应满足透水性要求(渗透系数不得小于300m/d),可通过常水头或变水头渗透试验确定。骨架空隙型水泥稳定碎石,其7d浸水抗压强度不得低于3MPa,开级配沥青碎石集料的沥青用量可为集料干重的3.0%~4.5%。

路面边缘排水应结合当地经验设计,可用碎石、砂砾、砂等透水性填料填筑路肩,并与横向出水管、过滤织物(土工布)组成排水系统。

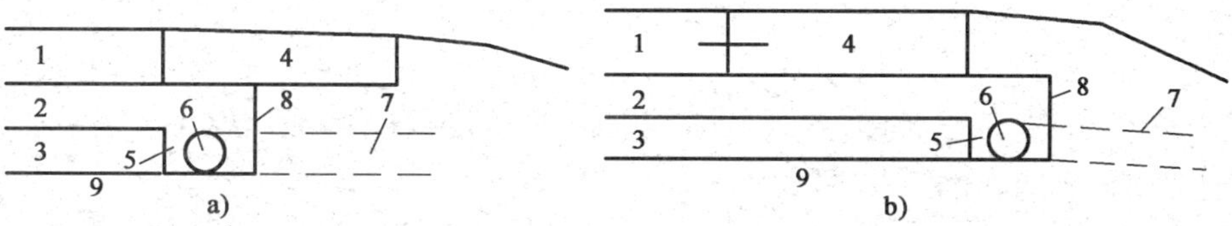

图1-6-5 排水基层排水系统

1-面层;2-排水基层;3-不透水垫层;4-路肩面层或水泥混凝土路肩面层;5-集水沟;6-排水管;7-出水管;8-反滤织物;9-路基

纵向集水沟可设在面层边缘外侧、路肩下或路肩边缘外侧(图1-6-5)。集水沟中的填料采用与排水基层相同的透水性材料。水沟的下部设置带槽口或圆孔的纵向排水管,并间隔适当距离设置不带槽孔的横向出水管。

为拦截地下水、滞水或泉水进入路面结构,或排出因负温差作用而积聚在路基上层的自由水,可直接在路基顶面设置透水性排水垫层,并适当配置纵向集水沟、排水管和出水管等,如图1-6-6所示。排水垫层选用开级配集料(砂或砂砾石),其级配应满足排水和反滤的要求。

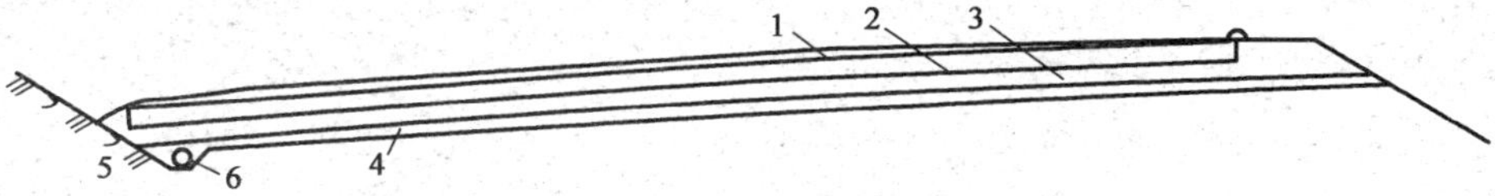

图1-6-6 排水垫层排水系统

1-面层;2-基层;3-垫层;4-排水垫层;5-集水沟;6-排水管

工作任务七 阅读与绘制公路路面结构图

一、公路沥青路面结构设计图的基本组成内容

1.路面结构图(横断面图)

路面结构图包括各组成部分的尺寸标注(主要是宽度)和各结构层的名称、厚度。

2.设计参数

设计参数以列表的形式表示,说明设计参数的名称和取值。

设计参数包括:公路自然区划、设计使用年限(年)、交通量年平均增长率(%)、车道系数、弯沉设计时的标准轴载累计作用次数(次)、拉应力设计时的标准轴载累计作用次数(次)、交通等级、设计弯沉值(0.01mm)、路基土类、路基干湿类型、路基回弹模量(MPa)、路基顶面控制弯沉值(0.01mm)、面层和基层及垫层回弹模量(MPa)、整体性结构层材料的极限劈裂强度(MPa)、各结构层顶面控制弯沉值(0.01mm)等。

3.路缘石大样图(如果有)

图中显示路缘石横断面尺寸、埋深及材料类型等。

4. 路面排水结构图（如果有）

图中显示路面内部排水结构横断面尺寸、埋深及材料类型等。

5. 路面工程数量表

按路段长度计算路面各结构层的工程数量。路面工程数量表在设计图纸上可不显示。

6. 附注（设计说明）

逐条说明图中尺寸单位及比例（尺）、对原材料及混合材料的技术要求、施工注意事项等内容。

7. 图纸下框内容

由设计单位名称，工程名称，图纸名称，设计（者）、复核（者）、审核（者）签字栏，比例（图纸比例大小），图号（图纸编号），日期等组成。

二、公路水泥混凝土路面结构设计图的基本组成内容

1. 路面结构图（横断面图）

路面结构图包括各组成部分的尺寸标注（主要是宽度）和各结构层的名称、厚度。

2. 设计参数

设计参数以列表的形式表示，说明设计参数的名称和取值。

设计参数包括：公路自然区划、设计基准期（年）、交通量年平均增长率（%）、设计车道标准轴载累计作用次数（次）、交通等级、安全等级、最大温度梯度（℃/m）、路基土类、路基干湿类型、路基回弹模量（MPa）、基层及垫层回弹模量（MPa）、混凝土弯拉强度标准值（MPa）、混凝土弯拉弹性模量标准值（GPa）等。

3. 水泥混凝土面板平面布置图

图中显示：路中心线、行车道、路肩等平面相对位置；板长及板宽尺寸；横向缩缝、胀缝、施工缝，纵向缩缝、施工缝平面位置；传力杆、拉杆直径及间距布置；接缝材料用量等。

4. 水泥混凝土路面接缝构造图

图中显示：横向缩缝、胀缝、施工缝剖面构造及尺寸，纵向缩缝、施工缝剖面构造及尺寸。

5. 路缘石大样图（如果有）

图中显示路缘石横断面尺寸、埋深及材料类型等。

6. 路面排水结构图（如果有）

图中显示路面内部排水结构横断面尺寸、埋深及材料类型等。

7. 钢筋构造及布置图（如果有）

略。

8. 路面工程数量表

按路段长度计算路面各结构层的工程数量。路面工程数量表在设计图纸上可不显示。

9. 附注（设计说明）

逐条说明图中尺寸单位及比例（尺）、对原材料及混合材料的技术要求、施工注意事项等内容。

10. 图纸下框内容

由设计单位名称，工程名称，图纸名称，设计（者）、复核（者）、审核（者）签字栏，比例（图纸比例大小），图号（图纸编号），日期等组成。

三、公路路面结构设计图纸案例

案例1:某二级公路沥青路面结构设计图(附图 SIII-1)。

案例2:某二级公路水泥混凝土路面结构设计图(附图 SIII-2-1、附图 SIII-2-2)。

四、路面结构图绘制训练

项目1:沥青路面结构设计与结构图绘制

II_5区某新建一级公路,某路段(长度 3.5km)为整体式断面,双向四车道,设计速度 100km/h,路基宽度 26m,车道宽度 2×7.5m,中间带宽度 3.5m,右侧硬路肩宽度 3m,路堤边坡坡度 1:1.5,拟修建沥青混凝土路面。

(1)该路段路堤填料为黏质土,预计路基干湿类型为中湿状态。

(2)预测路面竣工后载重汽车交通量及交通组成情况见表 1-7-1,交通量年平均增长率为 6.5%。

表 1-7-1

车　　型	长征 XD160	黄河 JN-150	东风 EQ-140	解放 CA-50	太脱拉 138	黄河 QD-351	日野 KB222
交通量(辆/d)	200	300	1 500	1 000	150	220	210

(3)当地最热月平均日最高气温 32℃,极端最低气温 -15℃,年降雨量 600mm,道路冻深 55cm。

(4)当地材料供应情况:沥青、水泥、石灰、粉煤灰、碎石、砾石、砂、黏土等材料供应充足。

说明:结构组合及相关计算等完成后,计算层的厚度由指导教师根据计算软件提供。

项目2:水泥混凝土路面结构设计与结构图绘制

III_2区某新建二级公路,某直线路段(长度 4.0km)设计速度 80km/h,路基宽度 12m,路面宽度 9m,土路肩宽度 2×1.5m,路堤边坡坡度 1:1.5,拟修建水泥混凝土路面。

(1)该路段路堤填料为粉质土,预计路基干湿类型为干燥状态。

(2)经交通调查和计算得知,设计车道使用初期标准轴载日作用次数为 2 100 次/d,交通量年平均增长率为 5%。

(3)当地材料供应情况:水泥、石灰、粉煤灰、碎石、砾石、砂、黏土、钢筋等材料供应充足。

本学习情境小结:

(1)路面底面以下 0.80m 范围内的路基部分称为路床。在结构上分为上路床(0 ~ 0.30m)及下路床(0.30 ~0.80m)两层。

(2)路面结构是多层体系,其基本层次包括面层、基层和垫层;按路面的力学特性将路面结构分为柔性路面、刚性路面和半刚性路面三种类型。

(3)影响路基路面稳定性的自然因素包括地形、地质、气候、水文与水文地质等,人为因素包括行车荷载作用、设计质量、施工质量、养护质量等。

(4)在路面设计之前应进行专门的外业调查,需收集的资料有:交通量及交通组成情况;工程地质和水文地质条件;天然土的湿度和水文资料;气象资料;路面材料产地和供应情况;当地路面使用经验和其他情况;工程投资情况;施工单位的技术力量、机具设备、劳动力组成情况;原有路基路面状况。

(5)路面设计使用的汽车参数包括前后轴重、后轴数、轴距和轮组数;沥青路面设计时,汽车轮载标准简化图示为双圆垂直均布荷载。

(6)为区分不同地理区域自然条件对公路工程影响的差异性,并在路基路面的设计、施工和养护中采取适当的技术措施和采用合适的设计参数,以体现各地公路设计与施工的特点,侧重必须解决的问题,更有利于保证公路的质量和经济合理,经过长期研究,我国的公路部门制定了《公路自然区划标准》(JTJ 003—86)。

(7)现行的公路路面设计规范中将土质路基的干湿类型分为干燥、中湿、潮湿和过湿四种。这四种干湿类型表示路基工作时路基土所处的含水状态。干湿类型划分的方法包括平均稠度法、临界高度法。

(8)沥青路面设计的目的就是要控制路面在设计使用年限内产生的沉陷、车辙、疲劳开裂、推移、低温缩裂等病害,保证汽车安全、迅速、经济、舒适行驶。

(9)沥青路面设计采用双圆垂直均布荷载作用下的多层弹性连续体系理论,并以累计当量轴次来反映路面结构和材料的疲劳特征。高速公路、一级公路、二级公路的路面结构,以路表面回弹弯沉值、沥青混凝土层的层底拉应力和半刚性材料层的层底拉应力为设计指标。三级公路、四级公路的路面结构以路表面设计弯沉值为设计指标。有条件时,对重载交通路面宜检验沥青混合料的抗剪切强度。

(10)沥青路面设计的基本依据有标准轴载、设计年限、设计车道上的累计当量轴次和交通等级,路基路面材料强度参数包括路基抗压回弹模量、路面各结构层抗压回弹模量和抗拉强度(劈裂强度)。

(11)沥青路面结构组合设计主要是进行各结构层的强度组合、结构层的层数和厚度组合、各结构层的层间组合,以及抗冻层设计。

(12)新建沥青路面厚度设计根据设计车道累计当量轴次、设计弯沉值、容许拉应力值、各结构层的抗压回弹模量、土基抗压回弹模量以及已知结构层的厚度,利用专用设计程序即可求得设计层的厚度。

(13)原有沥青路面或砂石路面的整体刚度和强度以路表实测回弹弯沉表示。各路段的路表回弹弯沉值的测定采用 BZZ—100 标准轴载汽车,用杠杆式弯沉仪(也称贝克曼梁)进行。

(14)当原有沥青路面或砂石路面强度不足时应进行补强设计,设计方法与新建沥青路面设计方法相同。原有路面补强层结构设计不同于新建沥青路面结构设计,结构设计应根据不同的破损状态采取不同的设计方案和原路面处理方案。

(15)水泥混凝土路面在力学上可视为弹性地基上的弹性板,简称弹性地基板。将水泥混凝土面层下的基层(有时还有底基层或垫层)及路基作为弹性层状地基,可用弹性层状体系理论求解基层顶面的当量回弹模量。

(16)水泥混凝土面层厚度计算的基本依据有:路面结构可靠度设计标准、标准轴载大小及作用位置、设计车道标准轴载累计作用次数、交通等级、混凝土弯拉强度标准值、基层顶面的当量回弹模量、温度梯度等。

(17)水泥混凝土路面对路基的基本要求是稳定、密实、均质,对路面结构提供均匀的支承,即路基在环境和荷载作用下产生的不均匀变形很小。面层下设置基层与垫层的用途是:防唧泥、防冰冻、降低路基不均匀变形、防水、方便施工和延长路面寿命。

(18)水泥混凝土面层的接缝可分为横向接缝和纵向接缝。横向接缝包括横向缩缝、胀缝、施工缝,纵向接缝包括纵向缩缝、施工缝。

(19)水泥混凝土路面面层设计以行车荷载疲劳应力和温度疲劳应力综合作用下不产生断裂作为设计标准,即行车荷载产生的荷载疲劳应力和温度翘曲疲劳应力之和不超过水泥混凝土弯拉强度的设计值。水泥混凝土面层的厚度取决于水泥混凝土的弯拉疲劳强度。

(20)路面排水包括路表排水、中央分隔带排水及路面结构内部排水。

课后训练:

1. 解释路面的定义和路拱的定义。
2. 公路路面横断面的形式有哪几种?
3. 公路路面结构的基本组成部分有哪些?各自的作用是什么?
4. 柔性路面、刚性路面和半刚性路面有哪些特点?
5. 对路面的基本要求有哪几个方面?
6. 路面设计使用的汽车参数有哪些?
7. 公路自然区划有哪些用途?
8. 路基干湿类型有哪几种?如何划分路基干湿类型?
9. 解释路基临界高度的定义。
10. 路面设计的工作任务有哪些?
11. 沥青路面设计时车轮轮印当量圆的简化图示有哪几种?常用的是什么图示?
12. 简述沥青路面设计原理和设计控制指标。
13. 简述沥青路面设计的基本依据。
14. 写出沥青路面设计标准轴载当量轴次换算的换算公式。
15. 解释设计弯沉值和容许拉应力的含义。
16. II_5某二级公路,沥青混凝土面层为4cm厚AC-13和5cm厚AC-16,基层为18cm厚的二灰碎石(配合比8:12:80)。路面竣工后第一年BZZ—100标准轴载日平均当量轴次为135次/d,交通量年平均增长率为10%,试确定:①设计车道上的累计当量轴次N_e;②交通等级;③设计弯沉值l_d;④沥青混凝土面层的容许拉应力σ_R;⑤二灰碎石基层的容许拉应力σ_R(路面竣工后第一年标准轴载日平均当量轴次按0.565的系数折算)。
17. 叙述沥青路面结构组合设计的内容。
18. 叙述土基回弹模量E_0的确定方法。
19. 叙述路面材料强度参数的确定方法。
20. 叙述新建沥青路面的设计方法。
21. 叙述原有路面补强设计的方法。
22. 简述旧水泥混凝土路面加铺沥青层的设计方法。
23. IV_2区某二级公路某路段,原路面结构为4.5cm厚的沥青碎石和30cm厚的石灰土。在不利季节用额定重量的黄河JN162汽车测试原路面的弯沉,测试结果见下表,设计弯沉值l_d取27.2(0.01mm)。试决定该路段是否要补强。

测点编号	1	2	3	4	5	6	7	8	9	10
弯沉(0.01mm)	30.2	29.4	29.8	28.6	30.8	28.2	32.4	30.2	29.2	31.6
测点编号	11	12	13	14	15	16	17	18	19	20
弯沉(0.01mm)	30.6	29.4	30.0	29.8	29.0	31.2	28.4	29.6	30.8	29.6

24. 简述水泥混凝土路面的力学模型。
25. 水泥混凝土面层厚度计算的基本依据有哪些?
26. 水泥混凝土路面为何在纵、横两个方向设置许多接缝？如何设置?
27. 水泥混凝土路面的基层、路基与沥青路面的基层、路基有什么区别?
28. 水泥混凝土路面的设计内容包括哪些?
29. 拉杆和传力杆有何不同?
30. 简述水泥混凝土板厚计算流程。
31. 钢筋混凝土路面层、连续配筋混凝土路面层与普通混凝土路面层有何异同点?
32. 路表排水有哪几种形式?
33. 路面结构内部排水及中央分隔带排水分别有哪些要求?
34. 沥青路面结构设计图由哪几部分组成?
35. 水泥混凝土路面结构设计图由哪几部分组成?

学习情境二　路面施工准备工作

学习目标

1. 知道路面施工准备工作的内容；
2. 认识路面主要施工机械的种类与特性；
3. 会恢复公路中线，能对路面边线和高程进行施工放样测量；
4. 熟悉路面混合料拌和厂（场、站）设置的基本要求；
5. 知道路面试验路段铺筑的目的和要求；
6. 知道路面施工安全与环保的技术要求。

工作任务

任务1. 安排路面施工准备工作；

任务2. 认识路面主要施工机械的种类与特性；

任务3. 路面施工测量放样；

任务4. 布置路面混合料拌和厂（场、站）；

任务5. 铺筑试验路段；

任务6. 安排路面施工安全与环保工作。

学习指南

路面施工准备工作是做好路面工程施工的前提条件。路面施工准备工作是施工组织管理人员在具备了施工组织管理基础知识，熟悉路面工程设计图纸、招投标文件和施工技术的情况下，综合运用施工技术、施工管理组织学知识，依据工程项目所在地区的自然条件、工程情况，以及劳动力、原材料、主要机械与设备等供应情况和路面施工质量要求等，编制路面实施性施工组织设计（或施工方案），做好路面施工前的一切准备工作。

本学习情境主要介绍路面施工准备工作的基础知识。基于路面工程施工准备工作过程，分解为6个工作任务。学生应沿着如下流程进行学习：

组织准备 → 技术准备 → 施工现场准备 → 物资准备 → 路面施工测量放样 → 路面混合料拌和厂设置 → 路面试验路段铺筑

教学方法建议

实现“教、学、做”一体化的教学方法，结合路面工程项目施工准备案例教学法，完成路面施工准备工作的教学。

检查与评价

1. 路面施工准备工作应收集的基础资料；
2. 路面施工准备工作方案；
3. 路面施工测量放样资料；

4. 路面混合料拌和厂(场)设置方案;

5. 路面试验路段铺筑方案;

6. 路面施工安全与环保工作。

学习资料

1. 教材与工程项目案例;

2. 中华人民共和国行业标准. 公路工程技术标准(JTG B01—2003). 北京:人民交通出版社,2004;

3. 中华人民共和国行业标准. 公路路面基层施工技术规范(JTJ 034—2000). 北京:人民交通出版社,2000;

4. 中华人民共和国行业标准. 公路沥青路面施工技术规范(JTG F40—2004). 北京:人民交通出版社,2005;

5. 中华人民共和国行业标准. 公路水泥混凝土路面施工技术规范(JTG F30—2003). 北京:人民交通出版社,2003;

6. 中华人民共和国行业标准. 公路工程质量检验评定标准(JTG F80/1—2004). 北京:人民交通出版社,2005;

7. 王秉纲,张起森. 公路施工手册——路面. 北京:人民交通出版社,2008;

8. 王首绪,张起森. 公路施工组织及概预算. 北京:人民交通出版社,2007;

9. 文德云,彭富强. 路基路面施工技术. 北京:人民交通出版社,2006;

10. 刘培文. 道路勘测定线与施工放样技术. 北京:人民交通出版社,2007;

11. 务新超. 公路施工组织设计与管理. 北京:高等教育出版社,2009。

工作任务一　认知路面施工准备工作的内容

路面施工准备工作是保证路面施工顺利进行的前提条件。按照施工合同管理规定,路面施工单位完成施工准备工作后,应填写开工报告,经监理工程师审核达到合同规定的要求并报业主批准后,方可正式开工。

路面施工准备工作的主要内容包括组织准备、技术准备、施工现场准备、机械和物质准备等。

一、组织准备

路面工程开工前的组织准备工作的主要内容是建立路面施工组织机构、建立路面施工班组、编制路面施工管理规划、确定路面施工目标。

1. 建立施工组织机构

施工组织机构是指为完成施工任务而成立的负责现场施工与管理工作的项目经理部(项目部),包括职能部门及生产、环保、安全、质量等基层操作体系。

施工企业取得施工任务后,首先应组建好工程项目部,确定工程项目领导班子与工程项目经理,项目部在项目经理领导下开展工作。为了充分发挥项目部在项目管理中的主导作用,应贯彻"少而精"的原则合理设置机构,做到规章制度完备、岗位职责具体、目标任务明确、各项措施到位、运行功能齐全。

结合工程项目的规模、复杂程度和专业特点,根据工程项目管理组织机构设置原则,选用适当的组织机构形式，组建目的性明确、精干高效、技术配备精良、设备先进齐全、生产快速高效的施工组织管理机构，建立工程项目分工责任制，完善工程质量分级管理体系，明确各自的责任、权限和义务等。

项目部一般由生产系统与职能部门组成。生产系统是直接从事生产的组织机构（如施工队、施工班组），要由有实际生产经验及组织管理才能的人员领导，通常由管理生产工作的项目副经理负责。职能部门是直接保证生产系统完成施工任务所需的一系列管理工作的机构，它按工程施工计划及项目部领导的意图和指示进行工作，必须有明确的责任、权限和分工，同时要有密切的协作。根据工程规模的实际需要，可以设置计划、生产、材料、统计、安全、质检等机构，负责办理各项业务的具体工作。

项目部应在遵守企业规章制度的前提下，根据项目管理的需要，制定施工过程中必要的组织与技术管理规章制度。

2. 建立路面施工班组

施工班组是直接参与施工的基层生产组织，一般不设专职脱产管理人员，而是根据需要由班组人员分工兼任记工、领料、保管、质量检查、安全检查等工作。班组的人数及工作性质，应根据工程需要及管理需要在施工组织设计中确定。

施工班组的建立有两种形式，一是按工艺专业化原则建立，如木工班、钢筋班、混凝土班、浇筑班等；另一是按施工专业化原则建立，如路面基层班、路面面层班等。

施工班（组）的合理组织和劳动力合理安排，是保证施工连续性、紧凑性、协调性和经济性的前提。

3. 编制路面施工管理规划

路面施工管理规划是对项目施工管理的组织、内容、方法、步骤、重点工作进行预测和决策，是具体安排的纲领性文件。

路面施工管理规划的内容主要有：①进行工程项目分解，形成施工对象分解体系，以便确定阶段性控制目标，从局部到整体地进行施工活动和进行施工管理；②建立路面施工管理工作体系，绘制路面施工管理工作体系图和路面施工管理工作信息流程图；③编制施工管理规划，确定管理要点，形成文件，以利于执行。

4. 确定路面施工目标

路面施工目标有阶段性目标和最终目标。路面施工目标有质量目标、安全目标、工期目标、成本目标等。在劳动组织准备阶段确定路面施工目标，是为了保证工程项目在施工阶段进行全过程的控制。

根据确定的路面施工目标，结合路面工程施工进度计划、工期计划安排以及劳动力的调配情况，合理地组织安排施工环节和施工过程，严格劳动纪律，严把工程质量关，实施奖惩制度，最大限度地创造最佳效益。

5. 案例：×××高速公路路面施工组织机构框图

1）工程概况

×××高速公路路线全长160.682km。该合同段路线起点桩号为K48+000，终点桩号为K72+924.991，全长24.925km。

该项目所经区域属中亚热带向北亚热带过渡的季风湿润气候，光热充足，雨量充沛，无霜期长，严寒期短。年平均气温16～17℃，极端高温41℃，极端低温－5℃。年降雨量1 400～2 000mm。雨季集中于4～9月，四季有大风。沿线地表水系发达，地下水丰富。

路面主要工程:基层为5%水泥稳定碎石,面层为沥青混凝土,设置沥青透层、沥青封层。

该项目合同工期控制在12个月之内,考虑到冬季低温、春季多雨的影响,施工期相对比较紧张,必须突出重点,加强控制,争取主动,保证在合同期内完成施工任务。

2)施工总目标

质量目标:确保优质工程,争创精品工程。

安全目标:无重大安全事故,安全生产指标达到国标。

工期目标:合同规定工期内完成该合同段全部工程任务。

3)施工组织机构

施工单位积累了丰富的路面施工经验,对于各种问题都能提前预见并采取相应的措施。项目部下设办公室、工程合约部、质检部、财务部、机料安全部、中心试验室等相关部室。施工现场设一个路面施工处(负责基层施工和沥青混凝土面层施工)和一个附属工程施工处。路面施工组织机构框图如图2-1-1所示。

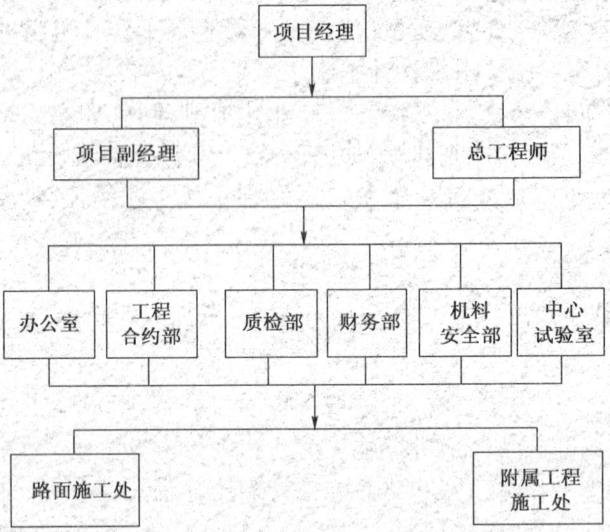

图2-1-1 路面施工组织机构图

施工组织机构布设:项目部设置在交通方便的某互通立交(路线桩号为K64+500)附近。水泥稳定碎石基层拌和场和沥青混合料拌和场均设在主线K64+200左侧,附属工程施工队伍沿线合理设置,均租用民房。

二、技 术 准 备

路面施工前的技术准备工作包括设计文件熟悉和核对、补充资料调查、实施性施工组织设计和施工预算编制、路面施工测量放样、原材料试验与混合料配合比设计、路面施工技术交底等。对于高速公路和一级公路或采用新技术、新工艺及新材料的其他等级公路的路面施工,除做好上述准备工作外,还应在路面大规模施工前铺筑试验路段,为路面正式施工提供技术依据。

1. 设计文件熟悉和核对

设计文件是工程施工最重要的依据之一,施工前要组织技术人员领会设计文件的意图,熟悉设计文件中的各项技术指标,认真分析技术经济的合理性和施工的可行性。对设计文件中有疑问、错误或设计不妥之处，应及时与建设单位（业主）、设计单位和监理工程师联系，共同进行调查分析，选择合理的解决方案。

对路面工程设计文件和路面设计图纸进行现场核对的主要内容是：

（1）各项路面施工计划的布置和安排是否符合路面施工技术规范的要求。

（2）路面工程设计图纸、技术资料是否齐全，有无错误和相互矛盾之处。

（3）路面工程设计文件所依据的水文、气象、地质、岩土等资料是否准确、可靠、齐全。

（4）掌握整个工程设计内容和技术条件，弄清设计规模、各分项工程的结构特点和形式。

（5）设计文件中路面结构是否合理，质量要求和集料级配范围是否合理。

（6）核对路线中线、主要控制点、转角点、水准点、三角点、基线等是否准确无误。

（7）路面施工方法、料场分布、运输工具、道路条件等是否符合工程现场实际情况。

现场核对时，如发现设计有错误或不合理之处，应提出修改意见报上级主管部门审批，待核准批复后进行现场测量、修改设计、补充图纸等工作。

2. 补充资料调查

进行现场补充资料的调查，是为优化和修改设计、编制实施性施工组织计划、因地制宜地布置施工场地等收集资料。调查的内容主要有：①工程所在地的地形、地质、水文、气候等自然条件；②路面自采加工材料料场分布情况、储量、供应量与运距等情况；③路面地方性生产材料供应情况；④施工期间可供利用的房屋数量；⑤当地劳动力资源、工业生产加工能力、运输条件和运输工具，施工场地的水源、水质、电源、通信，以及生活物质供应状况，当地民俗风情、生活习惯等。

3. 实施性施工组织设计和施工预算编制

编制路面实施性施工组织设计和施工预算，是路面施工前非常重要的技术准备工作。施工单位应根据设计文件中的施工组织计划和建设单位（业主）在承包合同中的具体要求，结合工程项目路面的特点、施工具体条件、路面工程量、施工难易程度以及路面施工设备、人员、材料供应情况和路面工期要求，编制具体、切实可行的实施性组织设计，并报监理工程师和业主批准。

路面实施性施工组织设计的组成内容和编制方法在“学习情境六”中详细介绍。

4. 路面施工测量放样

路面开工前应做好施工测量放样工作，内容包括导线、中线、水准点复测，检查与补测纵横断面，校对和增加水准点，各结构层宽度、厚度、高程分别放样等。

路面施工测量放样在“工作任务三”中详细介绍。

5. 原材料试验与混合料配合比设计

对于拟选择的自采加工材料料场、地方性生产材料供应料场和外购材料，按照有关规定选取代表性的试样，进行原材料各项技术性能指标试验，在此基础上进行路面混合料配合比设计试验，确定混合料的施工配合比。

原材料试验和混合料配合比设计结束后，应及时向监理工程师提交报告，经监理工程师审核批准后方可采购和使用。

6. 路面施工技术交底

技术交底即把设计对施工的要求、施工方案及措施转达给施工人员，这是落实技术责任制的前提。进行技术交底的目的是保证严格按照路面施工图、实施性施工组织设计、施工操作规程、安全生产规程、工程施工及验收规范和其他技术规范进行施工。

采用新技术、新结构、新材料、新工艺等的路面工程，应先由项目总工程师向施工队技术员交底，施工队向作业班组技术员交底，然后作业班组技术员向具体操作人员进行交底。一般路面工程由施工队的单位工程技术负责人向班组长和工人交底。

路面施工技术交底内容包括：

(1)路面设计图纸交底。主要是设计图纸上必须特别注意的问题，如尺寸、轴线、高程、预留孔和预埋件的位置、规格和数量等。

(2)原材料交底。使用材料的品种、规格、质量、配合比和质量要求。

(3)路面施工工艺交底。采用的施工方法、操作工艺和其他工种的配合等。

(4)路面施工规范、技术标准交底。采用的施工规范、质量评定标准和有关要求。

(5)技术措施交底。保证质量、安全生产、降低成本、文明施工和工程产品保护等技术措施要求。

(6)样板交底。凡采用新技术、新工艺、新材料的工程和技术复杂的工程，应在正式施工前，做出样板或实际样品，经有关多方核查研究同意后，方可正式施工。

(7)路面设计变更情况交底。

三、施工现场准备

1. 临时设施

在路面工程正式开工前充分建造好相应的临时设施，如工棚、仓库、供水、供电、通信设施等。

1)加工场地

工地临时加工场地组织是确定建筑面积和结构形式。加工场(站、厂)的建筑面积，通常参照有关资料或根据施工单位的经验确定，也可按有关公式计算。

大型沥青混凝土或水泥混凝土搅拌设备的场地面积，根据设备说明书的要求确定。必要时应对拌和场的场地和进出场道路、堆料场地等进行“硬化”处理。对细集料的堆放场地应搭设防雨棚，防止细集料受到污染。

上述建筑场地的结构形式应根据当地条件和使用期限而定。使用年限短的采用简易结构，如油毡或草屋面的竹木结构；使用年限较长的则可采用瓦屋面的砖木结构或活动房屋等。

2)临时仓库

工地临时仓库分为转运仓库、中心仓库和现场仓库等。临时仓库组织是确定材料储备量和仓库面积、选择仓库位置和进行仓库设计等。

建筑材料的储备量既要保证工程连续施工的需要，也要避免材料积压而增大仓库面积。供应不易保证、运输条件差、受季节影响大的材料可增大储存量。常用材料的储备量宜通过运输组织确定。

对于不经常使用和储备期长的材料，可按年度需用量的某一百分比储备。

一般的仓库面积可按有关公式计算，特殊材料如爆炸品、易燃或易腐蚀品的仓库面积，按有关安全要求确定。

仓库除满足总面积要求外，还要正确地确定仓库的平面尺寸，即仓库的长度和宽度。仓库的长度应满足装卸要求，宽度要考虑材料的存放方式、使用方便和仓库的结构形式。

3)行政、生活用临时房屋

此类临时房屋的建筑面积取决于工地的人数,包括施工人员和家属人数。

在编制施工组织设计时,应尽量利用工地附近的现有建筑物,或提前修建能利用的永久房屋,如道班房、加油站等,不足部分修建临时建筑。

临时建筑应按节约、适用、装拆方便的原则设计,其结构形式按当地气候、材料来源和工期长短确定,通常有帐篷、活动房屋和就地取材的简易工棚等。

4)临时供水、供电、供热

工地临时供水、供电、供热应解决以下问题:确定用量、选择供应来源、设计管线网络等。如供应来源由工地自行解决,还需要确定相应的设备。

确定用量时,应考虑施工生产、生活和特殊用途(如消防、抗洪)的需用量。选择供应来源时,首先考虑当地已有的水源、电源,若当地没有或供应量不足时,才需自行设计解决。

2. 土基检查

不论是路堤、路堑还是原有路面,铺筑路面结构层之前,必须进行检查验收,其压实度、弯沉值、高程、平整度等技术指标达到规定的要求后,才可进行路面施工。如发现路基土过干、表层松散,则应适当洒水、碾压;如路基土过湿,发生"弹簧"现象,应采取挖开晾晒、换土、掺石灰或水泥等措施进行处理。

3. 施工现场交通管制

为了确保路面施工安全和有序施工,对施工现场范围内的公路两端和必经的交叉路口、部分设施设备等设置施工标志,进行施工现场交通管制,对于附近人群应进行施工安全宣传。

四、物 质 准 备

路面施工要消耗大量的人力、材料和机具,正式开工前应进行所需材料的购买、采集、加工、调运和储备等工作,同时要检修或购置及安装一些路面施工机械、机具,做好施工人员的生活、后勤保障准备工作。材料和施工机械、机具的准备工作是路面施工组织计划的重要组成部分。

1. 施工用水、用电准备

施工用水主要有工程施工生产用水、生活用水与特殊用水。在沿线河流上取水时,要取样化验,检查水质是否符合工程或生活上使用的要求。路线附近可利用的水源要与就近掘井取水作经济比较确定。在有自来水设施的地区施工,饮用水使用自来水,工程及其他用水如无合适天然水源可利用时,也可使用自来水,但要与供水单位订立供水协议。

施工和生活用电最好利用当地电源,要了解供电单位能否满足工地用电的要求,并与供电单位订立供电及安装输电线路和设施的协议。当供电单位经常定期停电、供电量满足不了施工需要或根本就没有可利用的电源时,应自备电源。

2. 材料准备

当地采购或开采加工的材料(如砂、石等),必须对其产地、品质、数量、运输和价格做详细的调查分析。需要临时开采加工的材料,要了解可否发包给当地生产供应部门,并与自行组织生产做经济比较。特别要注意在设计文件提供的材料产地以外,可否找到材料品质符合要求、运距更近的产地。

自采材料和外运材料,经检验和选择,按需要的规格和数量运到现场,堆放位置应根据实施性施工组织计划进行合理安排。

路面工程材料运输，可利用当地已有的运输力量，必须了解当地可利用的运输工具的类型、数量、运输能力和运价。如果当地运输力量不能满足要求或经比较不经济时，可自行组织运输。

3. 施工机械、机具准备

应按照施工合同规定，配备足够的施工机械、设备及器具，并保证均处于良好的技术状态及满足施工的需要，并应有相匹配的维修措施。

根据路面实施性施工组织计划，一次或分批配齐足够的施工机械和相关工具。

有些不常使用的机械设备可以采用租赁方式，施工单位只要向租赁者按合同规定定期交付一定的租赁费便可取得设备的使用权，从而可以减少或根本就不需要购买那些不常使用的设备。在租赁设备调查中，首先要了解出租设备的型号、功能、数量等能否满足施工时的要求，同时还要将租赁与自购作经济比较，以便择优选用。如选择租赁设备，要签订租赁合同。机械设备的放置，应考虑到施工的要求。

4. 安全防护准备

应严格执行《公路工程施工安全技术规程》(JTJ 076—1995)的规定要求，加强安全生产管理，落实安全生产责任，提高作业人员的安全意识，准备好各种安全防护设施和劳动防护用品，正确使用安全防护用品。

项目部办公区、员工生活区、施工现场、拌和场地等，应先确定危险源，并制订相应的防范措施及应急预案。项目部所有员工和施工人员(包括合同工、农民工)及在建工程均应选择合适的保险种类进行投保。

安全防护措施应是施工组织设计的重要组成部分，同时，这些措施必须有效、落实、可靠。

工作任务二　认识路面主要施工机械的种类与特性

路面工程施工机械主要有稳定土拌和机械、平地机、沥青乳化设备、沥青运输车及洒布车、沥青混合料拌和设备、沥青混合料摊铺机、压路机，以及水泥混凝土拌和设备和摊铺机等。

一、稳定土拌和机械

稳定土拌和机械按拌和方式分为稳定土拌和机和稳定土厂拌设备两类。

稳定土拌和机是一种在行驶过程中，以其工作装置对土就地破碎，并与稳定剂均匀拌和的机械设备。稳定土拌和机主要用于道路工程中的稳定土类基层、底基层的现场拌和作业。

稳定土拌和机按行走形式可分为履带式、轮胎式和复合式(履带与轮胎结合)；按牵引方式，可分为自行式、半拖式和悬挂式；按动力传动形式，可分为机械式、液压式和混合式(机械、液压结合)；按工作装置(转子)在机械上的位置，可分为中置式和后置式。

部分国内外生产的稳定土拌和机的型号和主要性能参数见表2-2-1。

稳定土厂拌设备是在固定地点均匀拌和稳定土类混合料的专用设备。其优点是配合比控制精度高，拌和质量好；缺点是需安装在固定地点作业，整机庞大，还需配置运输车辆才能将成品运至施工现场，因此成本较高，适用于工程量大且集中的城市道路和公路施工工程。

稳定土厂拌设备按工艺性能可分为非强制跌落式、强制间歇式和强制连续式等三种。强制连续式又可分为单卧轴式和双卧轴式。按其生产率大小，分为小型（生产率小于200t/h）、中型（生产率为200～400t/h）、大型（生产率为400～600t/h）和特大型（生产率大于600t/h）等四种。按其机动性，分为移动式、分总成移动式、部分移动式、可搬式及固定式等多种形式。

部分国内生产的稳定土厂拌设备的型号和主要性能参数见表2-2-2。

部分国内外生产的稳定土拌和机的型号和主要性能参数 表2-2-1

生产厂家	机械型号	行走形式	传动方式	转子位置	功率［kW/（r/min）］	拌和宽度（mm）	拌和深度（mm）	行驶速度（km/h）
德国 BOMAG	MPH120	轮胎	液压	后置	280/2 100	2 100	400	0～6
美国 CMI	RS-500B	轮胎	机械液压	中置	391/2 100	2 438	406	0～11.3
日本 SAKAI	PM-200	轮胎	液压	中置	143/1 800	1 700	400	0～24
新津筑路机械厂	WB230	轮胎	液压	后置	258/2 000	2 300	450	0～20
陕西建设机械厂	WBZ23	轮胎	液压	后置	258/2 100	2 350	400	0～24
镇江路面机械厂	WBY2300	轮胎	液压	后置	258/2 100	2 300	450	0～24

部分国内生产的稳定土厂拌设备的型号和主要性能参数 表2-2-2

型　　号	生产能力（t/h）	级配种类	计量精度	装机功率（kW）	总质量（t）	生 产 厂 家
WBS200	200～250	4	≤3%	54.1	29	汕头市公路局机械修配厂
WBC300	300	4	≤3%	120	42	安徽省公路机械厂
WCB200	200	4	≤3%	70	30	徐州筑路机械厂
WCQ100	100	4	集料≤3%，粉料≤3%，土≤5%	37.4	20	云南公路机械修配厂
YWCB-300（移动式）	300	4	级配1%～1.5%，给水1.5%	82	28	福建省泉州南方路面机械厂
CBW200	200	4	—	70	30	无锡新安交通工程机械厂
WQB400	400	4	水灰比精度±1%	126.7	48.3	沈阳路达筑路机械制造厂

二、沥青混合料拌和设备

沥青混合料拌和设备按生产能力可分为小型（生产率在40t/h以下）、中型（生产率为40～400t/h）和大型（生产率在400t/h以上）。

按搬运方式可分为移动式、半固定式和固定式。移动式是将设备装置在拖车上，可随施工地点转移，多用于公路工程；半固定式是将设备装置在几个拖车上，在施工地点拼装，多用于公路施工；设备作业地点固定的为固定式，又称为沥青混合料加工厂，主要适用于工程集中及城市道路施工。

按混合料生产方式可分为间歇强制式和连续滚筒式。高等级公路建设应使用间歇强制式,而连续滚筒式多用于普通公路及场地建设。

部分国内外生产的沥青混合料拌和设备的型号和主要性能参数见表2-2-3。

部分国内外生产的沥青混合料拌和设备的型号和主要性能参数 表2-2-3

型号	形式	生产能力(t/h)	干燥滚筒尺寸(直径×长度,mm)	燃料耗量(kg/t,成品)	出料温度(℃)	计算精度	整机质量(t)	总功率(kW)	制造厂
HHB25	滚筒式	25	ϕ1 200×4 800	燃油≤7,燃煤≤16	100~150	油石比<±0.5%	(柴油机)13.6	燃油44,燃煤58.8	交通运输部郴州筑路机械厂
DHNB80	滚筒式	80~100	ϕ1 800×8 000	燃油≤7	130~165	油石比<±0.5%	88	175	交通运输部郴州筑路机械厂
LYB500	滚筒式	50	ϕ1 250×600(再生式)	5~7	120~150	—	3.2	16.2	安徽省公路机械厂
IJB1000	间歇强制	60~80	ϕ1 500×6 500	燃油≤7	—	沥青±0.5%,粉料±1.0%,集料±0.5%	130	284.7	交通运输部郴州筑路机械厂
LJY40	间歇强制	40~50	—	燃油≤7	140~160	沥青±0.5%,热料±1.0%,油石比±0.5%	55	120	云南公路机械修配厂
LQB1200	间歇强制	100	—	燃油≤7	—	油石比<±0.5%	—	320	沈阳路达筑路机械制造厂
LQB3000	间歇强制	200	—	燃油≤7	—	油石比<±0.5%	—	600	沈阳路达筑路机械制造厂
ANPU-1000	间歇强制	60~80	ϕ1 600×7 000	—	—	—	—	199	日本NI-KKO公司
DF270	间歇强制	220~270	ϕ2 500×9 000	—	—	—	—	—	法国Ermot公司

三、沥青混合料摊铺设备

沥青混合料摊铺机按摊铺宽度可分为小型、中型、大型、超大型等四类。摊铺宽度一般为900~3 600mm。小型摊铺机主要用于低等级公路的路面养护和城市狭窄道路的修筑工程。中型摊铺机主要用于一般公路路面的修筑工程,也可用于路面的养护作业。大型摊铺机主要用于高等级公路路面施工。超大型摊铺机的最大摊铺宽度为12 000mm,主要用于高速公路、机场、码头、广场等大面积沥青混合料路面施工。使用有自动找平装置的超大型（包括大型）摊铺机摊铺路面时，纵向接缝少，整体性及平整度好，尤其是摊铺路面表层效果最好。

沥青混合料摊铺机按行走方式分为拖式和自行式两类。其中自行式又分为履带式和轮胎式两种。拖式摊铺机是将接料、输料、分料和熨平等工作装置安装在一个特制的机架上，摊铺作业是靠运料自卸车牵引或顶推进行。其结构简单，制造、使用成本低，但摊铺能力小、质量低。拖式摊铺机仅适用于低等级公路的路面养护作业。履带式摊铺机一般为大型或超大型摊铺机，其优点是接地压强小，附着性能好，摊铺作业时运行平稳，无打滑现象。其缺点是机动性差，对路基凸起物吸收能力差，弯道作业时铺层边缘不够圆滑，且结构复杂，制造成本较高。履带式摊铺机用于大型路面工程的施工。轮台式摊铺机靠轮胎承受整机重力，并提供附着力。它的优点是转场运行速度较高，机动性好，对路基凸起物吸收能力强，弯道作业易形成圆滑的边缘。其缺点是附着力较小，在摊铺宽度较大、铺层较厚的路面时，有可能产生打滑现象。此外，它对路基起伏较敏感，需要自动找平装置来协助，以提高路面平整度。轮胎式摊铺机可用于各种道路的路面修筑及养护作业。

沥青混合料摊铺机按传动方式可分为机械式和液压式两类。机械式传动的摊铺机，其行走驱动、输料传动、分料传动、转向传动等均用机械传动方式。液压式传动的摊铺机，其行走驱动、输料和分料传动、熨平板延伸、熨平板和振捣器的振动等采用液压传动方式。液压和全液压传动的摊铺机均设有自动找平装置，具有良好的使用性能和较高的摊铺质量，广泛应用于高等级公路的路面施工。

部分国内外生产的沥青混合料摊铺设备的型号和主要性能参数见表2-2-4。

四、压 实 机 械

1. 静作用碾压机械

碾压滚轮沿被压实材料表面反复滚动，靠自重产生的静力作用，使被压实层产生永久变形达到压实目的。静力式压路机的分类如下：

（1）按结构质量分为轻型（加载后质量≤5t）、中型（6～10t）、重型（12～15t）和特重型（≥16t）。

（2）按碾压轮的结构特点分为光面钢轮压路机及轮胎压路机。

（3）按行驶方式分为自行式压路机和拖式压路机。

（4）按碾压轮数量分为单轮压路机、双轮压路机和三轮压路机。

（5）按驱动轮的数量分为单轮驱动压路机、双轮驱动压路机或三轮驱动压路机。

（6）按动力传动方式分为机械传动式压路机、液力机械传动式压路机和全液压传动式压路机。

部分国产静力式压路机的型号和主要性能参数见表2-2-5。

2. 振动碾压机械

碾轮沿被压实层材料表面既作往复滚动，又利用偏心质量 m 旋转产生的激振力，以一定的频率、振幅振动，使被压实层同时受到碾轮的静压力和振动力的综合作用，给材料短时间的连续脉动冲击，使被压实层产生永久变形，达到压实目的。

部分国产自行式振动压路机的型号和主要性能参数见表2-2-6。

表 2-2-4

部分国内外生产的沥青混凝土摊铺机的型号和主要性能参数

型　　号	制　造　厂	摊铺宽度（m）	摊铺厚度（mm）	发动机功率（kW）	作业速度（m/min）	行驶速度（km/h）	行走方式	料斗容量（m^3）	熨平板形式	总质量（t）	外形尺寸（长×宽×高，mm）
LT6CB	交通部西安筑路机械厂	2.8～4.5	10～120	35	2.82～5.84	16.7	轮胎式	3	液压伸缩	11.15	5 300×2 834×2 490
GTLY7500	交通部西安筑路机械厂	2.5～7.5	10～300	82	1～19.6	0～3.6	履带式	5.7	高密压实	20	6 300×2 500×2 700
LTL4500	镇江华通筑路机械总厂	2.5～4.5	10～250	46	1.5～6.3	2.1～12.3	履带式	5.5	—	11.2	5 746×4 494×2 450
LTU125	徐州工程机械厂	3～12.5	最大 300	157	0～18	0～3.5	履带式	7	—	19.5～25.5	6 718×3 000×3 635
LTU60	徐州工程机械厂	2.5～6	最大 300	86	0～18	0～5	履带式	6	—	14.5～16.5	5 800×2 500×3 650
LTL45	徐州工程机械厂	2.8～4.5	最大 150	35	3.2～6.7	2.3～17.7	轮胎式	5.5	—	10	5 395×3 255×3 452
TITAN411	陕西建设机械厂	最大 12	最大 300	124	0～54	—	履带式	7	高密实度 双振捣	23	5 997×2 500×3 700
LTY7.5	石油地球物理勘探局物探特种车辆制造厂	3～7.5	10～300	92	0～18	0～20	—	—	—	—	—
TITAN-280	德国 ABG 公司	2.5～5.0	15～300	—	2.25～15.0	2.8	履带式	—	—	—	—
TITAN-355	德国 ABG 公司	2.5～8.0	0～300	—	0.9～2.0	—	轮胎式	—	—	—	—
TITAN-411	德国 ABG 公司	3.0～12.0	0～300	—	0～54.0	—	履带式	—	—	—	—
PF-500	美国 Blow-knox 公司	3.0～8.8	6～305	—	0～44.5	9.6	履带式	—	—	—	—
PF-220	美国 Blow-knox 公司	3.6～12.2	6～251	—	0～13.9	17.8	轮胎式	—	—	—	—

部分国产静力式压路机的型号和主要性能参数 表 2-2-5

压路机型号	发动机			最小工作质量（t）	最大工作质量（t）	前后轮静线压力（N/cm）	压实宽度（mm）	最小回旋半径（mm）	行驶速度（km/h）	爬坡能力（%）	外形尺寸（长×宽×高，mm）	制造厂家
	型号	功率（kW）	转速（r/min）									
3Y10/12A	2 135K-1	29.5	1 500	10	12	320/740	2 100	6 300	1.6/3.2/5.4	14.3	4 290×2 155×2 115	洛阳建筑机械厂
3Y12/15A	4135C-1	58	1 500	12	15	390/940	2 130	6 350	2.2/4.4/7.5	14.3	4 460×2 215×2 115	洛阳建筑机械厂
3Y12/15B	4135C-1	58	1 500	12	15	460/900	2 130	6 500	2/4.8/15	20	4 738×2 130×2 750	徐州工程机械厂
3Y18/21	4135AK-2	73.5	1 500	18	21	542/1 170	2 320	6 500	2.3/4.4/7.9	20	5 156×2 320×2 760	徐州工程机械厂
2Y8/10	495Ay	36.76	2 000	8	10	274/372	1 450	5 900	2/4/7	20	4 305×1 762×2 250	上海工程机械厂
3Y12/15	4315K-2c	58	1 500	12	15	360/1 000	2 125	5 900	2/4/8.7	20	4 735×2 125×2 650	上海工程机械厂
3Y15/18	4315AK-2	73.5	1 500	15	18	565/1 058	2 130	5 900	1.9/3.2/7.5	20	4 655×2 135×2 960	安徽省公路机械厂
3Y18/21	4315AK-2	73.5	1 500	18	21	577/1 080	2 370	6 500	2/3.4/8	20	5 120×2 376×2 960	安徽省公路机械厂

部分国产自行式振动压路机的型号和主要性能参数 表 2-2-6

压路机型号	发动机			工作质量（t）	振动轮宽度（mm）	行驶速度（km/h）	振动频率（Hz）	振幅（mm）	激振力（kN）	外形尺寸（长×宽×高，mm）	制造厂家
	型号	功率（kW）	转速（r/min）								
YZD4	2 100Ly	24.2	2 200	3.6	1 090	2.8～7.7	42	0.54	振荡力矩 15.2kN·m	2 992×1 350×2 334	安徽省公路机械厂
YZJ20	WD615.61G05	162	2 200	20	2 130	0～9	26～33	0.9～1.8	240～320	6 100×2 560×3 200	云南公路机械修配厂
YZ12	4315AK-2	73.5	1 500	12	2 130	2.9/4.86/13.6	30	0.8～1.6	110～220	5 570×2 330×3 100	温州冶金机械厂
YZ/4A	4315AK-2	73.5	1 500	14	2 150	0～11	30	1.6	285	5 490×2 340×2 910	江阴交通工程机械厂
DF-YZ14	LR6105G28	73.5	2 000	14	2 150	3/5/14	32	1.6	270	6 085×2 400×2 862	中国第一拖拉机工程机械公司工程机械厂
YZC12	F6L912Gb	80	2 400	12	2 130	0～10	45～48	0.4～0.8	80～140	—	徐州工程机械厂
YZ18	F66L913	115	—	18	2 130	0～10	27	1～1.8	135～270	—	徐州工程机械厂

工作任务三　路面施工测量放样

路面施工测量放样是在路基施工完成后，放出各结构层施工的中线和边线，并把每层施工的松铺挂线（或摊铺机导引绳挂线）高度和压实厚度相应的挂线高程位置放样出来。

在路面施工前，应根据路线导线点或控制点恢复中线，钉设中心桩和边线桩。一般直线段桩距为20～25m，曲线段为10～15m，并在两侧路肩边缘外0.3～0.5m处设置指示桩。此外，还应测量原有路基顶面的断面高程，在两侧的指示桩上标记路面基层（底基层）的顶面高程位置线。

在路面施工中要充分考虑路面层次的特点，做到"层层放样、层层抄平"，即每施工一层都要进行放线和高程测量，从底基层、基层直至面层。

一、中 线 放 样

1. 低精度公路中线放样

对于二、三、四级公路，其中线放样可采用传统的方法，使用经纬仪、钢尺（或皮尺）等仪器工具。其施工放样的基本步骤是：

（1）恢复交点和转点。根据原设计资料，对路线各交点和转点逐一查找或恢复。

（2）直线段中桩放样。根据交点、转点用经纬仪、钢尺或皮尺按规定桩距钉设中线桩。

（3）曲线段中桩放样。首先根据设计的曲线要素放样各曲线主点桩，然后按切线支距法、偏角法或弦线支距法等详细放样曲线上各桩。

2. 高精度公路中线放样

高速公路和一级公路中线放样应采用自由测站法放线，以恢复主要控制桩。

自由测站法放线的基本思路：原设计单位在路线附近设置了一系列控制点，这些控制点的连线称为"自由导线"，并利用全站仪测定其导线边长、角度等，当各项观测误差和闭合差都符合相应的限差规定时进行平差计算，直至求出这些控制点的坐标。中线放样时以"自由导线"为基础，再根据中线点的角度、距离或坐标确定中桩位置。

"自由测站法"中线施工放样示意图见图2-3-1。全站仪架在"自由导线"点C_i上，棱镜架在相邻的"自由导线"点C_{i-1}或C_{i+1}上，然后指挥拟定中线桩上的点M或点K的棱镜移动，直至满足桩点定位要求，最后用木桩标点。其放线方法有角度距离法放线和坐标法放线两种。

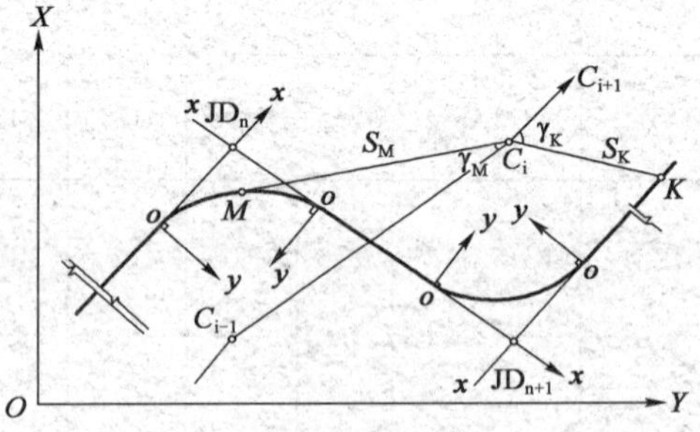

图2-3-1　全站仪或GPS自由测站法施工放样中线

1）角度距离法放线

角度距离法放线确定图中M点时，是将全站仪置于C_i点，利用计算好的夹角γ_M和距离S_M确定M点位。角度距离法放样的关键是计算M点位的夹角γ_M和距离S_M。其放样步骤为：

（1）将全站仪架设在"自由导线"点上，瞄准后导线或前导线点，然后读数归零。

（2）按照有关公式计算待放桩点与安置仪器点（连线）和后导线或前导线点与置仪点（连线）之间的夹角γ，以及待放桩点与置仪点之间的距离S。

（3）转动全站仪照准部使水平角的读数等于γ并使距离等于S，指挥持棱镜人员挪动棱镜正好在该点位置即为待放桩点。

2)坐标法放线

全站仪坐标法进行中线放样测量时,控制导线点和待测点的坐标应已知,且通视条件良好。坐标法放样的步骤如下:

(1)架设全站仪于"自由导线"点 C_i上,后视 C_{i+1}点。

(2)从路线"导线坐标表"中查取置仪点 C_i的坐标(X_i,Y_i,Z_i)和后视点 C_{i+1}的坐标(X_{i+1},Y_{i+1},Z_{i+1}),输入全站仪;并将测站数据(仪器高、后视方位角等)输入。

(3)从路线"逐桩坐标表"中查取待放桩点 K 的坐标,并输入全站仪。

(4)松开水平制动,转动照准部使水平角为0°00′00″。

(5)在 C_i到 K 的方向上置反射棱镜并测距,直到面板显示的距离值为0.000m 时为止。

在第(3)步输入 K 点的坐标后,仪器在计算夹角的同时,也计算出了 C_i到 K 点的距离 S 并自动存储起来。测距时将量测到的距离 d 自动与 S 进行比较,面板显示其差值 $\Delta S = d - S$,当 $\Delta S > 0$ 时,应向 C_i方向移动反射棱镜 ΔS;当 $\Delta S < 0$ 时,应远离 C_i方向移动反射棱镜 ΔS;当 $\Delta S = 0$时,即为 K 点的准确位置。

(6)在中桩位置定出后,随即测出该桩的地面或路基顶面高程(Z 坐标)。

重复上述(3)~(6)步,测设其他中桩位置。

二、路面边线放样

传统的路面边线放样方法使用经纬仪、钢尺等仪器工具。其施工放样的基本步骤是:

(1)根据道路中心线的放样结果,用经纬仪等找出横断面方向(中心线垂直方向)。

(2)用钢尺沿中心线垂直方向分别水平量取半个路面结构层宽度($B/2$,以 m 表示),即为路面结构层边缘位置(可钉设边线桩或撒石灰线)。

(3)在两侧路面结构层边缘外0.3~0.5m 处设置指示桩。

重复上述(1)~(3)步,测设其他边桩和指示桩位置。

测量时,钢尺要保持水平,不得将尺紧贴地面量取,也不得使用皮尺。测量的精度:对高速公路、一级公路,准确至0.005m;对于其他等级公路,准确至0.01m。

路面边线放样亦可使用全站仪按角度距离法或坐标法进行。

三、路面结构层厚度放样

路面结构层铺筑施工时,其厚度控制分为松铺厚度控制和压实厚度(设计厚度)控制两项。对于预先埋设路缘石或安装模板铺筑施工的路段,可在路缘石上或模板上用明显标记标出路面结构层边缘的松铺厚度和设计高度;对于无路缘石的路段,可在两侧指示桩上用明显标记标出路面结构层边缘的松铺厚度(或松铺挂线)和设计高度;对于用摊铺机摊铺的结构层,路面结构层的松铺厚度由摊铺机导引绳挂线标示。

采用培槽法(培路肩)施工时,路面结构层厚度施工放样的基本步骤是:

(1)根据道路设计高程的纵断面位置和设计高程,以及施工结构层设计的宽度、厚度、横坡度,计算各待放样桩号处施工结构层边缘的设计高程。

(2)根据试验确定的结构层松铺系数和设计厚度计算松铺厚度(或松铺层边缘的高程)。

(3)将水准仪(精密水准仪)或全站仪架设在路面平顺处调平,以路线附近的水准点高程作为基准。

(4)以仪器高和结构层边缘的设计标高（或松铺层边缘的高程）反算测定位置的塔尺读数。

(5)将塔尺竖立在路缘石或模板或边缘指示桩的测定位置处，水准仪（精密水准仪）或全站仪前视塔尺，上下移动塔尺，当水准仪的读数与反算的塔尺读数一致时，在塔尺的底面位置画标记线，即为结构层边缘的顶面位置（或松铺层边缘的顶面位置）。

(6)连续测定全部测点，并与水准点闭合。

采用挖槽法（挖路槽）施工时，可在结构层两侧的边缘桩或指示桩处挖一个小坑，在小坑中钉桩，使桩顶高程符合路槽底的边缘高程，以指导路槽的开挖。

工作任务四　路面混合料拌和厂（场、站）设置

一、沥青混合料拌和厂（场、站）设置

沥青混合料拌和厂（场、站）设置的基本要求如下：

(1)沥青混合料拌和厂（场、站）必须符合国家环境保护、消防、安全等有关规定。沥青混合料拌和厂（场、站）应选在远离居民区、村庄并处于主风向下方向的位置。

(2)拌和厂（场、站）与工地施工现场距离应确保沥青混合料的温度下降不超过混合料的最低摊铺温度要求，且不致因颠簸造成混合料的离析，影响混合料的质量。厂址离工地应愈近愈好，最大不宜超过40km，有条件时应选在有7m宽路面的交通干线公路附近。

(3)拌和厂（场、站）宜设置在摊铺路段的中间位置。拌和厂内部布置应满足原材料储运、沥青及集料、矿粉加热与输送、供电等使用要求，并尽量紧凑，减少占地。

(4)砂石料场应建在交通运输方便、排水通畅的位置，其底部宜做硬化处理，各种集料应分隔储存，并设标识牌，严禁混杂。粗、细集料场宜设防雨、防污顶棚。

(5)拌和厂（场、站）应保证充足的电力供应。电力总容量应满足全部施工用电设备、夜间施工照明及生活用电的需要。供电设施必须安全可靠，并有相应的安全预控措施。

(6)应确保摊铺机械、运输车辆及发电机等动力设备的燃料供应。离加油站较远的工地宜设置油料储备库，但必须符合相关安全规定要求。

(7)原材料与混合料运输车辆不应相互干扰。厂内应具有完备的排水设施，厂内道路应做硬化处理，严禁泥土污染集料。

(8)对于沥青混凝土搅拌设备，应根据工程量和工期选择其生产能力和移动方式。高速公路，以及一级、二级公路沥青混凝土面层的施工，应选用拌和能力较大的搅拌设备，以使其单位产品所消耗的人工、燃料和易损配件等费用较低，故应选用生产量在100t/h以上的沥青混凝土搅拌设备。

(9)场地形状以矩形为佳，场内各项设施（包括拌和设备、办公区、生活区等）的布置应协调。设备的主体应布置在中央位置，办公楼、宿舍、试验室等房舍应位于工厂进口处，并沿路边建造，砂石料堆场或储仓的设置应便于向搅拌设备供料，又便于车辆从外面运进和卸下砂石料，砂石料的储量以不少于3d工作需要为宜，矿料仓、沥青库和燃料罐等设施的布置也应以便于向主设备供送所需材料为准。配电间或发电机房应安置在较偏僻而又安全的地方，称量矿料及成品料的地方应设置于车辆的出口处。

沥青混合料拌和厂(场、站)如图 2-4-1 所示。

图 2-4-1　沥青混凝土拌和站

二、水泥混凝土搅拌厂(场、站)设置

水泥混凝土搅拌厂(场、站)设置的基本要求如下:

(1)水泥混凝土搅拌厂(场、站)宜设置在摊铺路段的中间位置。搅拌厂内部布置应满足原材料储运、混凝土运输、供水、供电、钢筋加工等使用要求,并尽量紧凑,减少占地。

(2)搅拌厂(场、站)应保障搅拌、清洗、养生用水的供应,并保证水质。供水量不足时,搅拌厂(场、站)应设置与日搅拌量相适应的蓄水池。

(3)搅拌厂(场、站)应保证充足的电力供应。电力总容量应满足全部施工用电设备、夜间施工照明及生活用电的需要。供电设施必须安全可靠,并有相应的安全预控措施。

(4)应确保摊铺机械、运输车辆及发电机等动力设备的燃料供应。离加油站较远的工地宜设置油料储备库,但必须符合相关安全规定要求。

(5)水泥、粉煤灰储存和供应要求:

①每台搅拌楼应至少配备两个水泥罐仓,如掺粉煤灰还应至少配备 1 个粉煤灰罐仓。当水泥的日用量很大,需要两家以上的水泥厂供应水泥时,不同厂家的水泥应清仓再灌,并分罐存放。严禁粉煤灰与水泥混罐。

②应确保施工期间的水泥和粉煤灰供应。供应不足或运距较远时,应储备和使用吨包装水泥或袋装粉煤灰,并准备水泥仓库、拆包及输送入灌设备。水泥仓库应覆盖或设置顶篷防雨,并应设置在地势较高处,严禁水泥、粉煤灰受潮或浸水。

(6)砂石料储备要求

①施工前,宜储备正常施工 10 ~ 15d 的砂石料。

②砂石料场应建在排水通畅的位置,其底部应做硬化处理。不同规格的砂石料之间应有隔离设施,并设标识牌,严禁混杂。

③在低温天、雨天、大风天及日照强烈的条件下,应在砂石料堆上部架设顶篷或覆盖,覆盖砂石料数量不宜少于正常施工一周的用量。

(7)原材料与混凝土运输车辆不应相互干扰。搅拌楼下宜采用厚度不薄于 200mm 的混凝土铺装层,并应设置污水排放管沟、积水坑或清洗搅拌楼的废水处理回收设备。

水泥混凝土搅拌厂(场、站)如图 2-4-2 所示。

图 2-4-2　水泥混凝土拌和站

工作任务五　铺筑试验路段

高速公路和一级公路、特殊地区公路或采用新技术、新工艺、新材料、新设备的路面工程，在正式施工前，应采用不同的施工方案和施工方法铺筑试验路段并进行相关试验分析，从中选出最佳施工方案和施工方法，以指导大面积路面施工。所铺筑的试验路段应具有代表性，施工所用原材料、机械和工艺过程要与以后全面施工时相同。通过试验路段铺筑可确定路面各结构层适宜的松铺厚度、最佳机械配置、相应的碾压遍数和施工组织方法等。

一、沥青路面试验路段铺筑

高速公路和一级公路的沥青路面，在施工前应铺筑试验段，其他等级公路在缺乏施工经验或初次使用重大设备时，也应铺筑试验段。当同一施工单位在材料、机械设备及施工方法与其他工程完全相同时，也可利用其他工程的结果，不再铺筑新的试验路段。试验路段的长度应根据试验目的确定，通常不宜小于300m，并宜选在正线上铺筑。

热拌热铺沥青混合料路面试验段铺筑分试拌及试铺两个阶段，通过试验路段应达到下述目的：

(1)检验各种施工机械的类型、数量及组合方式是否匹配。

(2)通过试拌确定拌和机的操作工艺。

(3)验证沥青混合料生产配合比设计，提出生产用的标准配合比和最佳沥青用量。

(4)通过试铺确定透层油或黏层油的喷洒方式和效果。

(5)确定沥青混合料的摊铺、压实工艺，确定松铺系数等。

(6)建立用钻孔取芯法与无破损法(如核子密度仪法)检测路面密度的对比关系。核子密度仪无破损检测在碾压成型后热态测定，取13个测点的平均值为1组数据，一个试验段不得少于3组。钻孔取芯法在第2天或第3天以后测定，钻孔数不少于12个。

(7)确定沥青混合料的标准密度和压实度的标准检测方法。

(8)检测试验段的渗水系数。

无机结合料稳定类结构层试验路段铺筑应达到的目的可参照沥青路面试验路段。

二、水泥混凝土路面试验路段铺筑

二级及二级以上公路水泥混凝土路面工程，使用滑模、轨道、碾压、三辊轴机组机械施工时，在正式摊铺水泥混凝土路面之前必须铺筑试验路段。试验路段长度不宜小于300m。高速公路、一级公路宜在主线路面以外进行试铺。路面厚度、摊铺宽度、接缝设置、钢筋设置等均应与实际工程相同。

试验路段分为试拌及试铺两个阶段，通过试验路段应达到下述目的：

(1)通过试拌检验搅拌楼性能及确定合理搅拌工艺，检验适宜摊铺的搅拌楼拌和参数。如上料速度、拌和容量、搅拌均匀所需时间、新拌混凝土坍落度和生产使用的混凝土配合比等。

(2)通过试铺检验主要机械的性能和生产能力，检验辅助施工机械组配合理性，检验路面摊铺工艺和质量，检验整套施工工艺流程。如模板架设固定方式或基准线设置方式、摊铺机械(具)的适宜工作参数(包括松铺高度、摊铺速度、振捣时间与频率、滚压遍数、中间和侧向拉杆置入情况)等。

(3)使工程技术人员及工作人员熟悉并掌握各自的操作要领。

(4)按施工工艺要求检验施工组织形式和人员编制。

(5)建立混凝土原材料、拌和物、路面铺筑全套技术性能检验手段，熟悉检验方法。

(6)检验通信联络和生产调度指挥系统。

试验路段铺筑应由施工单位、监理单位、建设单位等有关各方共同参加。施工人员应认真作好记录，监理工程师或质监部门应监督检查试验段的施工质量，及时与施工单位商定并解决问题，明确试验结论。试验路段铺筑后，施工单位应提出完整的试验路段施工、检测、总结报告，上报监理工作师和业主批复，取得正式开工认可。

工作任务六　认知路面施工安全与环境保护措施

路面施工前，施工单位应对全体员工进行安全生产教育，树立质量第一、安全第一的思想，建立和健全安全生产管理制度，制订安全生产操作规程。工地应有领导分管安全生产工作，班组要有负责安全生产的人员，并制定具体的安全生产手册，经常检查执行情况。

路面施工现场必须做好交通安全工作。交通繁忙的路口应设立标志，并有专人指挥。夜间施工时，路口及基准线桩附近应设置警示灯或反光标志，专人管理灯光照明。

一、沥青路面施工安全要点

1. 稳定土拌和机作业安全要点

(1)应根据不同的拌和材料，选用合适的拌和齿，并对机械及各相关的配件等进行检查。

(2)拌和机作业时，应先将转子提起离开地面空转，然后再慢慢下降至拌和深度。

(3)在拌和过程中，不能急转弯或原地转向，严禁使用倒挡进行拌和作业。

(4)拌和机在行走和作业过程中，必须采用低速，保持匀速。

(5)停车时应拉上制动器，将转子置于地面。

对于厂拌法生产稳定类混合料时，施工安全要点可参照沥青混合料拌和作业。

2. 沥青混合料拌和作业安全要点

(1)沥青混合料拌和站的各种机电(包括使用微电脑控制进料)设备，在运转前均需由机工、电工、电脑操作人员进行仔细检查。

(2)机组投入运转后，各部门、各岗位人员都要随时监视各部位运转情况，不得擅离岗位。

(3)严禁非作业人员靠近各种运转机械。

(4)运转过程中,如发现有异常情况,应报机长,并及时排除故障。

(5)搅拌机运行中,不得使用工具伸入滚筒内掏挖或清理。需要清理时,必须停机。如需人员进入搅拌鼓内工作时,鼓外要有人监护。

(6)料斗升起时,严禁有人在斗下工作或通过。检查料斗时,应将保险链挂好。

3. 沥青混合料摊铺作业安全要点

(1)摊铺机驾驶台及作业现场要视野开阔,清除一切有碍工作的障碍物。作业时无关人员不得在驾驶台上停留。驾驶员不得擅离岗位。

(2)运料车向摊铺机卸料时,应协调动作,同步进行,防止互撞。

(3)换挡必须在摊铺机完全停止后进行,严禁强行挂挡和在坡道上换挡或空挡滑行。

(4)熨平板预热时,应控制热量,防止因局部过热而变形。加热过程中,必须设专人看管。

(5)驾驶应力求平稳,不得急剧转向。

(6)用柴油清洗摊铺机时,不得接近明火。

(7)作业中应设立施工标志。

(8)沥青混合料运输车辆状况良好,使用前应对紧急制动、自卸系统进行检查,车斗密封,后挡板牢靠。

二、水泥混凝土路面施工安全要点

水泥混凝土路面基层部分的施工安全要点可参照稳定土拌和机作业安全要点。

1. 人工摊铺作业安全要点

(1)装卸钢模板时,必须逐片轻抬轻放,不得随意抛掷。堆砌时,钢模板应规则有序并稳妥。

(2)固定模板时,插钉或长圆头钉等不得乱放乱搁,以免伤人,完工后,应收拾干净。注意保护好电力线,不得割伤防护层,应经常注意检查。

(3)摊铺操作时,特别是多人同时操作摊铺时,因工作面小,锄、锹等均为长把工具,必须相互关照,注意安全。

(4)如采用木模板,拆模后的模板应堆放整齐,并做到及时取钉,堆放稳妥。

2. 机械摊铺作业安全要点

(1)轨道式摊铺机作业安全要点:

①作业中,各操作人员和辅助人员必须统一听从调度指挥,注意安全。

②布料机与振平机组间应保持5~8m的距离,以免相撞。

③不允许将刮板置于运动方向垂直的位置,不允许借助整机的惯性冲击料堆。

④作业时,严禁驾驶员离开驾驶台,无关人员不得在作业中上下摊铺机或在驾驶台上停留。

⑤在坡道、弯道作业时,要注意防止摊铺机脱轨。

(2)滑模式摊铺机作业安全要点:

①调整机器的高度时,工作踏板、扶梯等处禁止站人。

②严禁驾驶员在摊铺作业时离开驾驶台,无关人员不得上下或停留在驾驶台及工作踏板上。

③下坡时,禁止快速行驶和空挡滑行,牵引制动装置必须置于制动状态。

④摊铺机应避免急剧转向,防止工作装置与预置钢筋、邻边路面、路缘石等物体相碰撞。

⑤禁止用摊铺机牵引其他机械。

⑥夜间施工，滑模摊铺机上应有足够照明和警示标志。

⑦滑模摊铺机停放在通车道路上时，周围应设置明显的安全标志，夜间应用红灯示警。

三、路面施工环境保护

保护和改善施工现场环境，要进行综合治理，全员参与，将环境保护与文明施工现场管理一起检查、考核、奖罚。加强对施工现场粉尘、噪声、废气、污水等监测和监控工作，根据监控结果，进行妥善而有效的处理。

(1)路面混合料拌和厂(场、站)应尽量远离村镇居民区并位于居民区的下风处。位于居民区附近的拌和厂(场、站)应配套防尘、防噪声、防废气、防污水等设施。

(2)拌和厂(场、站)和施工现场应设置雨、污水排放管沟、积水坑或清洗拌和楼的废水处理回收设备。

(3)袋装水泥、石灰、粉煤灰等易飞扬的细颗粒散体材料，应库内存放；粉煤灰露天存放时应洒水浸湿，不得出现扬尘现象。

(4)装卸水泥、石灰、粉煤灰、土等细颗粒散体材料时，应尽量避免在大风天气下进行。运输上述材料及路面混合料时，应采用加盖措施，防止沿途遗撒、扬尘。

(5)施工现场的垃圾、渣土应及时清理出现场，并应按照当地环保等部门的有关要求运至规定地点堆放。

(6)施工现场道路应注意防尘，需要时应及时洒水，并冲洗清扫干净。

(7)采取有效措施使进、出场车辆不带泥沙，挖土装车废弃时不超装，车辆行驶不猛拐、紧急制动，以防止洒土等现象出现。

(8)禁止在施工现场焚烧油毡、橡胶、塑料等，以防其产生有毒气体对作业人员和居民区产生不利影响。

(9)居民区附近路段的施工应尽量避免夜间作业。

本学习情境小结：

(1)路面工程开工前的组织准备工作的主要内容是建立路面施工组织机构；建立路面施工班组，明确各施工班组的具体施工任务；编制路面施工管理规划；确定路面施工目标等。

(2)路面施工前的技术准备工作包括设计文件熟悉和核对、实施性施工组织计划和施工预算编制、施工放样测量、施工前的复查与试验、路面施工技术交底等。

(3)在路面工程正式开工前充分建造好相应的临时设施，如工棚、仓库、供水、供电、通信设施等。

(4)不论是路堤还是路堑，必须用12～15t三轮压路机或等效的碾压机械进行3～4遍碾压检验。在碾压过程中，如发现土过干、表层松散，则应适当洒水；如土过湿，发生“弹簧”现象，应采取挖开晾晒、换土、掺石灰或水泥等措施进行处理，达到规定要求后，才可进行路面施工。

(5)路面施工要消耗大量的人力、材料和机具，因此开工前应进行所需材料的购买、采集、加工、调运和储备等工作，同时要检修或购置一些路面施工机械机具，做好施工人员的生活、后勤保障准备工作。

(6)路面工程机械主要有稳定土拌和机械、沥青乳化设备、沥青运输车及洒布车、沥青混合料拌和设备、摊铺机、压路机以及水泥混凝土摊铺机等。

(7)路面施工测量放样是在路基施工完成后放出各结构层施工的中线和边线,并把每层施工松铺挂线(或摊铺机导引绳挂线)高度和压实厚度相应的挂线高程位置放样出来。

(8)一般公路中线施工放样采用传统的方法,即使用经纬仪、皮尺(或钢尺)等,高速公路和一级公路中线施工放样应采用自由测站放线法,恢复主要控制桩。

(9)沥青混合料拌和厂(场、站)设置基本要求与水泥混凝土搅拌厂(场、站)设置基本要求有所不同。

(10)高速公路和一级公路、特殊地区公路或采用新技术、新工艺、新材料的路面工程,在正式施工前,应采用不同的施工方案和施工方法铺筑试验路段并进行相关试验分析,从中选出最佳施工方案和施工方法以指导大面积路面施工。

(11)路面工程在施工过程中安全要点、保护和改善施工环境措施的学习。

课后训练:

1. 建立路面施工组织机构与路面施工班组有哪些要求?
2. 路面施工前的技术准备工作包括哪些?
3. 路面施工技术交底内容包括哪些?
4. 路面施工前准备有哪几种材料?
5. 叙述稳定土拌和机械的种类。
6. 叙述沥青混合料摊铺机的种类。
7. 压实机械按工作机构的作用原理分为几种主要类型?
8. 叙述角度距离法放线的步骤。
9. 叙述坐标法放线的操作步骤。
10. 叙述水泥混凝土搅拌厂(场、站)设置的基本要求。
11. 叙述沥青路面试验路段铺筑的目的。
12. 叙述水泥混凝土路面试验路段铺筑的目的。

学习情境三　基层和垫层施工

学习目标

1. 知道常用无机结合料稳定类结构层和砂石类结构层的类型、特性及其应用；

2. 知道常用无机结合料稳定类结构层和砂石类结构层原材料及其混合料的技术要求；

3. 能正确叙述无机结合料稳定类结构层和砂石类结构层的施工工艺流程；

4. 了解无机结合料稳定类结构层和砂石类结构层的施工技术要点；

5. 能结合现行《公路路面基层施工技术规范》(JTJ 034—2000)及工程案例，正确进行相关的施工记录与计算；

6. 能在施工过程中对无机结合料稳定类基层和砂石类结构层进行质量控制；

7. 知道无机结合料稳定类结构层和砂石类结构层施工质量检测项目与检测方法；

8. 会使用随机法选择路面检测位置；

9. 会检测路面的几何尺寸。

工作任务

任务 1. 水泥稳定类结构层施工；

任务 2. 二灰稳定类结构层施工；

任务 3. 石灰稳定类结构层施工；

任务 4. 级配碎(砾)石结构层施工；

任务 5. 填隙碎石结构层施工；

任务 6. 半刚性结构层和砂石类结构层施工质量检测。

学习指南

基层和垫层是路面的重要组成部分，目前常用的基层和垫层有无机结合料稳定类基层(包括水泥稳定类、二灰稳定类、石灰稳定类)和砂石类基层(包括级配碎石、级配砾石、填隙碎石)两大类。基层和垫层的施工质量关系重大。

本学习情境分为 7 个工作任务，其中 1 个工作任务为路面检测技能训练(包括 2 个技能训练项目)。基于基层和垫层施工的工作过程安排了每个工作任务的内容，学生应沿着如下流程进行学习：

认知常用基层和垫层的类型、特性 → 熟悉基层和垫层原材料及其混合料的技术要求 → 熟悉基层和垫层的施工工艺流程 → 熟悉基层和垫层的施工要点及注意事项 → 熟悉基层和垫层施工质量检测与评定项目 → 结合工作任务进行案例分析 → 结合工作任务进行检测技能训练

教学方法建议

“教、学、做”一体化，结合案例教学法，学习基层和垫层施工的全过程及质量检测评定项

目、主要检测项目的评定方法。

检查与评价

1. 水泥稳定类结构层施工工艺流程图和技术要点；
2. 二灰稳定类结构层施工工艺流程图和技术要点；
3. 石灰稳定类结构层施工工艺流程图和技术要点；
4. 级配碎(砾)石结构层施工工艺流程图和技术要点；
5. 填隙碎石结构层施工工艺流程图和技术要点；
6. 随机法选择路面检测位置的计算记录表；
7. 路面几何尺寸的检测方法与检测记录表；
8. 施工案例分析报告。

学习资料

1. 教材与案例；
2. 中华人民共和国行业标准. 公路路面基层施工技术规范(JTJ 034—2000). 北京:人民交通出版社,2000；
3. 中华人民共和国行业标准. 公路沥青路面设计规范(JTG D50—2006). 北京:人民交通出版社,2006；
4. 中华人民共和国行业标准. 公路路基路面现场测试规程(JTG E60—2008). 北京:人民交通出版社,2008；
5. 中华人民共和国行业标准. 公路工程技术标准(JTG B01—2003). 北京:人民交通出版社,2004；
6. 中华人民共和国行业标准. 公路工程质量检验评定标准(土建工程)(JTG F80/1—2004). 北京:人民交通出版社,2005；
7. 中华人民共和国行业标准. 公路工程无机结合料稳定材料试验规程(JTG E51—2009). 北京:人民交通出版社,2009。

工作任务一　认知无机结合料稳定类结构层与砂石类结构层

一、无机结合料稳定类结构层

(一)无机结合料稳定类结构层的分类与基本特性

在集料或粉碎的(或原来松散的)土中掺入一定量的无机结合料(包括水泥、石灰或粉煤灰等)和水,经拌和得到的混合料经压实与养生后,其抗压强度符合规定的要求时,称为无机结合料稳定类材料,以此修筑的路面结构层称为无机结合料稳定类材料结构层。

无机结合料稳定类材料结构层的刚度介于柔性路面材料(如沥青类路面材料、砂石类路面材料)和刚性路面材料(如水泥混凝土)之间。因此,采用无机结合料稳定集料或土类材料铺筑的基层(底基层)称为半刚性基层(底基层)。

1. 无机结合料稳定类结构层的分类

1)根据所稳定的材料类型分类

根据无机结合料所稳定的材料类型分为两大类:

（1）无机结合料稳定集料。无机结合料稳定集料中的集料包括级配碎石、未筛分碎石、级配砂砾、天然砂砾等。

（2）无机结合料稳定土。无机结合料稳定土中所用的土，按照土中单个颗粒（指碎石、砾石和砂颗粒）的粒径大小和组成，将其分为细粒土、中粒土、粗粒土三种类型。

2）根据无机胶结材料的种类分类

按无机胶结材料的种类可分为以下三大类：水泥稳定类材料、石灰稳定类材料、石灰工业废渣稳定类材料。

2. 无机结合料稳定类结构层的基本特性

无机结合料稳定类结构层具有强度随龄期的增长而不断提高、稳定性好、结构本身自成板体、抗冻性能较好等特点，但其容易产生干缩和温缩裂缝。

无机结合料稳定类基层、底基层应具有足够的强度和稳定性、较小的收缩（温缩及干缩）变形和较强的抗冲刷能力，在中冰冻、重冰冻区应检验其抗冻性。

无机结合料稳定类基层产生的收缩裂缝会反射到沥青面层上，导致沥青面层开裂，应当采取措施予以防治。

（二）水泥稳定类结构层

水泥稳定类材料的强度主要由硬凝反应、离子交换作用、碳酸化作用、化学激发作用四个方面的化学与物理作用形成。其早期强度主要由硬凝反应、离子交换作用形成，后期强度主要由碳酸化作用、化学激发作用形成。影响水泥稳定类结构层强度的因素主要包括土质（集料）、水泥的品种和剂量、含水率、施工工艺过程等。

（三）石灰稳定类结构层

石灰适宜于稳定各类土。石灰稳定土的强度主要由离子交换作用、结晶作用、碳酸化作用和火山灰作用（化学激发作用）四个方面的物理与化学作用形成。其早期强度主要由离子交换作用、结晶作用形成，后期强度主要由碳酸化作用、化学激发作用形成。影响石灰稳定类结构层强度的因素主要包括土质、石灰质量、石灰剂量、含水率、压实度、龄期、养生条件等。

石灰稳定类材料的收缩裂缝较多、抗冲刷能力较差。

（四）二灰稳定类结构层

二灰（石灰、粉煤灰）稳定类材料的强度主要由离子交换作用、结晶作用、化学激发作用、碳酸化作用四个方面的物理与化学作用作用形成。其早期强度主要由离子交换作用、结晶作用形成，后期强度主要由化学激发作用、碳酸化作用形成。影响二灰稳定类材料强度的主要因素有石灰质量与用量、粉煤灰质量与用量，以及土质（集料）质量、含水率、工艺过程和养生条件等。

二、砂石类结构层

砂石类结构层是用粗、细碎石或砾石、砂、黏土（或不含黏土）按照级配原则或嵌挤原则铺筑而成的结构层。

级配型的碎石或砾石结构层包括级配碎石、级配砾石、级配碎砾石（碎石和砂砾的混合料，也常将砾石中的超尺寸颗粒砸碎后与砂砾一起组成碎砾石）以及符合级配、塑性指数等技术要求的天然砂砾（或称级配砂砾）等。

几种粒径不同的碎石和石屑各占一定比例的混合料，当其颗粒组成符合规定的密实级配要求时,称为级配碎石。级配碎石结构分为骨架密实型和连续级配型两种。

粗、细砾石集料和砂各占一定比例的混合料,当其颗粒组成符合规定的密实级配要求时,称为级配砾石。

嵌锁型的碎石结构层包括填隙碎石、泥结碎石、泥灰结碎石等。泥结碎石、泥灰结碎石目前已很少使用。

用单一尺寸的粗碎石做主骨料,形成嵌锁作用,用石屑填满碎石间的空隙,增加密实度和稳定性,这种结构称为填隙碎石。

碎石、砾石类结构层既可做面层,也可做基层或底基层。由于碎石、砾石类结构层的平整度较差,晴天易扬尘,雨天易泥泞,它只适用于四级公路的面层。

碎石、砾石类结构层作面层时通常称之为砂石类路面;作基层、底基层时亦属于柔性基层、底基层。

工作任务二　水泥稳定类结构层施工

一、一般规定

(1)水泥稳定集料类材料适用于各级公路的基层和底基层,水泥稳定细粒土用于各级公路的底基层以及三、四级公路的基层。

(2)高速公路、一级公路的基层或上基层宜选用骨架密实型混合料。二级及二级以下公路的基层和各级公路的底基层可采用悬浮密实型混合料。均匀密实型混合料适用于高速公路、一级公路的底基层和二级及二级以下公路的基层。骨架空隙型混合料具有较高的空隙率,适用于需要考虑路面内部排水要求的基层。

(3)水泥稳定类结构层混合料的配合比设计按无侧限抗压强度试验方法确定。具体步骤见《道路材料应用技术》或有关技术规范。

(4)水泥稳定类材料的压实度、7d 龄期无侧限抗压强度代表值应符合表 3-2-1 规定范围的要求,且不宜超过高限。混合料试件成型宜采用振动成型方法。缺乏试验条件时对悬浮密实和均匀密实型混合料可采用静压成型方法。

水泥稳定类材料的压实度及 7d 无侧限抗压强度　　表 3-2-1

<table>
<tr><th rowspan="2">层　位</th><th rowspan="2">类　别</th><th colspan="2">特 重 交 通</th><th colspan="2">重、中交通</th><th colspan="2">轻 交 通</th></tr>
<tr><th>压实度(%)</th><th>抗压强度(MPa)</th><th>压实度(%)</th><th>抗压强度(MPa)</th><th>压实度(%)</th><th>抗压强度(MPa)</th></tr>
<tr><td rowspan="2">基层</td><td>集料</td><td>≥98</td><td>3.5 ~ 4.5</td><td>≥98</td><td>3 ~ 4</td><td>≥97</td><td rowspan="2">2.5 ~ 3.5</td></tr>
<tr><td>细粒土</td><td>—</td><td>—</td><td>—</td><td>—</td><td>≥96</td></tr>
<tr><td rowspan="2">底基层</td><td>集料</td><td>≥97</td><td rowspan="2">≥2.5</td><td>≥97</td><td rowspan="2">≥2.0</td><td>≥96</td><td rowspan="2">≥1.5</td></tr>
<tr><td>细粒土</td><td>≥96</td><td>≥96</td><td>≥95</td></tr>
</table>

(5)水泥稳定集料的水泥剂量一般为 3% ~ 5.5%。水泥稳定中粒土和粗粒土的水泥剂量不宜超过 6%。必要时应首先改善集料的级配,然后用水泥稳定。在只能使用水泥稳定细粒土做基层或水泥稳定集料的强度要求明显大于规定时,水泥剂量不受此限制。

(6)水泥稳定类结构层宜在春末和气温较高季节组织施工。施工期的日最低气温应在

5℃以上，在有冰冻的地区，应在第一次重冰冻（ -3 ~ -5℃）到来之前半个月到一个月完成。

(7)在雨季施工水泥稳定类结构层，特别是水泥土结构层时，应特别注意气候变化，切勿使水泥和混合料遭受雨淋。降雨时应停止施工，但已经摊铺的水泥混合料应尽快碾压密实。路拌法施工时，应采取措施排除下承层表面的水，切勿使运到路上的集料过于潮湿。

(8)水泥稳定类结构层施工时，应遵循以下基本规定：

①土块尽可能粉碎，土块最大尺寸不应大于15mm。

②配料应准确。

③路拌法施工时水泥应摊铺均匀。

④洒水、拌和应均匀。

⑤应严格控制基层厚度和高程，路拱横坡与面层一致。

⑥应在混合料处于最佳含水率或略大于最佳含水率（气候炎热干燥时，基层混合料可大于最佳含水率1% ~2%）时进行碾压，直至达到要求的压实度。

(9)水泥稳定类混合料碾压时，压实机械与压实厚度应遵循以下规定：

①水泥稳定类结构层应采用12t以上的压路机进行碾压。

②采用12 ~15t三轮压路机碾压时，每层的压实厚度不应超过15cm。

③用18 ~20t三轮压路机和振动压路机碾压时，每层的压实厚度不应超过20cm。

④对于水泥稳定中粒土和粗粒土，采用能量大的振动压路机碾压时，或对于水泥稳定细粒土，采用振动羊足碾与三轮压路机配合碾压时，每层的压实厚度可以根据试验适当增加。

⑤压实厚度超过上述规定时，应分层铺筑，每层的最小压实厚度为10cm，下层宜稍厚。

⑥对于稳定细粒土，以及用摊铺机摊铺的混合料，都应采用先轻型、后重型压路机碾压。

二、水泥稳定类结构层原材料选择

1. 水泥稳定类结构层使用的水泥

水泥稳定类结构层使用的水泥应符合国家技术标准的要求。普通硅酸盐水泥、矿渣硅酸盐水泥和火山灰质硅酸盐水泥都可用于稳定集料和土。应选用初凝时间大于4h、终凝时间在6h以上的水泥，不应使用快硬水泥、早强水泥以及已受潮变质的水泥。宜采用32.5级或42.5级的水泥。

2. 水泥稳定类结构层使用的集料

水泥稳定集料基层、底基层集料的压碎值，对于高速公路、一级公路不大于30%，二级及二级以下公路不大于35%。

悬浮密实型水泥稳定类基层集料的最大粒径不大于31.5mm，底基层集料的最大粒径不大于37.5mm；骨架密实型水泥稳定类基层集料的最大粒径不大于31.5mm。悬浮密实型集料的级配范围可参考表3-2-2的要求；骨架密实型集料的级配范围可参考表3-2-3的要求。

悬浮密实型水泥稳定类集料级配 表3-2-2

层位	通过下列方筛孔(mm)质量百分率(%)							
	37.5	31.5	19.0	9.50	4.75	2.36	0.6	0.075
基层		100	90 ~100	60 ~80	29 ~49	15 ~32	6 ~20	0 ~5
底基层	100	93 ~100	75 ~90	50 ~70	29 ~50	15 ~35	6 ~20	0 ~5

骨架密实型水泥稳定类集料级配　　表 3-2-3

层　位	通过下列方筛孔(mm)质量百分率(%)						
	31.5	19.0	9.8	4.75	2.36	0.6	0.075
基层	100	68~86	38~58	22~32	16~28	8~15	0~3

3.水泥稳定类结构层使用的土

对于二级和二级以下的公路,水泥稳定土所用的粗粒土、中粒土、细粒土应满足如下要求:

(1)水泥稳定土用做底基层时,单个颗粒的最大粒径不应超过 53mm(指方孔筛。如为圆孔筛,则最大粒径可为所列数值的 1.2~1.25 倍,下同),水泥稳定土的颗粒组成应在表 3-2-4 所列范围内,土的均匀系数应大于 5。细粒土的液限不应超过 40,塑性指数不应超过 17。对于中粒土和粗粒土,如土中小于 0.6mm 的颗粒含量在 30% 以下,塑性指数可稍大。

用做底基层时水泥稳定土的颗粒组成范围　　表 3-2-4

筛孔尺寸(mm)	53	4.75	0.6	0.075	0.002
通过质量百分率(%)	100	50~100	17~100	0~50	0~30

实际工作中,宜选用均匀系数大于 10、塑性指数小于 12 的土。塑性指数大于 17 的土,宜采用石灰稳定,或用水泥和石灰综合稳定。

(2)水泥稳定土用做基层时,单个颗粒的最大粒径不应超过 37.5mm。水泥稳定土的颗粒组成应在表 3-2-5 范围内。集料中不宜含有塑性指数的土。对于二级公路宜按接近级配范围的下限组配混合料或采用表 3-2-6 中的 2 号级配。

用做基层时水泥稳定土的颗粒组成范围　　表 3-2-5

筛孔尺寸(mm)	通过质量百分率(%)	筛孔尺寸(mm)	通过质量百分率(%)
37.5	90~100	2.36	20~70
26.5	66~100	1.18	14~57
19	54~100	0.6	8~47
9.5	39~100	0.075	0~30
4.75	28~84		

水泥稳定土的颗粒组成范围　　表 3-2-6

项　目 \ 通过质量百分率(%) \ 编　号		1	2	3
筛孔尺寸(mm)	37.5	100	100	—
	31.5	—	90~100	100
	26.5	—	—	90~100
	19	—	67~90	72~89
	9.5	—	45~68	47~67
	4.75	50~100	29~50	29~49
	2.36	—	18~38	17~35
	0.6	17~100	8~22	8~22
	0.075	0~30	0~7	0~7
液限(%)		—	—	<28
塑性指数		—	—	<9

(3)级配碎石、未筛分碎石、砂砾、碎石土、砂砾土、煤矸石和各种粒状矿渣均适宜用水泥稳定。碎石包括岩石碎石、矿渣碎石、破碎砾石等。

对于高速公路和一级公路，水泥稳定土所用的粗粒土和中粒土应满足如下要求：

①水泥稳定土用做底基层时，单个颗粒的最大粒径不应超过37.5mm。水泥稳定土的颗粒组成应在表3-2-6所列1号级配范围内，土的均匀系数应大于5。细粒土的液限不应超过40%，塑性指数不应超过17。对于中粒土和粗粒土，如土中小于0.6mm的颗粒含量在30%以下，塑性指数可稍大。

实际工作中，宜选用均匀系数大于10、塑性指数小于12的土。塑性指数大于17的土，宜采用石灰稳定，或用水泥和石灰综合稳定。对于中粒土和粗粒土，宜采用表3-2-6中2号级配，但小于0.075mm的颗粒含量和塑性指数可不受限制。

②水泥稳定土用做基层时，单个颗粒的最大粒径不应超过31.5mm。水泥稳定土的颗粒组成应在表3-2-6所列3号级配范围内。

水泥稳定土中碎石或砾石的压碎值应符合现行《公路路面基层施工技术规范》(JTJ 034—2000)的要求。有机质含量超过2%的土，必须先用石灰进行处理，闷料一夜后再用水泥稳定。硫酸盐含量超过0.25%的土，不应用水泥稳定。综合稳定土中用的石灰应是消石灰粉或生石灰粉。

4. 水泥稳定类结构层使用的水

凡是饮用水(含牲畜饮用水)均可用于水泥稳定类结构层施工。

5. 施工过程中对原材料的检查与要求

水泥稳定类结构层施工前，应取所定料场中有代表性的材料试样按现行《公路集料试验规程》(JTG E42—2005)、《公路土工试验规程》(JTG E40—2007)等试验规程进行以下试验：集料或土的级配组成；土的液限和塑性指数；原材料相对密度；混合料击实试验；碎石或砾石的压碎值；土中有机质含量及硫酸盐含量(必要时做)；水泥的强度等级和终凝时间等。

施工过程中，可参照表3-2-7的所列检查项目与频度，对各种原材料进行抽样试验，质量应符合现行施工技术规范的技术要求，每个检查项目的平行试验次数或一次试验的试样数必须按相关试验规程的规定进行，并以平均值评价是否合格。

施工过程中材料质量检查项目与频度 表3-2-7

材料	检查项目	检查频度		试验方法或试验规程	试验规程规定的平行试验次数或一次试验的试样数
		高速、一级公路	其他等级公路		
集料	含水率	必要时	必要时	T 0305 烘干法、T0306 酒精燃烧法	每天使用前2个样品
	颗粒分析	随时	随时	T 0302、T 0303 筛分法	每天使用前2个样品，使用过程中每2 000m^{3}2个样品
	液限、塑限	必要时	必要时	T 0118 液塑限联合测定法、T 0119 滚搓法	每天使用前2个样品，使用过程中每2 000m^{3}2个样品
	相对毛体积密度、吸水率	必要时	必要时	T 0304 网篮法、T 0308 容量瓶法、T 0330 坍落筒法	每天使用前2个样品，砂砾使用过程中每2 000m^{3}2个样品，碎石种类变化重做2个样品
	压碎值	必要时	必要时	T 0316	每天使用前2个样品，砂砾使用过程中每2 000m^{3}2个样品，碎石种类变化重做2个样品

续上表

材料	检 查 项 目	检 查 频 度		试验方法或试验规程	试验规程规定的平行试验次数或一次试验的试样数
		高速、一级公路	其他等级公路		
水泥	水泥强度等级	随时	随时	T 0506 ISO 法	材料组成设计时 1 个样品，料源或等级有变化时重测
	水泥终凝时间	随时	随时	T 0505	材料组成设计时 1 个样品，料源或等级有变化时重测
土	含水率	必要时	必要时	T 0305 烘干法、T 0306 酒精燃烧法	每天使用前 2 个样品
	液限、塑限	随时	随时	T 0118 液塑限联合测定法、T 0119 滚搓法	每天使用前 2 个样品，使用过程中每 2000$m^3$2 个样品
	有机质和硫酸盐含量	对土有怀疑时	对土有怀疑时	T 0151、T 0158 等	2 个样品

三、水泥稳定类结构层施工的工艺流程

水泥稳定类结构层施工的方法主要分为路拌法施工和厂拌法施工两种。用作高速公路、一级公路底基层和二级及二级以下公路基层的水泥稳定类结构层可采用路拌法施工；用作高速公路、一级公路基层的水泥稳定集料应采用厂拌法施工，用作高速公路、一级公路底基层时宜采用厂拌法施工。

1. 路拌法施工的工艺流程

路拌法施工的工艺流程通常按图 3-2-1 的顺序进行。

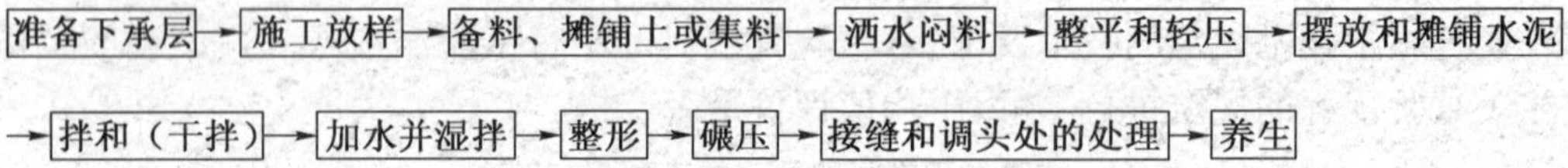

图 3-2-1　路拌法水泥稳定土施工工艺流程

2. 厂拌法施工的工艺流程

厂拌法施工的工艺流程通常按图 3-2-2 的顺序进行（以水泥稳定碎石为例）。

四、水泥稳定类结构层施工技术要点

（一）路拌法施工技术要点

1. 准备下承层

（1）下承层表面应平整、坚实，具有规定的路拱。下承层的平整度和压实度应符合检查验收规定要求。

（2）当水泥稳定土做基层时，要准备底基层；做老路面的加强层时，要准备老路面；做底基层时，要准备土基。所有准备工作均应达到相应的规定要求。

（3）对槽式断面的路段，两侧路肩上每隔一定距离（5 ~ 10m）交错开挖泄水沟（或做盲沟）。

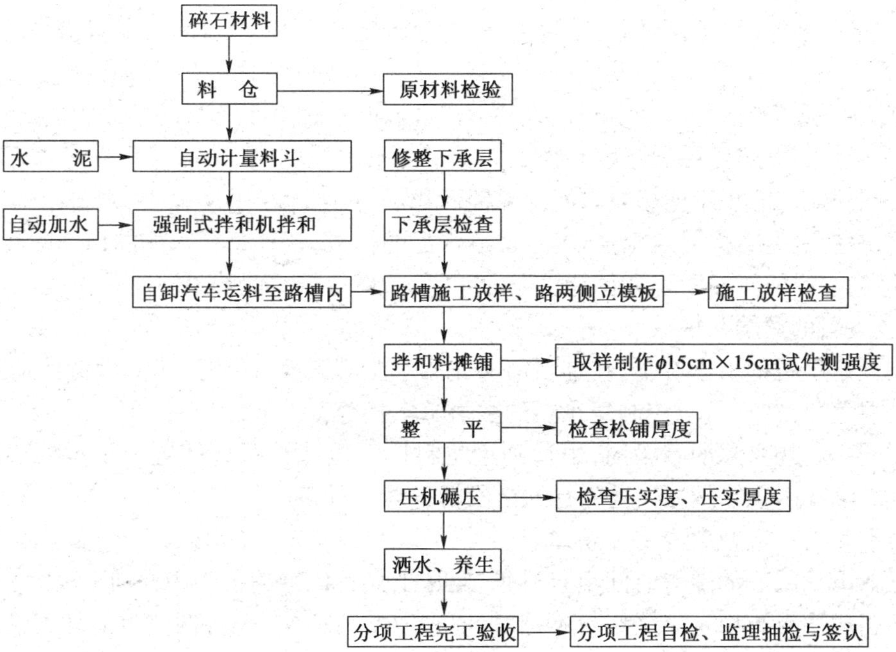

图3-2-2　厂拌法水泥稳定集料施工工艺流程

注：摊铺机铺筑时不需要整平。

2. 施工放样

(1)在底基层或老路面或土基上恢复中线，直线段每15～20m设一桩，平曲线段每10～15m设一桩，并在两侧路肩边缘外设指示桩。

(2)在两侧指示桩上用明显标记标出水泥稳定类结构层边缘的设计高。

3. 备料

根据实际需要，可以利用老路面或土基上部材料，也可以利用料场的土或集料。

1)利用老路面或土基上部材料

(1)清除干净老路面上或土基表面的石块等杂物。

(2)每隔10～20m挖一小洞，使洞底高程与预定的水泥稳定土层的底面高程相同，并在洞底做一标记，以控制翻松及粉碎的深度。

(3)用犁、松土机或装有强固齿的平地机或推土机将老路面或土基的上部翻松到预定的深度，土块应粉碎并达到要求。

(4)应经常用犁将土向路中心翻松，使预定处治层的边部成一个垂直面，防止处治宽度超过规定。

(5)用专用机械粉碎黏性土。当无专用机械时，也可用旋转耕作机、圆盘耙粉碎塑性指数不大的土。

2)利用料场的土(包括细、中、粗粒土)或集料

(1)在采集土之前，应先将树木、草皮、树根和杂土清除干净。

(2)筛除土中超尺寸的颗粒。

(3)应在预定的深度范围内采集土，不应分层采集，不应将不合格的土采集一起。

(4)对于塑性指数大于12的黏性土，可视土质和机械性能确定土是否需要过筛。

3)计算材料用量

根据各路段水泥稳定类结构层的宽度、厚度及预定的干密度,计算各路段需要的干燥土或集料的数量。

根据料场土或集料的含水率和所用运料车辆的吨位,计算每车料的堆放距离。

根据水泥稳定类结构层的厚度和预定的干密度及水泥剂量,计算每平方米水泥稳定类结构层需要的水泥用量,并计算每袋水泥的摊铺面积。

根据水泥稳定类结构层的宽度,确定摆放水泥的行数,计算每行水泥的横向间距。

根据每包水泥的摊铺面积和每行水泥的间距,计算每袋水泥的纵向间距。

4)土或集料的运输与堆放

(1)在预定堆料的下承层上,在堆料前应先洒水湿润表面,但不应过分潮湿而造成泥泞。

(2)土或集料装车时,应控制每车料的数量基本相等。

(3)在同一料场供料的路段内,由远到近将料按上述计算距离卸置于下承层表面的中间或上侧。卸料距离应严格掌握,避免有的路段料不够或过多。

(4)料堆每隔一定距离应留一缺口。

(5)土在下承层上的堆置时间不宜过长,运送土只宜比摊铺土工序提前1~2d。

(6)当路肩用料与稳定土层用料不同时,应采取培肩措施,先将两侧路肩培好。路肩料层的压实厚度应与稳定土层的压实厚度相同。在路肩上,每隔5~10m应交错开挖临时泄水沟。

4. 摊铺土或集料

摊铺土或集料前应先通过试验确定土或集料的松铺系数。松铺系数是指材料的松铺厚度与达到规定压实度的压实厚度之比值,亦即材料达到规定压实度的干密度与松铺材料干密度的比值。人工摊铺混合料时,其松铺系数可参照表3-2-8选用。

混合料松铺系数参考表 表3-2-8

材料名称	松铺系数	备注
水泥稳定砂砾	1.30~1.35	
水泥土	1.53~1.58	现场人工摊铺土和水泥,机械拌和,人工整平

土或集料的松铺厚度=压实厚度×松铺系数。摊铺土或集料应在摊铺水泥的前一天进行,摊料过程中应将土块、超尺寸颗粒及其他杂物拣出,如土中有较多土块,应进行粉碎;摊铺长度按日进度的需要量控制,满足次日完成掺加水泥、拌和、碾压成型即可。应将土或集料均匀摊铺在预定的宽度上,表面应力求平整,并有规定的路拱。完成摊料后应检验松铺层的厚度,应符合预计要求。

雨季施工,如第二天有雨,不宜提前摊铺土。除洒水车外,严禁其他车辆在土层上通行。

5. 洒水闷料

对于水泥稳定土所使用的土(含粉碎的老路面),如含水量过小,应在土层上洒水闷料。预湿过程中,应使土的含水率约为最佳含水率的70%。

洒水应均匀,防止出现局部水分过多或水分不足现象,并严禁洒水车在洒水段内停留和掉头。细粒土应经一夜闷料,中粒土、粗粒土视其中细土含量的多少,可缩短闷料时间。如为综合稳定土,应先将石灰与土拌和后一起闷料。

如果隔天预湿素土可能遭受夜雨而变得过分潮湿,则可考虑在当天清晨进行预湿工作。

洒水闷料的主要作用有:①在撒铺水泥时,大部分需要的水量已经加到土里,撒铺水泥后的拌和可以减少很多洒水工作量；②预湿土（特别是中、粗粒土）可以使拌和时水泥与土颗粒迅速黏结，不至于漏到处治层的底部；③实践证明，经过预湿的土（包括中、粗粒土），更容易压实。

6. 整平和轻压

对人工摊铺的土层整平后，再用6～8t两轮压路机碾压1～2遍，使土表面平整并有一定的压实度。

7. 摆放和摊铺水泥

按“备料”中所述方法计算出的每袋水泥的纵横间距，在土或集料层上安放好标记。有条件的施工工地可用散装水泥撒布车撒铺水泥，效果比人工摊铺水泥要好。

（1）将水泥当日直接运送到摊铺路段，卸于做标记的地点，并检查有无遗漏或多余。运水泥的车应有防雨设备。

（2）用刮板将水泥均匀摊开，并注意使每袋水泥的摊铺面积相等。水泥铺完后，表面应无空白或过分集中情况。

如果预湿的土被水泥撒布机械压实了，应该在水泥撒布完毕后，立即耙松被压实的土，并开始拌和，通常可以采用平地机的齿耙松土。

8. 拌和（干拌）

这里所谓的干拌，实际上是拌和“洒水闷料”过程中已经预湿的土和水泥，并不是真正意义上的“干”。拌和的目的是使水泥分布到土中。

（1）对二级及二级以上公路，应采用专用稳定土拌和机进行拌和，并设专人跟随拌和机随时检查拌和深度，配合拌和机操作员调整拌和深度。

拌和深度应达到稳定层底并宜侵入下承层5～10mm，以利于上下层黏结。严禁在拌和层底部留有素土夹层。通常应拌和两遍以上，在最后一遍拌和之前，必要时可先用多铧犁紧贴底面翻拌1遍。直接铺在土基上的拌和层也应避免素土夹层。

（2）对于三、四级公路，在没有专用拌和机械的情况下，可用农用旋转耕作机与多铧犁或平地机相配合进行拌和，但应注意拌和效果，拌和时间不能过长。

先用平地机或多铧犁（四铧犁或五铧犁）将铺好水泥的土翻拌两遍，使水泥分布到土中，但不应翻犁到底，防止水泥落到底部。第一遍由路中心开始，将混合料向中间翻，机械应慢速前进；第二遍应相反，从两边开始，将混合料向外侧翻。

接着用旋转耕作机拌和两遍。

再用多铧犁或平地机将底部料翻起。随时检查调整翻犁的深度，使稳定土层全部翻透。严禁在稳定土层与下承层之间残留素土夹层，也应防止翻犁过深或过多破坏下承层的表面，通常应翻犁两遍。接着，再用旋转耕作机拌和两遍，用多铧犁或平地机再翻犁两遍。

（3）对于三、四级公路，在没有专用拌和机械的情况下，也可以用缺口圆盘耙与多铧犁或平地机相配合，拌和水泥稳定细粒土和中粒土，但应注意拌和效果，拌和时间不可过长。

用平地机或多铧犁在前面翻拌，用圆盘耙跟在后面拌和。圆盘耙的速度应尽量快，使水泥与土拌和均匀。应翻拌4遍，开始的2遍不应翻犁到底，以防水泥落到底部；后面的2遍应翻犁到底，随时检查调整翻犁的深度，要求同前述。

9. 加水并湿拌

在“干拌”结束时，如果混合料的含水量不足，应用喷管式洒水车补充洒水。常用的洒水车仅两侧各有一个喷嘴，喷出的水量不均匀，不适宜用于路面喷洒作业，应在后面改接一根

ϕ50mm、长约2m的横向水平钢管，管壁钻三排ϕ4mm孔眼，改造后的洒水车利于进行喷洒作业。

(1)补充洒水时，水车起洒处和另一端调头处都应超出拌和段2m以上。洒水车不应在正进行拌和以及当天计划拌和的路段上调头和停留，以防局部水量过大。

(2)洒水后，应再次进行拌和，使水分在混合料中分布均匀。拌和机械应紧跟在洒水车后面进行拌和，以减少水分流失。

(3)洒水及拌和过程中，应及时检查混合料的含水率。含水率宜略大于最佳值。对于稳定粗粒土和中粒土，宜较最佳含水率大0.5%~1.0%；对于稳定细粒土，宜较最佳含水率大1%~2%。

(4)洒水拌和过程中，应配合人工拣出超尺寸颗粒，消除粗细颗粒"窝"以及局部过分潮湿或过分干燥之处。

(5)混合料拌和均匀后应色泽一致，没有灰条、灰团和花面，即无明显粗细集料离析现象，且水分合适和均匀。

10.整形

混合料拌和均匀后，应立即用平地机初步整形。在直线段，平地机由两侧向路中心进行刮平；在平曲线段，平地机由内侧向外侧进行刮平。必要时，再返回刮1遍。

用拖拉机、平地机或轮胎压路机立即在初平的路段上快速碾压1遍，以暴露潜在的不平整；再用平地机如前要求进行整形，必要时用新拌的混合料进行找补，然后再用平地机整平1次。

(1)对于局部低洼处，应用齿耙将其表层5cm以上耙松，并用新拌的混合料进行找平。

(2)再用平地机整形1次。应将高处料直接刮出路外，不应形成薄层贴补现象。

(3)每次整形都应达到规定的坡度和路拱，并应特别注意接缝必须顺适平整。

(4)当用人工整形时，应用锹和耙先将混合料摊平，用路拱板进行初步整形。用拖拉机初压1~2遍后，根据实测的松铺系数，确定纵横断面的高程，并设置标记和挂线。利用锹耙按线整形，再用路拱板校正成型。如为水泥土，在拖拉机初压之后，可用重型框式路拱板(拖拉机牵引)进行整形。

(5)在整形过程中，严禁任何车辆通行，并保持无明显的粗细集料离析现象。

11.碾压

水泥稳定类混合料碾压结束与开始拌和的时间差通常称为"延迟时间"。需要强调的是，水泥稳定类材料的压实效果与延迟时间密切相关，应尽量缩短"延迟时间"。

经过拌和、整形的水泥稳定类混合料宜在水泥初凝前并应在试验确定的延迟时间内完成碾压，并达到要求的密实度，同时没有明显的轮迹。

施工中根据路宽、压路机的轮宽和轮距的不同，制订碾压方案，应使各部分碾压到的次数尽量相同，路面的两侧应多压2~3遍。整形完成后，当混合料的含水率为最佳含水率的1%~2%时，应立即用轻型压路机并配合12t以上压路机在结构层全宽内进行碾压。

1)碾压组织应遵循的基本要求

(1)直线和不设超高的平曲线段，由两侧路肩向路中心碾压。

(2)设超高的平曲线段，由内侧路肩向外侧路肩进行碾压。

(3)碾压时，应重叠1/2轮宽。后轮必须超过两段的接缝处，后轮压完路面全宽时即为1遍。一般需碾压6~8遍。

(4)头2遍碾压速度以采用1.5~1.7km/h为宜,其后宜采用2.0~2.5km/h。

(5)采用人工摊铺和整形的稳定土层,宜先用拖拉机或6~8t两轮压路机或轮胎压路机碾压1~2遍,然后再用重型压路机碾压。

2)碾压过程的控制

(1)严禁压路机在已完成的或正在碾压的路段上掉头或急制动,保证稳定土表层不受破坏。

(2)碾压过程中,水泥稳定土或集料的表面应始终保持湿润,如水分蒸发过快,应及时均匀补洒少量的水,但严禁洒大水碾压。

(3)碾压过程中,如有"弹簧"、松散、起皮等现象,应及时翻开重新拌和(加适量的水泥)或用其他处治方法,使其达到质量要求。

(4)在碾压结束之前,用平地机再终平1次,使其纵向顺适,路拱和超高符合设计要求。对局部低洼处可不再进行找补,留待铺筑沥青面层时处理。

12.接缝和"调头"处的处理

1)衔接处的处理

应采用搭接。前一段拌和整形后,留5~8m不进行碾压,后一段施工时,前段留下未压部分应再加部分水泥重新拌和,并与后一段一起碾压。

2)末端缝(即工作缝)的处理

工作缝和"调头"处可按下述方法处理:

(1)在已碾压完成的水泥稳定土或集料层末端,沿稳定土挖一条横贯铺筑层全宽的宽约30cm的槽,直挖到下承层顶面。此槽应与路的中心线垂直,靠稳定土的一面应切成垂直面,并放两根与压实厚度等厚、长为全宽一半的方木紧贴其垂直面,如图3-2-3所示。

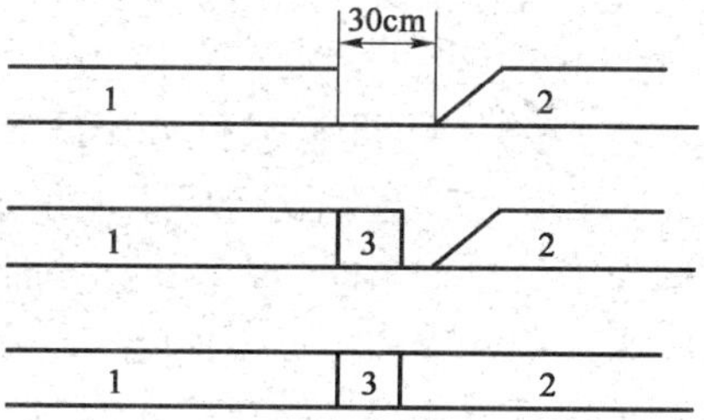

图3-2-3　横向接缝处理示意图

1-稳定土层;2-素土;3-方木

(2)用原挖出的素土回填槽内其余部分。

(3)如拌和机械或其他机械必须到已压成的水泥稳定类结构层上"调头",应采取措施保护"调头"作业段。一般可在准备用于"调头"的约8~10m长的稳定类结构层上,先覆盖一张厚塑料布或油毡纸,然后铺上约10cm厚的土、砂或砂砾。

(4)第二天,邻接作业段拌和后,除去方木,用混合料回填。靠近方木未能拌和的一小段,应人工进行补充拌和。整平时,接缝处的水泥稳定材料应较已完成断面高出约5cm,以利形成一个平顺的接缝。

(5)整平后,用平地机将塑料布上大部分土除去(注意勿刮破塑料布),然后人工除去余下的土,并收起塑料布。

在新混合料碾压过程中,应将接缝修整平顺。

3)纵缝的处理

水泥稳定土或集料层的施工应该避免纵向接缝,必须分两幅施工时,纵缝必须垂直相接,不应斜接。纵缝应按下述方法处理:

(1)在前一幅施工时,靠中央一侧用方木或钢模板做支撑,方木或钢模板的高度与稳定材料层的压实厚度相同。

(2)混合料拌和结束后,靠近支撑木(或板)的一部分应人工进行补充拌和,然后整形和碾压。

(3)养生结束后，在铺筑另一幅之前，拆除支撑木(或板)。

(4)第二幅混合料拌和结束后，靠近第一幅的部分应人工进行补充拌和，然后进行整形和碾压。

13. 养生与交通管制

水泥稳定土或集料经过拌和、压实后必须有一段养生时间，使稳定类结构层表面保持湿润，防止混合料中的水分蒸发。这是十分重要的步骤。

水泥稳定土或集料每一段碾压完成并经压实度检查合格后，应立即开始养生。养生的方法有湿砂养生、沥青乳液养生、洒水车洒水养生等方法。

在养生期间未采用覆盖措施的水泥稳定土或集料层上，除洒水车外，应进行交通管制。在采用覆盖措施的水泥稳定土或集料层上，不能封闭交通时，应限制重车通行，其他车辆的车速不应超过30km/h。

养生期结束后，如其上层为沥青面层，应先清扫基层，并立即喷洒透层沥青。在喷洒透层沥青后，宜在其上均匀撒布5～10mm的小碎(砾))石，用量约为全铺一层用量的60%～70%。如喷洒的透层沥青能透入基层，且运料车辆和面层混合料摊铺机在其上行驶不会破坏沥青膜时，可以不撒小碎(砾)石。在撒小碎(砾)石的情况下，应尽早铺筑沥青面层的下面层。

在清扫干净的基层上，也可先做下封层，以防止基层干缩开裂，同时保护基层免遭施工车辆破坏。宜在铺设下封层后的10～30d内开始铺筑沥青面层的下面层。如为水泥混凝土面层，也不宜让基层长期暴晒，以免开裂。

(1)水泥稳定土底基层分层施工时，下层水泥稳定土碾压完后，在采用重型振动压路机碾压时，宜养生7d后铺筑上层水泥稳定土。在铺筑上层稳定土之前，应始终保持下层表面湿润，在铺筑上层稳定土时，宜在下层表面撒少量水泥或水泥浆。底基层养生7d后，方可铺筑基层。

水泥稳定级配碎石(或砾石)基层分两层用摊铺机铺筑时，下层分段摊铺和碾压密实后，在不采用重型振动压路机碾压时，宜立即摊铺上层，否则在下层顶面应撒少量水泥或水泥浆。

(2)宜采用湿砂进行养生，砂层厚宜为7～10cm。砂铺匀后，应立即洒水，并在整个养生期间保持砂的潮湿状态。不得用湿黏性土覆盖。养生结束后，必须将覆盖物清除干净。

(3)对于基层，也可用沥青乳液进行养生。沥青乳液的用量按0.8～1.0kg/m^2(指沥青用量)选用，宜分两次喷洒。第一次喷洒沥青含量约35%的慢裂沥青乳液，使其能稍透入基层表层。第二次喷洒浓度较大的沥青乳液。如不能避免施工车辆在养生层上通行，应在乳液分裂后撒布3～8mm的小碎(砾)石，做成下封层。

(4)无上述条件时，也可用洒水车经常洒水进行养生。每天洒水的次数应视气候而定。整个养生期间应始终保持稳定土或集料层表面潮湿，必要时，用两轮压路机压实。

(5)对于高速公路和一级公路，基层的养生期不宜少于7d。对于二级和二级以下的公路，如养生期少于7d即铺筑沥青面层则应限制重型车辆通行。

(6)对于二级和二级以下公路，如基层上为水泥混凝土面板，且面板是用小型机械施工的，则基层完成后可较早铺筑混凝土面层。

(二)厂拌法施工技术要点

对于高速公路、一级公路，以及在居民区修筑道路，水泥稳定土或集料混合料应当在中心站(厂)采用专用稳定土拌和机械拌制，然后再运输到施工现场进行摊铺，以保证混合料的均匀性和水泥稳定土或集料混合料的施工质量，并可减轻对施工现场的环境污染。

1. 下承层准备、施工放样

参照路拌法施工相关叙述。

2. 备料

原材料选择要求与路拌法相同。

(1)各种不同材料(水泥、土、外掺剂等)及不同规格集料(碎石、砾石、石屑、砂)应隔离,禁止混合堆放。

(2)潮湿多雨地区或其他地区多雨季节施工时,应采取措施防止集料(特别是石屑和砂等细集料)遭受雨淋。

(3)重视水泥防潮工作。

(4)土块应予以粉碎,最大尺寸不得超过15mm。

3. 拌和

(1)当采用连续式的稳定土厂拌设备拌和时,应保证集料的最大粒径和级配符合要求。

(2)在正式拌制混合料之前,必须先调试所用的设备,使混合料的颗粒组成和含水率都达到规定的要求。原集料的颗粒组成发生变化时,应重新调试设备。

(3)配料应准确,拌和应均匀。

(4)拌和出厂的混合料含水率宜略大于最佳值,使混合料运到现场摊铺后碾压时的含水率不小于最佳值;在拌和过程中,应根据集料和混合料含水率的大小及时调整加水量。

4. 运输

将拌制好的混合料从拌和机直接卸入自卸卡车,应尽快送到铺筑现场。车上的混合料应该覆盖,减少水分损失。一般运输时间宜限制在30min内。

5. 摊铺

拌和机与摊铺机的生产能力应互相匹配。对于高速公路和一级公路,摊铺机宜连续摊铺,拌和机的产量宜大于400t/h。

(1)高速公路和一级公路应采用沥青混凝土摊铺机或专用的稳定粒料摊铺机进行摊铺作业。对于其他公路,有条件时宜采用摊铺机作业,至少采用平地机进行摊铺作业。个别面积较小的路段可以采用人工摊铺。

(2)最好采用两台摊铺机同时作业,两台摊铺机可以前后(相距5~20m)错列前进;若只有一台小型摊铺机工作时,可以在两条线或几个工作道上交替摊铺,但要注意任何一条工作道都不能比邻接的工作道摊铺得太前,要保证相邻工作道上任一地点摊铺混合料间隔时间不超过25min。摊铺均匀后立即碾压。

使用摊铺机铺筑水泥稳定土混合料,必须严格遵守操作技术规范,才能达到较好的平整度,为了得到一个平整的基层顶面,可以采取以下措施:

①保持整平板前的混合料的高度不变。

②保持螺旋分料器有80%的时间在工作状态。

③减少停机/开动的次数,避免运料卡车碰撞摊铺机。

④一次铺筑厚度不超过25cm,分层摊铺时,上层厚度取10cm。

⑤工程计划要减少横向接缝。

⑥做好横向接缝,立即用直尺检验。

⑦经常检验控高钢丝和调整传感器。

⑧经常用直尺检验表面。

⑨保持摊铺机在良好工作状态运转。

(3)要特别注意避免摊铺时混合料的离析，在摊铺机后面应设专人消除粗细集料离析现象，应该铲除局部粗集料“窝”，并用新拌混合料填补。

(4)在二、三、四级公路上，没有摊铺机时，可采用摊铺箱摊铺混合料，也可以用自动平地机按以下步骤摊铺混合料：

①根据铺筑层的厚度和要求达到的压实干密度，计算每车混合料的摊铺面积。

②将混合料均匀地卸在路幅中央，路幅宽时，也可将混合料卸成两行。

③用平地机将混合料按松铺厚度摊铺均匀。

④设一个3~5人的小组，携带一辆装有新拌混合料的小车，跟在平地机后面及时铲除粗集料“窝”和粗集料“带”，补以新拌的均匀混合料，或补撒拌和均匀的细混合料，并与粗集料拌和均匀。

注意事项：

(1)如拌和机的生产能力较小，在用摊铺机摊铺混合料时，应采用最低速度摊铺，减少摊铺机停机待料的情况。

(2)若摊铺后平整度不好，只要粒料的最大粒径不超过37.5mm和时间不太迟，就可以用平地机轻轻刮平，丢弃刮出的废料。平地机刮平后，需用轮胎压路机将表面碾压紧密。

6. 整形与碾压

摊铺机摊铺混合料后，宜先用轻型两轮压路机跟在摊铺机后及时进行碾压，后用重型振动压路机、三轮压路机或轮胎压路机继续碾压密实。

用平地机摊铺混合料后的整形和碾压均与路拌法相同。

7. 接缝处理

1)横向接缝的设置要求

(1)用摊铺机摊铺混合料时，不宜中断，如因故中断时间超过2h，应设置横向接缝，摊铺机应驶离混合料末端。

(2)人工将末端含水率合适的混合料修整整齐，紧靠混合料放两根方木，方木的高度应与混合料的压实厚度相同；整平紧靠方木的混合料。

(3)方木的另一侧用砂砾或碎石回填约3m长，其高度应高出方木几厘米。

(4)将混合料碾压密实。

(5)在重新开始摊铺混合料之前，将砂砾或碎石和方木除去，并将下承层顶面清扫干净。

(6)摊铺机返回到已压实层的末端，重新开始摊铺混合料。

(7)如摊铺中断后，未按上述方法处理横向接缝，而中断时间已超过2h，则应将摊铺机附近及其下面未经压实的混合料铲除，并将已碾压密实且高程和平整度符合要求的末端挖成与路中心线垂直并向下的断面，然后再摊铺新的混合料。

2)纵向接缝的设置要求

应避免纵向接缝。在不能避免纵向接缝的情况下，纵缝必须垂直相接，并符合下列规定：

(1)在前一幅摊铺时，在靠中央的一侧用方木或钢模板做支撑，方木或钢模板的高度应与稳定土层的压实厚度相同。

(2)养生结束后，在摊铺另一幅之前，拆除支撑木(或板)。

用平地机摊铺混合料时，横向接缝和纵向接缝的处理方法与路拌法相同。

8. 养生与交通管制

与路拌法相同。

五、水泥稳定类结构层施工过程中的质量控制

水泥稳定类结构层在铺筑过程中必须随时对铺筑质量进行检查、评定，质量检查的内容、频度、允许偏差可参照表 3-2-9 的要求。

水泥稳定类结构层施工过程中工程质量的控制要求 表 3-2-9

<table>
<tr><th colspan="2" rowspan="2">项 目</th><th rowspan="2">检查频度及
单点检验评价方法</th><th colspan="2">质量要求或允许偏差</th><th rowspan="2">试验方法或试验规程</th></tr>
<tr><th>高速、一级公路</th><th>其他等级公路</th></tr>
<tr><td colspan="2">级配</td><td>2 000m²1 次</td><td colspan="2">在规定范围内</td><td>T 0302、T 0303 筛分法</td></tr>
<tr><td colspan="2">水泥剂量</td><td>每 2 000m²1 次，
至少 6 个样品</td><td colspan="2">不小于设计值 1%</td><td>T 0809 EDTA 滴定法或
T 08010 直读式测钙仪法</td></tr>
<tr><td colspan="2">含水率</td><td>据观察，随时</td><td colspan="2">在规范规定范围内</td><td>T 0801 烘干法、
T 0803 酒精燃烧法</td></tr>
<tr><td rowspan="2">压实度</td><td>稳定细粒土</td><td rowspan="2">每一作业段或不超过
2 000m² 检查 6 次以上</td><td>≥95%</td><td>≥93%</td><td rowspan="2">T 0921 挖坑灌砂法</td></tr>
<tr><td>稳定中粒土和
粗粒土</td><td>基层 98%，
底基层 96%</td><td>基层 97%，
底基层 95%</td></tr>
<tr><td colspan="2">拌和均匀性</td><td>随时观察</td><td colspan="2">无灰条、灰团，色泽均匀，无离析现象</td><td>表层观察、挖坑观察</td></tr>
<tr><td colspan="2">无侧限抗压强度</td><td>稳定细粒土，每一作业段或每 2 000m²6 个试件；稳定中粒土和粗粒土，每一作业段或每 2 000m²6 个或 9 个试件</td><td colspan="2">符合规定要求</td><td>T 0805 抗压强度试验</td></tr>
</table>

六、水泥稳定类结构层交工验收阶段的质量检验

水泥稳定类结构层工程完工后，施工单位、工程监理单位和建设单位应按相同的工程项目划分进行工程质量的监控和管理。

施工单位应将全线以 1 ~ 3km 作为一个评定路段，按规定频度，随机选取测点，对水泥稳定类结构层进行全线自检，并应在规定时间内提交全线检测结果及施工总结报告，申请交工验收。

下面结合《公路工程质量检验评定标准》（JTG F80/1—2004）介绍水泥稳定类结构层工程质量检验评定时的基本要求和检查项目、检查频度、质量要求或允许偏差等内容。

1. 基本要求

（1）土质应符合设计要求，土块应粉碎。

（2）粒料应符合设计和施工规范要求，并应根据当地料源选择质坚干净的粒料，矿渣应分解稳定，未分解渣块应予剔除。

（3）矿料级配应按设计要求控制准确。

（4）水泥用量应按设计要求控制准确。

（5）路拌法拌和深度应达到层底。

（6）摊铺时要注意消除离析现象。

（7）混合料应处于最佳含水率状况下，用重型压路机碾压至要求的压实度。从加水拌和到碾压终了的时间不应超过 4h，并应不超过水泥的终凝时间。

（8）碾压检查合格后应立即覆盖或洒水养生，养生期应符合规范要求。

2. 质量检验评定标准

水泥稳定类结构层交工验收阶段质量检验评定的实测项目、检查频度、质量要求或允许偏差等见表 3-2-10、表 3-2-11。

水泥土基层和底基层实测项目 表 3-2-10

项次	检查项目		规定值或允许偏差				检查方法和频率	权值
			基层		底基层			
			高速、一级公路	其他公路	高速、一级公路	其他公路		
1	压实度(%)	代表值	—	95	95	93	按有关规定方法进行检查，每 200m 每车道 2 处	3
		极值	—	91	91	89		
2	平整度(mm)		—	12	12	15	3m 直尺：每 200m 测 2 处×10 尺	2
3	纵断高程(mm)		—	+5，-15	+5，-15	+5，-20	水准仪：每 200m 测 4 个断面	1
4	宽度(mm)		符合设计要求		符合设计要求		尺量：每 200m 测 4 处	1
5	厚度(mm)	代表值	—	-10	-10	-12	按有关规定进行检查，每 200m 每车道 1 点	2
		合格值	—	-20	-25	-30		
6	横坡(%)		—	±0.5	±0.3	±0.5	水准仪：每 200m 测 4 个断面	1
7	强度(MPa)		符合设计要求		符合设计要求		按有关规定进行检查	3

水泥稳定粒料基层和底基层实测项目 表 3-2-11

项次	检查项目		规定值或允许偏差				检查方法和频率	权值
			基层		底基层			
			高速、一级公路	其他公路	高速、一级公路	其他公路		
1	压实度(%)	代表值	98	97	96	95	按有关规定方法进行检查，每 200m 每车道 2 处	3
		极值	94	93	92	91		
2	平整度(mm)		8	12	12	15	3m 直尺：每 200m 测 2 处×10 尺	2
3	纵断高程(mm)		+5，-10	+5，-15	+5，-15	+5，-20	水准仪：每 200m 测 4 个断面	1
4	宽度(mm)		符合设计要求		符合设计要求		尺量：每 200m 测 4 处	1
5	厚度(mm)	代表值	-8	-10	-10	-12	按有关规定进行检查，每 200m 每车道 1 点	3
		合格值	-15	-20	-25	-30		
6	横坡(%)		±0.3	±0.5	±0.3	±0.5	水准仪：每 200m 测 4 个断面	1
7	强度(MPa)		符合设计要求		符合设计要求		按有关规定进行检查	3

3. 外观鉴定

(1)表面平整密实、无坑洼、无明显离析。不符合要求时，每处减 1～2 分。

(2)施工接茬平整、稳定。不符合要求时，每处减 1～2 分。

工作任务三　二灰稳定类结构层施工

一、一 般 规 定

(1)材料适用于各级公路的基层和底基层,二灰、二灰土、二灰砂可用于各级公路的底基层以及三、四级公路的基层。

冰冻地区、多雨潮湿地区,石灰粉煤灰稳定集料类材料宜用于高速公路、一级公路的下基层或底基层。

(2)高速公路、一级公路的基层或上基层宜选用骨架密实型混合料。二级及二级以下公路的基层和各级公路的底基层可采用悬浮密实型混合料。均匀密实型混合料适用于高速公路、一级公路的底基层,以及二级及二级以下公路的基层。骨架空隙型混合料具有较高的空隙率,适用于需要考虑路面内部排水要求的基层。

(3)石灰粉煤灰稳定类结构层混合料的配合比设计按无侧限抗压强度试验方法确定。

(4)材料的压实度、7d 龄期无侧限抗压强度代表值应符合表 3-3-1 规定范围的要求。

石灰粉煤灰稳定类材料的压实度及 7d 无侧限抗压强度　　表 3-3-1

层　位	稳 定 类 型	特重、重、中交通		轻　交　通	
		压实度(%)	抗压强度(MPa)	压实度(%)	抗压强度(MPa)
基层	集料	≥98	≥0.8	≥97	≥0.6
	细粒土			≥96	
底基层	集料	≥97	≥0.6	≥96	≥0.5
	细粒土	≥96		≥95	

(5)二灰稳定类混合料采用质量配合比计算,以石灰:粉煤灰:集料(或土)的质量比表示。

(6)二灰稳定类结构层宜在春末和气温较高季节组织施工。施工期的日最低气温应在5℃以上,在有冰冻的地区应在第一次重冰冻(-3~-5℃)到来之前半个月到一个月完成。

(7)二灰稳定类结构层施工时,应遵循以下基本规定:

①配料要准确。

②石灰应摊铺均匀。

③洒水、拌和要均匀。

④应严格控制基层厚度和高程,其路拱横坡应与面层一致。

⑤应在混合料处于最佳含水率或略大于最佳含水率时进行碾压,直至达到要求的压实度。

(8)二灰稳定类混合料碾压时,压实机械与压实厚度应遵循以下规定:

①二灰稳定类结构层应采用 12t 以上的压路机进行碾压。

②采用 12~15t 三轮压路机碾压时,每层的压实厚度不应超过 15cm。

③用 18~20t 三轮压路机和振动压路机碾压时,每层的压实厚度不应超过 20cm。

④对于二灰级配集料,采用能量大的振动压路机碾压时,或对于二灰土,采用振动羊足碾与三轮压路机配合碾压时,每层的压实厚度可以根据试验适当增加。

⑤压实厚度超过上述规定时,应分层铺筑,每层的最小压实厚度为 10cm,下层宜稍厚。

⑥对于稳定细粒土,以及用摊铺机摊铺的混合料,都应采用先轻型、后重型压路机碾压。

二、二灰稳定类结构层原材料的选择

1. 二灰稳定类结构层使用的石灰

石灰的质量应符合 III 级消石灰或 III 级生石灰的技术规定。施工中应尽量缩短石灰的存放时间。如存放时间较长,应采取覆盖封存措施,妥善保管。

有效钙含量在20%以上的等外石灰、贝壳石灰、珊瑚石灰、电石渣等,当其混合料的强度通过试验符合标准时,可以采用。

2. 二灰稳定类结构层使用的粉煤灰

粉煤灰中 SiO_2、Al_2O_3 和 Fe_2O_3,的总含量应大于70%,粉煤灰的烧失量不应超过20%;粉煤灰的比表面积宜大于2 500cm^2/g(或90%通过0.3mm 筛孔,70%通过0.075mm 筛孔)。

根据工程实践,当粉煤灰中 SiO_2 的含量超过25%时,成型的二灰土或二灰碎石会产生一定的膨胀,致使结构层发生破坏,应引起重视。

干粉煤灰和湿粉煤灰都可以应用。湿粉煤灰的含水率不宜超过35%。

3. 二灰稳定类结构层使用的集料

二灰稳定集料基层、底基层集料的压碎值,对于高速公路、一级公路不大于30%,对于二级及二级以下公路不大于35%。

骨架密实型二灰稳定类基层集料的最大粒径不大于31.5mm;悬浮密实型二灰稳定类基层集料的最大粒径不大于31.5mm,底基层集料的最大粒径不大于37.5mm。骨架密实型集料的级配范围宜符合表3-3-2的要求;悬浮密实型集料的级配范围宜符合表3-3-3、表3-3-4的要求。

骨架密实型石灰粉煤灰稳定类集料的级配范围 表3-3-2

层位	通过下列方筛孔(mm)的质量百分率(%)								
	31.5	26.5	19.0	9.50	4.75	2.36	1.18	0.6	0.075
基层	100	95~100	48~68	24~34	11~21	6~16	2~12	0~6	0~3

悬浮密实型石灰粉煤灰稳定碎石集料的级配范围 表3-3-3

层位	通过下列方筛孔(mm)的质量百分率(%)								
	37.5	31.5	19.0	9.50	4.75	2.36	1.18	0.6	0.075
基层		100	88~98	55~75	30~50	16~36	10~25	4~18	0~5
底基层	100	94~100	79~92	51~72	30~50	16~36	10~25	4~18	0~5

悬浮密实型石灰粉煤灰稳定砂砾集料的级配范围 表3-3-4

层位	通过下列方筛孔(mm)的质量百分率(%)								
	37.5	31.5	19.0	9.50	4.75	2.36	1.18	0.6	0.075
基层		100	85~98	55~75	39~59	27~47	17~35	10~25	0~10
底基层	100	85~100	65~89	50~72	35~55	25~45	17~35	10~27	0~15

4. 二灰稳定类结构层使用的土

(1)宜采用塑性指数12~20的黏性土(亚黏土),土块的最大粒径不应大于15mm。有机质含量超过10%的土不宜选用。

(2)二灰稳定的中粒土和粗粒土不宜含有塑性指数的土。

(3)用于二级及二级以下公路的二灰稳定土应符合下列要求：

①二灰稳定土用做底基层时，石料颗粒的最大粒径不应超过53mm。

②二灰稳定土用做基层时，石粒颗粒的最大粒径不应超过37.5mm。

(4)二灰稳定土用做高速公路和一级公路的底基层时，土中碎石、砾石颗粒的最大粒径不应超过37.5mm。各种细粒土、中粒土和粗粒土都可用二灰稳定后用做底基层。

5.二灰稳定类结构层使用的水

凡是饮用水(含牲畜饮用水)均可用于水泥稳定类结构层施工。

6.施工过程中对原材料的检查与要求

施工过程中，可参照表3-3-5所列的检查项目与频度对各种原材料进行抽样试验，质量应符合现行施工技术规范规定的技术要求，每个检查项目的平行试验次数或一次试验的试样数必须按相关试验规程的规定进行，并以平均值评价是否合格。

施工过程中材料质量检查项目与频度 表3-3-5

材料	检查项目	检查频度		试验方法或试验规程	试验规程规定的平行试验次数或一次试验的试样数
		高速、一级公路	其他等级公路		
集料	同表3-2-7	同表3-2-7	同表3-2-7	同表3-2-7	同表3-2-7
石灰	有效钙、氧化镁	随时	随时	T 08011、T 08012 化学分析法	做材料组成设计和生产使用时分别测2个样品，以后每月测2个样品
粉煤灰土	烧失量	必要时	必要时	高温燃烧法	做材料组成设计前测2个样品
	活性化学成分含量	必要时	必要时	化学分析法	
	同表3-2-7	同表3-2-7	同表3-2-7	同表3-2-7	同表3-2-7

三、二灰稳定类结构层施工的工艺流程

二灰稳定类结构层施工的方法主要分为路拌法施工和厂拌法施工两种。用作高速公路、一级公路底基层和二级及二级以下公路基层的二灰稳定类结构层一般采用路拌法施工；用作高速公路、一级公路基层的二灰稳定集料时应采用厂拌法施工，用作高速公路、一级公路底基层时宜采用厂拌法施工。

1.路拌法施工的工艺流程

路拌法施工的工艺流程通常按图3-3-1的顺序进行。

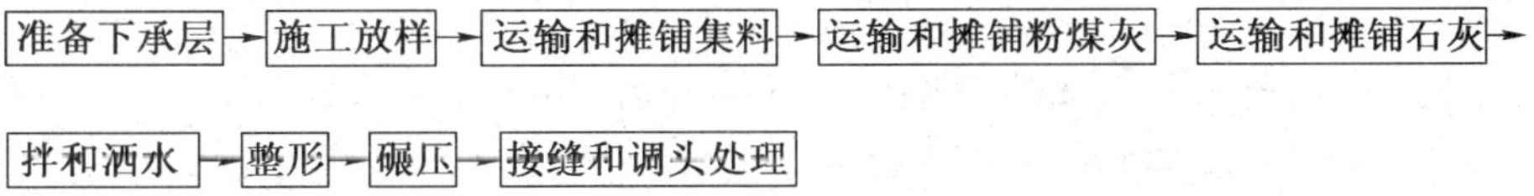

图3-3-1 二灰稳定土路拌法施工工艺流程图

2.厂拌法施工的工艺流程

厂拌法施工的工艺流程通常按图3-3-2的顺序进行。

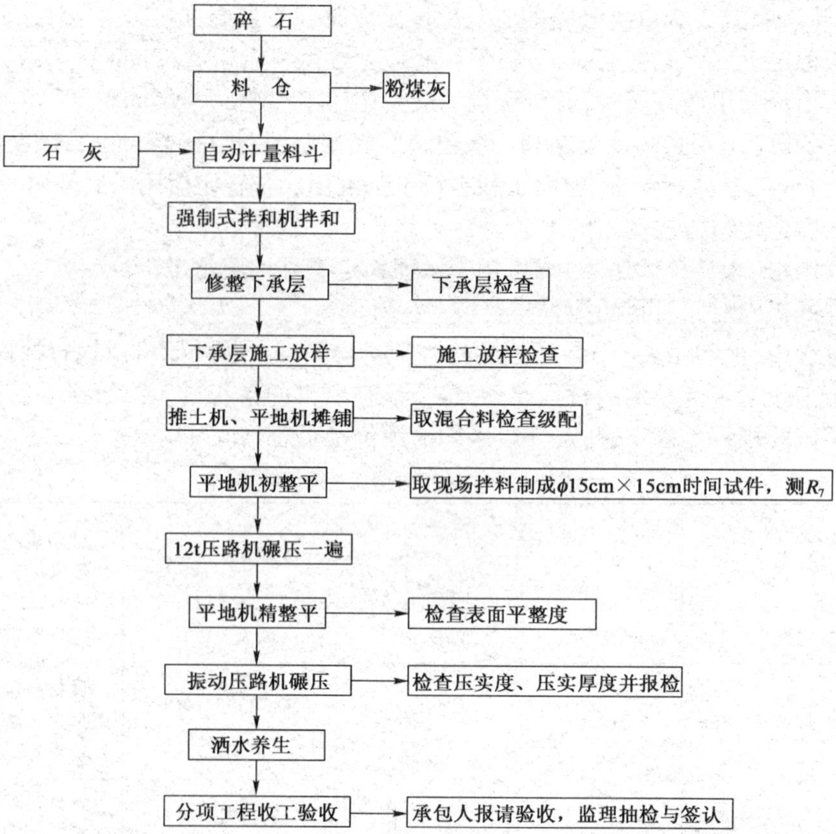

图 3-3-2　二灰稳定土厂拌法施工工艺流程图

四、二灰稳定类结构层施工技术要点

(一)路拌法施工技术要点

1. 准备下承层

与水泥稳类结构层施工要求相同。

2. 施工放样

与水泥稳类结构层施工要求相同。

3. 备料

除符合水泥稳类结构层路拌法施工“备料”的要求外，还应符合下列要求：

(1)当需分层采集土时，应将土先分层堆放在一场地上，然后从前到后将上下层土一起装车运送到现场。

(2)对于塑性指数小于 15 的黏性土，机械拌和时，可视土质和机械性能确定是否需要过筛。人工拌和时，应筛除 15mm 以上的土块。

(3)运到现场的粉煤灰应含有足够的水分，防止扬尘。在干燥和多风季节，应使料堆表面保持湿润或者覆盖。如在堆放过程中部分粉煤灰出现结块，使用时应将其打碎。

场地集中堆放的粉煤灰应予以覆盖，避免雨淋过分潮湿。

(4)石灰应选择公路两侧宽敞、临近水源且地势较高的场地集中堆放。当堆放时间较长时，应覆盖封存。石灰堆放在集中拌和场地时间较长时，也应覆盖封存。

（5）生石灰块应在使用前7～10d充分消解。消解后的石灰应保持一定的湿度，不得产生扬尘，也不可过湿成团。

（6）消石灰宜过10mm孔径的筛，并尽快使用。

（7）计算材料用量。根据各路段二灰稳定类结构层的宽度、厚度及预定的干密度，计算各路段需要的干混合料质量；根据混合料的配合比、材料的含水率以及所用运料车辆的吨位，计算各种材料每车料的堆放距离。

（8）如路肩用料与二灰稳定类结构层用料不同，应采取培肩措施，先将两侧路肩培好。路肩料层的压实厚度应与稳定土层的压实厚度相同。

4. 运输和摊铺

（1）材料装车时，应控制每车装料量基本相等。

（2）采用二灰时，应先将粉煤灰运到现场；采用二灰稳定土或集料时，应先将土或集料运到现场。在同一料场供料的路段内，由远到近按计算的距离卸置材料于下承层上，卸料距离应均匀。

（3）料堆每隔一定距离应留一缺口。材料在下承层上的堆置时间不应过长。

（4）应通过试验确定各种材料及混合料的松铺系数。

（5）采用机械路拌时，应采用层铺法，即摊铺土或集料→摊铺粉煤灰→摊铺石灰。

每种材料摊铺均匀后，宜先用两轮压路机碾压1～2遍，然后再运送并摊铺下一种材料。摊铺每层材料时，应力求平整，并具有规定的路拱。集料应较湿润，必要时先洒少量水。

5. 拌和及洒水

（1）对于二级和二级以上公路，应采用专用稳定土拌和机械进行拌和，并应先干拌两遍。

用稳定土拌和机拌和时，拌和深度应直至层底并宜侵入下承层5～10mm（不应过深）。应设专人跟随拌和机后，随时检查拌和深度并配合拌和机操作员调整拌和深度。如直接铺于土基上的拌和层宜避免素土夹层，其余各层严禁在拌和层底部留有素土夹层。

最后1遍拌和之前，必要时先用多铧犁紧贴底面翻拌1遍。

（2）对于三、四级公路，在没有专用拌和机械的情况下，如为二灰稳定细粒土和中粒土，可用旋转耕作机与多铧犁或平地机相配合进行拌和，先干拌4遍。

先用旋转耕作机拌和两遍，后用平地机或多铧犁将底部素土翻起；再用旋转耕作机拌和1遍，用平地机或多铧犁将底部料再翻起，随时检查调整翻犁的深度，使稳定土层全部翻透；用旋转耕作机再拌和1遍。

严禁在稳定土层与下承层之间残留素土夹层，也应防止翻犁过深或过多破坏下承层的表面。

（3）对于三、四级公路，在没有专用拌和机械的情况下，如拌和二灰稳定中粒土和粗粒土，也可以用缺口圆盘耙与多铧犁或平地机相配合干拌4遍。

用平地机或多铧犁在前面翻拌，用圆盘耙跟在后面拌和。圆盘耙的速度应尽量快，使二灰与集料拌和均匀。开始的两遍不应翻犁到底，以防水泥落到底部；后面的两遍应翻犁到底，随时检查调整翻犁的深度，要求同前述。

（4）用喷管式洒水车将水均匀地喷洒在干拌后的混合料上，洒水距离应长些，水车起洒处和另一头掉头处均应超出拌和段2m以上。

洒水车不应在正在进行拌和的以及当天计划拌和的路段上掉头或停留，并防止局部水量过大。

(5)拌和机应紧跟在洒水车后面进行拌和，尤其在纵坡大的路段上应配合紧密，以减少水分流失或造成水分分布不匀。

在洒水拌和过程中，应及时检查混合料的含水率，并宜大于最佳含水率1%左右。检查拌和深度和均匀性。拌和完成的标志是：混合料色泽一致，无灰条、灰团和花面，无粗细颗粒“窝”或“带”，且水分合适、均匀。

(6)对二灰级配集料，应先将石灰和粉煤灰拌和均匀，然后均匀摊铺在集料层上，再一起进行拌和。

6. 整形

1)平地机整形

混合料拌和均匀后，先用平地机初步整平和整形。

在直线段及不设超高的平曲线段，平地机由两侧向路中心进地刮平；在设超高的平曲线段，由内侧向外侧进行刮平。必要时再返回刮1遍。

之后用拖拉机、平地机或轮胎压路机快速碾压1~2遍，以暴露潜在的不平整。

再用平地机按上述方法进行整型，并用上述机械再碾压1遍。整形过程中应及时消除粗细集料离析现象。

对局部低洼处，应用齿耙将其表层5cm以上耙松，并用新拌的二灰级配料找补平整，再用平地机整形一次。

2)人工整形

人工用锹和耙先将混合料摊平，用路拱板进行初步整形。用拖拉机初压1~2遍后，根据试验确定的松铺系数，确定纵横断面的高程，并钉桩、挂线。利用锹耙按线形整形，再用路拱板校正成型。

初步整型后，检查混合料的松铺厚度。

二灰土的松铺系数约为1.5~1.7；二灰集料的松铺系数约为1.3~1.5。用机械拌和及机械整型时，集料松铺系数约为1.2~1.3。每次整形都要按照规定的坡度和路拱进行，并应注意接缝顺适平整。在整型过程中，必须禁止任何车辆通行。

7. 碾压

与水泥稳定类结构层路拌法施工“碾压”要求相同。

8. 接缝和调头处的处理

与水泥稳定类结构层施工要求相同。

9. 养生及交通管制

(1)二灰稳定类结构层碾压完成后的第2天或第3天开始养生。通常采用洒水养生法，每天洒水次数视天气而定，应始终保持表面潮湿，养生期不宜少于7d。也可采用泡水养生法，养生期应为14d。对于二灰稳定粗、中粒土的基层，也可用沥青乳液和沥青下封层进行养生，养生期一般为7d。

(2)在养生期间，除洒水车外，应封闭交通。

(3)对于二灰集料基层，养生结束后，宜先让施工车辆慢速通行7~10d，磨去表面的二灰薄层，或用带钢丝刷的机械扫去表面的二灰薄层。清扫和冲洗干净后再喷洒透层沥青。其后宜撒布4.75~9.5mm的小碎(砾)石，均匀撒布约60%~70%的面积(如喷洒的透层沥青能透入基层，当运料车辆和面层混合料摊铺机在其上行驶不会破坏沥青膜时，可以不撒小碎石、砾石)。

在清扫干净的基层上，也可先做下封层，防止基层干缩开裂，同时保护基层免受施工车辆破坏。宜在铺设下封层后的 10 ~30d 内开始铺筑沥青面层。

(4)二灰稳定类底基层分层施工时，下层碾压完毕后，可以立即铺筑上一层，不需专门的养生期。也可养生 7d 后铺筑上一层。

(二)厂拌法施工技术要点

二灰稳定类混合料可以在中心站用多种机械进行集中拌和，也可用路拌机械或人工在现场进行分批集中拌和。

对于高速公路、一级公路，应当在中心站(厂)采用专用稳定土拌和机械拌制，然后再运输到施工现场进行摊铺的施工方法施工。

中心站集中拌和时，应符合以下要求：

(1)土块最大尺寸不应大于 15mm；粉煤灰块不应大于 12mm，且 9.5mm 和 2.36mm 筛孔的通过量应分别大于 95% 和 75%。

(2)各种粒级集料应分开堆放。

(3)石灰、粉煤灰和细集料都应覆盖，防止雨淋过湿。

(4)配料准确，拌和均匀。

(5)混合料含水率应略大于最佳含水率，使其运到现场碾压时的含水率能接近最佳值。

二灰稳定类混合料厂拌法施工技术要求，除以下两点外，其他要求与水泥稳定类混合料厂拌法施工相同。

(1)拌成混合料的堆放时间不宜超过 24h，宜在当天将拌成的混合料运至铺筑现场，不应将拌成的混合料长时间堆放。

(2)第一天铺筑的压实层如末端未用方木作支撑处理，在碾压后末端成一斜坡，则在第二天开始摊铺新混合料之前应将末端斜坡挖除，并挖成一横向(与路中线垂直)垂直向下的断面。挖出的混合料加水到最佳含水率拌匀后仍可使用。

五、二灰稳定类结构层施工过程中的质量控制

二灰稳定类结构层在铺筑过程中必须随时对铺筑质量进行检查、评定，质量检查的内容、频度、允许偏差可参照表 3-3-6 的要求。

二灰稳定类结构层施工过程中工程质量的控制要求 表 3-3-6

项目		检查频度及单点检验评价方法	质量要求或允许偏差		试验方法
			高速、一级公路	其他等级公路	
级配		每 2 000m^2 1 次	在规定范围内		T 0302、T 0303 筛分法
配合比		每 2 000m^2 1 次	满足设计要求		重量法或体积法
含水率		据观察，随时	最佳含水率 ±1%(二灰土为 ±2%)		T 0801 烘干法、T 0803 酒精燃烧法
压实度	二灰土	每一作业段或不超过 2 000m^2 检查 6 次以上	≥95%	≥93%	T 0921 挖坑灌砂法
	其他含粒料的石灰工业废渣		基层≥98%，底基层 97% 或 95%	基层≥97%，底基层 95% 或 93%	
拌和均匀性		随时观察	无灰条、灰团，色泽均匀，无离析现象		表层观察、挖坑观察
无侧限抗压强度		同表 3-2-9	符合规定要求		同表 3-2-9

六、二灰稳定类结构层交工验收阶段的质量检验

二灰稳定类结构层工程完工后,施工单位、工程监理单位和建设单位应按相同的工程项目划分进行工程质量的监控和管理。

按照《公路工程质量检验评定标准》(JTG F80/1—2004)的规定,二灰稳定类结构层工程质量检验评定时的基本要求、质量检验评定标准和外观鉴定等内容分述如下。

1. 基本要求

(1)粒料应符合设计和施工规范要求,并应根据当地料源选择质坚干净的粒料。

(2)土质应符合设计要求,土块应粉碎。

(3)石灰和粉煤灰质量应符合设计要求,石灰须经充分消解才能使用。

(4)混合料配合比应准确,不得含有灰团和生石灰块。

(5)路拌法拌和深度应达到层底。

(6)摊铺时要注意消除离析现象。

(7)碾压时应先用轻型压路机稳压,后用重型压路机碾压至要求的压实度。

(8)保湿养生,养生期应符合规范要求。

2. 质量检验评定标准

二灰稳定类结构层交工验收阶段质量检验评定的实测项目、检查频度、质量要求或允许偏差等见表3-3-7、表3-3-8。

石灰、粉煤灰土基层和底基层实测项目 表3-3-7

项次	检查项目		规定值或允许偏差				检查方法和频率	权值
			基层		底基层			
			高速、一级公路	其他公路	高速、一级公路	其他公路		
1	压实度(%)	代表值	—	95	95	93	按有关规定方法进行检查,每200m每车道2处	3
		极值	—	91	91	89		
2	平整度(mm)		—	12	12	15	3m直尺:每200m测2处×10尺	2
3	纵断高程(mm)		—	+5,-15	+5,-15	+5,-20	水准仪:每200m测4个断面	1
4	宽度(mm)		符合设计要求		符合设计要求		尺量:每200m测4处	1
5	厚度(mm)	代表值	—	-10	-10	-12	按有关规定进行检查,每200m每车道1点	3
		合格值	—	-20	-25	-30		
6	横坡(%)		—	±0.5	±0.3	±0.5	水准仪:每200m测4个断面	1
7	强度(MPa)		符合设计要求		符合设计要求		按有关规定进行检查	3

石灰、粉煤灰稳定粒料基层和底基层实测项目与要求　　表 3-3-8

项次	检查项目		规定值或允许偏差				检查方法和频率	权值
			基层		底基层			
			高速、一级公路	其他公路	高速、一级公路	其他公路		
1	压实度(%)	代表值	98	97	96	95	按有关规定方法进行检查，每 200m 每车道 2 处	3
		极值	94	93	92	91		
2	平整度(mm)		8	12	12	15	3m 直尺：每 200m 测 2 处×10 尺	2
3	纵断高程(mm)		+5，-10	+5，-15	+5，-15	+5，-20	水准仪：每 200m 测 4 个断面	1
4	宽度(mm)		符合设计要求		符合设计要求		尺量：每 200m 测 4 处	1
5	厚度(mm)	代表值	-8	-10	-10	-12	按有关规定进行检查，每 200m 每车道 1 点	3
		合格值	-15	-20	-25	-30		
6	横坡(%)		±0.3	±0.5	±0.3	±0.5	水准仪：每 200m 测 4 个断面	1
7	强度(MPa)		符合设计要求		符合设计要求		按有关规定进行检查	3

3. 外观鉴定

(1)表面平整密实、无坑洼。不符合要求时，每处减 1～2 分。

(2)施工接茬平整、稳定。不符合要求时，每处减 1～2 分。

工作任务四　石灰稳定类结构层施工

一、一般规定

(1)石灰稳定类材料适用于各级公路的底基层，以及三、四级公路的基层。在冰冻地区的潮湿路段以及其他地区的过湿路段不宜采用石灰土作基层。

(2)石灰稳定类材料的压实度、7d 龄期无侧限抗压强度代表值应符合表 3-4-1 规定范围的要求。

石灰稳定类材料的压实度及 7d 无侧限抗压强度　　表 3-4-1

层位	类别	重、中交通		轻交通	
		压实度(%)	抗压强度(MPa)	压实度(%)	抗压强度(MPa)
基层	集料			≥97	≥0.8①
	细粒土			≥95③	
底基层	集料	≥97	≥0.8	≥96	≥0.7②
	细粒土	≥95		≥95	

注：①在低塑性土(塑性指数小于 10)地区，石灰稳定砂砾土和碎石土的 7d 抗压强度应大于 0.5MPa。

②低限用于塑性指数小于 10 的土，高限用于塑性指数大于 10 的土。

③三、四级公路，压实机具有困难时，压实度可降低 1%。

(3)石灰稳定土结构层宜在春末和气温较高季节组织施工。施工期的日最低气温应在5℃以上,在有冰冻的地区,应在第一次重冰冻(-3~-5℃)到来之前半个月到一个月完成。

稳定土结构层宜经历半月以上温暖和热的气候养生。多雨地区,应避免在雨季进行石灰土结构层的施工。

(4)石灰稳定中粒土和粗粒土雨季施工时,应采用排除表面水的措施,防止运到路上的集料过分潮湿,并应采取措施保护石灰免遭雨淋。

(5)石灰稳定类结构层施工时,应遵循以下基本规定:

①细粒土应尽可能粉碎,土块最大尺寸不应大于15mm。

②配料要准确。

③路拌法施工时,石灰应摊铺均匀。

④洒水、拌和要均匀。

⑤应严格控制基层厚度和高程,其路拱横坡应与面层一致。

⑥应在混合料处于最佳含水率或略小于最佳含水率(1%~2%)时进行碾压,直至达到按重型击实试验确定的要求压实度。

(6)石灰稳定类混合料碾压时,压实机械与压实厚度应遵循以下规定:

①石灰稳定类结构层应采用12t以上的压路机进行碾压。

②采用12~15t三轮压路机碾压时,每层的压实厚度不应超过15cm。

③用18~20t三轮压路机和振动压路机碾压时,每层的压实厚度不应超过20cm。

④对于石灰稳定中粒土和粗粒土,采用能量大的振动压路机碾压时,或对于石灰土,采用振动羊足碾与三轮压路机配合碾压时,每层的压实厚度可以根据试验适当增加。

⑤压实厚度超过上述规定时,应分层铺筑,每层的最小压实厚度为10cm,下层宜稍厚。

⑥对于石灰土,以及用摊铺机摊铺的混合料,都应采用先轻型、后重型压路机碾压。

二、石灰稳定类结构层原材料的选择

1.石灰稳定类结构层使用的石灰

石灰的质量应符合Ⅰ、Ⅱ、Ⅲ级消石灰或生石灰的技术规定。施工中应尽量缩短石灰的存放时间。如在野外堆放时间较长,应采取覆盖封存措施。

使用等外石灰、贝壳石灰、珊瑚石灰等,应进行试验,当其混合料的强度符合标准时,可以采用。

对于高速公路、一级公路,宜采用磨细生石灰粉。

2.石灰灰稳定类结构层使用的土

(1)塑性指数为15~20的黏性土以及含有一定数量黏性土的中粒土和粗粒土均适宜于用石灰稳定。

用石灰稳定无塑性指数的级配砂砾、级配碎石和未筛分碎石时,应添加15%左右的黏性土 塑性指数在15以上的黏性土更适宜用石灰和水泥综合稳定。

塑性指数在10以下的亚砂土和砂土用石灰稳定时,应采取适当的措施或采用水泥稳定。

塑性指数偏大的黏性土应加强粉碎,粉碎后土块的最大尺寸不应大于15rnm。可以采用两次拌和法,第一次加部分石灰拌和后,闷放1~2d,再加入其余石灰,进行第二次拌和。

(2)使用石灰稳定土时,应遵守下列规定:

①石灰稳定土用做高速公路和一级公路的底基层时,颗粒的最大粒径不应超过37.5mm,

用做其他等级公路的底基层时，颗粒的最大粒径不应超过 53mm。

②石灰稳定土用做基层时，颗粒的最大粒径不应超过 37.5mm。

(3)级配碎石、未筛分碎石、砂砾、碎石土、砂砾土、煤矸石和各种粒状矿渣等均适宜用做石灰稳定土的材料。石灰稳定土中碎石、砂砾或其他粒状材料的含量应在 80% 以上，并应具有良好的级配。

(4)硫酸盐含量超过 0.8% 的土和有机质含量超过 10% 的土，不宜用石灰稳定。

(5)土中碎石或砾石的压碎值，用做高速公路、一级公路的底基层时不大于 35%，用做二、三、四级公路的底基层时不大于 40%，用做三、四级公路的基层时不大于 35%。

3. 石灰稳定类结构层使用的水

凡是饮用水（含牲畜饮用水）均可用于水泥稳定类结构层施工。

4. 施工过程中对原材料的检查与要求

施工过程中，可参照表 3-4-2 所列的检查项目与频度对各种原材料进行抽样试验，质量应符合现行施工技术规范规定的技术要求，每个检查项目的平行试验次数或一次试验的试样数必须按相关试验规程的规定进行，并以平均值评价是否合格。

施工过程中材料质量的检查项目与频度　　表 3-4-2

材　料	检 查 项 目	检 查 频 度		试验方法或试验规程	试验规程规定的平行试验次数或一次试验的试样数
		高速、一级公路	其他等级公路		
石灰	有效钙、氧化镁	随时	随时	T 08011、T 08012 化学分析法	做材料组成设计和生产使用时分别测 2 个样品，以后每月测 2 个样品
土	同表 3-2-7	同表 3-2-7	同表 3-2-7	同表 3-2-7	同表 3-2-7

三、石灰稳定类结构层施工的工艺流程

石灰稳定类结构层施工的方法主要分为路拌法施工、厂拌法施工和人工沿路拌和法施工三种。

用作高速公路、一级公路底基层的石灰稳定类结构层宜采用厂拌法施工；对于二、三、四级公路一般采用路拌法施工；对于三、四级公路，在无路拌机械的情况下，也可用采用人工沿路拌和法施工。

路拌法施工的工艺流程通常按图 3-4-1 的顺序进行。

准备下承层→施工放样→备料、摊铺土→洒水闷料→整平和轻压→卸置和摊铺石灰→拌和洒水→整形→碾压→接缝与调头处理→养生

图 3-4-1　石灰稳定土路拌法施工工艺流程图

四、石灰稳定类结构层施工技术要点

1. 路拌法施工技术要点

(1)准备下承层。与水泥稳类结构层施工要求相同。

(2)施工放样。与水泥稳类结构层施工要求相同。

(3)备料。与二灰稳类结构层路拌法施工的要求基本相同。

(4)摊铺土。应事先通过试验确定土的松铺系数。人工摊铺混合料时，其松铺系数可按

表3-4-3选用。其他要求与水泥稳类结构层路拌法施工要求相同。

人工摊铺混合料松铺系数表　　表3-4-3

材料名称	松铺系数	备注
石灰土	1.53~15.8	现场人工摊铺土和石灰,机械拌和,人工整平
	1.65~1.70	路外集中拌和,运到现场人工摊铺
石灰土砂砾	1.52~1.56	路外集中拌和,运到现场人工摊铺

(5)洒水闷料。

(6)整平和轻压。均与水泥稳类结构层路拌法施工要求相同。

(7)卸置和摊铺石灰。

①按计算所得的每车石灰的纵横间距,用石灰在土层上做标记,同时画出摊铺石灰的边线。

②用刮板将石灰均匀摊开,石灰摊铺完成后,表面应没有空白位置。量测石灰的松铺厚度,根据石灰的含水率和松密度,校核石灰用量是否合适。

(8)拌和与洒水。

①对二级及二级以上公路,参照水泥稳类结构层路拌法施工"拌和"相关要求。只是当使用生石灰粉时,宜先用平地机或多铧犁将石灰翻到土层中间,但不能翻到底部。

②对于三、四级公路的石灰稳定细粒土和中粒土,在没有专用拌和机械的情况下,可用农用旋转耕作机与多铧犁或平地机相配合拌和4遍。

先用旋转耕作机拌和两遍,后用多铧犁或平地机将底部素土翻起,再用旋转耕作机拌和两遍,多铧犁或平地机将底部料再翻起,并随时检查调整翻犁的深度,使稳定土层全部翻透。

严禁在稳定土层与下承层之间残留一层素土,但也应防止翻犁过深过多,破坏下承层的表面。也可以用缺口圆盘耙与多铧犁或平地机相配合,拌和石灰稳定细粒土、中粒土和粗粒土。参照水泥稳类结构层路拌法施工"拌和"相关要求。

③拌和过程中混合料的含水率及检查应符合水泥稳类结构层路拌法施工"加水并湿拌"的规定。

④用石灰稳定塑性指数大的黏性土时,应采用两次拌和。第一次加70%~100%预定剂量的石灰进行拌和,闷放1~2d,此后补足需用的石灰,再进行第二次拌和。

(9)整形和碾压。均与水泥稳类结构层路拌法施工要求相同。

(10)接缝和"调头"处的处理。

①同日施工的两工作段的衔接处应采用搭接形式。前一段拌和整形后,留5~8m不进行碾压,后一段施工时,应与前段留下未压部分一起再进行拌和,并与后一段一起碾压。

②拌和机械或其他机械不宜在已压成的石灰稳定类结构层上"调头",如必须"调头",应采取措施保护"调头"部分,使石灰稳定类结构层不受破坏。

③纵缝的处理与水泥稳类结构层施工纵缝处理的要求相同。

(11)养生与交通管制。

①石灰土结构层需要保湿养生,养生期要符合规范要求。

②在采用石灰土做基层时,必须采取措施防止表面水透入基层,同时应经历一个月以上的温暖和热的气候养生。作为三、四级公路沥青路面的基层时,还应采取措施加强基层与面层的联结。

③石灰稳定土在养生期间应保持一定的湿度,不应过湿或忽干忽湿。养生期不宜少于

7d。每次洒水后，应用两轮压路机将表层压实。石灰稳定土基层碾压结束后1～2d，当其表层较干燥（石灰土的含水率不大于10%，石灰粒料土的含水率为5%～6%）时，可以立即喷洒透层沥青，然后做下封层或铺筑面层，但初期应禁止重型车辆通行。

④在养生期间未采用覆盖措施的石灰稳定土层上，除洒水车外，应封闭交通。在采用覆盖措施的石灰稳定土层上不能封闭交通时，应限制车速不得超过30km/h，禁止重型卡车通行。

⑤养生期结束后，在铺筑沥青面层前，应清扫基层并喷洒透层沥青或做下封层。如面层是沥青混凝土，在喷洒透层沥青后，应撒布4.75～9.5mm的小碎（砾）石，小碎（砾）石应均匀撒布约60%的面积。如喷洒的透层沥青能透入基层，其上作业车辆不会破坏沥青膜时，可以不撒小碎（砾）石。在喷洒沥青时，石灰稳定土层的上层应比较湿润。

⑥石灰稳定土分层施工时，下层石灰稳定土碾压完成后，可以立即铺筑上一层石灰稳定土，不需专门的养生期。

2. 厂拌法施工技术要点

与水泥稳类结构层厂拌法施工要求相同。

3. 人工沿路拌和法施工技术要点

对于二级以下公路的小工程可以采用人工沿路拌和法施工，其主要程序、要点如下：

（1）备料。将需稳定的土料按事先计算的数量运到路上分堆堆放，应每隔一定距离留一缺口。再将消石灰按事先计算的数量运到路上并直接卸在土堆上或土堆旁。

（2）拌和。

筛拌法：将土和石灰混合或交替过15mm孔径的筛，筛余土块应随时打碎随时过筛。过筛后，适当加水，拌和到均匀为止。

翻拌法：将过筛的土和石灰先干拌1～2遍，然后加水拌和，应不小于3遍，直到均匀为止。为了使混合料的水分充分渗透均匀，可在当天拌和后堆放闷料，第二天再摊铺使用。

（3）摊铺。将拌好的灰土按松铺厚度在路段上摊铺。

（4）整形与碾压。与水泥稳定土路拌法施工中的相应工序要求相同。

五、石灰稳定类结构层施工过程中的质量控制

石灰稳定类结构层在铺筑过程中必须随时对铺筑质量进行检查、评定，质量检查的内容、频度、允许偏差参照表3-4-4的要求。

石灰稳定类结构层施工过程中工程质量的控制要求 表3-4-4

项目		检查频度及单点检验评价方法	质量要求或允许偏差		试验方法
			高速、一级公路	其他等级公路	
级配		2 000m²1次	在规定范围内		T 0302、T 0303 筛分法
石灰剂量		每2 000m²1次，至少6个样品	不小于设计值的1%		T 0809 EDTA 滴定法或 T 08010 直读式测钙仪法
含水率		据观察，随时	在规范规定范围内		T 0801 烘干法、T 0803 酒精燃烧法
压实度	稳定细粒土	每一作业段或不超过2 000m² 检查6次以上	≥95%	≥93%	T 0921 挖坑灌砂法
	稳定中粒土和粗粒土		基层98%，底基层96%	基层97%，底基层95%	
拌和均匀性		随时观察	无灰条、灰团，色泽均匀，无离析现象		表层观察、挖坑观察
无侧限抗压强度		同表3-2-9	符合规定要求		同表3-2-9

六、石灰稳定类结构层交工验收阶段的质量检验

石灰稳定类结构层工程完工后，施工单位、工程监理单位和建设单位应按相同的工程项目划分进行工程质量的监控和管理。

按照《公路工程质量检验评定标准》(JTG F80/1—2004)的规定，石灰稳定类结构层工程质量检验评定时的基本要求、质量检验评定标准和外观鉴定等内容分述如下。

1. 基本要求

(1)粒料应符合设计和施工规范要求。

(2)土质应符合设计要求，土块应粉碎。

(3)石灰质量应符合设计要求，块状石灰须经充分消解才能使用。

(4)石灰和土的用量应按设计要求控制准确，未消解的生石灰块必须剔除。

(5)路拌法拌和深度应达到层底。

(6)混合料应处于最佳含水率状况下，应先用轻型压路机稳压，后用重型压路机碾压至要求的压实度。摊铺时要注意消除离析现象。

(7)保湿养生，养生期应符合规范要求。

2. 质量检验评定标准

石灰稳定类结构层交工验收阶段质量检验评定的实测项目、检查频度、质量要求或允许偏差等见表3-4-5、表3-4-6。

石灰土基层和底基层实测项目与要求 表3-4-5

项次	检查项目		规定值或允许偏差				检查方法和频率	权值
			基层		底基层			
			高速、一级公路	其他公路	高速、一级公路	其他公路		
1	压实度(%)	代表值	—	95	95	93	按有关规定方法进行检查，每200m每车道2处	3
		极值	—	91	91	89		
2	平整度(mm)		—	12	12	15	3m直尺：每200m测2处×10尺	2
3	纵断高程(mm)		—	+5，-15	+5，-15	+5，-20	水准仪：每200m测4个断面	1
4	宽度(mm)		符合设计要求		符合设计要求		尺量：每200m测4处	1
5	厚度(mm)	代表值	—	-10	-10	-12	按有关规定进行检查，每200m每车道1点	3
		合格值	—	-20	-25	-30		
6	横坡(%)		—	±0.5	±0.3	±0.5	水准仪：每200m测4个断面	1
7	强度(MPa)		符合设计要求		符合设计要求		按有关规定进行检查	3

石灰稳定粒料(碎石、砂砾或矿渣等)基层和底基层实测项目　表 3-4-6

项次	检查项目		规定值或允许偏差				检查方法和频率	权值
			基层		底基层			
			高速、一级公路	其他公路	高速、一级公路	其他公路		
1	压实度(%)	代表值	—	97	96	95	按有关规定方法进行检查，每 200m 每车道 2 处	3
		极值	—	93	92	91		
2	平整度(mm)		—	12	12	15	3m 直尺：每 200m 测 2 处×10 尺	2
3	纵断高程(mm)		—	+5，-15	+5，-15	+5，-20	水准仪：每 200m 测 4 个断面	1
4	宽度(mm)		符合设计要求		符合设计要求		尺量：每 200m 测 4 处	1
5	厚度(mm)	代表值	—	-10	-10	-12	按有关规定进行检查，每 200m 每车道 1 点	3
		合格值	—	-20	-25	-30		
6	横坡(%)		—	±0.5	±0.3	±0.5	水准仪：每 200m 测 4 个断面	1
7	强度(MPa)		符合设计要求		符合设计要求		按有关规定进行检查	3

3. 外观鉴定

(1)表面平整密实、无坑洼。不符合要求时，每处减 1～2 分。

(2)施工接茬平整、稳定。不符合要求时，每处减 1～2 分。

工作任务五　级配碎(砾)石结构层施工

一、一般规定

(1)级配碎石可以用于各级公路的基层和底基层。级配砾石、级配碎砾石以及符合级配、塑性指数在 6 或 9 以下的天然砂砾，可用于轻交通的二级和二级以下公路的基层以及各级公路的底基层。

(2)级配碎石、级配砾石也可用于四级公路的面层。

(3)级配碎石可用作较薄沥青面层与半刚性基层之间的中间层。

(4)用于二级及二级以上公路基层和底基层的级配碎石，应由预先筛分的几组不同粒径的碎石及石屑组配组成；其他等级公路上，级配碎石可采用未筛分碎石和石屑组配。

(5)级配碎石施工中缺乏石屑时，可以添加细砂砾或粗砂，也可以用颗粒组成合适的含细集料较多的砂砾与未筛分碎石组配成级配碎砾石。

(6)可在天然砂砾中掺加部分碎石或轧碎砾石，以提高材料的强度和稳定性。

(7)级配碎石施工中应遵循以下基本规定：

①颗粒级配应符合规定。

②配料必须准确。

③塑性指数应符合规定。

④混合料必须拌和均匀,没有粗细颗粒离析现象。

⑤在最佳含水率时进行碾压,当采用重型击实标准设计时,基层压实度应大于98%,CBR值不应小于100%;底基层压实度应大于96%,CBR值不应小于80%。

(8)级配砾石施工中应遵循以下基本规定:

①颗粒级配应符合规定。

②配料必须准确。

③塑性指数应符合规定。

④混合料必须拌和均匀,没有粗细颗粒离析现象。

⑤在最佳含水率时进行碾压,当采用重型击实标准设计时,基层压实度应大于98%,CBR值不应小于80%;底基层压实度应大于96%,CBR值对于轻交通的公路不应小于40%,对于中等交通的公路不应小于60%。

(9)级配碎石、级配砾石应使用12t以上的三轮压路机进行碾压,每层的压实厚度不应超过15~18cm。用重型振动压路机和轮胎压路机碾压时,每层的压实厚度可达20cm。

(10)级配碎石、级配砾石基层未洒透层沥青或铺封层时,禁止开放交通,以保护表层不受破坏。

(11)级配碎石用做半刚性路面的中间层,以及用做二级以上公路的基层时,应采用厂拌法拌制混合料,并用摊铺机摊铺混合料。

二、级配碎(砾)石结构层原材料选择

1. 级配碎石结构层使用的材料

(1)各种类型的岩石(软质岩石除外)、圆石或矿渣均可作为轧制碎石的材料。圆石的粒径应是碎石最大粒径的3倍以上,矿渣应是已崩解稳定的,其干密度不小于960kg/m^3,且干密度和质量比较均匀。

碎石中针片状颗粒的总含量应不超过20%,软石含量不超过5%,且不含黏土块、植物等有害物质。

(2)石屑或其他细集料可以使用一般碎石场的细筛余料,也可以利用轧制沥青表面处治和贯入式用石料时的细筛余料,或专门轧制的细碎石集料。亦可用天然砂砾或粗砂代替石屑,其颗粒尺寸应合适,必要时应筛除其中的超尺寸颗粒。天然砂砾或粗砂应有较好的级配。

(3)级配碎石分为骨架密实型和连续级配型,其集料的级配组成可参照表3-5-1确定。

级配碎石混合料的级配组成 表3-5-1

层位	通过下列筛孔(mm)的质量百分率(%)													液限(%)	塑性指数	备注
	37.5	31.5	26.5	19	16	13.2	9.5	4.75	2.36	1.18	0.6	0.3	0.15	0.075			
上基层			100		85~100		60~80	30~50		15~30	10~20			0~5			防治反射裂缝过渡层
基层	100	90~100	79~95	60~85	53~80	48~74	40~65	25~50	18~40	13~32	9~25	6~20	3~13	0~7	<25	<8	连续型
		100	90~100	75~95	66~88	59~82	46~71	30~55	18~40	13~32	9~25	6~20	3~13	0~7			
		100	85~95	66~80	44~56	37~48	31~41	28~38	18~28	12~20	8~14	5~11	3~9	0~6			骨架密实型

续上表

层位	通过下列筛孔(mm)的质量百分率(%)														液限(%)	塑指(%)	备注
	37.5	31.5	26.5	19	16	13.2	9.5	4.75	2.36	1.18	0.6	0.3	0.15	0.075			
底基层与垫层	95~100	85~95	75~90	60~82	53~78	48~74	40~65	25~50	18~40	13~32	9~25	6~20	3~13	0~7			连续型
	100	85~100	65~85		42~67		20~40	10~27		8~20	5~18			0~10	<25	<8	骨架型
		100	80~100		56~87		30~60	18~46		10~33	5~20			0~10			连续型

注:1. 上基层是指沥青面层下与半刚性基层之间设置级配碎石,该层的级配宜符合此规定。
2. 潮湿多雨地区的基层塑性指数不大于4%。
3. 为排水或做防冻垫层时,其0.075mm通过率不超过5%。

(4)级配碎石所用石料的压碎值应符合表3-5-2的要求。

级配碎石基层、底基层的集料压碎值 表3-5-2

公路等级 / 层位	高速、一级公路	二级公路	三、四级公路
基层	≤26%	≤30%	≤35%
底基层	≤30%	≤35%	≤40%

2. 级配砾石结构层使用的材料

(1)级配砾石做基层时,砾石的最大粒径不应超过37.5mm;用做底基层时,砾石的最大粒径不应超过53mm。砾石颗粒中细长及扁平颗粒的含量不应超过20%。

(2)级配砾石的级配组成应符合表3-5-3的要求,且级配宜接近圆滑曲线。

级配砾石结构层的级配组成 表3-5-3

层位	编号	通过下列筛孔(mm)的质量百分率(%)										液限(%)	塑限(%)
		53	37.5	31.5	26.5	19	9.5	4.75	1.18	0.6	0.075		
砂石路面面层	1		100	90~100		65~85	45~70	30~55	20~37	15~25	7~12	<43	12~21
	2			100	85~100	70~90	50~70	40~60	25~40	20~32	8~15	<43	12~21
	3			100		85~100	60~80	45~65	30~50	20~32	8~15	<43	12~18
基层与底基层	1		100	90~100		65~85	45~70	30~55	15~35	10~20	4~10	<28	<9
	2			100	90~100	75~90	50~70	30~55	15~35	10~20	4~10	<28	<9
	3				100	85~100	60~80	30~50	15~30	10~20	2~8	<28	<9
垫层	1	100		90~100		65~85		30~50		8~25	0~5	<28	<9

注:1. 面层上可不设磨耗层,若加铺磨耗层,0.5mm以下细料含量和塑限宜用低限。
2. 潮湿多雨地区的基层塑性指数不大于6%。

(3)级配砾石所用石料的压碎值应符合表3-5-4的要求。

级配砾石或天然砂砾基层、底基层的集料压碎值 表3-5-4

公路等级 / 层位	高速、一级公路	二级公路	三、四级公路
基层	—	—	≤35%
底基层	≤30%	≤35%	≤40%

3. 施工过程中对原材料的检查与要求

施工过程中，可参照表3-5-5所列的检查项目与频度对各种原材料进行抽样试验，质量应符合现行施工技术规范规定的技术要求，每个检查项目的平行试验次数或一次试验的试样数必须按相关试验规程的规定进行，并以平均值评价是否合格。

施工过程中材料质量的检查项目与频度　　表3-5-5

材　料	检 查 项 目	检 查 频 度		试验方法或试验规程	试验规程规定的平行试验次数或一次试验的试样数
		高速、一级公路	其他等级公路		
碎石、砾石	含水率	必要时	必要时	T 0305 烘干法、T 0306 酒精燃烧法	每天使用前2个样品
	级配	随时	随时	T 0302、T 0303 筛分法	每天使用前2个样品，使用过程中每2 000$m^3$2个样品
	压碎值	必要时	必要时	T 0316	每天使用前2个样品，砂砾使用过程中每2 000$m^3$2个样品，碎石种类变化重做2个样品
	针片状颗粒含量	随时	随时	T 0311 规准仪法	2～3个样品
土	含水率	随时	随时	T 0305 烘干法、T 0306 酒精燃烧法	每天使用前2个样品
	液限、塑限	必要时	必要时	T 0118 液塑限联合测定法、T 0119 滚搓法	每天使用前2个样品，使用过程中每2 000$m^3$2个样品

三、级配碎(砾)石结构层施工的工艺流程

级配碎石结构层施工的方法分为路拌法施工和厂拌法施工。用作高速公路、一级公路的基层时，级配碎石结构层宜采用厂拌法施工。级配砾石一般采用路拌法施工。

级配碎石路拌法施工的工艺流程通常按图3-5-1的顺序进行。

准备下承层 → 施工放样 → 运输摊铺未筛分碎石 → 洒水 → 运输摊铺石屑 → 拌和补充洒水 → 整形 → 碾压

或者：

准备下承层 → 施工放样 → 未筛分碎石和石屑在碎石场加水湿拌 → 运到现场摊铺 → 补充拌和并洒水 → 整形 → 碾压

图3-5-1　级配碎石路拌法施工工艺流程

级配砾石路拌法施工的工艺流程通常按图3-5-2的顺序进行。

准备下承层 → 施工放样 → 运输和摊铺主要集料 → 运输和摊铺掺配集料 → 洒水拌和 → 整形 → 碾压

图3-5-2　级配砾石施工工艺流程框图

四、级配碎(砾)石结构层施工技术要点

(一)级配碎石结构层施工技术要点

1. 路拌法施工

1)准备下承层

(1)下承层不宜做成槽式断面。

(2)其他规定与水泥稳定类结构层施工“准备下承层”相同。

2)施工放样

与水泥稳定类结构层施工“施工放样”相同。

3)备料

(1)计算材料用量:

①按照级配碎石规定的级配组成计算不同粒级碎石和石屑的配合比。

②根据各路段基层或底基层的宽度、厚度及规定的压实干密度,并按确定的配合比分别计算各段需要的未筛分碎石和石屑的数量或不同粒级碎石和石屑的数量,并计算每车料的堆放距离。

(2)未筛分碎石的含水率较最佳含水率宜大1%左右。

(3)未筛分碎石和石屑可按预定比例在料场混合,同时洒水加湿,使混合料的含水率超过最佳含水率约1%。

4)运输和摊铺集料

(1)集料装车时,应控制每车料的数量基本相等。

(2)在同一料场供料的路段内,宜由远到近卸置集料。卸料距离应严格控制,避免料不够或过多。未筛分碎石和石屑分别运送时,应先运送碎石。

(3)料堆每隔一定距离应留一缺口。集料在下承层上的堆置时间不应过长。运送集料较摊铺集料工序宜只提前数天。

(4)应事先通过试验确定集料的松铺系数和松铺厚度。人工摊铺混合料时,其松铺系数为1.40~1.50;平地机摊铺混合料时,为1.25~1.35。

(5)用平地机或其他合适的机具将集料均匀地摊铺在预定的宽度上,表面应力求平整,并具有规定的路拱。应同时摊铺路肩用料。

(6)检查松铺材料层厚度,必要时应进行减料或补料工作。

(7)未筛分碎石摊铺平整后,在其较潮湿的情况下,将石屑按计算堆放的距离丈量好并卸下石屑。用平地机并辅以人工将石屑均匀摊铺在碎石层上。

(8)采用不同粒级的碎石和石屑时,应将大碎石铺于下层,中碎石铺于中层,小碎石铺于上层。洒水使碎石湿润后,再摊铺石屑。

未筛分碎石和石屑分别运送时,应先运送碎石。料堆每隔一定距离应留一缺口。

5)拌和与整形

(1)对于二级及二级以上公路,应采用专用稳定土拌和机拌和级配碎石。对于二级以下公路,在无稳定土拌和机的情况下,可采用平地机或多铧犁与缺口圆盘耙相配合进行拌和。其要点是:

①用稳定土拌和机时,应拌和2遍以上。拌和深度应直到级配碎石层底。在进行最后1遍拌和之前,必要时先用多铧犁紧贴底面翻拌1遍。

②用平地机进行拌和时，宜翻拌 5 ~6 遍，使石屑均匀分布于碎石料中。平地机拌和的作业长度，每段宜为 300 ~500m。

平地机刀片安装角度与位置见表 3-5-6 和图 3-5-3。

平地机刀片安装角度(°)　　表 3-5-6

拌和条件	平面角 α	倾角 β	切角 γ
干拌	30 ~50	45	3
湿拌	35 ~40	45	2

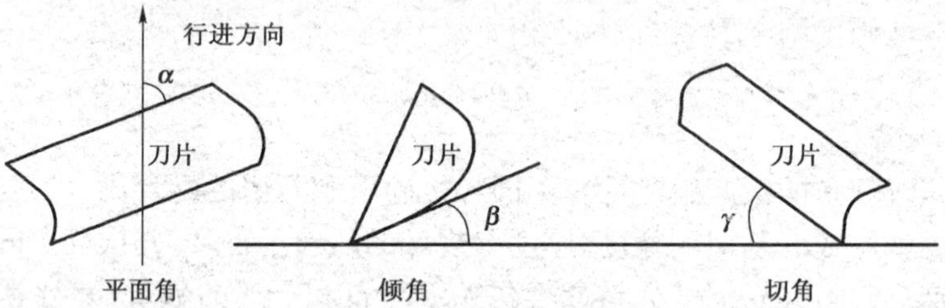

图 3-5-3　平地机刀片安装示意图

③用缺口圆盘耙与多铧犁相配合拌和时，用多铧犁在前翻拌，圆盘耙紧跟后面拌和，即采用边翻边耙的方法，共翻耙 4 ~6 遍。应随时检查调整翻耙的深度。用多铧犁翻拌时，第 1 遍由路中心开始，将混合料向中间翻，且机械应慢速前进。第 2 遍从两边开始，将混合料向外翻。

拌和结束时，混合料的含水量应均匀，并较最佳含水率大 1% 左右，同时应没有粗细集料离析现象。

(2)使用在料场已拌和均匀的级配碎石混合料时，摊铺后混合料如有离析现象，应用平地机进行补充拌和。

(3)用平地机将拌和均匀的混合料按规定的路拱进行整平和整形，并注意消除粗细集料离析现象。

(4)用拖拉机、平地机或轮胎压路机在已初平的路段上快速碾压 1 遍，以暴露潜在的不平整。

(5)再用平地机进行整平和整形。

6)碾压

整形后，当混合料的含水率等于或略大于最佳含水率时，立即用 12t 以上三轮压路机、振动压路机或轮胎压路机进行碾压。

(1)直线和不设超高的平曲线段，由两侧路肩开始向路中心碾压；在设超高的平曲线段，由内侧向外侧路肩进行碾压。

碾压时，后轮应重叠 1/2 轮宽；后轮必须超过两段的接缝处。后轮压完路面全宽时，即为 1 遍。碾压一直进行到要求的密实度为止。一般需压 6 ~8 遍，应使表面无明显轮迹。

压路机的碾压速度，头两遍以 1.5 ~1.7km/h 为宜，以后用 2.0 ~2.5km/h。

(2)路面的两侧应多压 2 ~3 遍。

(3)严禁压路机在已完成的或正在碾压的路段上掉头或紧急制动。

(4)凡含土的级配碎石层都应进行滚浆碾压，一直压到碎石层中无多余细土泛到表面为止。滚到表面的浆(或事后变干的薄土层)应清除干净。

7)接缝的处理

(1)横缝的处理。两作业段的衔接处应搭接拌和。第一段拌和后,留 5 ~ 8m 不进行碾压,第二段施工时,前段留下未压部分与第二段一起拌和、整平后进行碾压。

(2)纵缝的处理。应尽量避免纵向接缝。在必须分两幅铺筑时,纵缝应搭接拌和。前一幅全宽碾压密实后,在后一幅拌和时,应将相邻的前幅边部约 30cm 搭接拌和,整平后一起碾压密实。

2. 厂拌法施工

级配碎石混合料中心站拌和可采用强制式拌和机、卧式双转轴浆叶式拌和机、普通水泥混凝土拌和机等多种机械进行集中拌和。在正式拌和前,必须先调试所用厂拌设备。

1)混合料拌和

(1)不同粒级的碎石和石屑等细集料应隔离,分别堆放。细集料应有覆盖,防止雨淋。

(2)不同粒级的单一尺寸碎石和石屑,应按预定配合比在拌和机内拌制混合料,使混合料的颗粒组成和含水率都能达到规定的要求。

(3)在采用未筛分碎石和石屑时,如未筛分碎石或石屑的颗粒组成发生明显变化,应重新调试设备。

2)混合料摊铺与整形

(1)级配碎石用于高速公路和一级公路时,应用沥青混凝土摊铺机或其他碎石摊铺机摊铺混合料,摊铺机后面应设专人消除粗细料离析现象。

(2)级配碎石用于二级和二级以下公路时,如没有摊铺机,也可用自动平地机(或摊铺箱)摊铺混合料。

①根据摊铺层的厚度和要求达到的压实干密度计算每车混合料的摊铺面积。

②将混合料均匀地卸在路幅中央,路幅宽时亦可卸成两行。

③用平地机将混合料按松铺厚度摊铺均匀。

④设一个 3 人的小组跟在平地机后面,及时消除粗细集料离析现象。对于粗集料“窝”和粗集料“带”,应添加细集料,并拌和均匀;对于细集料“窝”,应添加粗集料,并拌和均匀。

(3)用平地机摊铺混合料后的整形与级配碎石路拌法施工要求相同。

3)碾压

采用振动压路机或三轮压路机进行碾压,其碾压方法与级配碎石路拌法施工要求相同。

4)接缝的处理

(1)横向接缝处理。

①用摊铺机摊铺混合料时,靠近摊铺机当天未压实的混合料可与第二天摊铺的混合料一起碾压,但应特别注意对其含水率的检查控制。必要时应人工补充洒水,使其含水率达到规定的要求。

②用平地机摊铺混合料时,每天的工作缝与级配碎石路拌法施工要求相同。

(2)纵向接缝处理。应避免纵向接缝。如一台摊铺机摊铺宽度不够时,宜采用两台摊铺机一前一后相隔 5 ~ 8m 同步向前摊铺。如仅有一台摊铺机时,可先在一条摊铺带上摊铺一定长度后,再开到另一条摊铺带上摊铺,然后一起进行碾压。

在不能避免纵向接缝的情况下,纵缝必须垂直相接,不应斜接,其处理方法是:

①在前一幅摊铺时,在靠后一幅的一侧应用方木或钢模板作支撑,方木或钢模板的高度与

级配碎石层的压实厚度相同，并在摊铺后一幅之前将方木或钢模板除去。

②如在摊铺前一幅时未用方木或钢模板支撑，靠边缘的30cm左右难于压实，且形成一个斜坡，则在摊铺后一幅时，应先将未完全压实部分和不符合路拱要求部分挖松并补充洒水，待后一幅混合料摊铺后再一起进行整平和碾压。

注意事项：

(1)在施工中，主要是控制颗粒的级配组成，特别是其中粒径4.75mm以下、0.6mm以下和0.075mm以下的颗粒含量以及塑性指数。

(2)严格控制级配集料的均匀性(包括级配组成和含水率)和压实度(或密实度)。

(3)级配集料(含未筛分碎石)底基层不宜做成槽式断面，宜做成全铺式断面，以利排除进入路面结构层的水。否则两侧要设置纵向盲沟。

(4)对未筛分碎石，一定要在较潮湿情况下才能往上铺撒石屑，否则一旦开始拌和，石屑就会落到底部。

(5)级配碎石基层未洒透层沥青或未铺封层时，禁止开放交通。

(二)级配砾石结构层施工技术要点

1.准备下承层和施工放样

有关要求与级配碎石路拌法施工相同。

2.计算材料用量

根据各路段基层或底基层的宽度、厚度和预定的干密度，计算各段需要的集料数量。如级配砾石用两种材料合成时，分别计算两种集料的数量；根据料场集料的含水量以及运料车辆的吨位，计算每车材料的堆放距离。

3.运输和摊铺集料

(1)集料装车时，每车料的数量应基本相等。

(2)同一料场供料的路段内，由远到近将料按上述计算的距离卸置于下承层上。严格控制卸料距离，避免料不够或过多。采用两种集料时，应先将主要集料运到路上，待主要集料摊铺后，再运另一种集料并摊铺。如两种集料的最大粒径相差很多，则要特别注意应在粗集料潮湿状态下摊铺细集料。料堆每隔一定距离应留一缺口。

(3)集料在下承层上的堆置时间不宜太长。运送集料较摊铺集料工序只宜提前数天。

(4)通过试验确定松铺系数和松铺厚度。人工摊铺时，其松铺系数取1.40~1.50；平地机摊铺时，取1.25~1.35。

(5)用平地机或其他合适的机具将料均匀摊铺在预定的宽度上，表面应力求平整并有规定路拱。应同时摊铺路肩用料。

(6)检查松铺层厚度。

4.拌和及整形

(1)用平地机拌和时，每一作业段长度宜为300~500m。

①拌和时平地机刀片安装的角度与级配碎石路拌法施工的要求相同。一般需拌和5~6遍。拌和过程中，用洒水车洒足所需的水分。

②使用符合级配要求的天然砂砾时，如摊铺后有粗细颗粒离析现象，应用平地机进行补充拌和。

③用平地机将拌和均匀的混合料按规定的路拱进行整平和整形。

④用拖拉机、平地机或轮胎压路机在已初平的路段上快速碾压一遍，以暴露潜在的不平

整，再用平地机进行整平和整形。

(2)用拖拉机、牵引四铧犁或五铧犁进行拌和时，每一作业段长度宜为100～150m。第一遍由路中心开始，将料向中间翻，同时机械慢速前进。第二遍则应从两边开始，将料向外翻。拌和过程中，用洒水车洒足所需水分。拌和遍数以双数为宜，一般需拌6遍，且无离析现象。然后用平地机或其他机具按规定路拱整平和整形。整形过程中，严禁任何车辆通行。

碾压、接缝处理等与级配碎石路拌法施工所述相同。

五、级配碎（砾）石结构层施工过程中的质量控制

级配碎（砾）石结构层在铺筑过程中必须随时对铺筑质量进行检查、评定，质量检查的内容、频度、允许偏差参照表3-5-7的要求。

级配碎（砾）结构层施工过程中工程质量的控制要求 表3-5-7

项目	检查频度及单点检验评价方法	质量要求或允许偏差		试验方法
		高速、一级公路	其他等级公路	
级配	每2 000m²1次	在规定范围内		T 0302、T 0303筛分法
含水率	据观察，随时	在规范规定范围内		T 0801烘干法、T 0803酒精燃烧法等
压实度	每一作业段或不超过2 000m²检查6次以上	底基层96%以上，基层98%，中间层100%		T 0304网篮法或T 0308容量瓶法
拌和均匀性	随时观察	无粗细集料离析现象		表层观察、挖坑观察
承载比	每3 000m²1次，根据观察随时增加试验	不小于规定要求		室内承载比试验
弯沉值检验	每一评定段（不超过1km）每车道40～50个测点	97.7%概率的上波动界限不大于计算得到的容许值	95%概率的上波动界限不大于计算得到的容许值	T0951贝克曼梁弯沉仪法

六、级配碎（砾）石结构层交工验收阶段的质量检验

级配碎（砾）石结构层工程完工后，施工单位、工程监理单位和建设单位应按相同的工程项目划分进行工程质量的监控和管理。

按照《公路工程质量检验评定标准》（JTG F80/1—2004）的规定，级配碎（砾）石结构层工程质量检验评定时的基本要求、质量检验评定标准和外观鉴定等内容分述如下。

1. 基本要求

(1)应选用质地坚韧、无杂质的碎石、砂砾、石屑或砂，级配应符合要求。

(2)配料必须准确，塑性指数必须符合规定。

(3)混合料应拌和均匀，无明显离析现象。

(4)碾压应遵循先轻后重的原则，洒水碾压至要求的压实度。

2. 质量检验评定标准

级配碎（砾）石结构层交工验收阶段质量检验评定的实测项目、检查频度、质量要求或允许偏差等见表3-5-8。

级配碎(砾)石基层和底基层实测项目　　表3-5-8

<table>
<tr><th rowspan="3">项次</th><th rowspan="3" colspan="2">检 查 项 目</th><th colspan="4">规定值或允许偏差</th><th rowspan="3">检查方法和频率</th><th rowspan="3">权值</th></tr>
<tr><th colspan="2">基层</th><th colspan="2">底基层</th></tr>
<tr><th>高速、一级公路</th><th>其他公路</th><th>高速、一级公路</th><th>其他公路</th></tr>
<tr><td rowspan="2">1</td><td rowspan="2">压实度(%)</td><td>代表值</td><td>98</td><td>98</td><td>96</td><td>96</td><td rowspan="2">按有关规定方法进行检查,每200m每车道2处</td><td rowspan="2">3</td></tr>
<tr><td>极值</td><td>94</td><td>94</td><td>92</td><td>92</td></tr>
<tr><td>2</td><td colspan="2">弯沉值(0.01mm)</td><td colspan="2">符合设计要求</td><td colspan="2">符合设计要求</td><td>按有关规定进行检查</td><td>3</td></tr>
<tr><td>3</td><td colspan="2">平整度(mm)</td><td>8</td><td>12</td><td>12</td><td>15</td><td>3m直尺:每200m测2处×10尺</td><td>2</td></tr>
<tr><td>4</td><td colspan="2">纵断高程(mm)</td><td>+5,-10</td><td>+5,-15</td><td>+5,-15</td><td>+5,-20</td><td>水准仪:每200m测4个断面</td><td>1</td></tr>
<tr><td>5</td><td colspan="2">宽度(mm)</td><td colspan="2">符合设计要求</td><td colspan="2">符合设计要求</td><td>尺量:每200m测4处</td><td>1</td></tr>
<tr><td rowspan="2">6</td><td rowspan="2">厚度(mm)</td><td>代表值</td><td>-8</td><td>-10</td><td>-10</td><td>-12</td><td rowspan="2">按有关规定进行检查,每200m每车道1点</td><td rowspan="2">2</td></tr>
<tr><td>合格值</td><td>-15</td><td>-20</td><td>-25</td><td>-30</td></tr>
<tr><td>7</td><td colspan="2">横坡(%)</td><td>±0.3</td><td>±0.5</td><td>±0.3</td><td>±0.5</td><td>水准仪:每200m测4个断面</td><td>1</td></tr>
</table>

3.外观鉴定

表面平整密实,边线整齐,无松散。不符合要求时,每处减1~2分。

工作任务六　填隙碎石结构层施工

一、一般规定

(1)填隙碎石适用于三、四级公路的基层和各级公路的底基层。

(2)用单一粒径的粗碎石和石屑组成的填隙碎石可用干法施工,也可用湿法施工。干法施工的填隙碎石特别适宜于干旱缺水地区。

(3)缺乏石屑时,可以添加细砂砾或粗砂等细集料,但其技术性能不如石屑。

(4)填隙碎石的一层压实厚度,可取碎石最大粒径的1.5~2.0倍。

(5)填隙碎石施工时应遵守下列规定:

①细集料应干燥。

②应采用振动轮每米宽质量不小于1.8t的振动压路机进行碾压。填隙料应填满粗碎石层内部的全部空隙。碾压后,表面粗碎石间的空隙既要填满,又不得使填隙料覆盖粗碎石集料而自成一层,表面应看得见粗碎石。

碾压后基层的固体体积率应不小于85%,底基层的固体体积率应不小于83%。

③填隙碎石基层未洒透层沥青或未铺封层时,禁止开放交通。

二、填隙碎石结构层施工原材料的选择

(1)填隙碎石用做基层时，碎石的最大粒径不应超过53mm；用做底基层时，不应超过63mm。

(2)填隙碎石中的粗碎石可用具有一定强度的各种岩石或漂石轧制(宜用石灰岩)，但漂石的粒径应为粗碎石最大粒径的3倍以上；也可以用稳定的矿渣轧制，但其干密度和质量应比较均匀，且干密度不小于960kg/m^3。材料中的扁平、长条和软弱颗粒的含量不应超过15%。

(3)填隙碎石使用的粗碎石，其颗粒组成应符合表3-6-1的规定。

填隙碎石用粗碎石的颗粒组成 表3-6-1

编号	通过质量百分率(%) / 标称尺寸(mm)	筛孔尺寸(mm)							
		63	53	37.5	31.5	26.5	19	16	9.5
1	30~60	100	25~60		0~15		0~15		
2	25~50		100		25~50	0~15		0~15	
3	20~40			100	35~70		0~15		0~5

(4)粗碎石的压碎值，用做基层时不大于26%；用做底基层时不大于30%。

(5)填隙碎石中的填隙料宜具有表3-6-2所列的颗粒组成。采用表3-6-1中1号粗集料时，填隙料的标称最大粒径可为9.5mm。

填隙料的颗粒组成 表3-6-2

筛孔尺寸(mm)	9.5	4.75	2.36	0.6	0.075	塑性指数
通过质量百分率(%)	100	85~100	50~70	30~50	0~10	<6

(6)凡是饮用水(含牲畜饮用水)均可用于施工。

施工过程中，可参照表3-6-3的所列检查项目与频度对各种原材料进行抽样试验，质量应符合现行施工技术规范规定的技术要求，每个检查项目的平行试验次数或一次试验的试样数必须按相关试验规程的规定进行，并以平均值评价是否合格。

施工过程中材料质量检查项目与频度 表3-6-3

材料	检查项目	检查频度		试验方法或试验规程	试验规程规定的平行试验数或一次试验的试样数
		高速、一级公路	其他等级公路		
粗细集料	含水率	必要时	必要时	T 0305 烘干法、T 0306酒精燃烧法	每天使用前2个样品
	颗粒组成	随时	随时	T 0302、T 0303 筛分法	每天使用前2个样品，使用过程中每2 000$m^3$2个样品
	压碎值	必要时	必要时	T 0316	每天使用前2个样品，砂砾使用过程中每2 000$m^3$2个样品，碎石种类变化重做2个样品
	针片状颗粒含量	随时	随时	T 0311 规准仪法	2~3个样品

三、填隙碎石结构层施工的工艺流程

填隙碎石结构层施工的方法为层铺法施工，又可分为干法施工和湿法施工两种方案。其施工工艺流程宜按图3-6-1的顺序进行。

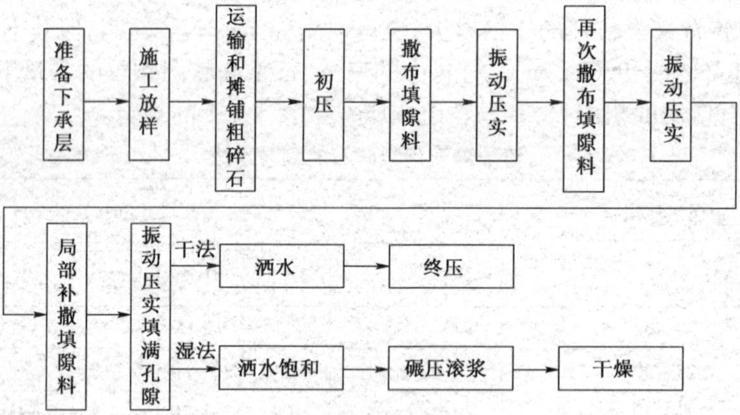

图3-6-1　填隙碎石施工工艺流程图

四、填隙碎石结构层施工技术要点

1. 准备下承层和施工放样

与水泥稳定类结构层施工相同。

2. 备料

根据各路段基层或底基层的宽度、厚度及松铺系数，计算各段需要的粗碎石数量；根据运料车辆的车厢体积，计算每车料的堆放距离。

松铺系数一般为1.20～1.30，碎石最大粒径与压实厚度之比为0.5左右时，松铺系数为1.3；比值较大时，松铺系数接近1.2。

填隙料的用量约为粗碎石质量的30%～40%。

3. 运输和摊铺粗碎石

(1)碎石装车时应控制每车装料的数量基本相等。

(2)在同一料场供料的路段内，由远到近将粗碎石按"备料"中所计算的距离卸于下承层上。

卸料时要严格控制料堆的距离，防止出现有的路段料不够或料过多的现象。料堆每隔一定距离应留一缺口。

(3)用平地机或其他合适的机具将粗碎石均匀地摊铺在预定的宽度上，表面应力求平整，并有规定的路拱。应同时摊铺路肩用料。

(4)认真检查松铺材料层的厚度是否符合要求，必要时，应进行减料或补料。

4. 撒铺填隙料和碾压

1)干法施工

(1)初压。用8t两轮压路机碾压3～4遍，使粗碎石稳定就位。在直线和不设超高的平曲线段上，碾压从两侧路肩开始，逐渐错轮向路中心进行；在设超高的平曲线段上，碾压从内侧路肩开始，逐渐错轮向外侧路肩进行。错轮时，每次重叠1/3轮宽。在第1遍碾压后，应再次找

平;初压终了时,表面应平整,并具有要求的路拱和纵坡。

(2)撒铺填隙料。采用石屑撒布机或类似的设备将干填隙料均匀地撒铺在已压稳的粗碎石层上,松铺厚度约2.5~3.0cm。必要时,用人工或机械扫匀。

(3)碾压。用振动压路机慢速碾压,将全部填隙料振入粗碎石间的孔隙中。如无振动压路机,可采用重型振动板。碾压方法与"初压"相同,但路面两侧应多压2~3遍。

(4)再次撒布填隙料。同"撒铺填隙料"要求,但松铺厚度约为2.0~2.5cm。

(5)再次碾压。同"碾压"要求,但在碾压过程中,应注意对局部填隙料的不足处用人工进行找补,多余的填隙料则应予扫除。

(6)整修。再次碾压后,如表面仍有未填满的空隙,则应补撒填隙料,并用振动压路机继续碾压,直至全部空隙被填满为止。同时,应将局部多余的填隙料铲除或扫除。填隙料不应在粗碎石表面自成一层,表面必须能看得见粗碎石。

如填隙碎石层上为薄沥青面层,应使粗碎石的棱角外露3~5mm。

当需分层铺筑时,应将已压成的填隙碎石层表面粗碎石外露5~10mm,然后再在其上摊铺第二层粗碎石,并按前述各项要求进行施工。

(7)终压。填隙碎石表面空隙全部填满后,用12~15t三轮压路机再压1~2遍。在碾压过程中,不应有任何蠕动现象。在碾压之前,宜在表面先洒少量水,其量宜为3kg/m^{2}以上。

2)湿法施工

(1)开始工序与干法施工中(1)~(6)项要求相同。

(2)粗碎石层表面空隙填满后,应立即用洒水车洒水,直至饱和,但应注意避免多余水浸泡下承层。

(3)用12~15t三轮压路机跟在洒水车后进行碾压。在碾压过程中,将湿填隙料继续扫入所出现的空隙中。需要时,应添加新料。

洒水和碾压应一直进行到填隙料和水形成石粉浆为止。石粉浆应填塞全部空隙,并在压路机轮前形成纹状微波。

(4)碾压完成的路段应让水分蒸发一段时间。结构层变干后,表面多余的细料或细料覆盖层均应扫除干净。

当需分层铺筑时,应待结构层变干后,将已压成的填隙碎石层表面的填隙料扫去一些,使表面粗碎石外露5~10mm,然后在其上摊铺第二层粗碎石,继续进行后续工序。

五、填隙碎石结构层施工过程中的质量控制

填隙碎石结构层在铺筑过程中必须随时对铺筑质量进行检查、评定,质量检查的内容、频度、允许偏差参照表3-6-4的要求。

填隙碎石结构层施工过程中工程质量的控制标准 表3-6-4

项 目	检查频度及单点检验评价方法	质量要求或允许偏差		试验方法
		高速、一级公路	其他等级公路	
颗粒组成	每2 000m^{2}1次	在规定范围内		T 0302、T 0303 筛分法
含水率	据观察,随时	在规范规定范围内		T 0801 烘干法、T 0803 酒精燃烧法等
压实度	每一作业段或不超过2 000m^{2}检查6次以上	基层固体体积率85%,底基层固体体积率不小于83%		T 0304 网篮法或T 0308 容量瓶法

续上表

项　目	检查频度及单点检验评价方法	质量要求或允许偏差		试 验 方 法
		高速、一级公路	其他等级公路	
承载比	每 3 000m^{2}1 次，根据观察随时增加试验	不小于规定要求		室内承载比试验
弯沉值检验	每一评定段（不超过 1km）每车道 40～50 个测点	97.7% 概率的上波动界限不大于计算得到的容许值	95% 概率的上波动界限不大于计算得到的容许值	T 0951 贝克曼梁弯沉仪法

六、填隙碎石结构层交工验收阶段的质量检验

填隙碎石结构层工程完工后，施工单位、工程监理单位和建设单位应按相同的工程项目划分进行工程质量的监控和管理。

按照《公路工程质量检验评定标准》（JTG F80/1—2004）的规定，填隙碎石结构层工程质量检验评定时的基本要求、质量检验评定标准和外观鉴定等内容分述如下：

1. 基本要求

（1）粗粒料应为质地坚韧、无杂质的轧制碎石，填缝料应为 4.75mm 以下的轧制细料或粗砂。

（2）应用振动压路机碾压，使填缝料填满粗粒料空隙。

2. 质量检验评定标准

填隙碎石结构层交工验收阶段质量检验评定的实测项目、检查频度、质量要求或允许偏差等见表 3-6-5。

填隙碎石（矿渣）基层和底基层实测项目　　表 3-6-5

项次	检 查 项 目		规定值或允许偏差				检查方法和频率	权值
			基层		底基层			
			高速、一级公路	其他公路	高速、一级公路	其他公路		
1	固体体积率（%）	代表值	—	85	85	83	按有关规定方法进行检查，每 200m 每车道 2 处	3
		极值	—	82	82	80		
2	弯沉值（0.01mm）		符合设计要求		符合设计要求		按有关规定进行检查	2
3	平整度（mm）		—	12	12	15	3m 直尺：每 200m 测 2 处 ×10 尺	2
4	纵断高程（mm）		—	+5，-15	+5，-15	+5，-20	水准仪：每 200m 测 4 个断面	1
5	宽度（mm）		符合设计要求		符合设计要求		尺量：每 200m 测 4 处	1
6	厚度（mm）	代表值	—	-10	-10	-12	按有关规定进行检查，每 200m 每车道 1 点	2
		合格值	—	-20	-25	-30		
7	横坡（%）		—	±0.5	±0.3	±0.5	水准仪：每 200m 测 4 个断面	1

3. 外观鉴定

表面平整密实,边线整齐,无松散现象。不符合要求时,每处减 1 ~2 分。

工作任务七　路面检测技能训练

综上所述,无机结合料稳定类基层、垫层铺筑施工中的质量主要从施工压实度检测、厚度检测、无侧限抗压强度检测、平整度检测、几何尺寸检查等方面进行控制。砂石类路面结构层的弯沉值也是重要的控制指标。无机结合料稳定类材料的无侧限抗压强度检测见《道路材料应用技术》或有关技术规范,基层、垫层压实度检测及路面弯沉值检测见《路基施工技术》或有关技术规范。

下面介绍随机选点法选择路基路面现场测试点、路面厚度检测、路基路面几何尺寸检测的方法与步骤。

项目 1:随机选点法选择路基路面现场测试点

1. 目的与适用范围

在公路路基路面施工过程中,需要对各个层次进行各项技术指标的检测,如压实度、无机结合料稳定类材料的样品采集(作检验结合料剂量用或制作试件用)等检测工作,为采取代表性试验数据,需要用随机取样选点的方法确定测点的区间、测定断面和测点的位置。

随机取样选点法是按照数理统计原理,确定路基路面现场测点的区间、测定断面和测点的位置。取样的位置不带有任何倾向性。

2. 仪具与材料

(1)钢尺、皮尺。

(2)硬纸片(共 28 块,编号 1 ~28 号,每块大小 2.5cm ×2.5cm,装在一个布袋内)。

(3)鹘子 2 个。

(4)一般取样的随机数表,随机数表总共有 28 个栏号,样表见表 3-7-1。

(5)其他:毛刷、粉笔等。

一般取样的随机数表(部分样本)　　表 3-7-1

栏 目 3			栏 目 3		
A	B	C	A	B	C
21	0.013	0.220	12	0.351	0.275
30	0.036	0.853	20	0.371	0.535
10	0.052	0.746	08	0.409	0.495
25	0.061	0.954	16	0.445	0.740
29	0.062	0.507	03	0.494	0.929
18	0.087	0.887	27	0.543	0.387
24	0.105	0.849	17	0.625	0.171
07	0.139	0.159	02	0.699	0.073
01	0.175	0.647	19	0.702	0.934
23	0.196	0.873	22	0.816	0.802
26	0.240	0.981	04	0.838	0.166
14	0.255	0.374	15	0.904	0.116
06	0.310	0.043	28	0.969	0.742
11	0.316	0.653	09	0.974	0.046
13	0.324	0.585	05	0.977	0.494

注:本表节选自《公路路基路面现场测试规程》(JTG E60—2008)附录 A。

3. 方法与步骤

1)测定断面或测定区间选定

作为一个检验评定对象,既可以是一个作业段或一天完成的路段,也可以是 1km 长的路段或路线全长。下面主要介绍测定断面的选定步骤:

(1)将检测路段按桩号间距(一般为 20m)分成若干个断面,依次编号为 1、2、3、…、T,总的断面数为 T。

(2)从布袋中随机摸出一块硬纸片,硬纸片上的号数即表 3-7-1 上的栏号,从 1 ~ 28 栏中选出该栏。

(3)按照测定区间数、断面数的频度要求(总的取样数 n,当 $n>30$ 时应分次进行),依次找出与 A 列中 01、02、…、n 对应的 B 列中的值,共 n 对对应的 A、B 值。

(4)将 n 个 B 值与总的区间数或断面数 T 相乘,四舍五入成整数,即得到 n 个断面的编号,与 A 列的 01、02、…、n 对应。

示例:按照有关规定,拟从 K36 +000 ~ K37 +000 的 1km 检测路段中选择 20 个断面测定路面宽度、高程、横坡等外形尺寸,断面决定方法如下:

(1)1km 总长的断面数 $T=1\,000/20=50$ 个,编号 1,2,…,50。

(2)从布袋里摸出一块硬纸片,其编号比如为 14,即选用附表 1 的第 14 栏。

(3)从第 14 栏 A 列中挑出小于等于 20 所对应的 B 列数值,将 B 与 T 相乘,四舍五入得到 20 个断面号,并得到 20 个断面的桩号,见表 3-7-2。

示例路面宽度、高程、横坡检测断面随机选点计算表　　表 3-7-2

断面编号	14 栏 A 列	B 列	B × T	断面号	桩号
1	17	0.089	4.45	4	K36 +080
2	10	0.149	7.45	7	K36 +140
3	13	0.244	12.2	12	K36 +240
4	08	0.264	13.2	13	K36 +260
5	18	0.285	14.25	14	K36 +280
6	02	0.340	17.05	17	K36 +340
7	06	0.359	17.95	18	K36 +360
8	20	0.387	19.35	19	K36 +380
9	14	0.392	19.60	20	K36 +400
10	03	0.408	20.40	20	K36 +420
11	16	0.527	26.35	26	K36 +520
12	05	0.797	39.85	40	K36 +800
13	15	0.801	40.05	40	K36 +820
14	12	0.836	41.8	42	K36 +840
15	04	0.854	42.7	43	K36 +860
16	11	0.884	44.2	44	K36 +880
17	19	0.886	44.3	44	K36 +900
18	07	0.929	46.45	46	K36 +920
19	09	0.932	46.6	47	K36 +940
20	01	0.970	48.5	49	K36 +980

2）测点位置选定

现场进行随机取样或确定检测位置按下列过程进行：

（1）从布袋中任意取出一块硬纸片，纸片上的号数即为表3-7-1中的栏号，从1～28栏中选出该栏。

（2）按照测点数的频度要求（总的取样为n）依次找出栏号的取样位置数，每个栏号均有A、B、C三列。根据检验数量n（当$n>30$时，应分次进行），在所定栏号的A列找出等于所需取样位置数的全部数，如01、02、…、n。

（3）确定取样或检验位置的纵向距离，找出与A列中相对应的B列中数值，以此数乘以检测区间的总长度，并加在该段的起点桩号上，即得出取样位置距该段起点的距离或桩号。

（4）确定取样或检验位置的横向位置，找出与A列中相对应的C列中的数值，以此数乘以检查路面的宽度，再减去宽度的一半，即得到取样位置离路面中心线的距离。如差值是正（+），表示在中心线右侧；如差值是负（-），表示在中心线左侧。

示例：按照有关规范规定，检查验收时拟定在K36+000～K37+000的1km检测路段中选择6个测点进行钻孔取样检验压实度、沥青用量和矿料级配等，钻孔位置决定方法如下：

（1）选定的随机数栏目是栏号3。

（2）在预定检验数为6时，栏号3中A列自上而下的小于或等于6的数是01、06、03、02、04、05。

（3）表3-7-1中，B列中与上述6个数字对应的小数是0.175、0.310、0.494、0.699、0.838、0.977。

（4）取样检查段的总长度是1 000m，计算得6个乘积（检查位置与本检查段起点的距离）分别是175m、310m、494m、699m、838m、977m。

（5）表3-7-1的C列中与这6个数对应的6个小数为0.647、0.043、0.929、0.073、0.166、0.494。

（6）假设路面宽度是10m，计算得到6个乘积分别是6.47、0.43、9.29、0.73、1.66、4.94。与路面宽度一半相减，就得到取样位置离路面中心的距离分别是：右1.47m、左4.57m、右4.29m、左4.27m、左3.34m、左0.06m。

上述计算结果可采用表3-7-3的方式表示。

钻孔位置随机取样选点计算表 表3-7-3

栏　号　3			取样路段长1 000m			路面宽度10m	测点数6个
测点编号	A列	B列	距起点距离（m）	桩号	C列	距路边缘距离（m）	距中线位置（m）
No.1	01	0.175	175	K36+175	0.647	6.47	右1.47
No.2	06	0.310	310	K36+310	0.043	0.43	左4.57
No.3	03	0.494	494	K36+494	0.929	9.29	右4.29
No.4	02	0.699	699	K36+699	0.073	0.73	左4.27
No.5	04	0.838	838	K36+838	0.166	1.66	左3.34
No.6	05	0.977	977	K36+977	0.494	4.94	左0.06

注：对于连续测量的自动化检测设备，不必按本方法进行选点。

项目2:路面厚度检测

路面结构层厚度的检测方法分为有破损检测方法和无破损检测方法,有破损检测方法包括挖坑法、钻孔取芯法,无破损检测方法包括短脉冲雷达测定法、超声波测定法。对于低等级公路,有时也采用结构层顶面、底面高程来控制厚度。

下面主要介绍挖坑及钻芯法检测路面厚度。

1. 目的与适用范围

本方法适用于路面各结构层施工过程中的厚度检验及工程交工验收检查使用。

无机结合料稳定类基层或砂石路面的厚度可用挖坑法测定,沥青面层及水泥混凝土路面板的厚度应用钻孔法测定。已经达到或超过设计强度的无机结合料稳定类基层,其厚度也可用钻孔法测定。

2. 仪具与材料

(1)适合挖坑用的镐、铲、凿子、锤子、小铲、毛刷等。

(2)路面取芯样钻机及钻头、冷却水。

钻头的标准直径为100mm,如芯样仅供测量厚度,不作其他试验用时,对沥青面层与水泥混凝土面板可采用直径50mm的钻头;对基层材料有可能损坏试件时,也可用直径150mm的钻头,但钻孔深度均必须达到层厚。

(3)量尺:钢板尺、钢卷尺、卡尺。

(4)补坑材料:与检查层位的材料相同。

(5)补坑用具:夯、热夯、水等。

(6)其他:搪瓷盘、棉纱等。

3. 方法与步骤

(1)挖坑法检测厚度:

①根据现行相关规范的要求,随机取样决定挖坑检查的位置。如为旧路,该点有坑洞等显著缺陷或接缝时,可在其旁边检测。

②在选定的检测地点,选择一块40cm×40cm的平坦表面,用毛刷将其清扫干净。

③根据材料坚硬程度,选择镐、铲、凿子等适当的工具开挖这一层材料,直至层位底面。在便于开挖的前提下,开挖面积应尽量缩小,坑洞大体呈圆形,边开挖边将材料铲出,置搪瓷盘中。

④用毛刷将坑底清扫干净,确认到达下一层层顶。

⑤将钢板尺平放横跨于坑的两边,用另一把钢尺或卡尺等量具在坑的中部位置垂直伸至坑底,测量坑底至钢板尺底面的距离,即为检查层的厚度,以毫米(mm)计,准确至1mm。

(2)钻孔取芯样法检测厚度:

①根据现行规范的要求,随机取样决定钻孔检查的位置。如为旧路,该点有坑洞等显著缺陷或接缝时,可在其旁边检测。

②按"路面钻孔及切割取样方法"(T 0901)钻取路面芯样,芯样的直径应符合要求,钻孔深度必须达到检测层层底。

③仔细取出芯样,清除底面灰土,找出与下层的分界面。

④用钢板尺或卡尺沿圆周对称的十字方向四处量取表面至上下层界面的高度,取其平均值,即为检测层的厚度,准确至1mm。

(3)在沥青路面施工过程中,当沥青混合料尚未冷却时,可根据需要随机选取测点,用大螺丝刀插入至沥青层底面后用尺读数，量取沥青层的厚度，以毫米计，准确至1mm。

（4）填补试坑或钻孔：

①适当清理坑中残留物，钻孔时留下的积水应用棉纱吸干。

②对无机结合料稳定基层及水泥混凝土路面板，应按相同配合比用新拌的材料分层填补并用小锤压实。水泥混凝土中宜掺加少量快凝早强的外掺剂。

③对无机结合料粒料基层，可用挖坑时取出的材料加水拌和后分层填补，并用小锤压实。

④对正在施工的沥青路面，用相同级配的热拌沥青混合料分层填补并用加热的铁锤或热夯压实。旧路钻孔也可用乳化沥青混合料修补。

⑤所有补坑结束时，宜比原路面略鼓出少许，用重锤或压路机压实平整。

补坑工序如有疏漏、遗留或补得不好，易成为隐患而导致路面开裂，因此所有的挖坑和钻孔均应仔细填补。

4. 数据整理与计算

（1）按式（3-7-1）计算实测厚度 T_{1i} 与设计厚度 T_{0i} 之差。

$$\Delta T_i = T_{1i} - T_{0i} \tag{3-7-1}$$

式中：T_{1i}——路面的实测厚度，mm；

T_{0i}——路面的设计厚度，mm；

ΔT_i——路面实测厚度与设计厚度的差值，mm。

（2）计算评定路段检测厚度的平均值、标准值、变异系数，并计算代表厚度。

（3）若检验目标是检查路面总厚度，则将各结构层平均厚度相加即为路面总厚度。

5. 路面结构层厚度评定

（1）路段内路面结构层厚度按代表值和单个合格值的允许偏差进行评定。

（2）按规定频率，采用挖验或钻取芯样测定厚度。

（3）厚度代表值为厚度算术平均值的下置信界限值，即

$$X_{\mathrm{L}} = \overline{X} - \frac{t_\alpha}{\sqrt{n}}S \tag{3-7-2}$$

式中：X_{L}——厚度代表值；

$\overline{X}$——厚度平均值；

S——标准差；

n——检测点数；

t_α——t 分布表中随测点数和保证率（或置信度）而变的系数，$t_\alpha/\sqrt{n}$ 见表3-7-4。

采用的保证率：高速公路、一级公路的基层、底基层为99%，面层为95%；其他公路的基层、底基层为95%，面层为90%。

（4）当厚度代表值大于或等于设计厚度减去代表值允许偏差时，则按单个检查值的偏差不超过单点合格值来计算合格率；当厚度代表值小于设计厚度减去代表值允许偏差时，相应分项工程评为不合格。

（5）沥青面层一般按沥青铺筑层总厚度进行评定，高速公路和一级公路分2～3层时，还应进行上面层厚度检查和评定。

6. 报告

路面厚度检测报告应列表填写，并记录与设计厚度之差，不足设计厚度为“－”，大于设计厚度为“＋”，见表3-7-5。

$t_\alpha/\sqrt{n}$

表 3-7-4

保证率 / n	99%	95%	90%	保证率 / n	99%	95%	90%
2	22.501	4.465	2.176	21	0.552	0.376	0.289
3	4.021	1.686	1.089	22	0.537	0.367	0.282
4	2.270	1.177	0.819	23	0.523	0.358	0.275
5	1.676	0.953	0.686	24	0.510	0.350	0.269
6	1.374	0.823	0.603	25	0.498	0.342	0.264
7	1.188	0.734	0.544	26	0.487	0.335	0.258
8	1.060	0.670	0.500	27	0.477	0.328	0.253
9	0.966	0.620	0.466	28	0.467	0.322	0.248
10	0.892	0.580	0.437	29	0.458	0.316	0.244
11	0.833	0.546	0.414	30	0.449	0.310	0.239
12	0.785	0.518	0.393	40	0.383	0.266	0.206
13	0.744	0.494	0.376	50	0.340	0.237	0.184
14	0.708	0.473	0.361	60	0.308	0.216	0.167
15	0.678	0.455	0.347	70	0.285	0.199	0.155
16	0.651	0.438	0.335	80	0.266	0.186	0.145
17	0.626	0.423	0.324	90	0.249	0.175	0.136
18	0.605	0.410	0.314	100	0.236	0.166	0.129
19	0.586	0.398	0.305	>100	$\frac{2.3265}{\sqrt{n}}$	$\frac{1.6449}{\sqrt{n}}$	$\frac{1.2815}{\sqrt{n}}$
20	0.568	0.387	0.297				

路面厚度检测记录表

表 3-7-5

工程名称：____________路段桩号：____________结构层名称：____________

检 验 者 ：____________计 算 者 ：____________校 核 者 ：____________检测日期：____________

测 点 位 置	实测厚度 T_{1i}(mm)	设计厚度 T_{0i}(mm)	差值 ΔT_i(mm)	各测点实测厚度统计计算
K10 +065 左 0.5m				
…				
…				

项目 3：路基路面几何尺寸检测

1. 目的与适用范围

本方法适用于路基路面各部分的宽度、纵断面高程、横坡及中线平面偏位等几何尺寸的检测，以供道路施工过程、路面交竣工验收、旧路调查使用。

2. 仪具与材料

本方法使用下列仪具与材料：

(1)长度量具：钢卷尺。

(2)经纬仪、精密水准仪、塔尺或全站仪。

(3)其他:粉笔等。

3. 方法与步骤

(1)准备工作:

①在路基或路面上准确恢复桩号。

②根据有关施工技术规范或《公路工程质量检验评定标准》(JTG F80/1—2004)的要求,按“附录A”随机取样选点的方法,在一个检验路段内选取测定的断面位置和里程桩号,在测定断面上作标记。通常将路面宽度、横坡、高程、中线平面偏位选取在同一断面位置,且宜在整数桩号上测定。

③根据道路设计的要求,确定路基路面各部分设计宽度边界位置,在测定位置上用粉笔作上记号。

④根据道路设计的要求,确定设计高程的纵断面位置,在测定位置上用粉笔作出记号。

⑤根据道路设计的要求,在与中线垂直的横断面上确定成型后路基路面的实际中线位置。

⑥根据道路设计的路拱形状,确定曲线与直线部分的交界位置及路面与路肩(或硬路肩)的交界处,作为横坡检验的基准;当有路缘石或中央分隔带时,以两侧路缘石为横坡测定的基准点,用粉笔作上记号。

(2)路基路面各部分的宽度和总宽度检测。用钢尺沿中心线垂直方向水平量取路基路面各部分的宽度,以米(m)表示。对高速公路、一级公路,准确至0.005m;对于其他等级公路,准确至0.01m。

测量时钢尺要保持水平,不得将尺紧贴地面量取,也不得使用皮尺。

(3)纵断面高程检测:

①将精密水准仪架设在路面平顺处调平,将塔尺竖立在中线的测定位置上,以路线附近的水准点高程作为基准,测定并记录测定点的高程读数,以米(m)表示,准确至0.001m。

②连续测定全部测点,并与水准点闭合。

(4)路面横坡度检测:

①对设有中央分隔带的路面,将精密水准仪架设在路面平顺处调平,将塔尺分别竖立在路面与中央分隔带分界的路缘带边缘 D_1 及路面与路肩交界(或外侧路缘石边缘)的 D_2 处。D_1 与 D_2 两测点必须在同一横断面上,测量 D_1 与 D_2 处的高程,记录高程读数,以 m 表示,准确至0.001m。

②对无中央分隔带的路面,将精密水准仪架设在路面平顺处调平,将塔尺分别竖立在路拱曲线与直线部分的交界 D_1 处,及路面与路肩(或硬路肩)的交界位置 D_2 处。D_1 与 D_2 两测点必须在同一横断面上,测量 D_1 与 D_2 处的高程,记录高程读数,以 m 表示,准确至0.001m。

③用钢尺测量两测点的水平距离,以米(m)表示,对高速公路及一级公路,准确至0.005m;对其他等级公路,准确至0.01m。

(5)中线偏位检测:

①对有中桩坐标的道路:首先从设计资料中查出待测点 P 的设计坐标,用经纬仪对该设计坐标进行放样,并在放样点 P' 做好标记,量取 PP' 的长度,即为中线平面偏位 ΔC_L,以毫米(mm)表示。对高速公路及一级公路,准确至5mm;对其他等级公路,准确至10mm。

②对无中桩坐标的低等级道路:应首先恢复交点或转点,实测偏角和距离,然后采用链距法、切线支距法或偏角法等传统方法敷设道路中线的设计位置,量取设计位置与施工位置之间的距离,即为中线平面偏位 ΔC_L,以毫米(mm)表示,准确至10mm。

4. 数据整理与计算(表 3-7-6)

(1)按式(3-7-3)计算各个断面的实测宽度 B_{1i} 与设计宽度 B_{0i} 之差。总宽度为路基路面各部分宽度之和。

$$\Delta B_i = B_{1i} - B_{0i} \tag{3-7-3}$$

式中:B_{1i}——各断面的实测宽度,m;

B_{0i}——各断面的设计宽度,m;

ΔB_i——各断面的宽度和设计宽度的差值,m。

(2)按式(3-7-4)计算各个断面的实测高程 h_{1i} 与设计高程 h_{0i} 之差。

$$\Delta h_i = h_{1i} - h_{0i} \tag{3-7-4}$$

式中:h_{1i}——各断面的纵断面实测高程,m;

h_{0i}——各断面的纵断面设计高程,m;

Δh_i——各断面的纵断面实测高程与设计高程的差值,m。

(3)按式(3-7-5)计算各测定断面的路面横坡,准确至 1 位小数。按式(3-7-6)计算实测横坡 i_{1i} 与设计横坡 i_{0i} 之差。

$$i_{1i} = \frac{d_{1i} - d_{2i}}{B_{1i}} \tag{3-7-5}$$

$$\Delta i_i = i_{1i} - i_{0i} \tag{3-7-6}$$

式中:i_{1i}——各测定断面的横坡,%;

d_{1i}、d_{2i}——各断面测点 D_1 和 D_2 处的高程读数,m;

B_{1i}——各断面测点 D_1 与 D_2 之间的水平距离,m;

i_{0i}——各断面的设计横坡,%;

Δi_i——各断面的实测横坡与设计横坡的差值,%。

(4)计算一个评定路段内各测定断面的宽度、高程、横坡以及中线偏位的平均值、标准差、变异系数,但加宽和超高部分的测定值不参加计算。

测定值的平均值、标准差、变异系数等按下列公式计算。

$$\overline{X} = \frac{\sum X_i}{N} \tag{3-7-7}$$

$$S = \sqrt{\frac{\sum (X_i - X)^2}{N - 1}} \tag{3-7-8}$$

$$C_v = \frac{S}{\overline{X}} 100 \tag{3-7-9}$$

式中:$\overline{X}$——一个评定路段内测定值的平均值;

X_i——各个测点的测定值;

N——一个评定路段内的测点数;

S——一个评定路段内测定值的标准差;

C_v——一个评定路段内测定值的变异系数。

5. 报告

（1）以评定路段为单位，列出桩号及宽度、高程、横坡、中线偏位测定的记录表，记录平均值、标准差、变异系数，注明不符合规范要求的断面。

（2）纵断面高程测试报告中应报告实测高程与设计高程的差值，低于设计高程为“－”，高于设计高程为“＋”。

（3）路面横坡测试报告中应报告实测横坡与设计横坡的差值，小于设计横坡为“－”，大于设计横坡为“＋”。

路面几何尺寸检测记录表 表 3-7-6

工程名称：____________路段桩号：____________结构层名称：____________

检 验 者 ：____________计 算 者 ：____________校 核 者 ：____________检测日期：____________

序 号	测 点 桩 号	纵断高程（m）			横坡（%）			宽度（m）			中线平面偏位（mm）
		实测值	设计值	差值	实测值	设计值	差值	实测值	设计值	差值	

本学习情境小结：

（1）我国常用的基层（底基层）材料有水泥稳定类、石灰稳定类、二灰稳定类、级配碎石、级配砾石或级配砂砾、填隙碎石。

（2）无机结合料稳定土的定义：在粉碎的或原来松散的土中掺入一定量的无机结合料（包括水泥、石灰、石灰与工业废渣）和水，经过拌和得到的混合料再经过摊铺、压实、养生后，抗压强度符合规定的要求时，称为无机结合料稳定土。

（3）无机结合料稳定土按照土中单个颗粒的粒径大小和组成，可分为细粒土、中粒土、粗粒土。

（4）无机结合料稳定类材料的刚度介于柔性材料和刚性材料之间，常称为半刚性材料。

（5）半刚性材料在使用中体现出的特性有：水稳性好，板体性好，耐磨性差，易产生干缩和温缩裂缝。

（6）水泥稳定土强度的形成主要有四个方面的作用：水泥的硬凝作用、离子交换作用、化学激发作用、碳酸化作用。影响水泥稳定土强度的因素主要有：土质、水泥、含水率、施工工艺流程等。

（7）石灰稳定土强度的形成主要有四个方面作用：离子交换作用、结晶作用、碳酸化作用、火山灰作用。影响石灰稳定土强度的因素主要有：土质、灰质、石灰剂量、含水率、压实度、龄期、施工条件等。

（8）二灰稳定类材料中活性物质 SiO_2 和 Al_2O_3 等的含量对于材料的性质影响很大，二灰稳定类材料具有水硬性、缓凝性、抗裂性、板体性、抗冻性等良好的工程品质。

（9）半刚性材料可以有选择的用于各级公路的基层和底基层。

（10）碎（砾）石属于松散类材料，按嵌锁原则或级配原则形成结构层强度，常见的嵌锁型有泥结碎石、泥灰结碎石、水结碎石、填隙碎石；常见的级配型有级配碎石、级配碎砾石、级配砾石、符合级配要求的天然砂砾。

（11）级配碎石、砾石类结构层既可以做路面面层，也可以做路面基层或底基层，其中级配碎石可以用做各级公路的基层、底基层。

(12)半刚性材料结构层施工的原材料试验项目有含水率测定、颗粒筛分、液限和塑限试验、相对密度、吸水率试验、压碎值试验、有机质和硫酸盐含量试验、石灰有效氧化钙和氧化镁含量测定、水泥强度等级和终凝时间测定、粉煤灰烧失量测定、粉煤灰化学成分及细度测定。

(13)半刚性基层和粒料类基层的材料组成应符合规定的各项技术要求。

(14)高速公路和一级公路的半刚性基层、底基层应采用施工质量好、进度快的厂拌法施工,其他公路可以采用路拌法施工。

(15)水泥稳定类、石灰稳定类、二灰稳定类基层的施工流程可以简单归纳为:下承层准备与施工放样→备料→拌和与摊铺→碾压→养生和交通管制。每个步骤有相应的施工要点和控制要素。

(16)半刚性基层、底基层施工时要重视以下问题:施工季节与气温变化、混合料组成控制、混合料拌和的均匀性、摊铺与碾压质量、结构层接缝和调头的处理、水泥稳定类材料合理确定作业段长度。

(17)级配碎(砾)石基层路拌法施工流程是:准备下承层→施工放样→运输摊铺主集料→运输和摊铺掺配集料→洒水拌和→整形→碾压→做封层。厂拌法级配碎石混合料采用强制式拌和机、卧式双转轴桨叶式拌和机或普通水泥混凝土拌和机进行集中拌和,用沥青混凝土摊铺机、水泥混凝土摊铺机或稳定土摊铺机摊铺,这样的施工效果远好于路拌法。

(18)填隙碎石基层施工流程是:准备下承层→施工放样→运输和摊铺粗集料→稳压→撒布石屑→振动压实→第二次撒布石屑→振动压实→局部补撒石屑并扫匀→振动压实,填满空隙→洒水饱和(湿法)或洒少量水(干法)→碾压。运输和摊铺粗集料及振动压实是确保施工质量的关键。

(19)基层、底基层施工质量控制的内容包括原材料与混合料技术指标的检验、试验路段铺筑、施工过程中的质量控制与外观控制三大部分。

(20)基层、底基层施工完毕应进行交工检查验收,包括三个方面的内容:原材料与混合料质量、结构层施工质量、交工结构层的外观。

课后训练:

1. 说明无机结合料稳定类材料的概念。

2. 说明级配碎石、填隙碎石的概念。

3. 水泥稳定土形成强度有哪几个作用?

4. 水泥稳定类材料、石灰稳定类材料、二灰稳定类材料做路面基层、底基层时,它们的适用范围如何?

5. 绘制水泥稳定类、石灰稳定类、二灰稳定类材料结构层厂拌法施工工艺流程图。

6. 绘制水泥稳定类、石灰稳定类、二灰稳定类材料结构层路拌法施工工艺流程图。

7. 半刚性材料结构层施工中原材料检验需要进行哪些试验项目?

8. 半刚性材料结构层施工对气候温度有哪些要求?

9. 水泥稳定土路拌法施工要点有哪些?

10. 简要叙述水泥稳定土厂拌法施工技术要点。

11. 水泥稳定土基层接缝和调头处应该进行怎样的处理?

12. 水泥稳定类、石灰稳定土、二灰稳定类材料结构层施工如何进行养生和交通管制?

13. 水泥稳定土路拌法施工,加水湿拌的要点有哪些?

14. 为了达到规定的压实标准,水泥稳定类基层碾压应掌握哪些技术要点?

15. 水泥稳定类基层路拌法施工,是否要考虑作业段长度的划分?在确定作业段的合理长度时,需要考虑哪些因素?

16. 说明级配碎石路拌法施工的工艺流程,并分析每个步骤的施工要点。

17. 说明填隙碎石施工的工艺流程。

18. 说明半刚性材料、级配碎石、填隙碎石结构层交工验收阶段的质量检验项目。

19. 说明随机法选择路基路面现场测试点的步骤。

20. 叙述路面几何尺寸检测的基本方法。

学习情境四　沥青路面施工

学习目标

1. 了解常用沥青类面层的类型、特性及其应用；

2. 了解常用沥青类结构层原材料及其混合料的技术要求；

3. 能正确叙述热拌沥青混合料结构层的施工工艺流程；

4. 知道热拌沥青混合料结构层的施工技术要点；

5. 能结合《公路沥青路面施工技术规范》(JTG F40—2004)及工程案例，正确进行相关的施工记录与计算；

6. 能结合《公路沥青路面施工技术规范》(JTG F40—2004)及工程案例，正确分析热拌沥青混合料结构层各施工环节中可能存在的质量问题，并提出解决方法；

7. 能正确叙述沥青贯入式结构层、沥青表面处治与封层的施工工艺流程；

8. 掌握沥青贯入式结构层、沥青表面处治与封层的施工技术要点；

9. 掌握沥青类面层施工过程中质量控制的要点；

10. 知道沥青类面层的施工质量检测项目与检测方法；

11. 会检测沥青路面的压实度、平整度和摩擦系数。

工作任务

任务1. 热拌沥青混合料结构层施工；

任务2. 沥青贯入式结构层施工；

任务3. 沥青表面处治与封层施工；

任务4. 沥青类结构层施工质量检测。

学习指南

沥青路面是指用沥青作结合料铺筑面层的路面结构总称。由于使用了黏结力较强的沥青材料，使集料间的黏结力大大增强，提高了沥青混合料的强度和稳定性，使路面的行驶质量和耐久性都得到提高。与水泥混凝土路面相比，沥青路面具有表面平整、无接缝、行车平稳、振动小、噪声低、施工期短、养护方便等优点，因此得到了广泛应用。

本学习情境分为6个工作任务，其中1个工作任务为路面检测技能训练(包括4个技能训练项目)。基于沥青类结构层施工的工作过程安排了每个工作任务的内容，学生应按如下流程进行学习：

认知公路沥青类结构层的类型及其应用 → 熟悉沥青类结构层原材料及其混合料的技术要求 → 熟悉沥青类结构层的施工工艺流程 → 熟悉沥青类结构层的施工要点及注意事项 → 熟悉沥青类结构层施工质量检测与评定项目 → 结合工作任务进行案例分析 → 结合检测项目进行检测技能训练

教学方法建议

“教、学、做”一体化，结合案例教学法，学习沥青类结构层施工的全过程及质量检测评定项目、主要检测项目的评定方法。

检查与评价

1. 热拌沥青混合料施工工艺流程图；

2. 热拌沥青混合料施工案例分析报告；

3. 沥青贯入式结构层施工工艺流程图；

4. 沥青表面处治结构层施工工艺流程图；

5. 沥青路面压实度检测评价方法与检测记录表；

6. 路面平整度检测评价方法与检测记录表；

7. 沥青路面抗滑性能检测评价方法与检测记录表。

学习资料

1. 教材与案例；

2. 中华人民共和国行业标准. 公路沥青路面施工技术规范(JTG F40—2004). 北京：人民交通出版社，2004；

3. 中华人民共和国行业标准. 公路路基路面现场测试规程(JTG E60—2008). 北京：人民交通出版社，2008；

4. 中华人民共和国行业标准. 公路工程技术标准(JTG B01—2003). 北京：人民交通出版社，2004；

5. 中华人民共和国行业标准. 公路沥青路面设计规范(JTG D50—2006). 北京：人民交通出版社，2006；

6. 中华人民共和国行业标准. 公路工程质量检验评定标准(JTG F80/1—2004). 北京：人民交通出版社，2005。

工作任务一　认知沥青类结构层

一、沥青路面的基本特性

沥青路面是指用沥青作结合料铺筑面层的路面结构的总称。沥青路面属柔性路面，抗弯拉强度较低，其承载力与稳定性在很大程度上取决于土基和基层的特性。因而要求土基和基层应具有足够的强度和稳定性。对软弱土基或翻浆路段，必须预先加以处理。在低温时，沥青路面的抗变形能力很低，在寒冷地区为了防止土基的不均匀冻胀而使沥青路面开裂，需设置防冻层。对交通量较大的路段，为使沥青路面具有一定的抗弯拉和抗疲劳开裂的能力，宜在沥青面层下设置沥青混合料的基层。

沥青路面的基本特性表现在以下几个方面：

1. 沥青路面的高温稳定性

沥青路面的高温稳定性主要是指沥青混合料于高温季节在车辆荷载作用下抵抗变形的能力。如沥青路面在夏季出现的推挤、车辙、拥包等病害基本上属于高温稳定性的范畴，造成的原因主要是在高温时沥青混合料的抗剪切能力不足。

一般来讲，选用稠度较大和黏结力较强的沥青，沥青混合料的抗剪切强度也较高。另外，矿料的级配组成、矿料颗粒形状和表面性质也影响沥青混合料的内摩擦角，矿料的颗粒尺寸增加、针片状颗粒含量减少都可使混合料的内摩擦角增大。因此，使用形状接近立方体、有棱角和表面粗糙的碎石，以及增加碎石用量等都可以提高沥青混合料的高温稳定性。

2. 沥青路面的低温抗裂性

沥青路面的低温开裂主要有两种形式：一种是由于气温骤降使面层产生温度收缩变形，在有约束的条件下沥青面层内产生的温度拉应力超过沥青混合料的抗拉强度而形成的低温开裂；另一种形式是由于一年四季气候的变化，使沥青面层产生温度疲劳裂缝。无论哪种裂缝，从内因看是沥青混合料的性质决定，从外因看主要是外界环境温度的变化所诱发，车辆荷载的作用起次要作用。由于温度的下降，沥青混合料的刚度大大增加，在气温差较大或路表结构层产生较大的温度梯度时，较易在沥青路面表层先产生开裂，继而发展到面层深部，其裂缝形式一般为从上到下，而且裂缝一般为等间距。

使用稠度较低、温度敏感性低的沥青，可以减少或延缓路面的开裂。路面所在地区的温度越低，开裂一般越严重。沥青材料的老化，致使混合料变硬、变脆，因此对低温更为敏感，使路面产生开裂的可能性增大。

3. 沥青路面的水稳定性

沥青路面的水稳定性通常是指沥青混合料在水的作用下保持强度（黏结强度、整体强度）的能力。高速公路、一级公路、二级公路的沥青混合料面层应具有良好的水稳定性。沥青混凝土的水稳定性指标，除通常采用的浸水马歇尔试验和沥青与矿料的黏附性试验，以检验沥青混合料受水损害时的抗剥落性能外，对年最低气温低于 -21.5℃的寒冷地区，还应增加沥青混合料冻融劈裂残留强度试验。

改善沥青混合料水稳定性的措施主要有：使用水泥或消石灰处理集料表面，也可掺加抗剥落剂来提高沥青结合料与矿料之间的黏附性。国内外的经验证明，使用消石灰处理集料表面的效果较好，而且比较经济。

4. 沥青路面的疲劳特性

同其他路面材料一样，沥青混合料的变形和破坏，不仅与荷载应力水平大小有关，而且与荷载的重复作用次数有很大的关系。路面材料受重复荷载的作用在低于极限抗拉强度下的破坏，称为疲劳破坏，导致疲劳破坏最终的荷载作用次数称为材料的疲劳寿命。

影响沥青路面疲劳特性的因素很多，除了材料的性质（种类、组成等）、环境因素（温度、湿度等），还取决于沥青混合料的劲度。沥青混合料的压实度直接决定着沥青混合料的稳定度和劲度，也决定着混合料中的孔隙率。当沥青混合料结构层中的孔隙率较大时会增加沥青的氧化速度，增大与水的接触面积，因而减少其疲劳寿命。因此，保证沥青混合料具有较高的压实度，对增加沥青混合料的使用寿命意义重大。

5. 沥青路面的老化特性

沥青材料在沥青混合料的拌和、摊铺、碾压以及运营使用中，都存在老化问题。从大的方面看，主要是施工过程中超过规范规定的高温加热老化和使用过程中的空气及紫外线照射等长期作用而老化。

对于沥青材料来说，评价其抗热老化的能力一般用蒸发损失、薄膜烘箱及旋转薄膜烘箱试验，而评价长期老化的性能则用压力老化试验等。

二、沥青路面的分类

沥青类结构层可按以下几种方法分类：

1. 按沥青面层的结构组成分类

按沥青面层的结构组成可分为密实型、嵌挤型和嵌挤密实型三大类。

密实型沥青结构层的集料级配按最大密实原则设计，颗粒尺寸连续多样，其强度和稳定性主要取决于沥青混合料的黏聚力和内摩阻力。此类路面的主要特点是空隙率较小（小于10%），沥青混合料致密耐久，但热稳性较差。

嵌挤型沥青结构层要求采用颗粒尺寸较为均一的集料与沥青分层铺筑或采用开级配（半开级配）沥青碎石混合料铺筑，结构层的强度和稳定性主要依靠集料之间相互嵌挤产生的内摩阻力，而黏结力起次要作用。此类路面的主要特点是热稳性较好，但空隙较大（大于10%）、易渗水，因而耐久性较差。

嵌挤密实型沥青结构层的粗集料嵌挤作用较好，设计空隙率较小（小于10%），其强度和稳定性主要取决于沥青混合料的内摩阻力和黏聚力。此类路面的主要特点是沥青混合料致密耐久，热稳性也较好。

2. 按沥青面层的成型方法分类

按沥青面层的成型方法可分为层铺法、路拌法和厂拌法三类。

层铺法是用分层洒布沥青、分层铺撒矿料和碾压的方法修筑。其主要优点是工艺和设备简便、功效较高、施工进度快、造价较低；缺点是路面成型期较长，需要经过炎热季节行车碾压反油之后路面方能成型。用这种方法修筑的沥青路面有沥青表面处治和沥青贯入式两种。

路拌法是在路上用机械将矿料和沥青材料就地拌和摊铺经碾压密实而成的沥青面层。此类面层所用的矿料为碎（砾）石者称为路拌沥青碎（砾）石；所用的矿料为土者则称为路拌沥青稳定土。路拌沥青面层，通过就地拌和，沥青材料在矿料中分布比层铺法均匀，可以缩短路面的成型期。但因所用的矿料为冷料，需使用黏稠度较低的沥青材料，故沥青混合料的强度较低。

厂拌法是将规定级配的矿料和沥青材料在工厂用专用设备加热拌和，然后送到工地摊铺碾压而成的沥青路面。厂拌法按沥青混合料铺筑时温度的不同，又可分为热拌热铺和热拌冷铺两种：热拌热铺沥青混合料是在专用设备中加热拌和后立即趁热运到路上摊铺压实。如果沥青混合料加热拌和后储存一段时间再在常温下运到路上摊铺压实，即为热拌冷铺。厂拌法使用较黏稠的沥青材料，且矿料经过精选，因而沥青混合料质量高，使用寿命长，但修建费用也较高。

3. 按沥青面层的使用品质分类

按沥青面层的使用品质可分为沥青混凝土（AC）路面、沥青碎石（AM）路面、沥青玛蹄脂碎石（SMA）路面、沥青贯入式、沥青表面处治等类型。此外，近年来采用的新型路面结构有多碎石沥青混凝土（SAC）路面、大粒径沥青混凝土（LSAM）路面、开级配排水式抗滑磨耗层（OGFC）等。

1）沥青混凝土路面

沥青混凝土路面是指按级配原理选配的矿料与适量的沥青在严格控制条件下均匀拌和，经摊铺压实而成型的沥青路面。

沥青混凝土是按密级配原理严格配制的混合料。它含有较多的细料，特别是一定数量的矿粉，使矿料同沥青相互作用的表面积大大增加，因而混合料的黏聚力在强度构成上占有主导地位。但黏聚力受温度影响大，如配料不当，特别是沥青用量过多，热稳性就较差，抗滑性能也不好。沥青混凝土由于本身的结构强度高，若基层坚实，路面结构合理，可以承受繁重交通；又因空隙率小，受水和空气等的侵蚀作用小，故耐久性好，使用寿命长。

沥青混凝土路面适用于各级公路，设计时可按不同等级的公路来选用不同厚度的沥青面层。

2）沥青碎石路面

沥青碎石路面是指由一定级配的集料与适量的沥青在要求的控制条件下均匀拌和，经摊铺压实而成型的沥青路面。

沥青碎石路面的空隙率较大（大于10%），且混合料中仅有少量的矿粉或没有矿粉，其强度以石料间的嵌挤为主，黏结为辅。沥青碎石与沥青混凝土的主要区别仅在于是否加矿粉填料及矿料级配比例是否严格，其实质是混合料的空隙率不同。沥青碎石路面的热稳性较好，但因其空隙较大，易渗水，因而耐久性较差。

沥青碎石路面适用于三级、四级公路。沥青碎石（AM）还适宜作中等交通及以上公路沥青混凝土路面的基层、底基层和改建工程的调平层。

3）沥青玛蹄脂碎石路面

沥青玛蹄脂碎石路面是指用沥青玛蹄脂碎石混合料（SMA）作面层或抗滑层的沥青路面。

沥青玛蹄脂碎石混合料是一种以沥青、矿粉及纤维稳定剂组成的沥青玛蹄脂结合料，填充于间断级配的矿料骨架中所形成的沥青混合料。SMA的结构组成可概括为"三多一少"，即粗集料多、矿粉多、沥青多、细集料少。由于粗集料良好的嵌挤作用，混合料有非常好的高温抗车辙能力，同时由于沥青玛蹄脂良好的黏结作用，混合料的低温变形性能和水稳定 性也有较多的改善。添加纤维稳定剂，使沥青结合料保持高黏度，其摊铺和压实效果较好。间断级配在表面形成大孔隙，构造深度大，抗滑性能好。同时混合料的空隙率又很小，耐老化性能及耐久性都很好，从而全面提高了沥青混合料的路面性能。

沥青玛蹄脂碎石路面适用于高速公路、一级公路的抗滑表层，厚度一般为2.5～5cm。

4）沥青贯入式路面

沥青贯入式路面是在初步压实的碎石层上，分层浇洒沥青、撒布嵌缝料，或再在上部铺筑热拌沥青混合料封层，经压实而成的沥青路面。

沥青贯入式结构层是一种多孔结构，它的强度主要依靠碎石之间的嵌挤锁结作用，沥青只起黏结碎石的作用，故温度稳定性较好，抗滑性能也好。其厚度宜为40～80mm。为了防止路表水的浸入，沥青贯入式路面应设置封层（封层可分为上封层和下封层，厚度约10mm，封层材料可选用单层式沥青表面处治或沥青砂）。沥青贯入式路面施工较简便，不需要复杂的机具，但对碎石材料的要求较高，沥青用量也不宜控制，并且施工质量同操作者的技术水平和经验有很大关系。

下部采用层铺法施工，上部铺筑热拌沥青混合料封层形成的沥青路面也叫做上拌下贯沥青路面。其总厚度宜为70～100mm，其中拌和层的厚度宜为25～40mm。它属于贯入式结构层，但综合了贯入式和热拌沥青混合料的施工特点，具有成型快、质量易控制、平整度较好等优点。

沥青贯入式路面适用于三、四级公路。沥青贯入式结构层还适宜作中、重等交通公路沥青混凝土路面的基层、底基层和改建工程的调平层。

5）沥青表面处治路面

沥青表面处治路面是指用沥青和集料按层铺法铺筑而成的厚度不超过3cm的沥青面层。当采用乳化沥青作结合料时，称为乳化沥青表面处治路面。

沥青表面处治结构层按层铺的次数及厚度可分为：单层式（厚度10～15mm）、双层式（厚度15～25mm）、三层式（厚度25～30mm）。

沥青表面处治结构层按嵌锁原则修筑而成。它的主要作用是抵抗车轮磨耗，增强抗滑和防水能力，提高平整度，改善路面的行车条件。为了保证石料间有良好的锁结作用，同一层石料的颗粒尺寸要均匀。为了防止石料松散，所用的沥青必须有足够的稠度。层铺法表面处治在施工完毕后，需经过行车，特别是夏季行车的作用，使其石料取得最稳定的嵌紧位置，并同沥青黏结牢固，这一过程称为“成型”阶段。由于成型期较长，加之质量不易保证，层铺法表面处治应注意初期养护。

沥青表面处治路面适用于三级、四级公路和各级施工便道。

6）多碎石沥青混凝土

多碎石沥青混合料是采用较多的粗碎石形成骨架、沥青胶砂填充骨架中的孔隙并使骨架胶合在一起而形成的沥青混合料形式。具体组成为：粗集料含量69%～78%，矿粉6%～10%，油石比5%左右。实践证明，多碎石沥青混凝土面层既能提供较深的表面构造，又具有较小空隙及较小透水性，同时还具有较好的抗形变能力和表面构造深度。自1988年沙庆林院士首次提出了多碎石沥青混凝土的理论以来，多碎石沥青混凝土路面已在我国1 000多公里的高速公路上得到应用。

7）大粒径沥青混凝土

通常所说的大粒径沥青混合料一般是指含有最大粒径为25～63mm矿料的热拌热铺沥青混合料。该类混合料是为重交通荷载而开发的，粗集料嵌锁成骨架，细集料填充空隙而构成密实型或骨架空隙型结构，以抵抗较大的永久变形。LSAM适用于作柔性基层，其上的细集料表面层在保证必需的铺筑厚度和压实性的前提下，应当尽可能减薄其厚度，以便最大限度地发挥LSAM的能力。LSAM的铺筑厚度一般为矿料粒径的2.5倍，或者为最大公称粒径3倍。当LSAM集料的最大粒径为37.5mm时，路面厚度通常为96～100mm，LSAM集料的最大粒径为53mm时，路面厚度通常为110～130mm。

8）大孔隙开级配抗滑磨耗层

大孔隙开级配抗滑磨耗层是指用大孔隙的沥青混合料铺筑，能迅速从其内部排走路表雨水，具有抗滑、抗车辙及降低噪声的沥青路面。设计空隙率大于18%，具有较强的结构排水能力，适用于多雨地区修筑沥青路面的表层或磨耗层。

三、沥青类结构层的选择与应用

各种沥青类路面的选择使用，一方面要根据使用性质要求（道路的等级、交通量、使用年限、修建费用等）和工程特点（施工季节、施工期限、结构组合状况等），另一方面还应考虑材料的供应情况、施工机具、劳动力和施工技术条件等因素。

我国《公路沥青路面施工技术规范》（JTG F40—2004）规定：高速公路及一级公路的表面层、中面层、下面层应采用沥青混凝土，二级公路的表面层应采用沥青混凝土。工程实践中可参照表4-1-1和以下原则选定。

面层类型的选择 表 4-1-1

面层类型	公路等级
沥青混凝土(AC)	高速、一级、二级、三级、四级公路
沥青玛蹄脂碎石(SMA)	高速、一级公路表面层
沥青贯入式、沥青碎石、沥青表面处治	三、四级公路
设计空隙率 6% ~12% 的 半开级配沥青碎石混合料(AM)	三、四级公路及乡村公路，且沥青混合料拌和 设备缺乏添加矿粉装置和人工炒拌的情况
设计空隙率 3% ~6% 粗粒式及特粗式的 密级配沥青稳定碎石混合料(ATB)	基层
设计空隙率大于 18% 的粗粒式及 特粗排水式沥青稳定碎石混合料(ATPB)	排水基层
设计空隙率大于 18% 的细粒排水式 沥青碎石混合料(OGFC)	高速行车、多雨潮湿、不易被尘土污染、非冰冻地区铺筑 排水式沥青路面磨耗层和排水路面的表面层

(1)特粗式沥青混合料适用于基层,粗粒式沥青混合料适用于下面层或基层,中粒式沥青混合料适用于中面层和表面层,细粒式沥青混合料适用于表面层和薄层罩面;砂粒式沥青混合料适用于非机动车道或行人道路。对高速公路及一级公路,除沥青稳定碎石基层外,通常宜选用公称最大粒径为 13.2 ~26.5mm 的沥青混合料。

(2)对沥青层较厚的高速公路及一级公路:

①潮湿区和湿润区的路面上面层应符合潮湿条件下的抗滑要求,抗滑性能不符合要求时,宜铺筑抗滑磨耗层。在寒冷地区,表面层应考虑低温抗裂性能的要求。

②三层式面层的中面层或双层式面层的下面层应重点满足混合料的高温抗车辙性能。下面层应在在满足高温抗车辙性能的基础上,重点考虑抗疲劳性能及抗裂性能的要求。

③除排水式沥青混合料外,每一层都应该考虑密水性,当上层属渗水性结构层时,层间或下层应采取防渗水或排水措施。高速公路的紧急停车带(硬路肩)沥青面层宜采用与车行道相同的结构,但表面层宜采用密级配沥青混凝土混合料铺筑。

(3)沥青类路面一般不宜铺筑在纵坡大于 6% 的路段上。在纵坡大于 3% 的路段,考虑抗滑的宜采用粗粒式的沥青碎石或粗粒式沥青混凝土做面层。

四、沥青路面功能层的应用

沥青路面的功能层包括透层、黏层和封层。

1. 透层

沥青类面层下的级配砂砾、级配碎石基层及水泥、石灰、粉煤灰等无机结合料稳定土或粒料的半刚性基层上必须浇洒透层沥青。基层上设置下封层时,透层油不宜省略。

2. 黏层

黏层是加强面层间结合的一种措施。符合下列情况之一时,必须喷洒黏层油。

(1)双层式或三层式热拌热铺沥青混合料路面的沥青层之间。

(2)水泥混凝土路面、沥青稳定碎石基层或旧沥青路面上加铺沥青层。

(3)路缘石、雨水口、检查井等构造物与新铺沥青混合料接触的侧面。

3. 封层

当前广泛使用的封层有稀浆封层和微表处两种类型。

稀浆封层是指用适当级配的石屑或砂、填料（水泥、石灰、粉煤灰、石粉等）与乳化沥青、外掺剂和水，按一定比例拌和成流动状态的沥青混合料，并采用专用的铺筑设备将其均匀地摊铺在路面上形成的沥青封层。微表处是指采用适当级配的石屑或砂、填料（水泥、石灰、粉煤灰、石粉等）与聚合物改性乳化沥青、外掺剂和水，按一定比例拌和成流动状态的沥青混合料，并采用专用的铺筑设备将其均匀地摊铺在路面上形成的沥青封层。微表处常用于沥青路面的养护。

稀浆封层和微表处在材料组成和使用功能上有差异，它们的主要作用有如下几个方面：

（1）混合料较细，具有较好的流动性，很容易进入微裂缝和小坑槽中，将路面填充密实成为整体。因此具有封闭裂缝和提高路面平整度的作用。

（2）混合料中集料级配合理，能均匀、牢固、密实地粘附在路面上，具有较好的水稳性并防止水分渗透，保持基层稳定。

（3）集料的强度、压碎值、磨光值、含泥量等性能指标均达到标准要求，不论是酸性还是碱性石料都能很好地粘附在路面上，有一定的耐磨性，在路面上形成磨耗层。

（4）由于选择了坚硬而有棱角的集料，沥青又能均匀地裹覆集料。封层后纹理深度较佳，摩擦系数显著增加，具有良好的抗滑性能。

（5）可恢复路面性能，延长路面使用寿命，在路面养护中有施工简单、造价低廉、功能恢复强的特点。

稀浆封层按照矿料粒径的不同，可分为 ES-1 型（公称最大粒径 2.36 mm）、ES-2 型（公称最大粒径 4.75mm）和 ES-3 型（最大粒径 9.5mm）三种，单层厚度分别为 2.5 ~ 3 mm、4 ~ 7mm、8 ~ 10mm；微表处按照矿料粒径的不同，可分为 MS-2 型（公称最大粒径 4.75 mm）和 MS-3 型（最大粒径 9.5mm）两种，单层厚度分别为 4 ~ 7mm、8 ~ 10mm。

工作任务二　沥青类结构层施工原材料选择

一、一般规定

沥青类结构层的原材料包括沥青、粗集料、细集料、填料等。施工前，选用符合质量标准的原材料，是生产出质量优良、符合设计要求的沥青混合料的基础。

1. 施工前必须检查各种原材料的来源和质量

对经招标程序购进的沥青、集料等重要材料，供货单位必须提交最新检测的正式试验报告。从国外进口的材料应提供该批材料的船运单。对首次使用的集料，应检查生产单位的生产条件、加工机械、覆盖层的清理情况。所有材料都应按有关规定取样检测，经质量认可后方可订货。

2. 材料运至现场后必须取样进行质量检验

各种材料都必须在施工前或施工过程中以“批”为单位进行质量检验，经评定合格后方可使用，不得以供应商提供的检测报告或商检报告代替现场检测。不符合现行的《公路沥青路面施工技术规范》（JTG F40—2004）技术要求的材料不得进场。

对各种矿料是以同一料源、同一次购入并运至生产现场的相同规格材料为一“批”；对沥青是指从同一来源、同一次购入且储入同一沥青罐的同一规格的沥青为一“批”。材料试样的取样数量与频度按现行试验规程的规定进行。

3. 沥青必须按品种、标号分开存放

除长期不使用的沥青可放在自然温度下存储外，沥青在储罐中的贮存温度不宜低于130℃，并不得高于170℃。桶装沥青应直立堆放，加盖苫布。

使用成品改性沥青的工程，应要求供应商提供所使用的改性剂型号、基质沥青的质量检测报告。使用现场改性沥青的工程，应对试生产的改性沥青进行检测，质量不合格的不可使用。

4. 不同料源、品种、规格的集料不得混杂堆放

工程开始前或施工过程中，必须对集料的存放场地、防雨和排水措施进行确认。采取适当的措施防止对集料的污染。

二、沥青路面使用的沥青

沥青路面使用的沥青包括道路石油沥青、乳化沥青、液体石油沥青、煤沥青、改性沥青、改性乳化沥青等。其技术要求及适用范围应符合现行《公路沥青路面施工技术规范》(JTG F40—2004)的规定。

道路石油沥青使用广泛，它的标号分为160号、130号、110号、90号、70号、50号、30号共7个标号，每个标号的道路石油沥青又分为A、B、C 3个等级，各个沥青等级的适用范围应符合表4-2-1的规定。

道路石油沥青的适用范围 表4-2-1

沥青等级	适用范围
A级沥青	各个等级的公路，适用于任何场合和层次
B级沥青	①高速公路、一级公路沥青下面层及以下的层次，二级及二级以下公路的各个层次； ②用作改性沥青、乳化沥青、改性乳化沥青、稀释沥青的基质沥青
C级沥青	三级及三级以下公路的各个层次

道路石油沥青的质量检测指标、技术要求及试验方法见现行的《公路沥青路面施工技术规范》(JTG F40—2004)。在进行道路石油沥青质量检测评定时需注意以下事项：

(1)试验方法按照现行《公路工程沥青及沥青混合料试验规程》(JTG 052—2000)规定的方法执行。用于仲裁试验求取针入度指数PI时的5个温度的针入度关系相关系数不得小于0.997。

(2)经建设单位同意，沥青的PI值、60℃动力黏度、10℃延度可作为选择性指标，也可不作为施工质量检验指标。

(3)70号沥青可根据需要要求供应商提供针入度范围为60~70或70~80的沥青，50号沥青可要求提供针入度范围为40~50或50~60的沥青。

(4)30号沥青仅适用于沥青稳定基层。130号和160号沥青除寒冷地区可直接在中低级公路上直接应用外，通常用作乳化沥青、稀释沥青、改性沥青的基质沥青。

(5)老化试验以TFOT为准，也可以RTFOT代替。

(6)气候分区可参考《公路沥青路面施工技术规范》(JTG F40—2004)附录A。

沥青路面采用的沥青标号，宜按照公路等级、气候条件、交通条件、路面类型及在结构层中的层位及受力特点、施工方法等，结合当地的使用经验，经技术论证后确定。道路石油沥青在储运、使用及存放过程中应有良好的防水措施，避免雨水或加热管道蒸汽进入沥青中。

三、沥青路面使用的粗集料

沥青层用粗集料包括碎石、破碎砾石、筛选砾石、钢渣、矿渣等。高速公路和一级公路不得使用筛选砾石和矿渣。粗集料必须由具有生产许可证的采石场生产或施工单位自行加工。

粗集料应该洁净、干燥、表面粗糙,其质量检测项目、技术要求及试验方法见《公路沥青路面施工技术规范》(JTG F40—2004)的规定。当单一规格集料的质量指标达不到有关规定要求,而按照集料配合比计算的质量指标符合要求时,工程上允许使用。对受热易变质的集料,宜采用经拌和机烘干后的集料进行检验。

在进行沥青层用粗集料质量检测评定时需注意以下事项:

(1)坚固性试验可根据需要进行。

(2)用于高速公路、一级公路时,多孔玄武岩的视密度可放宽至2.45t/m^3,吸水率可放宽至3%,

但必须得到建设单位的批准,且不得用于SMA路面。

(3)对S14即公称粒径3~5mm规格的粗集料,针片状颗粒含量可不予要求,小于0.075mm含量可放宽到3%。

高速公路、一级公路沥青路面表面层(或磨耗层)粗集料的磨光值应符合《公路沥青路面施工技术规范》(JTG F40—2004)的有关要求。除SMA、OGFC路面外,允许在硬质粗集料中掺加部分较小粒径的、磨光值达不到要求的粗集料,其最大掺加比例由磨光值试验确定。

粗集料与沥青的黏附性应符合《公路沥青路面施工技术规范》(JTG F40—2004)的有关要求。当使用不符合要求的粗集料时,宜掺加消石灰、水泥或用饱和石灰水处理后使用,必要时可同时在沥青中掺加耐热、耐水、长期性能好的抗剥落剂,也可采用改性沥青的措施,使沥青混合料的水稳定性检验达到要求。掺加外加剂的剂量由沥青混合料的水稳定性检验确定。

四、沥青路面使用的细集料

沥青路面的细集料包括天然砂、机制砂、石屑。细集料必须由具有生产许可证的采石场、采砂场生产。细集料应洁净、干燥、无风化、无杂质,并有适当的颗粒级配,其质量检测项目、技术要求及试验方法见《公路沥青路面施工技术规范》(JTG F40—2004)的规定。

细集料的洁净程度,天然砂以小于0.075mm含量的百分数表示,石屑和机制砂以砂当量(适用于0~4.75mm)或亚甲蓝值(适用于0~2.36mm或0~0.15mm)表示。

天然砂可采用河砂或海砂,通常宜采用粗、中砂,规格应符合《公路沥青路面施工技术规范》的规定。砂的含泥量超过规定时应水洗后使用,海砂中的贝壳类材料必须筛除。热拌密级配沥青混合料中天然砂的用量不宜超过集料总量的20%,SMA和OGFC混合料不宜使用天然砂。

石屑是指采石场破碎石料时通过4.75mm或2.36mm的筛下部分,其规格应符合《公路沥青路面施工技术规范》的要求。高速公路和一级公路的沥青混合料,宜将S14(公称粒径3~5mm)与S16(公称粒径0~3mm)组合使用,S15(公称粒径0~5mm)可在沥青稳定碎石基层或其他等级公路中使用。机制砂宜采用专用的制砂机制造,并选用优质石料生产,其级配应符合S16的要求。

五、沥青路面使用的填料

沥青混合料的矿粉必须采用石灰岩或岩浆岩中的强基性岩石等憎水性石料经磨细得到，原石料中的泥土杂质应除净。矿粉应干燥、洁净，能自由地从矿粉仓流出，其质量检测项目、技术要求及试验方法见《公路沥青路面施工技术规范》(JTG F40—2004)的规定。

拌和机的粉尘可作为矿粉的一部分回收使用，但每盘用量不得超过填料总量的25%，掺有粉尘填料的塑性指数不得大于4%。

粉煤灰作为填料使用时，用量不得超过填料总量的50%，粉煤灰的烧失量应小于12%。与矿粉混合后的塑性指数应小于4%，其余质量要求与矿粉相同。高速公路、一级公路的沥青面层不宜采用粉煤灰做填料。

六、沥青路面使用的纤维稳定剂

在沥青混合料中掺加的纤维稳定剂宜选用木质素纤维、矿物纤维等。木质素纤维的质量检测项目、技术要求及试验方法见《公路沥青路面施工技术规范》(JTG F40—2004)的规定。

纤维应在250℃的干拌温度不变质、不发脆，使用纤维必须符合环保要求，不危害身体健康。矿物纤维宜采用玄武岩等矿石制造，易影响环境及造成人体伤害的石棉纤维不宜直接使用。纤维必须在混合料拌和过程中能充分分散均匀。纤维应存放在室内或有棚盖的地方，松散纤维在运输及使用过程中应避免受潮、结团。

纤维稳定剂的掺加比例以沥青混合料总量的质量百分率计算，通常情况下用于SMA路面的木质素纤维不宜低于0.3%，矿物纤维不宜低于0.4%，必要时可适当增加纤维用量。纤维掺加量的允许误差宜不超过±5%。

七、施工过程中对原材料的检验

沥青混合料在生产过程中，应按照表4-2-2所列的检查项目与频度对各种原材料进行抽样试验，质量应符合现行施工技术规范规定的技术要求，每个检查项目的平行试验次数或一次试验的试样数必须按相关试验规程的规定进行，并以平均值评价是否合格。

施工过程中材料质量检查项目与频度 表4-2-2

材料	检查项目	检查频度		试验方法或试验规程	试验规程规定的平行试验次数或一次试验的试样数
		高速公路、一级公路	其他等级公路		
粗集料	外观(石料品种、含泥量等)	随时	随时	—	—
	针片状颗粒含量	随时	随时	T 0312	2~3
	颗粒组成(筛分)	随时	必要时	T 0302	2
	压碎值	必要时	必要时	T 0316	2
	磨光值	必要时	必要时	T 0321	4
	洛杉矶磨耗值	必要时	必要时	T 0317	2
	<0.075mm颗粒含量	必要时	必要时	T 0303	2
	与沥青的黏附性	必要时	必要时	T 0616	同一试样5个集料颗粒
	表观相对密度	必要时	必要时	T 0304	2
	坚固性	必要时	必要时	T 0314	不同粒级的试样各1
	含水率	必要时	必要时	T 0305	2

续上表

材　　料	检查项目	检查频度		试验方法或试验规程	试验规程规定的平行试验次数或一次试验的试样数
		高速公路、一级公路	其他等级公路		
细集料	颗粒组成(筛分)	随时	必要时	T 0327	2
	含泥量(<0.075mm 颗粒含量)	必要时	必要时	T 0333	2
	砂当量或亚甲蓝值	必要时	必要时	T 0334/T 0349	2
	表观相对密度	必要时	必要时	T 0328	2
	坚固性	必要时	必要时	T 0340	不同粒级的试样各 1
	含水率	必要时	必要时	T 0332	2
矿粉	外观	随时	随时	—	—
	表观密度	必要时	必要时	T 0352	2
	塑性指数	必要时	必要时	T 0354	2
	粒度范围(<0.075mm 颗粒含量)	必要时	必要时	T 0351	2
	含水率	必要时	必要时	T0103	2
道路石油沥青	针入度	每 2 ~ 3d 1 次	每周次	T 0604	3
	软化点	每 2 ~ 3d 1 次	每周 1 次	T 0606	2
	延度	每 2 ~ 3d 1 次	每周 1 次	T 0605	3
	针入度指数、TFOT(或 RTFOT)后	必要时	必要时	T 0609/T 0610	2
	溶解度	必要时	必要时	T 0607	2
	密度	必要时	必要时	T 0603	2
	含蜡量	必要时	必要时	T 0615	2 ~ 3
改性沥青	针入度	每天 1 次	每天 1 次	T 0604	3
	软化点	每天 1 次	每天 1 次	T 0606	2
	离析试验(对成品改性沥青)	每周 1 次	每周 1 次	T 0661	2
	低温延度	必要时	必要时	T 0605	3
	弹性恢复	必要时	必要时	T 0662	3
	显微镜观察(对现场改性沥青)	随时	随时	—	—
乳化沥青	蒸发残留物含量	每 2 ~ 3d 1 次	每周 1 次	T 0651	2
	蒸发残留物针入度	每 2 ~ 3d 1 次	每周 1 次	T 0604	2
改性乳化沥青	蒸发残留物含量	每 2 ~ 3d 1 次	每周 1 次	T 0651	2
	蒸发残留物针入度	每 2 ~ 3d 1 次	每周 1 次	T 0604	3
	蒸发残留物软化点	每 2 ~ 3d 1 次	每周 1 次	T 0606	2
	蒸发残留物延度	必要时	必要时	T 0605	3

工作任务三　热拌沥青混合料结构层施工

一、一般规定

《公路沥青路面施工技术规范》(JTG F40—2004)中对热拌沥青混合料结构层施工的一般规定如下。

1. 热拌沥青混合料的分类

热拌沥青混合料(HMA)适用于各种等级公路的沥青路面,其种类按集料公称最大粒径、矿料级配、空隙率划分,分类见表4-3-1。

热拌沥青混合料种类　　表4-3-1

混合料类型	密级配			开级配		半开级配	公称最大粒径(mm)	最大粒径(mm)
	连续级配		间断级配	间断级配		沥青稳定碎石		
	沥青混凝土	沥青稳定碎石	沥青玛蹄脂碎石	排水式沥青磨耗层	排水式沥青碎石基层			
特粗式	—	ATB-40	—	—	ATPB-40	—	37.5	53.0
粗粒式	—	ATB-30	—	—	ATPB-30	—	31.5	37.5
	AC-25	ATB-25	—	—	ATPB-25	—	26.5	31.5
中粒式	AC-20	—	SMA-20	—	—	AM-20	19.0	26.5
	AC-16	—	SMA-16	OGFC-16	—	AM-16	16.0	19.0
细粒式	AC-13	—	SMA-13	OGFC-13	—	AM-13	13.2	16.0
	AC-10	—	SMA-10	OGFC-10	—	AM-10	9.5	13.2
砂粒式	AC-5	—	—	—	—	AM-5	4.75	9.5
设计空隙率(%)	3~5	3~6	3~4	>18	>18	6~12		

注:设计空隙率可根据当地气候条件和交通组成在配合比设计时适当调整。

2. 各层沥青混合料的要求

各层沥青混合料应满足所在层位的功能性要求,便于施工,不容易离析。各层应连续施工并结合成为一个整体。当发现混合料结构组合及级配类型的设计不合理时应进行修改、调整,以确保沥青路面的使用性能。

3. 沥青面层集料粒径的要求

沥青面层集料的最大粒径宜从上至下逐渐增大,并应与压实层厚度相匹配。对热拌热铺密级配沥青混合料,沥青层一层的压实厚度不宜小于集料公称最大粒径的2.5~3倍,对SMA和OGFC等嵌挤型混合料不宜小于公称最大粒径的2~2.5倍,以减少离析,便于压实。

二、热拌沥青混合料面层施工工艺流程

热拌沥青混合料面层施工过程分为施工准备阶段、施工阶段和交工验收阶段三个阶段,其施工工艺流程图如图4-3-1所示。

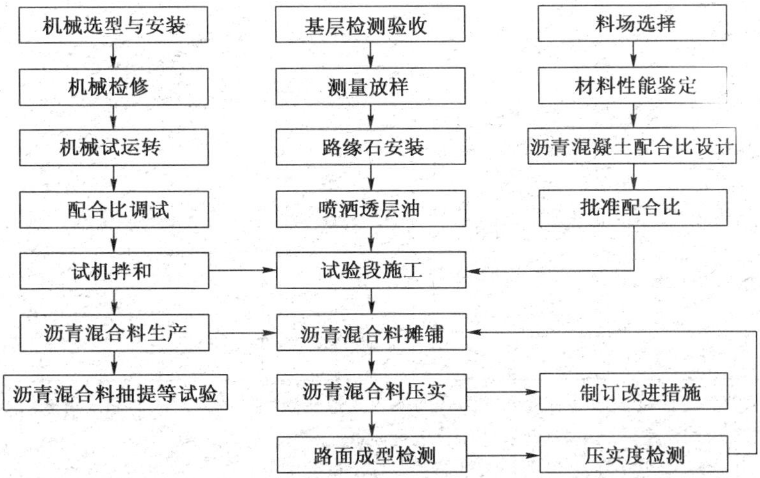

图 4-3-1　沥青路面面层施工工艺流程图

三、施 工 准 备

热拌沥青混合料结构层施工的准备工作包括制订施工方案、施工放样、混合料配合比设计、下承层准备、铺筑试验路段等。在本课程其他“学习情境”中或“道路材料应用技术”等课程中介绍的内容不再赘述。

1. 下承层的准备

铺筑沥青层前，应检查基层或下层沥青层的质量，不符合要求的不得铺筑沥青面层。旧沥青路面或下卧层已被污染时，必须清洗或经铣刨处理后方可铺筑沥青混合料。

2. 施工温度的确定

石油沥青加工及沥青混合料施工温度应根据沥青标号及黏度、气候条件、铺装层的厚度确定。

(1)普通沥青混合料的施工温度宜通过在 135℃ 及 175℃ 条件下测定的黏度—温度曲线确定。缺乏黏度—温度曲线数据时，可参照表 4-3-2 的范围选择，并根据实际情况确定使用高值或低值。当表中温度不符实际情况时，容许作适当调整。

热拌沥青混合料的施工温度(℃)　　表 4-3-2

施工工序		石油沥青的标号			
		50 号	70 号	90 号	110 号
沥青加热温度		160 ~ 170	155 ~ 165	150 ~ 160	145 ~ 155
矿料加热温度	间歇式拌和机	集料加热温度比沥青温度高 10 ~ 30			
	连续式拌和机	矿料加热温度比沥青温度高 5 ~ 10			
沥青混合料出料温度		150 ~ 170	145 ~ 165	140 ~ 160	135 ~ 155
混合料贮料仓储存温度		贮料过程中温度降低不超过 10			
混合料废弃温度(高于)		200	195	190	185
运输到现场温度(不低于)		150	145	140	135
混合料摊铺温度不低于	正常施工	140	135	130	125
	低温施工	160	150	140	135

续上表

施工工序		石油沥青的标号			
		50号	70号	90号	110号
开始碾压的混合料内部温度(不低于)	正常施工	135	130	125	120
	低温施工	150	145	135	130
碾压终了的表面温度(不低于)	钢轮压路机	80	70	65	60
	轮胎压路机	85	80	75	70
	振动压路机	75	70	60	55
开放交通的路表温度(不高于)		50	50	50	45

注:1. 沥青混合料的施工温度采用具有金属探测针的插入式数显温度计测量。表面温度可采用表面接触式温度计测定。当采用红外线温度计测量表面温度时,应进行标定。

2. 表中未列入的130号、160号及30号沥青的施工温度由试验确定。

(2)聚合物改性沥青混合料的施工温度根据实践经验并参照表4-3-3选择。通常宜较普通沥青混合料的施工温度提高10~20℃。对采用冷态胶乳直接喷入法制作的改性沥青混合料,集料烘干温度应进一步提高。

聚合物改性沥青混合料的正常施工温度范围(℃) 表4-3-3

工序	聚合物改性沥青品种		
	SBS类	SBR胶乳类	EVA、PE类
沥青加热温度	160~165		
改性沥青现场制作温度	165~170	—	165~170
成品改性沥青加热温度(不大于)	175	—	175
集料加热温度	190~220	200~210	185~195
改性沥青SMA混合料出厂温度	170~185	160~180	165~180
混合料最高温度(废弃温度)	195		
混合料储存温度	拌和出料后降低不超过10		
摊铺温度(不低于)	160		
初压开始温度(不低于)	150		
碾压终了的表面温度(不低于)	90		
开放交通时的路表温度(不高于)	50		

注:当采用表列以外的聚合物或天然沥青改性沥青时,施工温度由试验确定。

(3)SMA混合料的施工温度应视纤维品种和数量、矿粉用量的不同,在改性沥青混合料的基础上作适当提高。

3. 施工机械的检查

施工前应对沥青混合料拌和楼、摊铺机、压路机等各种施工机械和设备进行调试,对机械设备的配套情况、技术性能、传感器计量精度等进行认真检查、标定,并得到监理工程师的认可。

4. 配合比设计检验

热拌沥青混合料的质量很大程度上取决于其配合比设计,施工前应高度重视沥青混合料的配合比设计工作。热拌沥青混合料的配合比设计宜在对同类公路配合比设计和使用情况调查研究的基础上,充分借鉴成功的经验,选用符合要求的材料,进行配合比设计。沥青混合料的配合比设计应通过目标配合比设计、生产配合比设计及生产配合比验证三个阶段，确定沥青混合料的材料品种及配比、矿料级配、最佳沥青用量。热拌沥青混合料的配合比设计步骤见《道路材料应用技术》或有关技术规范。

正式开工前，各种原材料的试验结果，及据此进行的目标配合比设计和生产配合比设计结果，应在规定的期限内向业主及监理工程师提出正式报告，待取得正式认可后，方可使用。

经设计确定的标准配合比在施工过程中不得随意变更。生产过程中应加强跟踪检测，严格控制进场材料的质量。生产过程中如遇材料发生变化并经检测沥青混合料的矿料级配、马歇尔技术指标不符合要求时，应及时调整配合比，使沥青混合料的质量符合要求并保持相对稳定，必要时重新进行配合比设计。

四、沥青混合料拌制

沥青路面的质量与沥青混合料的质量密切相关，而沥青混合料拌制的质量直接关系着沥青混合料的质量。因此，沥青混合料的拌制是沥青路面施工中非常重要的一个环节。

1. 对拌和机的要求

我国《公路沥青路面施工技术规范》(JTG F40—2004)规定：沥青混合料必须在拌和厂(场、站)采用拌和机械拌制；沥青混合料可采用间歇式拌和机或连续式拌和机拌制。高速公路和一级公路的沥青混凝土宜采用间歇式拌和机拌制。连续式拌和机使用的集料必须稳定不变，一个工程从多处进料、料源或质量等不稳定时，不得使用连续式拌和机。

沥青混合料拌和设备的各种传感器必须定期检定，周期不少于每年 1 次。冷料装置需经标定得出集料供料曲线。

间歇式拌和机应符合下列要求：

(1)总拌和能力满足施工进度要求。

(2)拌和机除尘设备完好，能达到环保要求。

(3)冷料仓的数量满足配合比需要，通常不宜少于 5 个。矿粉仓应配备振动装置以防止矿粉起拱。

(4)具有添加纤维、消石灰等外掺剂的设备。

(5)高速公路和一级公路施工用的间歇式拌和机必须配备计算机和打印机等设备。

(6)振动筛规格应与矿料规格相匹配，最大筛孔宜略大于混合料的最大粒径，其余筛的设置应考虑混合料的级配稳定，并尽量使热料仓大体均衡，不同级配混合料必须配置不同的筛孔组合。

(7)具有保温性能良好的成品储料仓。

(8)拌和机必须有二级除尘装置。

2. 沥青混合料拌制程序

沥青混合料拌制的工艺流程如图 4-3-2 所示。

3. 拌制混合料的工作要点

(1)集料与沥青混合料取样应符合现行试验规程的要求。从沥青混合料运料车上取样时必须在设置取样台分几处采集一定深度下的样品。

(2)集料进场宜在料堆顶部平台卸料，经推土机推平后，铲运机从底部按顺序竖直装料，减小集料离析。

(3)试拌：通过试拌和抽样检验确定每盘热拌混合料的配合比及其总重、适宜的沥青用量、拌和时间、矿料和沥青加热温度，以及沥青混合料出厂的温度。

(4)拌和时间:沥青混合料拌和时间根据具体情况经试拌确定,以沥青均匀裹覆集料为度。间歇式拌和机每盘的生产周期不宜少于45s(其中干拌时间不少于5)。改性沥青和SMA混合料的拌和时间应适当延长。

(5)拌和过程控制:高速公路和一级公路使用的沥青混合料拌和过程中应逐盘采集并打印各个传感器测定的材料用量和沥青混合料拌和量、拌和温度等各种参数。每个台班结束时打印一个台班的统计量,按"沥青路面质量过程控制及总量检验方法"进行沥青混合料生产质量及铺筑厚度的总量检验。总量检验的数据有异常波动时,应立即停止生产,分析原因。

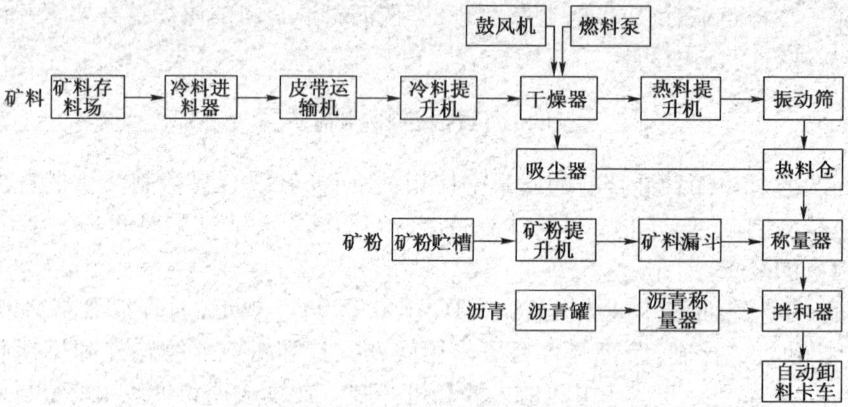

图4-3-2　拌制沥青混合料的工艺流程图

(6)热拌沥青混合料的储存:储存过程中混合料温降不得大于10℃,且不能有沥青滴漏。普通沥青混合料的储存时间不得超过72h,改性沥青混合料的储存时间不宜超过24h,SMA混合料及OGFC混合料宜随拌随用。

注意事项:

(1)烘干集料的残余含水率不得大于1%。每天开始几盘集料应提高加热温度,并干拌几锅集料废弃,再正式加沥青拌和混合料。

(2)添加消石灰、水泥等外掺剂时,宜增加粉料仓,也可由专用管线和螺旋升送器直接加入拌和锅,若与矿粉混合使用时应注意二者因密度不同发生离析。

(3)拌和机二级除尘装置中的粉尘,经一级除尘部分可直接回收使用,二级除尘部分可进入回收粉仓使用(或废弃)。对因除尘造成的粉料损失应补充等量的新矿粉。

(4)SMA在拌和过程中,特别要注意冷料仓的搭配和纤维投入的均匀性,防止粗集料、矿粉供应不足,而细集料又过剩的现象发生。

4.沥青混合料出厂检验项目和频率

沥青混合料出厂时应逐车检测沥青混合料的重量和温度,记录出厂时间,签发运料单。沥青混合料拌和厂(场、站)应按下列步骤对沥青混合料生产过程进行质量控制,并按表4-3-4规定的项目和频度检查沥青混合料产品的质量,如实计算产品的合格率。

(1)观察料堆和皮带输送机各种材料的质量和均匀性,检查泥块及超粒径碎石,检查冷料仓有无窜仓。目测混合料拌和是否均匀、有无花白料、油石比是否合适,检查集料和混合料的离析情况。

(2)检查沥青混合料拌和厂(场、站)控制室各项设定参数、显示屏的示值,核对计算机采集和打印记录的数据与显示值是否一致。进行沥青混合料生产过程的在线监测、总量检验,对沥青混合料的生产质量实施动态管理。

(3)检测沥青混合料的材料加热温度、混合料出厂温度，取样抽提、筛分检测混合料的矿料级配、油石比。抽提筛分应至少检查0.075mm、2.36mm、4.75mm、公称最大粒径及中间粒径等5个筛孔的通过率。

(4)取样成型沥青混合料试件进行马歇尔试验，测定空隙率、稳定度、流值，计算合格率。对VMA、VFA指标可只作记录。同时按规范确定标准密度。

注意：沥青混合料的存放时间对体积指标有一定影响，施工质量检验的马歇尔试验以拌和厂取样后立即成型的试件为准，但成型温度和试件高度必须符合试验要求。

热拌沥青混合料的检查频度和质量要求 表4-3-4

项目		检查频度及单点检验评价方法	质量要求或允许偏差		试验方法或试验规程
			高速、一级公路	其他等级公路	
混合料外观		随时	观察集料粗细、均匀性、离析、油石比、色泽、冒烟、有无花白料、油团等各种现象		目测
拌和温度	沥青、集料的加热温度	逐盘检测评定	符合规范规定		传感器自动检测、显示并打印
	混合料出厂温度	逐车检测评定	符合规范规定		传感器自动检测、显示并打印，出厂时逐车按T 0981人工检测
		逐盘测量记录，每天取平均值评定	符合规范规定		传感器自动检测、显示并打印
矿料级配（筛孔）	0.075mm	逐盘在线检测	±2%（2%）	—	计算机采集数据计算
	≤2.36mm		±5%（4%）	—	
	≥4.75mm		±6%（5%）		
	0.075mm	逐盘检查，每天汇总1次，取平均值评定	±1%	—	总量检验法
	≤2.36mm		±2%	—	
	≥4.75mm		±2%	—	
	0.075mm	每台拌和机每天1~2次，以2个试样的平均值评定	±2%（2%）	±2%	T 0725抽提筛分与标准级配比较的差
	≤2.36mm		±5%（3%）	±6%	
	≥4.75mm		±6%（4%）	±7%	
沥青用量（油石比）		逐盘在线监测	±0.3%	—	计算机采集数据计算
		逐盘检查，每天汇总1次，取平均值评定	±0.1%	—	总量检验法
		每台拌和机每天1~2次，以2个试样的平均值评定	±0.3%	±0.4%	抽提T 0722、T 0721
马歇尔试验：空隙率、稳定度、流值		每台拌和机每天1~2次，以4~6个试件的平均值评定	符合规范规定		T 0702、T 0709及配合比设计方法
浸水马歇尔试验		必要时（试件数同马歇尔试验）	符合规范规定		T 0702、T 0709
车辙试验		必要时（以3个试件的平均值评定）	符合规范规定		T 0719

注：1. 单点检验是指试验结果以一组试验结果的报告值为一个测点的评价依据，一组试验（如马歇尔试验、车辙试验）有多个试样时，报告值的取用按《公路工程沥青与沥青混合料试验规程》（JTJ 052—2000）的规定执行。

2. 对高速公路和一级公路，矿料级配和油石比必须进行总量检验和抽提筛分的双重检验控制，互相校核，表中括号内的数字是对SMA的要求。油石比抽提试验应事先进行空白试验标定，提高测试数据的准确度。

五、沥青混合料的运输

1. 沥青混合料运输车辆

厂(场、站)拌沥青混合料通常采用自卸汽车运往铺筑现场。所需要的运输车辆数量可按式(4-3-1)计算:

$$n = a \cdot \frac{t_1 + t_2 + t_3}{T} \tag{4-3-1}$$

$$T = \frac{60m}{Q}$$

式中:n ——所需的车辆数,辆;

t_1——运送沥青混合料到铺筑现场所需的时间,min;

t_2——由铺筑现场返回拌和厂所需的时间,min;

t_3——在工地卸料和其他等待的时间,min;

T——拌制一车沥青混合料所需的时间,min;

a——储备系数,视交通情况而定,一般取 1.1~1.2。

m——运输车辆的轴载质量,t;

Q——搅拌设备的生产率,t/h。

热拌沥青混合料宜采用较大吨位的运料车运输,但不得超载运输,或紧急制动、急弯掉头使透层、封层造成损伤。运料车的运力应稍有富余,施工过程中摊铺机前方应有运料车等候。对高速公路、一级公路,待等候的运料车宜多于 5 辆后开始摊铺。

2. 沥青混合料的运输管理

(1)运输车辆每次使用前后必须清扫干净,装料前在车厢板上涂一薄层防止沥青黏结的隔离剂或防黏剂(可以是柴油与水的混合液,比例为 1:3),但不能有余液积聚在车厢底部。

(2)从拌和机向运料车放料时,运料汽车应前后移动进行分层装料,移动次数应尽可能多,并至少移动三次,以减少混合料的离析。

(3)运料车运输混合料宜用苫布覆盖,保温、防雨、防污染。

(4)运料车进入摊铺现场时,轮胎上不得沾有泥土等可能污染路面的脏物,否则宜设水池洗净轮胎后进入工程现场。沥青混合料在摊铺地点凭运料单接收,若混合料不符合施工温度要求,或已经结成团块、已遭雨淋的,不得铺筑。

(5)连续摊铺过程中,运料车应在摊铺机前 10~30cm 处停住,空挡等候,由摊铺机推动前进开始缓缓卸料,避免撞击摊铺机。在有条件时,运料车可将混合料卸入转运车经二次拌和后向摊铺机连续均匀的供料。

(6)运料车每次卸料必须倒净,尤其是对改性沥青或 SMA 混合料,如有剩余,应及时清除,防止硬结。

(7)SMA 及 OGFC 混合料在运输、等候过程中,如发现有沥青结合料沿车厢板滴漏时,应采取措施阻止。

六、沥青混合料的摊铺

沥青混合料的摊铺可采用摊铺机摊铺或人工摊铺。除在路面狭窄部分、平曲线半径过小的匝道或加宽部分,以及小规模工程不能采用摊铺机铺筑时可采用人工摊铺外,热拌沥青混合料应采用机械摊铺。

1. 人工摊铺技术要点

(1)将运料车运来的沥青混合料先卸到铁板上,随即用人工铲运,以扣铲方式均匀摊铺在路槽中,摊铺时不得扬铲远甩,以免造成粗细料分离。铁铲等工具宜涂防黏结剂或加热使用。

(2)边摊铺边用刮板刮平。刮平时做到轻重一致,防止反复多刮使粗粒料刮出表面。

(3)摊铺过程中要随时检查摊铺厚度、平整度和路拱。摊铺厚度为沥青路面设计厚度乘以压实系数,用人工摊铺时,沥青混凝土混合料的压实系数为1.25~1.50。

(4)摊铺时不得中途停顿,并加快碾压。

(5)半幅施工时,路中一侧宜事先设置挡板。

2. 摊铺机摊铺技术要点

沥青混合料摊铺机有履带式和轮胎式两种,二者的构造和技术性能大致相同。在喷洒有黏层油的路面上铺筑改性沥青混合料或SMA时,宜使用履带式摊铺机。摊铺机的受料斗应涂刷薄层隔离剂或防黏剂。

沥青混合料摊铺机摊铺的过程是自动倾卸汽车将沥青混合料卸到摊铺机料斗后,经链式传送器将混合料往后传到螺旋摊铺器,随后摊铺机向前行驶,螺旋摊铺器即在摊铺带宽度上均匀地摊铺混合料,随后由振捣板捣实,并由熨平板整平。摊铺机摊铺作业包括施工放样、摊铺机各种参数的调整与选择、摊铺机作业等主要内容。摊铺机摊铺的技术要点如下:

(1)铺筑高速公路、一级公路沥青混合料时,一台摊铺机的铺筑宽度不宜超过6(双车道)~7.5m(3车道以上),通常宜采用两台或更多台数的摊铺机前后错开10~20m成梯队方式同步摊铺,两幅之间应有30~60mm宽度的搭接,并躲开车道轮迹带,上下层的搭接位置宜错开200mm以上。

(2)摊铺机开工前应提前0.5~1h预热熨平板,使其不低于100℃。铺筑过程中应根据铺筑厚度选择熨平板的振捣或夯锤压实装置具有适宜的振动频率和振幅,以提高路面的初始压实度。熨平板加宽连接应仔细调节至摊铺的混合料没有明显的离析痕迹。

(3)摊铺机必须缓慢、均匀、连续不间断地摊铺,不得随意变换速度或中途停顿,以提高平整度,减少混合料的离析。摊铺速度应根据拌和机的产量、施工机械配套情况及摊铺厚度、摊铺宽度按式(4-3-2)求得,一般宜控制在2~6m/min的范围内。对改性沥青混合料及SMA混合料宜放慢至1~3m/min。当发现混合料出现明显的离析、波浪、裂缝、拖痕时,应分析原因,予以消除。

$$v=\frac{100Q}{60bh\gamma} \tag{4-3-2}$$

式中:v——摊铺机摊铺速度,m/min;

Q——沥青混合料供给能力,t/h;

h——压实后的摊铺厚度,cm;

b——摊铺宽度,m;

γ——沥青混合料压实后的密度,一般取2.35t/m^3。

(4)摊铺机应采用自动找平方式,下面层或基层宜采用钢丝绳引导的高程控制方式,上面层宜采用平衡梁或雪橇式摊铺厚度控制方式,中面层根据情况选用找平方式。直接接触式平衡梁的轮子不得沾附沥青。铺筑改性沥青或SMA路面时宜采用非接触式平衡梁。

(5)沥青路面施工的最低气温应符合现行施工技术规范的要求,寒冷季节遇大风降温,不能保证迅速压实时不得铺筑沥青混合料。

(6)沥青混合料的松铺系数应根据混合料类型由试铺试压确定。摊铺过程中应随时检查摊铺层厚度及路拱、横坡,并利用一个评定周期的沥青混合料总生产量、施工总面积、沥青混合料密度按式(4-3-3)校验该摊铺层的平均压实厚度:

$$H = \frac{\sum m_i}{Ad} \times 1\,000 \tag{4-3-3}$$

式中:H——该评定周期沥青路面摊铺层的平均施工压实厚度,mm;

m_i——每一盘沥青混合料的质量,i 为依次记录的盘次,$\sum m_i$ 为一个评定周期内沥青混合料的总生产量,t;

A——该评定周期沥青路面摊铺层的总面积,当遇有加宽等情况时,铺筑面积应按实际计算,m^2;

d——评定周期内摊铺层现场压实密度的平均值,由钻孔试件的干燥密度(即实验室标准密度乘以压实度)测定得到,t/m^3。

(7)摊铺机的螺旋布料器应相应于摊铺速度调整到保持一个稳定的速度均衡地转动,两侧应保持有不少于送料器2/3高度的混合料,以减少在摊铺过程中混合料的离析。

(8)用机械摊铺的混合料,不宜用人工反复修整。当不得不由人工做局部找补或更换混合料时,需仔细进行,特别严重的缺陷应整层铲除。

(9)在雨季铺筑沥青路面时,应加强与气象台(站)联系,已摊铺的沥青层因遇雨未行压实的应予铲除。

七、沥青混合料的压实及成型

压实是沥青路面施工的最后一道工序,良好的路面质量最终要通过碾压来体现。压实工作的主要内容包括碾压机械的选型与组合、压实层厚、压实温度、速度、遍数、压实方式的确定。

1. 碾压机械的选型与组合

目前,常用的压路机有静载作用光面钢轮压路机、轮胎压路机和振动压路机。应综合考虑摊铺机的生产率、混合料特性、摊铺厚度、施工现场的具体条件等因素,结合实际工程,选择压路机种类、大小和数量。高速公路铺筑双车道沥青路面的压路机数量不宜少于5台。施工气温低、风大、碾压层薄时,压路机数量应适当增加。

2. 压实层厚度控制

沥青混凝土的压实层最大厚度不宜大于100mm,沥青稳定碎石混合料的压实层厚度不宜大于120mm,但当采用大功率压路机且经试验证明能达到压实度时允许增大到150mm。

3. 压实温度控制

沥青混合料的碾压温度应符合表4-3-3的要求,并根据混合料种类、压路机、气温、层厚等情况经试压确定。在不产生严重推移和裂缝的前提下,初压、复压、终压都应在尽可能高的温度下进行。同时不得在低温状况下作反复碾压,使石料棱角磨损、压碎,破坏集料嵌挤。

4. 选择合理的碾压速度

合理的碾压速度,对减少碾压时间、提高作业效率有十分重要的意义。在施工中,压路机应以缓慢而均匀的速度碾压。压路机的碾压速度应符合表4-3-5的规定。

压路机碾压速度（km/h） 表4-3-5

压路机类型	初压		复压		终压	
	适宜	最大	适宜	最大	适宜	最大
钢筒式压路机	2~3	4	3~5	6	3~6	6
轮胎压路机	2~3	4	3~5	6	4~6	8
振动压路机	2~3 （静压或振动）	3 （静压或振动）	3~4.5 （振动）	5 （振动）	3~6 （静压）	6 （静压）

八、压实作业的要求

热拌沥青混合料的压实程序分为初压、复压、终压三道工序。

1. 初压

初压的目的是整平和稳定沥青混合料，同时为复压创造有利条件，因此要注意压实的平整性。初压应紧跟在摊铺机后碾压，并保持较短的初压区长度，以尽快使表面压实，减少热量散失。通常采用双轮6~15t钢筒式压路机（振动压路机关闭振动）静压1~2遍。碾压时应将压路机的驱动轮面向摊铺机，从外侧向中心碾压，在超高路段则由低向高碾压，在坡道上应将驱动轮从低处向高处碾压。相邻碾压带应重叠1/3~1/2轮宽，压完全幅为一遍。初压折返路线宜采用曲线方式，且减速进行。初压后应检查平整度、路拱，有严重缺陷时要进行修整乃至返工。

2. 复压

复压的目的是使沥青混合料密实、稳定、成型，混合料的密实程度取决于这道碾压工序，因此必须与初压紧密衔接，且不得随意停顿。压路机碾压段的总长度应尽量缩短，通常采用60~80m。采用不同型号的压路机组合碾压时宜安排每一台压路机做全幅碾压，防止不同部位的压实度不均匀。

密级配沥青混凝土的复压优先采用重型的轮胎压路机进行搓揉碾压，以增加密水性，其总质量不宜小于25t，每一个轮胎的压力不小于15kN。相临碾压带应重叠1/3~1/2碾压轮宽度，压完全幅为一遍。总的碾压遍数由试压确定，且不宜少于4遍。碾压至要求的压实度，且无显著轮迹为止。对粗集料为主的较大粒径的混合料，尤其是大粒径沥青稳定碎石基层，优先采用振动压路机复压。厚度小于30 mm的薄沥青层不宜采用振动压路机碾压。振动压路机的振动频率宜为35~50Hz，振幅宜为0.3~0.8mm。层厚较大时选用较小频率和较大振幅，以产生较大的激振力；层厚较薄时选用高频率和低振幅，以防止集料破碎。相邻碾压带重叠宽度为100~200mm。振动压路机折返时应先停止振动。当采用三轮钢筒式压路机时，总质量不宜小于12t，相邻碾压带宜重叠后轮的1/2宽度，并不应少于200mm。

对路面边缘、加宽及港湾式停车带等大型压路机难于碾压的部位，宜采用小型振动压路机或振动夯板作补充碾压。

3. 终压

终压的目的是消除轮迹，最后形成平整的压实面，因此该道工序不宜采用重型压路机在高温下完成。终压应紧接在复压后进行，终压可选用双轮钢筒式压路机或关闭振动的振动压路机碾压1~2遍，至无明显轮迹为止。如经复压后已无明显轮迹时可免去终压。

九、SMA 路面的压实作业要求

(1)除沥青用量较低,经试验证明采用轮胎压路机碾压有良好效果外,不宜采用轮胎压路机碾压,以防将沥青结合料搓揉挤压上浮。

(2)SMA 路面宜采用振动压路机或钢筒式压路机碾压。振动压路机应遵循"紧跟、慢压、高频、低幅"的原则,即紧跟在摊铺机后面,采取高频率、低振幅的方式慢速碾压。一般初压用 10t 钢筒式压路机紧跟摊铺机后碾压 1 ~ 2 遍,复压再静碾 3 ~ 4 遍或振动碾压 2 ~ 3 遍,最后用较宽的钢筒式压路机终压一遍即可,切忌过碾。如发现 SMA 混合料高温碾压有推拥现象,应复查其级配是否合适。

十、压实注意事项

(1)碾压轮在碾压过程中应保持清洁,有沥青混合料沾轮时应立即清除。对钢轮可涂刷隔离剂或防黏结剂,但严禁刷柴油。当采用向碾压轮喷水(可添加少量表面活性剂)的方式时,必须严格控制喷水量且成雾状,不得漫流,以防混合料降温过快。轮胎压路机开始碾压阶段,可适当烘烤、涂刷少量隔离剂或防黏结剂,也可少量喷水,并先到高温区碾压使轮胎尽快升温,之后停止洒水。轮胎压路机轮胎外围宜加设围裙保温。

(2)在碾压过程中,压路机每次应由两端折回的位置阶梯形的随摊铺机向前推进,使折回处不在同一横断面上。压路机不得在未碾压成型路段上转向、调头、加水或停留。在当天成型的路面上,不得停放各种机械设备或车辆,不得散落矿料、油料等杂物。

十一、接 缝 处 理

沥青路面的各种施工缝(包括纵缝、横缝、新旧路面的接缝等)处,往往由于压实不足,容易产生台阶、裂缝、松散等病害,影响路面的平整度和耐久性,施工时必须十分注意。

沥青路面的施工必须接缝紧密、连接平顺,不得产生明显的接缝离析。上、下层的纵缝应错开 150mm(热接缝)或 300mm(冷接缝)以上。相邻两幅及上、下层的横向接缝均应错开 1m 以上。

1. 纵向接缝施工要求

(1)摊铺时采用梯队作业的纵缝属于热接缝,其压实方法是:先摊铺部分留下 100 ~ 200 mm 宽暂不碾压,作为后续摊铺部分的基准面,待后续摊铺部分碾压时采用跨缝碾压以消除缝迹。

(2)当半幅施工或因特殊原因而产生纵向冷接缝时,宜采用加设挡板或加设切刀切齐,也可在沥青混合料尚未冷却前用镐刨除边缘留下毛茬的方式,但不宜在冷却后采用切割机做纵向切缝。加铺另半幅前应在接缝处涂刷少量沥青,摊铺时重叠在已铺层上 50 ~ 100mm,再铲走铺在前半幅上面的混合料。

冷接缝有两种碾压方法:第一种方法是压路机位于热混合料上,由边向中进行碾压,接缝处留下 100 ~ 150mm ,再做跨缝挤紧压实;第二种方法是在碾压开始时,压路机在已压实路面上行走,碾压新铺热混合料宽度为 150mm 左右,然后碾压新铺部分。

2. 横向接缝施工要求

(1)横向接缝的形式有斜接缝、阶梯形接缝和平接缝,如图 4-3-3 所示。

(2)横向接缝宜采用垂直的平接缝。高速公路和一级公路的表面层横向接缝应采用垂直的平接缝，以下各层和其他等级公路的各层均可采用自然碾压的斜接缝。沥青层较厚时也可采用阶梯形接缝。

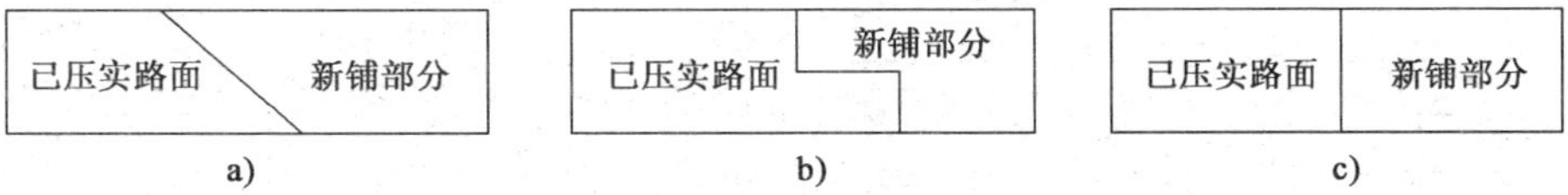

图4-3-3 横向接缝的形式

a）斜接缝；b）阶梯形接缝；c）平接缝

（3）斜接缝的搭接长度与层厚有关，宜为0.4～0.8m。搭接处应洒少量沥青，混合料中的粗集料颗粒应予剔除，并补上细料，搭接平整，充分压实。阶梯形接缝的台阶经铣刨而成，并洒黏层沥青，搭接长度不宜小于3m。

（4）平接缝应在沥青混合料尚未冷透时用凿岩机或人工垂直刨除端部层厚不足的部分，使工作缝成直角连接。当采用切割机制作平接缝时，宜在铺设当天混合料冷却但尚未结硬时进行。刨除或切割不得损伤下层路面。切割时留下的泥水必须冲洗干净，待干燥后涂刷黏层油。铺筑新混合料前应加热接茬使其软化，碾压开始时先用钢筒压路机进行横向碾压，可将压路机位于已压实的混合料层上，跨缝伸入新铺层宽150mm碾压，每压一遍向新铺混合料移动150～200mm，直至全部在新铺路面上为止。然后改为纵向碾压，此时应注意不要在横接缝上垂直碾压，以免引起新旧层错台。

十二、开 放 交 通

热拌沥青混合料路面应待摊铺层完全自然冷却、混合料表面温度低于50℃后，方可开放交通。需要提早开放交通时，可洒水冷却，降低混合料温度。

十三、沥青混合料路面铺筑过程中的质量控制

热拌沥青混合料路面在铺筑过程中必须随时对铺筑质量进行检查、评定，质量检查的内容、频度、允许偏差应符合表4-3-6的规定。

热拌沥青混合料路面施工过程中工程质量的控制标准 表4-3-6

项目		检查频度及单点检验评价方法	质量要求或允许偏差		试验方法或试验规程
			高速、一级公路	其他等级公路	
外观		随时	表面平整密实，不得有明显轮迹、裂缝、推挤、油丁、油包等缺陷，且无明显离析		目测
接缝		随时	紧密平整、顺直、无跳车		目测
		逐条缝检测评定	3mm	5mm	T 0931
施工温度	摊铺温度	逐车检测评定	符合规范规定		T 0981
	碾压温度	随时	符合规范规定		插入式温度计实测
厚度[①]	每一层次	随时，厚度50mm以下 厚度50mm以上	设计值的5% 设计值的8%	设计值的8% 设计值的10%	施工时插入法量测松铺厚度及压实厚度
	每一层次	1个台班区段的平均值 厚度50mm以下 厚度50mm以上	-3mm -5mm	—	总量检验法

项目		检查频度及单点检验评价方法	质量要求或允许偏差		试验方法或试验规程
			高速、一级公路	其他等级公路	
厚度①	总厚度	每2 000m²1点单点评定	设计值的 -5%	设计值的 -8%	T 0912
	上面层	每2 000m²1点单点评定	设计值的 -10%	设计值的 -10%	
压实度②		每2 000m² 检查1组，逐个试件评定并计算平均值	实验室标准密度的97%(98%) 最大理论密度的93%(94%) 试验段密度的99%(99%)		T 0924、T 0922及《公路沥青路面施工技术规范》(JTG F40—2004)附录E
平整度③(最大间隙)	上面层	随时，接缝处单杆评定	3mm	5mm	T 0931
	中下面层	随时，接缝处单杆评定	5mm	7mm	T 0931
平整度(标准差)	上面层	连续测定	1.2mm	2.5mm	T 0932
	中面层	连续测定	1.5mm	2.8mm	
	下面层	连续测定	1.8mm	3.0mm	
	基层	连续测定	2.4mm	3.5mm	
宽度	有侧石	检测每个断面	±20mm	±20mm	T 0911
	无侧石	检测每个断面	不小于设计宽度	不小于设计宽度	
纵断面高程		检测每个断面	±10mm	±15mm	T 0911
横坡度		检测每个断面	±0.3%	±0.5%	T 0911
沥青面层层面上的渗水系数④，不大于		每1km不少于5点，每点3处取平均值	300mL/min(普通密级配沥青混合料)；200mL/min(SMA混合料)		T 0971

注：①表中厚度检测频度指高速公路和一级公路的钻坑频度，其他等级公路可酌情减少状况，且通常采用压实度钻孔试件测定。上面层的允许误差不适用于磨耗层。

②压实度的检测见"技能训练1"。括号中的数值是对SMA路面的要求；对马歇尔成型试件采用50次或者35次击实的混合料，压实度应适当提高要求。

③3m直尺主要用于接缝检测，对正常生产路段，采用连续式平整度仪测定。

④渗水系数适用于公称最大粒径等于或小于19mm的沥青混合料，应在铺筑成型后未遭行车污染的情况下测定，且仅适用于要求密水的密级配沥青混合料、SMA混合料，不适用于OGFC混合料。表中渗水系数以平均值评定，计算的合格率不得小于90%。

1. 施工厚度的控制

沥青面层的厚度是沥青路面结构强度的基本保证，因此，沥青面层施工厚度的检测显得尤为重要。施工过程中厚度的检测应按以下方法进行，检测结果应相互校核，当差值较大时通常以总量检验为准。

(1)利用摊铺过程在线控制，即不断地用插尺或其他工具插入摊铺层测量松铺厚度。

(2)利用拌和厂沥青混合料总生产量与实际铺筑的面积计算平均厚度进行总量检验。

(3)当具有地质雷达等无破损检验设备时，可利用其连续检测路面厚度，但其测试精度需经标定认可。

(4)待路面完全冷却后，在钻孔检测压实度的同时测量沥青层的厚度。

2. 压实度的控制

沥青面层的压实度是指用规定方法采取的混合料试件毛体积密度与标准密度百分比。沥青混合料面层的压实度应采取重点对碾压工艺进行过程控制、适度钻孔抽检压实度的方法。

(1)碾压工艺的控制包括压路机的配置(台数、吨位及机型)、排列碾压方式、压路机与摊铺机的距离、碾压温度、碾压速度、压路机洒水(雾化)情况、碾压段长度、调头方式等。

(2)碾压过程中宜采用核子密度仪等无破损检测设备进行压实密度过程控制,测点随机选择,一组不少于13点,取平均值,与标定值或试验路段测定值比较评定。测定温度应与试验路段测定时一致,检测精度通过试验路段与钻孔试件标定。

(3)在路面完全冷却后,随机选点钻孔取样,如一次钻孔同时有多层沥青层时需用切割机切割,待试件充分干燥后(在第2天之后),分别测定密度。钻孔后应及时将孔中灰浆淘净,吸净余水,待干燥后以相同的沥青混合料分层填充夯实。为减少钻孔数量,有关施工、监理、监督各方宜合作进行钻孔检测,以避免重复钻孔。

(4)测试压实度的一组数据最少为3个钻孔试件,当一组检测的合格率小于60%,或平均值 $\bar{x}_3$ 小于要求的压实度时,可增加1倍检测点数。如6个测点的合格率小于60%,或平均值 $\bar{x}_6$ 仍然达不到压实度要求时,允许再增加1倍检测点数,要求其合格率大于60%,且 $\bar{x}_{12}$ 达到规定的压实度要求(注意记录所有数据不得遗弃)。如仍然不能满足要求,应核查标准密度的准确性,以确定是否需要返工以及返工的范围。

当所有钻孔试件检测的压实度持续稳定并符合要求时,钻孔频度可减少至每公里不少于1个孔。施工过程中钻孔的试件宜编号贴上标签予以保存,以备工程交工验收时使用。

3. 渗水情况检测

大气降水(雨、雪)通过路面孔隙或裂缝渗入沥青路面结构中,会导致基层软化、沥青面层开裂、松散等病害(水损害)。沥青路面的水损害不仅与沥青的化学性质、矿料的矿物成分有关,而且与面层的透水性(残留空隙率)密切相关。在多雨地区,应特别重视路面结构层的水稳定性和面层的透水性问题。沥青面层的透水性通常用路面渗水系数表示。路面渗水系数是指在规定的条件下,单位时间内渗入路面结构中水的体积,用 C_W 表示,单位为mL/min。

压实成型的沥青路面应按随机选点检测渗水情况,渗水系数的平均值宜符合表4-3-6的要求。如需要测定构造深度时,宜在测定渗水的同时在附近选点测定,记录实测结果。

4. 平整度控制

沥青面层的平整度关系到沥青路面的使用性能,施工过程中必须随时用3m直尺对接缝及与构造物的连接处进行平整度检测,正常路段的平整度采用连续式平整度仪或颠簸累积仪测定。

5. 外观检查

施工过程中应随时对沥青路面进行外观评定,尤其特别注意防止粗细集料的离析和沥青混合料温度不均匀,造成路面局部渗水严重或压实不足,酿成隐患。外观检查的主要项目包括色泽、油膜厚度、表面空隙等。

6. 施工动态质量管理

高速公路和一级公路沥青路面的施工,应利用计算机实行动态质量管理,计算平均值、极差、标准差、变异系数及各项指标的合格率。施工的关键工序或重要部位宜拍摄照片或进行录像,作为实态记录及保存资料的一部分。

十四、沥青混合料路面交工验收阶段质量检验

沥青混合料路面工程完工后,施工单位、工程监理单位和建设单位应按相同的工程项目划分进行工程质量的监控和管理。

施工单位应将全线以1~3km作为一个评定路段,每一侧车行道按规定频度随机选取测

点;对沥青面层进行全线自检,将单个测定值与规定的质量要求或允许偏差进行比较,计算合格率;然后计算一个评定路段的平均值、极差、标准差及变异系数。施工单位应在规定时间内提交全线检测结果及施工总结报告,申请交工验收。

下面结合《公路沥青路面施工技术规范》(JTG F40—2004)与《公路工程质量检验评定标准》(JTG F80/1—2004),介绍热拌沥青混合料路面交工验收阶段的基本要求和检查项目、检查频度、质量要求或允许偏差等内容。

1. 基本要求

(1)沥青混合料的矿料质量及矿料级配应符合设计要求和施工规范的规定。

(2)严格控制各种矿料和沥青用量,严格控制各种材料和沥青混合料的加热温度,沥青材料及混合料的各项指标应符合设计和施工规范要求。沥青混合料的生产,每日应做抽提试验、马歇尔稳定度试验。矿料级配、沥青含量、马歇尔稳定度等结果的合格率应不小于90%。

(3)拌和后的沥青混合料应均匀一致,无花白,无粗细料分离和结团成块现象。

(4)基层必须碾压密实,表面干燥、清洁、无浮土,其平整度和路拱度应符合要求。

(5)摊铺时应严格控制摊铺厚度和平整度,避免离析,注意控制摊铺和碾压温度,碾压至要求的密实度。

2. 质量检验评定标准

热拌沥青混合料路面交工验收阶段的检查项目、检查频度、质量要求或允许偏差等见表4-3-7。

沥青混凝土面层和沥青碎石面层实测项目 表4-3-7

项次	检查项目		规定值或允许偏差		检查方法和频率	权值
			高速公路、一级公路	其他公路		
1①	压实度(%)		试验室标准密度的96%(98%); 最大理论密度的92%(94%); 试验段密度的98%(99%)		按有关规定方法检查,每200m测1处	3
2	平整度	σ(mm)	1.2	2.5	平整度仪:全线每车道连续按每100m计算*IRI*或σ	2
		IRI(m/km)	2.0	4.2		
		最大间隙h(mm)	—	5	3m直尺:每200m测2处×10尺	
3	弯沉值(0.01mm)		符合设计要求		按评定标准规定方法检查	2
4	渗水系数		SMA路面200mL/min;其他沥青混凝土路面300mL/min	—	渗水试验仪:每200m测1处	2
5	抗滑	摩擦系数	符合设计要求	—	摆式仪:每200m测1处;摩擦系数测定车:全线连续	2
		构造深度			铺砂法:每200m测1处	
6②	厚度(mm)	代表值	总厚度:设计值的-8%; 上面层:设计值的-10%	-8%H	按评定标准规定方法检查,双车道每200m每车道1处	3
		合格值	总厚度:设计值的-10%; 上面层:设计值的-20%	-15%H		

续上表

项次	检 查 项 目		规定值或允许偏差		检查方法和频率	权值
			高速公路、一级公路	其他公路		
7	中线平面偏位(mm)		20	30	经纬仪:每200m测4点	1
8	纵断高程(mm)		±10	±15	水准仪:每200m测4断面	1
9	宽度(mm)	有侧石	±20	±30	尺量:每200m测4断面	1
		无侧石	不小于设计			
10	横坡(%)		±0.3	±0.5	水准仪:每200m测4处	1

注:①表内压实度可选用其中的1个或2个标准,选用2个标准时,以合格率低的作为评定结果。括号内是指SMA路面,其他为普通沥青混凝土路面。

②表列厚度仅规定负允许偏差。其他公路的厚度代表值和合格值允许偏差按总厚度计,当总厚度≤60mm时,允许偏差分别为-5mm和-10mm;总厚度>60mm时,允许偏差分别为-8%和-15%。H为总厚度(mm)。

3.外观鉴定

(1)表面应平整密实,不应有泛油、松散、裂缝和明显离析等现象。对于高速公路和一级公路,有上述缺陷的面积(凡属单条的裂缝,则按其实际长度乘以0.2m宽度折算成面积)之和不得超过受检面积的0.03%,其他公路不得超过0.05%。不符合要求时每超过0.03%或0.05%减2分。半刚性基层的反射裂缝可不计作施工缺陷,但应及时进行灌缝处理。

(2)搭接处应紧密、平顺,熨缝不应枯焦。不符合要求时,累计每10m长减1分。

(3)面层与路缘石及其他构筑物应密贴接顺,不得有积水或漏水现象。不符合要求时,每一处减1~2分。

十五、沥青混合料路面施工中的异常现象

(1)每天拌和的第一盘沥青混合料易出现废料:主要原因是拌和设备刚开始启动,集料和沥青预加热没有达到规定的温度。解决措施是适当减少进入烘干筒的材料数量和提高开始时火焰温度,保证在开机时粗、细集料和沥青的加热温度略高于规定值。

(2)热仓料出现超尺寸颗粒:主要原因可能是最大筛孔的振动筛破损或振动筛上超尺寸颗粒从边框空隙落到下层筛网。有时也极易造成"油包"等现象。解决措施是检查振动筛,调整冷料仓上料速度。

(3)出现花白料:主要原因可能是料温偏低、拌和时间偏短或吸尘不理想,无形中造成填充料的量偏多。解决的办法是根据检查确定的原因或升高集料加热温度,或增加拌和时间,或减少矿粉用量。

(4)枯料:原因可能是原材料中细集料的含水率偏大,造成在烘干筒中细集料加热温度达到规定值,而粗集料的温度大大超过了规定值。避免料场中细集料受雨淋,对于含水率大于7%的细集料不允许使用。

(5)没有色泽:主要原因是沥青加热温度过高,一般的石油沥青当温度超过180℃时,沥青极易老化。解决措施是控制沥青的加热温度到施工规定的温度界限内。

(6)矿料颗粒形成明显变化:引起的原因可能是冷料颗粒组成发生了大变化或振动筛网上热料过多,来不及正常筛分就进入热料仓,最终导致热料仓中集料颗粒组成发生了大的变化。检查原因,或采取相应的措施,或经试验重新确定混合料配合比。

(7)混合料离析现象:沥青混合料的离析(主要是粗集料或细集料分别过于集中)一般分

为集料离析和温度离析两种，从路表面看有片状的也有条状的。这是造成沥青混合料不均匀性的一个主要原因。产生离析的原因较多，概括起来主要有混合料的级配、拌和机械施工情况、装料和运输途中情况、摊铺碾压情况等因素，每一个施工环节都可能造成离析。摊铺机摊铺后出现离析现象时，可适当地采用人工补撒的方法予以补救。

（8）摊铺后沥青层表面异常现象：在摊铺层表面有时可看到个别超尺寸颗粒被熨平板带动形成的或长或短的小沟。在摊铺层表面有少数超尺寸颗粒因被熨平板带动而在其后面形成小坑洞。消除这类缺陷的根本办法是分析拌和场超尺寸颗粒进入混合料的原因：可能是热料二次筛分用的最大筛孔尺寸偏大，也可能是最大筛孔尺寸的筛网有破洞或其周边有较大缝隙所致。出现这类问题时，可采用人工及时补撒适量的细集料予以消除。

十六、参考案例分析报告——沥青混合料路面“离析”现象分析报告（表4-3-8）

沥青混合料路面“离析”现象分析报告　　表4-3-8

项目名称	某高速公路沥青混凝土路面
背景材料	沥青混凝土路面，上面层为4cm SMA-13，中面层为6cm AC-20，下面层为7cm AC-25，基层采用35cm二灰碎石，底基层采用二灰土，基层顶面按两次洒布工艺做一层下封层；沥青面层严格按照规范进行了三阶段配合比设计
质量问题	当年10～12月份施工的沥青下面层，在第2年2～3月检查时，发现有局部离析现象，尤其在下雨天或雨刚停时，主要呈现为块状离析和条带状离析，即表面粗料较多，细料较少，粗细料分布不够均匀，如下图所示；由于沥青路面离析会严重影响沥青路面水稳定性和抗变形能力，因此要处理
现场图片	
调查结果	经调查，将离析现象分为三类：第一类，芯样表面离析，但较密实，倒水检查时不渗漏；第二类，芯样表面离析，内部有小孔隙，倒水检查时基本上不渗漏；第三类，芯样内部空隙较多、倒水检查时很快渗漏
原因分析	①集料离析：从贮料罐向运输车里输送时；运输车里的混合料卸向摊铺机时；收斗离析； ②温度离析：运料汽车周边混合料的温度会大大低于混合料中部的温度，出现温度离析；向摊铺机卸料时
处理建议	①属于第一类情况，只是表面现象，内部不离析，直接在中面层表面喷洒乳化沥青黏层油； ②第二类情况，对芯样做压实度检验，检验合格的，用第一类处理方法；不合格则用切割机按标出的范围垂直切至基层表面，用集中拌和的沥青混凝土混合料人工摊铺； ③第三类情况，全部用切割机切除后，重新补以新拌沥青混合料碾压密实； 所有离析段处理完毕后，经有关部门检测，质量满足规范要求
经验总结	①生产过程中供料均衡； ②严格控制混合料级配； ③保证摊铺机摊铺速度2～2.5m/min；摊铺机料位适当调高，防止送料不均衡；熨平板振幅频调整为4～6级，增加初始压实度；每车料卸完，尽量及早收起料斗； ④拌和后的混合料必须使用储料仓，严格控制碾压温度及混合料温度的均匀性； ⑤实行摊铺质量的动态控制
新技术方案	沥青混合料转运车，有效解决离析现象

工作任务四　沥青贯入式结构层施工

一、一般规定

(1)沥青贯入式路面适用于三级及三级以下公路，也可作为沥青路面的联结层或基层。

(2)沥青贯入式路面的厚度宜为4~8cm，但乳化沥青贯入式路面的厚度不宜超过5cm。当贯入层上部加铺拌和的沥青混合料面层成为上拌下贯式路面时，拌和层的厚度宜不小于1.5cm。

(3)沥青贯入式路面的最上层应撒布封层料或加铺拌和层。沥青贯入层作为联结层使用时，可不撒表面封层料。

(4)沥青贯入式路面宜选择在干燥和较热的季节施工，并宜在日最高温度降低至15℃以前半个月结束，使贯入式结构层通过开放交通碾压成型。

二、材料规格和用量

1. 沥青贯入式路面的集料

沥青贯入层的集料应选择有棱角、嵌挤性好的坚硬石料，其规格和用量宜根据贯入层厚度按表4-4-1选用，上拌下贯式路面的材料规格和用量按表4-4-2选用。当使用破碎砾石时，其破碎面应符合现行的《公路沥青路面施工技术规范》(JTG F40—2004)要求。沥青贯入层主层集料中大于粒径范围中值的数量不宜少于50%。表面不加铺拌和层的贯入式路面在施工结束后每1 000m^2宜另备2~3m^3与最后一层嵌缝料规格相同的细集料等供初期养护使用。主层集料最大粒径宜与贯入层厚度相当。当采用乳化沥青时，主层集料最大粒径可采用厚度的0.8~0.85，数量宜按压实系数1.25~1.30计算。

2. 沥青贯入层的结合料

沥青贯入层的结合料可采用道路石油沥青、煤沥青或乳化沥青，用量应按表4-4-1、表4-4-2选用，沥青标号按现行施工技术规范要求选用。

沥青贯入式路面材料规格和用量

(用量单位：集料，m^3/1 000m^2；沥青及沥青乳液，kg/m^2)　　表4-4-1

沥青品种	石油沥青					
厚度(cm)	4		5		6	
规格和用量	规格	用量	规格	用量	规格	用量
封层料	S14	3~5	S14	3~5	S13(S14)	4~6
第三遍沥青		1.0~1.2		1.0~1.2		1.0~1.2
第二遍嵌缝料	S12	6~7	S11(S10)	10~12	S11(S10)	10~12
第二遍沥青		1.6~1.8		1.8~2.0		2.0~2.2
第一遍嵌缝料	S10(S9)	12~14	S8	16~18	S8(S6)	16~18
第一遍沥青		1.8~2.1		2.4~2.6		2.8~3.0
主层石料	S5	45~50	S4	55~60	S3(S4)	66~76
沥青总用量	4.4~5.1		5.2~5.8		5.8~6.4	

沥青品种	石油沥青				乳化沥青			
厚度(cm)	7		8		4		5	
封层料	S13(S14)	4~6	S13(S14)	4~6	S13(S14)	4~6	S14	4~6

续上表

沥青品种	石油沥青				乳化沥青			
第五遍沥青								0.8~1.0
第四遍嵌缝料							S14	5~6
第四遍沥青					S14	0.8~1.0		1.2~1.4
第三遍嵌缝料						5~6	S12	7~9
第三遍沥青		1.0~1.2		1.0~1.2	S12	1.4~1.6		1.5~1.7
第二遍嵌缝料	S10(S11)	11~13	S10(S11)	11~13		7~8	S10	9~11
第二遍沥青		2.4~2.6		2.6~2.8	S9	1.6~1.8		1.6~1.8
第一遍嵌缝料		18~20	S6(S8)	20~22		12~14	S3	10~12
第一遍沥青	S6(S8)	3.3~3.5		4.0~4.2	S5	2.2~2.4		2.6~2.8
主层石料	S3	80~90	S1(S2)	95~100		40~45	S4	50~55
沥青总用量	6.7~7.3		7.6~8.2		6.0~6.8		7.4~8.5	

注:1. 煤沥青贯入式的沥青用量可较石油沥青用量增加15%~20%。

2. 表中乳化沥青是指乳液的用量,并适用于乳液浓度约为60%的情况,如果浓度不同,用量应予换算。

3. 在高寒地区及干旱风沙大的地区,可超出高限,再增加5%~10%。

上拌下贯式路面的材料规格和用量

（用量单位:集料,$m^3/1\,000m^2$;沥青及沥青乳液,kg/m^2） 表4-4-2

沥青品种	石油沥青					
厚度(cm)	4		5		6	
规格和用量	规格	用量	规格	用量	规格	用量
第二遍嵌缝料	S12	5~6	S12(S11)	7~9	S12(S11)	7~9
第二遍沥青		1.4~1.6		1.6~1.8		1.6~1.8
第一遍嵌缝料	S10(S9)	12~14	S8	16~18	S8(S7)	16~18
第一遍沥青		2.0~2.3		2.6~2.8		3.2~3.4
主层石料	S5	45~50	S4	55~60	S3(S2)	66~76
沥青总用量	3.4~3.9		4.2~4.6		4.8~5.2	

沥青品种	石油沥青		乳化沥青			
厚度(cm)	7		5		6	
规格和用量	规格	用量	规格	用量	规格	用量
第四遍嵌缝料					S14	4~6
第四遍沥青						1.3~1.5
第三遍嵌缝料			S14	4~6	S12	8~10
第三遍沥青				1.4~1.6		1.4~1.6
第二遍嵌缝料	S10(S11)	8~10	S12	9~10	S9	8~12
第二遍沥青		1.7~1.9		1.8~2.0		1.5~1.7
第一遍嵌缝料	S6(S8)	18~20	S8	15~17	S6	24~26
第一遍沥青		4.0~4.2		2.5~2.7		2.4~2.6
主层石料	S2(S3)	80~90	S4	50~55	S3	50~55
沥青总用量	5.7~6.1		5.9~6.2		6.7~7.2	

注:1. 煤沥青贯入式的沥青用量可较石油沥青用量增加15%~20%。

2. 表中乳化沥青是指乳液的用量,并适用于乳液浓度约为60%的情况。

3. 在高寒地区及干旱风沙大的地区,可超出高限,再增加5%~10%。

4. 表面加铺拌和层部分的材料规格及沥青(或乳化沥青)用量按热拌沥青混合料(或乳化沥青碎石混合料路面)的有关规定执行。

3. 材料规格和用量

贯入式路面各层分次沥青用量应根据施工气温及沥青标号等在规定范围内选用。在寒冷地带或当施工季节气温较低、沥青针入度较小时，沥青用量宜用高限。在低温潮湿气候下用乳化沥青贯入时，应按乳液总用量不变的原则进行调整，上层较正常情况适当增加，下层较正常情况适当减少。

三、施工程序与施工技术要点

1. 施工工艺流程

贯入式路面施工工艺流程如下（实际施工时根据撒布嵌缝料和洒布沥青的遍数予以调整）：

清扫基层→喷洒透层或黏层沥青（乳化沥青贯入式或沥青贯入式厚度小于5cm）→摊铺主层矿料→碾压→洒布第一遍沥青→撒布第一遍嵌缝料→碾压→洒布第二遍沥青→撒布第二遍嵌缝料→碾压→洒布第三遍沥青→撒封层料→碾压→初期养护。

2. 施工技术要点

“喷洒透层或黏层沥青施工”在工作任务五中学习。

(1)摊铺主层矿料：采用碎石摊铺机、平地机或人工摊铺主层集料。铺筑后严禁车辆通行。

(2)碾压主层集料：撒布后应采用6～8t的轻型钢筒式压路机自路两侧向路中心碾压，碾压速度宜为2km/h，每次轮迹重叠约30cm，碾压一遍后检验路拱和纵向坡度，当不符合要求时，应调整找平后再压。然后用重型的钢轮压路机碾压，每次轮迹重叠轮宽的1/2左右，宜碾压4～6遍，直至主层集料嵌挤稳定，无显著轮迹为止。

(3)浇洒第一层沥青：浇洒方法与沥青表面处治施工相同。采用乳化沥青贯入时，为防止乳液下漏过多，可在主层集料碾压稳定后，先撒布一部分上一层嵌缝料，再浇洒主层沥青。

(4)撒布第一层嵌缝料：采用集料撒布机或人工撒布，撒布后尽量扫匀，不足处应找补。当使用乳化沥青时，石料撒布必须在乳液破乳前完成。

(5)碾压第一层嵌缝料：立即用8～12t钢筒式压路机碾压嵌缝料，轮迹重叠轮宽的1/2左右，宜碾压4～6遍，直至稳定为止。碾压时随压随扫，使嵌缝料均匀嵌入。因气温较高使碾压过程中发生较大推移现象时，应立即停止碾压，待气温稍低时再继续碾压。

(6)按上述方法浇洒第二层沥青、撒布第二层嵌缝料，然后碾压，再浇洒第三层沥青。

(7)按撒布嵌缝料方法撒布封层料。

(8)采用6～8t压路机做最后碾压，宜碾压2～4遍，然后开放交通。

沥青贯入式路面开放交通后应按现行施工技术规范的要求控制交通，作初期养护。

四、沥青贯入式路面施工过程中的质量控制

沥青贯入式路面施工过程中质量检查的内容、频度、允许偏差应符合表4-4-3的规定。

沥青贯入式路面施工过程中工程质量的控制标准 表4-4-3

项　目	检查频度及单点检验评价方法	质量要求或允许偏差	试验方法或试验规程
外观	随时	集料嵌挤密实，沥青撒布均匀，无花白料，接头无油包	目测

续上表

项　　目	检查频度及单点检验评价方法	质量要求或允许偏差	试验方法或试验规程
集料及沥青用量	每日1次,总量评定	±10%	每日施工长度的实际用量与计划用量比较,T 0982
沥青洒布温度	每车1次,逐点评定	符合施工技术规范规定	温度计测量
厚度	每2 000m^2 1点,逐点评定	−5mm或设计厚度−8%	T 0912
平整度(最大间隙)	随时,以连续10尺的平均值评定	8mm	T 0931
宽度	检测每个断面	±30mm	T 0911
横坡度	检测每个断面	±0.5%	T 0911

五、沥青贯入式路面交工验收阶段的质量检验

1. 基本要求

(1)沥青材料的各项指标应符合设计要求和施工规范。

(2)各种材料的规格和用量应符合设计要求和施工规范,上拌沥青混凝土混合料每日应做抽提试验和马歇尔稳定度试验。

(3)碎石层必须平整坚实,嵌挤稳定,沥青贯入应深透,浇洒应均匀,不得污染其他构筑物。

(4)嵌缝料必须趁热撒铺,扫料均匀,不应有重叠现象。

(5)上层采用拌和料时,混合料应均匀一致,无花白和粗细分离现象,摊铺平整,接茬平顺,及时碾压密实。

(6)沥青贯入式面层施工前,应先做好路面结构层与路肩的排水。

2. 质量检验评定标准

沥青贯入式路面交工验收阶段的检查项目、检查频度、质量要求或允许偏差等见表4-4-4。

沥青贯入式面层(或上拌下贯式面层)实测项目　　表4-4-4

项次	检查项目		规定值或允许偏差	检查方法和频率	权值
1	平整度	σ(mm) IRI(m/km)	3.5 5.8	平整度仪:全线每车道连续按每100m计算IRI或σ	3
		最大间隙h(mm)	8	3m直尺:每200m测2处×10尺	
2	弯沉值(0.01mm)		符合设计要求	按有关规定方法检查	2
3①	厚度(mm)	代表值	−8%H或−5mm	按有关规定方法检查,每200m每车道1处	3
		合格值	−15%H或−10mm		
4②	沥青用量(kg/m^2)		±0.5%	每工作日每层洒布查1次	3
5	中线平面偏位(mm)		30	经纬仪:每200m测4点	1
6	纵断高程(mm)		±20	水准仪:每200m测4个断面	2
7	宽度(mm)	有侧石	±30	尺量:每200m测4处	2
		无侧石	不小于设计		
8	横坡(%)		±0.5	水准仪:每200m测4个断面	2

注:①当设计厚度≥60mm时,按厚度百分率控制;当设计厚度<60mm时,按厚度不足的毫米数控制。H为厚度(mm)。

②沥青总用量按《公路路基路面现场测试规程》(JTG E60—2008)中T 0892的方法,每工作日每层洒布沥青检查1次,并计算同一路段的单位面积的总沥青用量。

3. 外观鉴定

(1)表面应平整密实,不应有松散、裂缝、油包、油丁、波浪、泛油等现象,有上述缺陷的面积之和不超过受检面积的0.2%。不符合要求时,每超过0.2%减2分。

(2)表面无明显碾压轮迹。不符合要求时,每处减1~2分。

(3)面层与路缘石及其他构筑物应密贴接顺,无积水现象。不符合要求时,每一处减1~2分。

工作任务五　沥青表面处治与功能层施工

一、一 般 规 定

(1)沥青表面处治适用于三级及三级以下公路的沥青面层。各种封层适用于加铺薄层罩面、磨耗层、水泥混凝土路面上的应力缓冲层、各种防水和密水层、预防性养护罩面层。

(2)沥青表面处治与封层宜选择在干燥和较热的季节施工,并在最高温度低于15℃到来以前半个月及雨季前结束。

二、层铺法沥青表面处治施工

1. 材料规格与用量

沥青表面处治可采用道路石油沥青、乳化沥青、煤沥青铺筑,沥青标号应按现行施工技术规范相关规定选用。沥青表面处治的集料最大粒径应与处治层的厚度相等,其规格和用量宜按表4-5-1选用;沥青表面处治施工后,应在路侧另备S12(5~10mm)碎石或S14(3~5mm)石屑、粗砂或小砾石2~3m^3/1 000m^2作为初期养护用料。

沥青表面处治材料规格和用量　　表4-5-1

沥青种类	类型	厚度(mm)	集料(m^3/1 000m^2)			沥青或乳液用量(kg/m^2)			
			第一层	第二层	第三层	第一次	第二次	第三次	合计用量
			规格、用量	规格、用量	规格、用量				
石油沥青	单层	1.0 1.5	S12、7~9 S10、12~14			1.0~1.2 1.4~1.6			1.0~1.2 1.4~1.6
	双层	1.5 2.0 2.5	S10、12~14 S9、16~18 S8、18~20	S12、7~8 S12、7~8 S12、7~8		1.4~1.6 1.6~1.8 1.8~2.0	1.0~1.2 1.0~1.2 1.0~1.2		2.4~2.8 2.6~3.0 2.8~3.2
	三层	2.5 3.0	S8、18~20 S6、20~22	S12、12~14 S12、12~14	S12、7~8 S12、7~8	1.6~1.8 1.8~2.0	1.2~1.4 1.2~1.4	1.0~1.2 1.0~1.2	3.8~4.4 4.0~4.6
乳化沥青	单层	0.5	S14、7~9			0.9~1.0			0.9~1.0
	双层	1.0	S12、9~11	S14、4~6		1.8~2.0	1.0~1.2		2.8~3.2
	三层	3.0	S6、20~22	S10、9~11	S12、4~6 S14、3.5~4.5	2.0~22	1.8~2.0	1.0~1.2	4.8~5.4

注:1. 煤沥青表面处治的沥青用量可比石油沥青用量增加15%~20%。

2. 表中的乳液用量按乳化沥青的蒸发残留物含量60%计算,如沥青含量不同应予折算。

3. 在高寒地区及干旱风沙大的地区,可超出高限5%~10%。

2. 施工工艺及技术要点

下面以三层式沥青表面处治为例来说明层铺法沥青表面处治的施工工艺及技术要点。

(1)清扫基层、喷洒透层油;在清扫干净的碎(砾)石路面上或各类基层上铺筑沥青表面处治时,应喷洒透层油。在旧沥青路面、水泥混凝土路面、块石路面上铺筑沥青表面处治路面时,可在第一层沥青用量中增加10% ~20%,不再另洒透层油或黏层油。

(2)洒布第一层沥青:施工时应采用沥青洒布车喷洒沥青。其洒布长度应与矿料撒布能力相协调。沥青要洒布均匀,当发现洒布沥青后有空白、缺边时,应立即用人工补洒,有积聚时应立即刮除。洒布设备的喷嘴应适用于沥青的稠度,确保能成雾状,与洒油管成15° ~25°的夹角,洒油管的高度应使同一地点接受2 ~3 个喷油嘴喷洒的沥青,不得出现花白条。

沥青洒布温度应根据施工气温以及沥青标号确定,一般情况下,石油沥青宜为130 ~170℃,煤沥青宜为80 ~120℃,乳化沥青宜在常温下洒布。加温洒布的乳液温度不得超过60℃。前后两车喷洒的接茬处用铁板或建筑纸铺1 ~1.5m,使搭接良好。分几幅浇洒时,纵向搭接宽度宜为100 ~150mm。洒布第二、三层沥青的搭接缝应错开。

(3)铺撒第一层矿料:洒布主层沥青后应立即用集料撒布机或人工撒布第一层主集料。撒布集料后应及时扫匀,达到全面覆盖、厚度一致、集料不重叠、也不露出沥青的要求。局部有缺料时适当找补,积料过多的将多余集料扫出。两幅搭接处,第一幅洒布沥青应暂留100 ~150mm 宽度不撒布石料,待第二幅一起撒布。

(4)碾压:撒布主集料后,不必等全段撒布完,立即用6 ~8t 钢筒双轮压路机从路边向路中心碾压3 ~4 遍,每次轮迹重叠约300mm。碾压速度开始不宜超过2km/h,以后可适当增加。

(5)第二、三层的施工方法和要求应与第一层相同,但可以采用8t 以上的压路机碾压。

(6)初期养护:沥青表面处治施工后,应进行初期养护。当发现有泛油时,应在泛油部位补撒与最后一层矿料规格相同的嵌缝料并扫匀;当有过多的浮动矿料时,应扫出路外。

3. 注意事项

(1)双层式或单层式沥青表面处治浇洒沥青及撒布集料的次数相应减少。

(2)喷洒沥青材料时应对道路人工构造物、路缘石等外露部分作防污染遮盖。

(3)沥青表面处治施工应确保各工序紧密衔接,每个作业段长度应根据施工能力确定,并在当天完成。人工撒布集料时应等距离划分段落备料。

(4)除乳化沥青表面处治应待破乳、水分蒸发并基本成型后方可通车外,沥青表面处治在碾压结束后即可开放交通,并通过开放交通补充压实,成型稳定。在通车初期应设专人指挥交通或设置障碍物控制行车,限制行车速度不超过20km/h,严禁畜力车及铁轮车行驶,使路面全部宽度均匀压实。

三、封 层 施 工

1. 上封层与下封层技术要求

1)上封层技术要求

(1)根据情况可选择乳化沥青稀浆封层、微表处、改性沥青集料封层、薄层磨耗层或其他适宜的材料。

(2)上封层的下卧层必须彻底清扫干净,对车辙、坑槽、裂缝进行处理或挖补。

(3)上封层的类型应根据使用目的、路面的破损程度选用:①裂缝较细、较密的可采用涂洒类密封剂、软化再生剂等涂刷罩面；②对二级及二级以下公路的旧沥青路面可以采用普通的乳化沥青稀浆封层，也可在喷洒道路石油沥青后撒布石屑（砂）后碾压作封层；③对高速公路、一级公路有轻微损坏的宜铺筑微表处；④对用于改善抗滑性能的上封层可采用稀浆封层、微表处或改性沥青集料封层。

2）下封层技术要求

（1）多雨潮湿地区的高速公路、一级公路的沥青面层空隙率较大，有严重渗水可能，或铺筑基层不能及时铺筑沥青面层而需通行车辆时，宜在喷洒透层油后铺筑下封层。

（2）下封层宜采用层铺法表面处治或稀浆封层法施工。稀浆封层可采用乳化沥青或改性乳化沥青作结合料。下封层的厚度不宜小于6mm，且做到完全密水。

（3）以层铺法沥青表面处治铺筑下封层时，通常采用单层式，表4-5-1中的矿料用量宜为5～8m^3/1 000m^2，沥青用量可采用要求范围的中高限。

2. 稀浆封层与微表处施工技术要点

1）适用情况

微表处主要用于高速公路及一级公路的预防性养护以及填补轻度车辙，也适用于新建公路的抗滑磨耗层。稀浆封层一般用于二级及二级以下公路的预防性养护，也适用于新建公路的下封层。

2）对材料的要求

（1）沥青：微表处必须采用改性乳化沥青，稀浆封层可采用普通乳化沥青或改性乳化沥青，其品种和质量应符合现行《公路沥青路面施工技术规范》（JTG F40—2004）的要求。

（2）集料：稀浆封层和微表处应选择坚硬、粗糙、耐磨、洁净的集料。各项性能应符合现行施工技术规范的要求。其中微表处用通过4.75mm筛的合成矿料的砂当量不得低于65%，稀浆封层用通过4.75mm筛的合成矿料的砂当量不得低于50%。当用于抗滑表层时，还应符合现行施工技术规范对磨光值的要求。细集料宜采用碱性石料生产的机制砂或洁净的石屑。对集料中的超粒径颗粒必须筛除。

（3）矿料级配：根据铺筑厚度、处治目的、公路等级等条件，按照现行施工技术规范的规定选用合适的矿料级配。

（4）混合料：稀浆封层和微表处的混合料中乳化沥青及改性乳化沥青的用量应通过配合比设计确定。混合料的质量应符合现行施工技术规范的技术要求。

3）施工要点

（1）下承层的准备：稀浆封层和微表处施工前，应彻底清除原路面的泥土、杂物，修补坑槽、凹陷，较宽的裂缝宜清理灌缝。在水泥混凝土路面上铺筑微表处时宜洒布黏层油，过于光滑的表面需拉毛处理。

（2）混合料拌制：混合料的拌制宜采用拌和厂机械拌和的方式。当采用阳离子乳化沥青拌和时，宜先用水使集料湿润，若湿润后仍难于与乳液拌和均匀时，应改用破乳速度更慢的乳液，或用1%～3%浓度的氯化钙水溶液代替水润湿集料表面。混合料适宜的拌和时间应根据实际情况调节并通过试拌确定，矿料中加进乳液后的机械拌和时间不宜超过30s，人工拌和时间不宜超过60s。

（3）混合料摊铺：稀浆封层和微表处必须使用专用的摊铺机进行摊铺。单层微表处适用于旧路面车辙深度不大于15mm的情况，超过15mm的必须分两层铺筑，或先用V字形车辙摊铺箱摊铺，深度大于40mm时不适宜微表处处理。

(4)接缝处理：稀浆封层和微表处两幅纵缝搭接的宽度不宜超过80mm，横向接缝宜做成对接缝。分两层摊铺时，第一层摊铺后至少应开放交通24h后方可进行第二层摊铺。

(5)施工气温控制：稀浆封层和微表处的最低施工温度不得低于10℃，严禁在雨天施工，摊铺后尚未成型混合料遇雨时应予铲除。

(6)施工过程质量控制：稀浆封层和微表处铺筑后的表面不得有超粒径料拖拉的严重划痕，横向接缝和纵向接缝处不得出现余料堆积或缺料现象，用3m直尺测量接缝处的不平整度不得大于6mm。对微表处不得有横向波浪和深度超过6mm的纵向条纹。经养生和初期交通碾压稳定的稀浆封层和微表处，在行车作用下应不飞散且完全密水。

3. 沥青同步碎石封层施工技术要点

沥青同步碎石封层即用同步碎石封层车将沥青与一定规格、干净的碎石同步喷洒在原路面上，经过胶轮碾压机和行驶车辆的自然碾压，形成一种以沥青为结合料的碎石封层（磨耗层）。与传统的碎石封层相比，其主要的特点有：良好的防滑性、防水性、对原路面病害的修复作用好、施工工期短、施工工艺简单、实用性强、应用范围广，同时降低了道路养护成本。

1)施工工艺流程

沥青同步碎石封层的施工工艺流程如下：

原有旧路面的处理→施工材料的准备→沥青同步碎石封层车现场喷洒→胶轮压路机碾压→开放交通→清扫路面、回收剩余集料。

2)施工技术要点

(1)封层前要对原路面进行认真清扫，作业过程中应保证足够数量的胶轮压路机，以便在沥青温度降低之前或乳化沥青破乳后能及时完成碾压工序。另外，封层后即可通车，但在初期应限制车速，待2h后可完全开放交通，从而防止快速行车造成石子飞溅。

(2)使用改性沥青作为黏结料时，为保证雾状喷洒而形成均匀、等厚度的沥青膜，必须保证沥青的温度在160～170℃范围内。

(3)同步碎石封层车的喷油嘴高度不同，所形成的沥青膜厚度会不同（因为各个喷嘴喷出的扇形雾状沥青重叠情况不同），通过调整喷嘴高度使得沥青膜的厚度符合要求。

(4)同步碎石封层车应以适宜的速度均匀行驶，在此前提下石料和黏结料两者的撒布率必须匹配。

(5)作为表面处治层或磨耗层的碎石封层，其使用条件是原路面平整度和强度满足要求。

四、透层与黏层施工技术要点

1. 透层施工技术要点

1)材料规格和用量

透层油的材料根据基层类型选择渗透性好的液体沥青、乳化沥青、煤沥青。透层油的黏度通过调节稀释剂的用量或乳化沥青的浓度得到适宜的黏度，基质沥青的针入度通常宜不小于100。透层用乳化沥青的蒸发残留物含量允许根据渗透情况适当调整，当使用成品乳化沥青时，可通过稀释得到要求的黏度。透层用液体沥青的黏度通过调节煤油或轻柴油等稀释剂的品种和掺量经试验确定。透层油的质量应符合规范的要求。透层油的用量应通过试洒确定，不宜超出表4-5-2要求的范围。

2)施工技术要求

(1)气温低于10℃或大风、即将降雨时不得喷洒透层油。

沥青路面透层材料的规格和用量表　　表 4-5-2

用途	液体沥青		乳化沥青		煤沥青	
	规格	用量(L/m^2)	规格	用量(L/m^2)	规格	用量(L/m^2)
无结合料粒料基层	AL(M)-1、2 或 3 AL(S)-1、2 或 3	1.0～2.3	PC-2 PA-2	1.0～2.0	T-1 T-2	1.0～1.5
半刚性基层	AL(M)-1 或 2 AL(S)-1 或 2	0.6～1.5	PC-2 PA-2	0.7～1.5	T-1 T-2	0.7～1.0

注:表中用量是指包括稀释剂和水分等在内的液体沥青、乳化沥青的总量。乳化沥青中的残留物含量以 50% 为基准。

(2)在无结合料粒料基层上洒布透层油时,宜在铺筑沥青层前 1～2d 洒布。而用于半刚性基层的透层油宜紧接在基层碾压成型后表面稍变干燥、但尚未硬化的情况下喷洒。

(3)喷洒透层油前应清扫路面,遮挡防护路缘石及人工构造物避免污染。

(4)透层油宜采用沥青洒布车一次喷洒均匀,使用的喷嘴宜根据透层油的种类和黏度选择并保证均匀喷洒,沥青洒布车喷洒不均匀时宜改用手工沥青洒布机喷洒。透层油洒布不均匀,有花白遗漏的应人工补洒,喷洒过量的立即撒布石屑或砂吸油,必要时作适当碾压。透层油洒布后不得在表面形成能被运料车和摊铺机沾起的油皮,透层油达不到渗透深度要求时,应更换透层油稠度或品种。

(5)透层油洒布后的养生时间随透层油的品种和气候条件由试验确定,确保液体沥青中的稀释剂全部挥发,乳化沥青渗透且水分蒸发,然后尽早铺筑沥青面层,防止工程车辆损坏透层。

(6)喷洒后通过钻孔或挖掘确认透层油渗透入基层的深度宜不小于 5(无机结合料稳定集料基层)～10mm(无结合料基层),并能与基层联结成为一体。沥青层必须在透层油完全渗透入基层后方可铺筑。

2. 黏层施工技术要点

1)材料规格和用量

黏层油宜采用快裂或中裂乳化沥青、改性乳化沥青,也可采用快凝、中凝液体石油沥青,其规格和质量应符合规范的要求,所使用的基质沥青标号宜与主层沥青混合料相同。

黏层油品种和用量应根据下卧层的类型通过试洒确定,并符合表 4-5-3 的要求。当黏层油上铺筑薄层大空隙排水路面时,黏层油的用量宜增加到 0.6～1.0L/m^2。在沥青层之间兼作封层而喷洒的黏层油宜采用改性沥青或改性乳化沥青,其用量宜不少于 1.0L/m^2。

沥青路面黏层材料的规格和用量表　　表 4-5-3

下卧层类型	液体沥青		乳化沥青	
	规格	用量(L/m^2)	规格	用量(L/m^2)
新建沥青层或旧沥青路面	AL(R)-3～AL(R)-6 AL(M)-3～AL(M)-6	0.3～0.5	PC-3 PA-3	0.3～0.6
水泥混凝土	AL(M)-3～AL(M)-6 AL(S)-3～AL(S)-6	0.2～0.4	PC-3 PA-3	0.3～0.5

注:表中用量是指包括稀释剂和水分等在内的液体沥青、乳化沥青的总量。乳化沥青中的残留物含量以 50% 为基准。

2)施工技术要求

(1)气温低于 10℃时不得喷洒黏层油,寒冷季节施工不得不喷洒时可以分成两次喷洒。路面潮湿时不得喷洒黏层油,用水洗刷后需待表面干燥后喷洒。

(2)黏层油宜采用沥青洒布车喷洒,并选择适宜的喷嘴,洒布速度和喷洒量保持稳定。当采用机动或手摇的手工沥青洒布机喷洒时,必须由熟练的技术工人操作,均匀洒布。

(3)喷洒的黏层油必须成均匀雾状,在路面全宽度内均匀分布成一薄层,不得有洒花漏空或成条状,也不得有堆积。喷洒不足的要补洒,喷洒过量处应予刮除。

(4)喷洒黏层油后,严禁运料车外的其他车辆和行人通过。

(5)黏层油宜在当天洒布,待乳化沥青破乳、水分蒸发完成,或稀释沥青中的稀释剂基本挥发完成后,紧跟着铺筑沥青层,确保黏层不受污染。

五、沥青表面处治路面施工过程中的质量控制

沥青表面处治路面施工过程中质量检查的内容、频度、允许偏差应符合表4-5-4的规定。

沥青表面处治施工过程中工程质量的控制标准 表4-5-4

项　目	检查频度及单点检验评价方法	质量要求或允许偏差	试验方法或试验规程
外观	随时	集料嵌挤密实,沥青撒布均匀,无花白料,接头无油包	目测
集料及沥青用量	每日1次,逐日评定	±10%	每日施工长度的实际用量与计划用量比较,T 0982
沥青洒布温度	每车1次评定	符合规范规定	温度计测量
厚度(路中及路侧各1点)	不少于每2 000m^{2}1点,逐点评定	-5mm	T 0912
平整度(最大间隙)	随时,以连续10尺的平均值评定	10mm	T 0931
宽度	检测每个断面,逐个评定	±30mm	T 0911
横坡度	检测每个断面,逐个评定	±0.5%	T 0911

六、沥青表面处治路面交工验收阶段的质量检验

1. 基本要求

(1)在新建或旧路的表层进行表面处治时,应将表面的泥砂及一切杂物清除干净,底层必须坚实、稳定、平整,保持干燥后才可施工。

(2)沥青材料的各项指标和石料的质量、规格、用量应符合设计要求和施工规范的规定。

(3)沥青浇洒应均匀,无露白,不得污染其他构筑物。

(4)嵌缝料必须趁热撒铺,扫布均匀,不得有重叠现象,压实平整。

2. 交工检查与验收质量标准

沥青表面处治路面交工验收阶段的检查项目、检查频度、质量要求或允许偏差等见表4-5-5。

沥青表面处治面层实测项目 表4-5-5

项　次	检 查 项 目		规定值或允许偏差	检查方法和频率	权值
1	平整度	σ(mm) IRI(m/km)	4.5 7.5	平整度仪:全线每车道连续按每100m计算IRI或σ	2
		最大间隙h(mm)	10	3m直尺:每200m测2处×10尺	
2	弯沉值(0.01mm)		符合设计要求	按评定标准规定方法检查	2
3	厚度(mm)	代表值	-5	按评定标准规定方法检查,每200m每车道1处	3
		合格值	-10		

续上表

项　次	检 查 项 目		规定值或允许偏差	检查方法和频率	权值
4	沥青用量(kg/m^2)		±0.5%	每工作日每层洒布查1次	2
5	中线平面偏位(mm)		30	经纬仪:每200m测4点	1
6	纵断高程(mm)		±20	水准仪:每200m测4个断面	1
7	宽度(mm)	有侧石	±30	尺量:每200m测4处	2
		无侧石	不小于设计		
8	横坡(%)		±0.5	水准仪:每200m测4个断面	1

3. 外观鉴定

(1)表面平整密实,不应有松散、油包、油丁、波浪、泛油、封面料明显散失等现象,有上述缺陷的面积之和不超过受检面积的0.2%。不符合要求时,每超过0.2%减2分。

(2)无明显碾压轮迹。不符合要求时,每处减1~2分。

(3)面层与路缘石及其他构筑物应密贴接顺,不得有积水现象。不符合要求时,每处减1~2分。

工作任务六　路面检测技能训练

综上所述,沥青混凝土面层铺筑施工中的质量主要从沥青混合料用油量、拌和温度、马歇尔稳定度、车辙等检测,以及厚度检测、压实度检测、平整度检测、几何尺寸检测、渗水检测、外观检查等方面进行控制。路面的弯沉值和抗滑性能指标也是重要的控制指标。沥青混合料的用油量、拌和温度、马歇尔稳定度、车辙检测方法见《道路材料应用技术》或有关技术规范。

下面介绍沥青面层压实度检测与评定、路面平整度检测、路面摩擦系数测定的方法与步骤。

项目1:钻芯法测定沥青面层压实度

1. 目的和适用范围

本方法适用于检验从压实的沥青路面上钻取的沥青混合料芯样试件的密度,以评定沥青面层的施工压实度。

2. 仪具与材料

(1)路面取芯钻机。

(2)天平:感量不大于0.1g。

(3)水槽。

(4)吊篮。

(5)石蜡。

(6)其他:卡尺、毛刷、小勺、取样袋(容器)、电风扇。

3. 方法与步骤

1)钻取芯样

按现行《公路路基路面现场测试规程》(JTG E60—2008)中“路面钻孔及切割取样方法”钻取路面芯样,芯样直径不宜小于100mm。当一次钻孔取得的芯样包含有不同层位的沥青混合料时,应根据结构组合情况用切割机将芯样沿各层结合面锯开分层进行测定。

路面取芯钻机和现场钻取的芯样概况如图 4-6-1 所示。

图 4-6-1　路面钻芯机及现场钻取芯样

钻孔取样应在路面完全冷却后进行,对普通沥青路面通常在第 2 天取样,对改性沥青及 SMA 路面宜在第 3 天以后取样。

2)测定试件密度

(1)将钻取的试件在水中用毛刷轻轻刷净粘附的粉尘。如试件边角有浮松颗粒,应仔细清除。

(2)将试件晾干或用电风扇吹干不少于 24h,直至恒重。

(3)按现行《公路工程沥青及沥青混合料试验规程》(JTJ 052—2000)规定的方法测定试件密度 ρ_s。通常情况下,采用表干法测定试件的毛体积相对密度;对吸水率大于 2% 的试件,宜采用蜡封法测定试件的毛体积相对密度;对吸水率小于 0.5% 特别致密的沥青混合料,在施工质量检验时,允许采用水中重法测定表观相对密度。

对空隙率很大的透水性混合料及开级配混合料用体积法测定。

3)确定计算压实度的标准密度

计算压实度的标准密度不得采用配合比设计时的标准密度,应按如下方法逐日检测确定:

(1)以实验室密度作为标准密度,即沥青混合料拌和厂每天取样 1 ~ 2 次实测的马歇尔试件密度,取平均值作为该批混合料铺筑路段压实度的标准密度。其试件成型温度与路面复压温度一致。

(2)以每天实测的最大理论密度作为标准密度。

(3)以试验路段的密度作为标准密度。用核子密度仪定点检查密度不再变化为止。然后取不少于 15 个钻孔试件的平均密度作为计算压实度的标准密度。

(4)可根据需要选用实验室标准密度、最大理论密度、试验路段密度中的 1 ~ 2 种作为钻孔法检验评定的标准密度。

(5)施工中采用核子密度仪等无破损检测设备进行压实度控制时,宜以试验路段的密度作为标准密度,核子密度仪的测点数不宜少于 39 个,取平均值,但核子密度仪需经标定认可。

4. 计算

(1)当计算压实度的标准密度采用沥青混合料每天实验室马歇尔击实试件成型密度或试验路段钻孔取样密度时,沥青面层的压实度按式(4-6-1)计算:

$$K = \frac{\rho_s}{\rho_0} \times 100\% \tag{4-6-1}$$

式中:K——沥青面层某一测定部位的压实度,%;

ρ_s——沥青混合料芯样试件的表观密度或毛体积密度，g/cm³；

ρ_0——沥青混合料的标准密度，g/cm³。

(2)当计算压实度的标准密度采用沥青混合料实测最大理论密度时，应按式(4-6-2)计算压实度：

$$K = \frac{\rho_s}{\rho_t} \times 100\% \tag{4-6-2}$$

式中：ρ_s——沥青混合料芯样试件的实际密度，g/cm³；

ρ_t——沥青混合料的最大理论密度，g/cm³。

(3)计算一个评定路段检测的压实度的平均值、标准差、变异系数，并计算代表压实度。

5. 压实度检测报告

报告应记载压实度检查的标准密度及依据，并列表记录各测点的试验结果。压实度检测报告(水中重法)的记录格式参照表4-6-1。

压实度检测表(钻芯法)　　　　表4-6-1

工程名称：××工程　　水的密度：1.00g/cm³　　标准密度：2.41g/cm³　　最佳沥青含量：4.8%

试验日期：________　　检 验 者：________　　计 算 者：________　　校核者：________

测点桩号	取样位置	路面层次(m)	试样编号	试样质量 m_a (g)	试样表干质量 m_f (g)	试样水中质量 m_ω (g)	试样体积 V (cm³)	毛体积密度或视密度 ρ_s (g/cm³)	压实度 K (%)
K190+500	K191+000 ~ K188+000	1	1	1 194.7		695.7	499	2.39	99.2
+300		1.5	2	1 220.3		707.6	512.7	2.38	98.8
K189+800		9.5	3	1 183.3		685.1	498.2	2.38	98.8
+700		1.5	4	1 210.4		704.4	506.0	2.39	99.2
K188+600		10	5	1 235.5		719.6	515.9	2.40	99.6
+300		1	6	1 209.3		703.1	506.2	2.39	99.2

项目2：沥青层压实度评定

路面压实度以1~3km长的路段为检验评定单元，按要求的检测频率及方法进行现场压实度抽样检查，求算每一测点的压实度。在交工验收阶段，一个评定路段的压实度以代表值和极值评定压实度是否合格。

一个评定路段的平均压实度、标准差、变异系数分别按式(4-6-3)、式(4-6-4)、式(4-6-5)计算：

$$\overline{K} = \frac{K_1 + K_2 + L + K_n}{n} \tag{4-6-3}$$

$$S = \sqrt{\frac{(K_1 - \overline{K})^2 + (K_2 - \overline{K})^2 + L + (K_n - \overline{K})^2}{n \quad 1}} \tag{4-6-4}$$

$$C_v = \frac{S}{\overline{K}} \tag{4-6-5}$$

式中：　$\overline{K}$——一个评定路段各测定点压实度的平均值，%；

S——一个评定路段的压实度测定值的标准差，%；

C_v——一个评定路段的压实度测定值的变异系数,%;

K_1、K_2、…、K_n——该评定路段内各测定点的压实度,%;

n——该评定路段内各测定点的总数。

一个检验评定路段的压实度代表值(算术平均值的下置信界限)为:

$$K = \overline{K} - S\frac{t_\alpha}{\sqrt{n}} \geqslant K_0 \tag{4-6-6}$$

式中:t_α——t 分布表中随测点数(自由度)和保证率(或置信度 α)而变化的系数($\frac{t_\alpha}{\sqrt{n}}$查现行的《公路工程质量检验评定标准》(JTG F80/1—2004)附录 B 确定);

当测点数大于 100 时,高速公路可取 1.644 9,其他等级公路可取 1.281 5;

K_0——压实度的标准值,%。

压实度的评定要点是:控制平均压实度的置信下限,以保证总体水平;规定单点极限值不得超出规定值,防止局部隐患;规定扣分界限以区分质量优劣。

当 $K \geqslant K_0$ 且全部测点不小于规定值减 1 个百分点时,评定路段的压实度合格率为 100%;当 $K \geqslant K_0$ 时,按测定值不低于规定值减 1 个百分点的测点数计算合格率。

$K < K_0$ 时,评定路段的压实度为不合格,相应分项工程为不合格。

【案例 4-6-1】 某新建高速公路沥青路面上面层施工中,对其中的一段压实质量进行检查,压实度检测结果如表 4-6-2 所示,压实度标准 $K_0 = 98\%$。请按保证率 95% 计算该路段的压实度代表值并进行质量评定。

压实度检测结果 表 4-6-2

序号	1	2	3	4	5	6	7	8	9	10
压实度(%)	98.4	98.0	98.5	98.3	98.3	98.8	97.9	98.7	98.3	98.6
序号	11	12	13	14	15	16	17	18	19	20
压实度(%)	98.6	97.8	98.0	98.7	98.1	97.3	98.1	98.5	98.0	98.3

解: 经计算:$\overline{K} = 98.26\%$,$S = 0.37\%$,经查 $\frac{t_\alpha}{\sqrt{n}} = 0.387$,

因此,压实度代表值 $K = \overline{K} - S\frac{t_\alpha}{\sqrt{n}} = 98.26\% - 0.37\% \times 0.387 = 98.12\%$。

由于 $K > K_0 = 98\%$,且全部测点均大于等于规定值减 1 个百分点,即 97%,所以,评定路段的压实度合格率为 100%。

项目 3:路面平整度检测

路面平整度是评定路面使用质量、施工质量及现有路面破坏程度的重要指标之一。它直接关系到行车安全性、舒适性以及营运经济性,并影响着路面使用年限。

路面平整度的检测设备分为断面类及反应类两大类。断面类检测设备是测定路面表面凸凹情况的一种仪器,如最常用的三米直尺及连续式平整度仪。国际平整度指数就是以此为基准建立的,它是平整度最基本的指标;反应类检测设备是测定由于路面凹凸不平引起车辆颠簸的情况,这是驾驶员和乘客直接感受到的平整度指标,因此,它实际上是舒适性能指标。最常用的是车载式颠簸累积仪。现已有更新的自动测试设备,如纵断面分析仪、路面平整度数据采集系统测定车等。这里仅介绍几种常见的平整度测定方法。

常见的路面平整度检测设备的比较见表4-6-3。

平整度测试方法比较 表4-6-3

方法	特点	技术指标
三米直尺法	设备简单,结果直观,间断测试,工作效率低,反应凸凹程度	最大间隙 h(mm)
连续式平整度仪法	设备较复杂,连续测试,工作效率高,反应凸凹程度	标准差 σ(mm)
车载式颠簸累积仪	设备复杂,工作效率高,连续测试,反应舒适性	单向累计值 VBI(cm/km)

1. 三米直尺法测定平整度

三米直尺测定法有单尺测定最大间隙和等距离(1.5m)连续测定两种,前者常用于施工时质量控制和检查验收,单尺测定时要计算出测定段的合格率。等距离连续测试也同样可用于施工质量检查验收,但要算出标准差,用标准差来表示平整度程度。

1)适用范围

三米直尺法以三米直尺基准面距离路表面的最大间隙来表示路面的平整度,以毫米(mm)计。

该方法适用于测定压实成型的路面各层表面的平整度,以此评定路面的施工质量。也可用于路基表面成型后的施工平整度检测。

2)仪具与材料

(1)三米直尺:测量基准面长度为3m,基准面应平直,用硬木或铝合金钢等材料制成,如图4-6-2所示。

(2)最大间隙测量器具:

①楔形塞尺:硬木或金属制的三角形塞尺,有手柄。塞尺的长度与高度之比不小于10,宽度不大于15mm,边部有高度标记,刻度读数分辨率小于或等于0.2mm,如图4-6-3所示。

②深度尺:金属制的深度测量尺,有手柄。深度尺测量杆端头直径不小于10mm,刻度读数分辨率小于或等于0.2mm。

(3)其他:皮尺或钢尺、粉笔等。

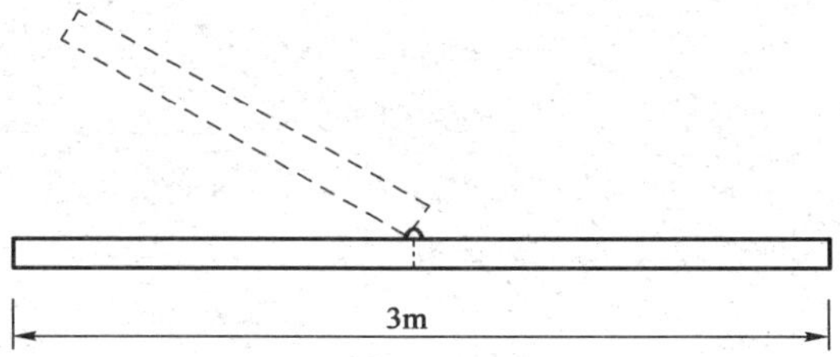

图4-6-2 三米直尺

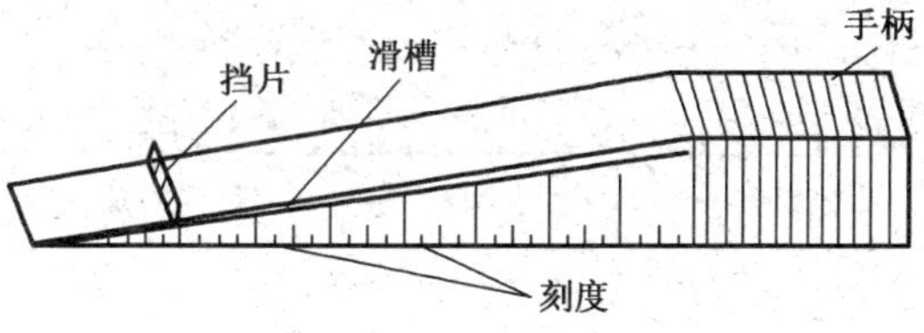

图4-6-3 楔形塞尺

3)方法与步骤

(1)准备工作:

①按有关规范规定选择测试路段。

②测试路段的测试地点选择:当为沥青路面施工过程中的质量检测时,测试地点应选择在接缝处,以单杆测定评定;除高速公路外,可用于其他等级公路路基路面工程质量检查验收或进行路况评定,每200m测2处,每处连续测量10尺。除特殊需要外,应以行车道一侧车轮轮迹(距车道标线0.8~1.0m)作为连续测定的标准位置,如图4-6-4所示。对旧路已形成车辙的路面,应取车辙中间位置为测定位置,用粉笔在路面上做好标记。

③清扫路面测定位置处的污物。

(2)测试步骤:

①在施工过程中检测时,根据需要确定的方向,将三米直尺摆在测试地点的路面上。

②目测三米直尺底面与路面之间的间隙情况,确定最大间隙的位置。

③用有高度标线的塞尺塞进间隙处,量测其最大间隙的高度(mm);或者用深度尺在最大间隙位置量测直尺上顶面距路面表面的深度,该深度减去尺高即为测试点的最大间隙的高度。准确到0.2mm。见图4-6-5。

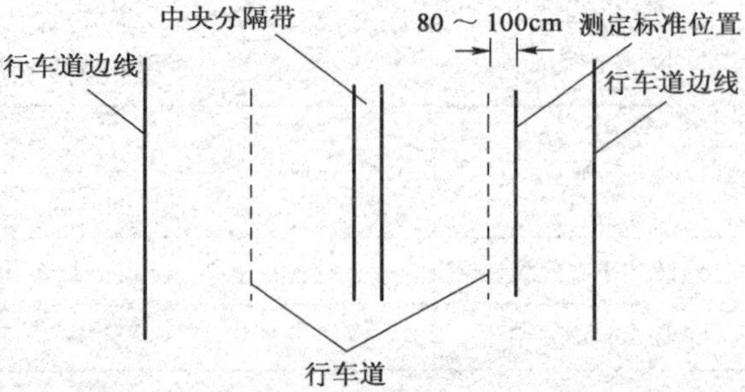

图4-6-4　测点位置示意图

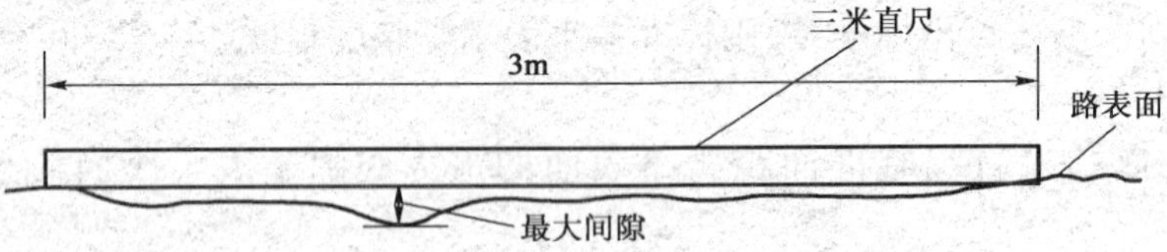

图4-6-5　三米直尺测平整度示意图

4)数据处理与评定

单杆检测路面的平整度计算,以三米直尺与路面的最大间隙为测定结果。连续测定10尺时,判断每个测定值是否合格,根据要求,按式(4-6-7)计算合格百分率,并计算10个最大间隙的平均值。

$$合格率(\%)=\frac{合格尺数}{总测尺数}\times 100\% \tag{4-6-7}$$

5)平整度报告

单杆检测的结果应随时记录测试位置及检测结果。连续测定10尺时,应报告平均值、不合格尺数、合格率。检测记录格式见表4-6-4。

平整度检测表(三米直尺法)　　表4-6-4

工程名称:××三级公路　结构名称:沥青混凝土路面　规定值:5mm　路段桩号:K0+700~K0+800

检 验 者:________　计 算 者:________　校核者:____　检验日期:________

测定区间桩号	测尺序号或桩号	最大间隙(mm)	合 格 尺 数	合格率(%)	平均值(mm)
K0+700~K0+800	1	4.5	9	90	4.72
	2	5			
	3	5.3			
	4	4.7			
	5	4.8			
	6	4.3			
	7	4.1			
	8	4.8			
	9	4.7			
	10	5			

2. 连续式平整度仪测定平整度

连续式平整度仪是近年来我国测定路面平整度的新型仪器，它通过量测路面不平整度的标准差 σ 来表示路面的平整度，以毫米(mm)计。其主要优点是可沿路面连续测量。它一般采用先进的微机处理技术，可自动计算、自动打印、自动显示路面平整度的标准差、正负超差等各项技术指标，并绘出路面平整度偏差曲线。

1)适用范围

本方法适用于测定路表面的平整度，评定路面的施工质量和使用质量，但不适用于在已有较多坑槽、破损严重的路面上测定。

2)仪具与材料

(1)连续式平整度仪，构造如图 4-6-6 所示。

①整体结构：除特殊情况外，其标准长度为 3m，其质量应符合仪器标准的要求。中间为一个 3m 长的机架，机架可缩短或折叠，前后各有 4 个行走轮，前后两组轮的轴间距离为 3m。

②标准差测量传感器：安装在机架中间，可以是能起落的测定轮，也可是非接触式位移传感器，如激光或超声位移测量传感器。

③辅助机构：机架上装有蓄电池电源、距离传感器及可拆卸的检测箱，检测箱可采用显示、记录、打印或绘图等方式输出测试结果。

④测定间距为 10cm，每一计算区间的长度为 100m，并输出一次结果。

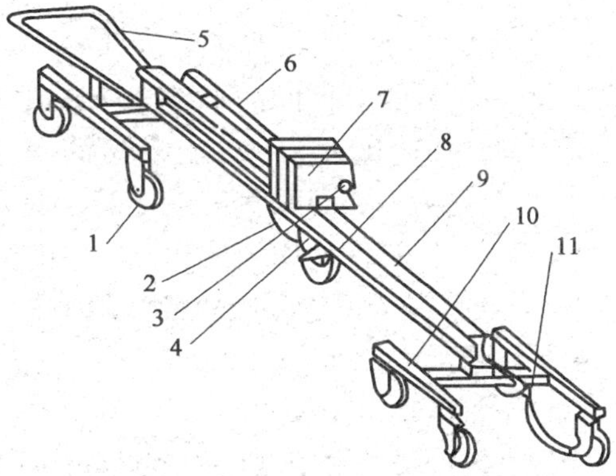

图 4-6-6　连续式平整度仪示意图

1-脚轮；2-拉簧；3-离合器；4-测量架；5-牵引架；6-前架；7-记录计；8-测定轮；9-纵梁；10-后架；11-软轴

⑤可记录测试长度(m)、曲线振幅大于某一定值(如 3mm、5mm、8mm、10mm 等)的次数、曲线振幅的单向(凸起或凹下)累积值及以 3m 机架为基准的中点路面偏差曲线图，计算打印。

⑥机架头装有一牵引钩及手拉柄，可用人力或汽车牵引。

(2)牵引车：小型面包车或其他小型牵引车。

(3)皮尺或测绳。

3)方法与步骤

(1)准备工作：

①选择测试路段。

②当施工过程中质量检测需要时，测试地点根据需要决定；当为路面工程质量检查验收或进行路况评定需要时，通常以行车道一侧车轮轮迹带作为连续测定的标准位置。对旧路已形成车辙的路面，取一侧车辙中间位置为测定位置。当以内侧轮迹(或外侧轮迹带)作为测定位置时，测定位置距车道标线 80 ~ 100cm。

③清扫路面测定位置处的杂物。

④检查仪器、检测箱各部分是否完好、灵敏，并将各连接线接妥，安装记录设备。

(2)测试步骤：

①将连续式平整度仪置于测试路段路面起点上。

②在牵引汽车的后部将连续式平整度仪与牵引汽车连接好，按照仪器使用手册依次完成各项操作。

③启动牵引汽车,沿道路纵向行驶,横向位置保持稳定。

④确认连续式平整度仪工作正常。牵引连续式平整度仪的速度应保持匀速,速度宜为5km/h,最大不得超过12km/h。

在测试路段较短时,亦可用人力拖拉平整度仪测定路面的平整度,但拖拉时应保持匀速前进。

4)检测数据的计算

(1)连续式平整度仪测定后,按每10cm间距采集的位移值自动计算每100m计算区间的平整度标准差(mm),还可以记录测试长度(m)。

(2)每一计算区间的路面平整度以该区间测定结果的标准差表示,按式(4-6-8)计算。

$$\sigma_i = \sqrt{\frac{\sum d_i^2 - (\sum d_i)^2/N}{N-1}} \tag{4-6-8}$$

式中:σ_i——各计算区间的平整度计算值,mm;

d_i——以100m为一个计算区间,每隔一定距离(自动采集间距为10cm,人工采集间距为1.5m)采集的路面凹凸偏差位移值,mm;

N——计算区间用于计算标准差的测试数据个数。

(3)计算一个评定路段内各区间平整度标准差的平均值、标准差、变异系数。记录格式如表4-6-5所示。

5)平整度检测报告

列表报告每一评定路段内各区间的平整度标准差,各评定路段平整度的平均值、标准差、变异系数以及不合格区间数。

【案例4-6-2】 某高速公路,用连续式平整度仪对其沥青混凝土路面面层进行测定,测得该路段的平整度标准差见表4-6-5。试判断路面面层平整度合格与否(平整度规定值为[σ]=1.2mm)。

平整度检测记录(连续式平整度仪法) 表4-6-5

工程名称:××高速公路 结构名称:沥青混凝土面层 规定值:[σ]=1.2mm 路段桩号:________

检验者:________ 计算者:________ 校核者:________ 检验日期:________

测定区间桩号	序号	标准差(mm)	平均值(mm)	标准差(mm)	变异系数(%)	合格区间数	合格率(%)
K10+100	01	0.48	0.55	0.083	15	9	100
K10+200	02	0.46					
K10+300	03	0.51					
K10+400	04	0.50					
K10+500	05	0.65					
K10+600	06	1.67(桥头伸缩缝)					
K10+700	07	1.00(桥头伸缩缝)					
K10+800	08	0.71					
K10+900	09	0.50					
K11+000	10	0.54					
K11+100	11	0.57					
K11+200	12	0.91(路面污染)					

解:测试中对于桥头(包括通道两侧)伸缩缝、路面污染,其数据应予以剔除。在测试中这些情况就随时记录在测试纸上。

因此,该路段平整度均方差的平均值应为:

$$\bar{\sigma} = (0.48 + 0.46 + 0.51 + 0.50 + 0.65 + 0.71 + 0.50 + 0.54 + 0.57)/9 = 0.55(\mathrm{mm})$$

因为$\bar{\sigma} < [\sigma] = 1.20\mathrm{mm}$,所以,该层平整度评定合格。

3. 车载式颠簸累积仪测定平整度

车载式颠簸累积仪的工作原理是测试车以一定的速度(以 30km/h 为宜,一般不超过 40km/h)在路面上行驶,由于路面上凹凸不平,引起汽车的激振,通过机械传感器可测量后轴与车厢之间的单向位移累积值 *VBI*,以此表示路面的平整度,以 cm/km 计。*VBI* 越大,说明路面平整度越差,舒适性也越差。

1)适用范围

本方法适于各类颠簸累积仪在新建、改建路面工程质量验收和无严重坑槽、车辙等病害的正常行车条件下连续采集路段平整度数据。本方法的数据采集、传输、记录和处理分别由专用软件自动控制进行。

2)仪具与材料

(1)测试系统:由承载车辆、距离测量装置、颠簸累计值测试装置和主控制系统组成。主控制系统对测试装置的操作实施控制,完成数据采集、传输、存储与计算过程。测试系统承载车辆应根据设备供应商的要求选择。车载式颠簸累积仪安装示意图如图 4-6-7 所示。

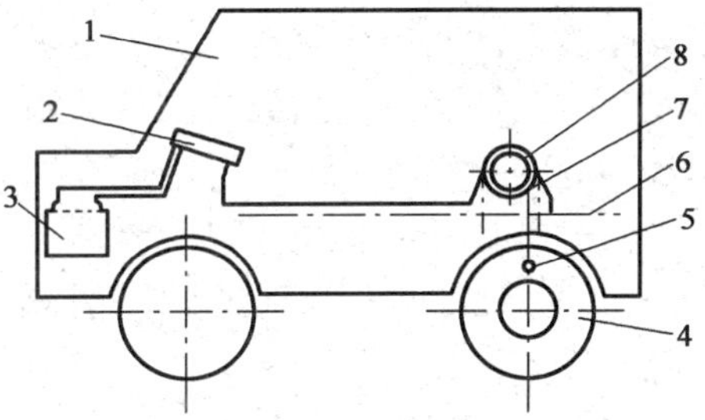

图 4-6-7 车载式颠簸累积仪安装示意图

1-测试车;2-数据处理器;3-电瓶;4-后桥;5-挂钩;6-底板;7-钢丝绳;8-颠簸累积仪传感器

(2)测试系统基本技术要求和参数

①测试速度:30 ~ 80km/h。

②最大测试幅值:±20cm。

③垂直位移分辨率:1mm。

④距离标定误差:<0.5%。

⑤系统工作环境温度:0 ~ 60℃。

⑥系统软件能够依据相关关系公式自动对颠簸累计值进行换算,间接输出国际平整度指数 *IRI*。

3)方法与步骤

(1)准备工作:

①测试车辆具备下列条件之一时,都应进行仪器测值与国际平整度指数 *IRI* 的相关性标定,相关系数不应低于 0.99:在正常状态下行驶超过 20 000km;标定的时间间隔超过 1 年;减振器、轮胎等发生更换、维修。

②检查测试车轮胎气压,应达到车辆轮胎规定的标准气压,车胎应清洁,车上载重、人数以及分布应与仪器相关性标定试验时一致。

③距离测量系统需要现场安装的,根据设备操作手册说明进行安装,确保紧固装置安装牢固。

④检查测试系统,各部分应符合测试要求,不应有明显的可视性破损。

⑤打开系统电源,启动控制程序,检查系统各部分的工作状态。

(2)测试步骤:

①测试开始之前应让测试车以测试速度行驶 5 ~ 10km,按照设备操作手册规定的预热时间对测试系统进行预热。

②测试车停在测试起点前 300 ~ 500m 处,启动平整度测试系统程序,按照设备操作手册的规定和测试路段的现场技术要求设置所需的测试状态。

③驾驶员在进入测试路段前应保持车速在规定的测试速度范围内,沿正常行车轨迹驶入测试路段。

④进入测试路段后,测试人员启动系统的采集和记录程序,在测试过程中必须及时准确地将测试路段的起终点和其他需要特殊标记的位置输入测试数据记录中。

⑤当测试车辆驶出测试路段后,仪器操作人员停止数据采集和记录,并恢复仪器各部分至初始状态。

⑥操作人员检查数据文件,文件应完整,内容应正常,否则需要重新测试。

⑦关闭测试系统电源,结束测试。

4)计算

颠簸累积仪直接测试输出的颠簸累积值 *VBI*(以 cm/km 计),要按照相关性标定试验得到的相关关系式,并以 100m 为计算区间换算成国际平整度指数 *IRI*(以 m/km 计)。

国际平整度指数 *IRI* 是一项标准化的平整度指标。它同反应类平整度测定系统类似,但采用的数学模型是模拟 1/4 车轮(即单轮,类似于拖车)以规定速度行驶在路面断面上,分析行驶距离内动态反应悬挂系统的累积竖向位移量。标准的测定速度为 80km/h。颠簸累计仪测定值与国际平整度指数的相关关系对比试验可参考现行的《公路路基路面现场测试规程》(JTG E60—2008)。

5)平整度检测报告

(1)应列表报告每一个评定路段内测定区间的颠簸累积值 *VBI*、国际平整度指数 *IRI* 平均值和现场测试速度。

(2)计算颠簸累计值 *VBI* 与国际平整度指数 *IRI* 在选定测试条件下的相关关系式及相关系数。

4. 车载式激光平整度仪测定平整度

车载式激光平整度仪是一种与路面无接触的测量仪器,测试速度快、精度高。车载式激光平整度仪采集的数据是路面相对高程值,以 100m 为计算区间长度,用 *IRI* 的标准计算程序计算 *IRI* 值,以 m/km 计。

1)适用范围

适用于各类新建、改建路面工程质量验收和无严重坑槽、车辙等病害及无积水、积雪、泥浆的正常通车条件下连续采集路段平整度数据。

2)仪具与材料

(1)测试系统。测试系统由承载车辆、距离传感器、纵断面高程传感器和主控制系统组成。主控制系统对测试装置的操作实施控制,完成数据采集、传输、存储与计算过程。

(2)测试系统基本技术要求和参数:

①测试速度:30 ~ 100km/h。

②采样间隔:≤500mm。

③传感器测试精度:0.5mm。

④距离标定误差:<0.1%。

⑤系统工作环境温度:0 ~60℃。

3)方法与步骤

(1)准备工作:

①设备安装到承载车上以后参考现行的《公路路基路面现场测试规程》(JTG E60—2008)进行相关性试验。

②根据设备操作手册的要求对测试系统各传感器进行校准。

③检查测试车轮胎气压,应达到车辆轮胎规定的标准气压,车胎应清洁。

④距离测量装置需要现场安装的,根据设备操作手册说明进行安装,确保机械紧固装置安装牢固。

⑤检查测试系统各部分应符合测试要求,不应有明显的可视性破损。

⑥打开系统电源,启动控制程序,检查各部分的工作状态。

(2)测试步骤:

①测试开始之前应让测试车以测试速度行驶5 ~10km,按照设备操作手册规定的预热时间对测试系统进行预热。

②测试车停在测试起点前50 ~100m处,启动平整度测试系统程序,按照设备操作手册的规定和测试路段的现场技术要求设置所需的测试状态。

③驾驶员按照规定的测试速度驾驶测试车,宜在50 ~80km/h之间,避免急加速和急减速,急弯路段应放慢车速,沿正常行车轨迹驶入测试路段。

④进入测试路段后,测试人员启动系统的采集和记录程序,在测试过程中必须及时准确地将测试路段的起终点和其他需要特殊标记的位置输入测试数据记录中。

⑤当测试车辆驶出测试路段后,仪器操作人员停止数据采集和记录,并恢复仪器各部分至初始状态。

⑥检查测试数据文件,文件应完整,内容应正常,否则需要重新测试。

⑦关闭测试系统电源,结束测试。

4)计算

激光平整度仪采集的数据是路面相对高程值,应以100m为计算区间长度、用国际平整度指数*IRI*的标准计算程序计算*IRI*值,以m/km计。

5)检测报告

(1)计算国际平整度指数*IRI*平均值。

(2)计算激光平整度仪测值与国际平整度指数*IRI*在选定测试条件下的相关关系式及相关系数。

项目4:路面摩擦系数测定

路面的抗滑性能(亦称路面粗糙度)是指车辆在路面上高速行驶时不发生滑移的能力。抗滑性能是路面的表面特性,直接关系到车辆行驶的安全性,因此,路面抗滑性能的检测至关重要。

我国公路路面表征抗滑性能的指标有路面宏观构造深度、横向力系数和摆式摩擦系数测定仪法的摆值。高速公路、一级公路沥青表面层抗滑性能以横向力系数和路面宏观构造深度为主要指标;水泥混凝土路面抗滑性能以路面宏观构造深度为主要指标。

路面宏观构造深度测试方法见学习情境五。这里仅介绍摆式仪法、横向力系数测试法。

1.摆式仪测定路面摩擦系数

摆式仪法的测试指标是摆值。摆值指的是用标准的手提式摆式摩擦系数测定仪(摆式仪)测定路面在潮湿和20℃条件下的摩擦系数表征值,为摩擦系数的100倍,以 *BPN*(British Pendulum Number)表示,无量纲。

摆式仪属于轻便型测量仪器,它具有结构简单、操作方便、数据稳定的优点。但它毕竟是一种比照试验法,其试验条件与路面实际行车条件没有直接关系,故有一定的局限性。

1)适用范围

本方法适用于测定沥青路面、标线或其他材料试件的抗滑值,用以评定路面或路面材料试件在潮湿状态下的抗滑能力。

2)仪具与材料

(1)摆式仪:构造如图4-6-8所示,摆及摆的连接部分总质量、摆杆长度等均为标准值。

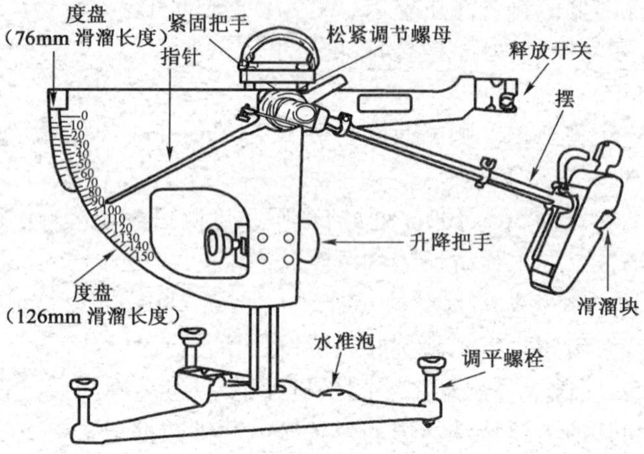

图4-6-8　摆式仪结构示意图

(2)橡胶片:尺寸为6.35mm×25.4mm×76.2mm,橡胶质量符合表4-6-6的要求。

(3)滑动长度量尺:长126mm。

(4)路面温度计:分度不大于1℃。

(5)其他:喷水壶、硬毛刷、扫帚、记录表格等。

橡胶物理性质技术要求　　表4-6-6

性质指标	温度(℃)				
	0	10	20	30	40
弹性(%)	43~49	58~65	66~73	71~77	74~79
硬度(*IR*)	55±5				

3)方法与步骤

(1)准备工作:

①检查摆式仪的调零灵敏情况,并定期进行仪器的标定。

②对测试路段按随机取样选点的方法选定测点。在横断面上,测点应选在行车道的轮迹处,距路面边缘不应小于1m,并用粉笔作出标记。

(2)测试步骤:

①清洁路面:用扫帚或其他工具将测点处的路面打扫干净。

②仪器调平:

a. 将仪器置于路面测点上,并使摆的摆动方向与行车方向一致。

b. 转动底板上的调平螺栓，使水准泡居中。

③调零：

a. 放松两个紧固把手，转动升降把手使摆升高并能自由摆动，然后旋紧紧固把手。

b. 将摆固定在右侧悬臂上，使摆处于水平释放位置，并把指针拨至右端与摆杆平行处。

c. 按下释放开关，使摆向左带动指针摆动。当摆达到最高位置下落时，用左手将摆杆接住，此时指针应指零。若不指零时，可稍旋紧或旋松摆的调节螺母，重复上述 4 个步骤，直至指针指零。调零允许误差为 ±1。

④校核滑动长度：

a. 让摆处于自然下垂状态，松开固定把手，转动升降把手，使摆下降。与此同时，提起举升柄使摆向左侧移动，然后放下举升柄使橡胶片的下缘轻轻触地。紧靠橡胶片摆放滑动量尺，使量尺左端对准橡胶片下缘；再提起举升柄，使摆向右侧移动，然后放下举升柄使橡胶片的下缘轻轻触地，检查橡胶片下缘，应与滑动长度量尺的右端齐平。

b. 若齐平，则说明橡胶片两次触地的距离（滑动长度）符合 126mm 的规定。在校核滑动长度时，以橡胶片长边刚刚接触路面为准，不可借摆的力量向前滑动，以免标定的滑动长度与实际不符。

c. 若不齐平，升高或降低摆或仪器底座的高度。微调时，用旋转仪器底座上的调平螺丝调整仪器底座的高度比较方便，但需注意水准泡居中。

d. 重复上述动作，直至使滑动长度符合要求。

⑤将摆固定在右侧悬臂上，使摆处于水平释放位置，并把指针拨至右端与摆杆平行处。

⑥用喷壶水浇洒测点，使路面处于释放状态。

⑦按下右侧悬臂上的释放开关，使摆在路面滑过。当摆杆回落时，用左手接住摆，读数但不做记录。然后使摆杆和指针重新置于水平释放位置。

⑧重复⑥ ~ ⑦的操作 5 次，并读取每次测定的摆值。

单点测定的 5 个值中最大值与最小值的差值不得大于 3。如差值大于 3，应检查产生的原因，并再次重复上述各项操作，至符合规定为止。

取 5 次测定的平均值作为单点的路面抗滑值（即摆值 BPN_t），取整数。

⑨在测点位置用温度计测记潮湿路表温度，准确至 1℃。

⑩每个测点处由 3 个单点组成，即需要按以上方法在同一测点处平行测定 3 次，以 3 次测定结果的平均值作为该测点的代表值（准确至 1）。

3 个测点均应位于轮迹带上，单点间距 3 ~ 5m。该测点的位置以中间测点的位置表示。

4）抗滑值的温度修正

当路面温度为 t（℃）时，测得的摆值 BPN_t 必须按式（4-6-9）换算成标准温度 20℃ 的摆值 BPN_{20}。

$$BPN_{20} = BPN_t + \Delta BPN \tag{4-6-9}$$

式中：BPN_{20}——换算成标准温度 20℃时的摆值；

BPN_t——路面温度为 t 时测得的摆值；

ΔBPN——温度修正值，按表 4-6-7 采用。

5）摩擦系数检测报告

（1）路面单点测定值 BPN_t 经温度修正后的 BPN_{20}、现场温度及 3 次测定的平均值。

（2）评定路段路面抗滑值的平均值、标准值、变异系数。

温度修正值 表4-6-7

温度 t(℃)	0	5	10	15	20	25	30	35	40
温度修正值 ΔF	−6	−4	−3	−1	0	+2	+3	+5	+7

【案例4-6-3】 用摆式仪测定某公路中粒式沥青混凝土路面抗滑摆值的记录与计算见表4-6-8。

路面摩擦系数检测记录(摆式仪法) 表4-6-8

工程名称:××工程　路面类型:中粒式沥青混凝土　路段桩号:K1+200~K1+060　检查日期:____

检 验 者:________　计 算 者:____________　校 核 者:____________　路面温度:25℃

测点位置		测点序号	摆值(*BPN*)						测点摆值(*BPN*)	温度修正值	修正后摆值(*BPN*)
桩号	横距(m)		1	2	3	4	5	平均值			
K1+200	距中线0.85	1	44	43	46	45	46	45	47	2	49
		2	47	48	45	46	48	47			
		3	46	48	49	47	48	48			
K1+400	距中线0.90	1	45	46	45	47	46	46	46	2	48
		2	46	47	48	45	46	46			
		3	48	46	49	47	46	47			
K1+600	距中线0.90	1	49	46	48	49	47	48	45	2	47
		2	45	42	43	44	45	44			
		3	46	43	45	43	44	44			
…	…	…	…	…	…	…	…	…	…	…	…
测点数	9	规定值*BPN*	≥45	平均值*BPN*	48	标准差(*BPN*)	1	变异系数(%)	21	合格率(%)	100
备注	每1km应测5个桩号(每200ml个),本例只取3个桩号9个测点予以说明记录方法										

2. 单轮式横向力系数测试系统测定路面摩擦系数

与行车方向成20°偏角的测定轮以一定速度行驶时,专用轮胎与潮湿路面之间的测试轮轴向摩擦阻力与垂直荷载的比值称为路面横向力系数,简称*SFC*(Side-way Force Coefficient),无量纲。

横向力系数测定的方法有单轮式横向力系数测试系统测定法、双轮式横向力系数测试系统测定法、动态旋转式摩擦系数测试仪测定法。这里仅介绍单轮式横向力系数测试系统测定法,其他两种方法可参考《公路路基路面现场测试规程》(JTG E60—2008)。

1)适用范围

本方法适用于工作原理和结构与SCRIM测试车相同的横向力系数测试系统在新建、改建路面工程质量验收和无严重坑槽、车辙等病害的正常行车条件下连续采集路面的横向力系数。本方法的数据采集、传输、记录和处理分别由专用软件自动控制进行。

2)仪具与材料

(1)测试系统构成。测试系统由承载车辆、距离测试装置、横向力测试装置、供水装置和主控制系统组成。如图4-6-9所示。主控制系统除实施对测试装置和供水装置的操作控制外,同时还控制数据的传输、记录与计算等环节。

(2)设备承载车基本技术要求和参数。横向力系数测试系统的承载车辆应为能够固定和安装测试、储供水、控制和记录等系统的载货车底盘,具有在水罐满载状态下最高车速大于100km/h的性能。

(3)测试系统技术要求和参数:

①测试轮胎类型:光面天然橡胶充气轮胎。

②测试轮胎规格:3.00/20。

③测试轮胎标准气压:(350±20)kPa。

④测试轮偏置角:19.5°~21°。

⑤测试轮静态垂直标准荷载:(2 000±20)N。

⑥拉力传感器非线性误差:<0.05%。

⑦拉力传感器有效量程:0~2 000N。

⑧距离标定误差:<2%。

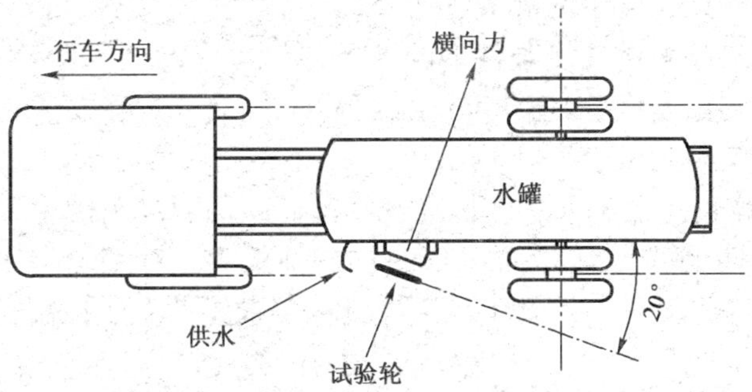

图4-6-9 单轮式横向力系数测定系统构造示意图

3)方法与步骤

(1)准备工作:

①每个测试项目开始前或连续测试超过1 000km后必须按照使用手册规定的方法进行测试系统的标定,记录标定数据并存档。

②检查测试车轮胎气压,应达到车辆轮胎规定的标准气压。

③检查测试轮胎磨损情况,当其直径比新轮胎减少达6mm(也即胎面磨损3mm)以上或有明显磨损裂口时,必须立即更换新轮胎。更换的新轮胎在正式测试前应试测2km。

④检测测试轮气压,应达到(0.35±0.02)MPa的要求。

⑤检查测试轮固定螺栓是否拧紧。将测试轮放到正常测试时的位置,检查其能否沿两侧滑柱上下自由升降。

⑥根据测试里程的需要向水罐加注清洁测试用水。

⑦检查洒水口出水情况和洒水位置是否正常;洒水位置应在测试轮触地面中点沿行驶方向前方(400±50)mm处,洒水宽度应为中心线两侧各不小于75mm。

⑧将控制面板电源打开,检查各项控制功能键、指示灯和技术参数选择状态是否正常。

(2)测试步骤:

①正式开始测试前,首先应按设备操作手册规定的时间要求对系统进行通电预热。

②进入测试路段前应将测试轮胎降至路面上预跑约500m。

③按照设备操作手册的规定和测试路段的现场技术要求设置所需的测试状态。

④驾驶员在进入测试路段前应保持车速在规定的测试速度范围内,沿正常行车轨迹驶入测试路段。

⑤进入测试路段后,测试人员启动系统的采集和记录程序。在测试过程中必须及时准确地将测试路段的起终点和其他需要特殊标记点的位置输入测试数据记录中。

⑥当测试车辆驶出测试路段后,仪器操作人员停止数据采集和记录,提升测量轮并恢复仪器各部分至初始状态。

⑦操作人员检查数据文件是否完整,内容是否正常,否则需要重新测试。

⑧关闭测试系统电源,结束测试。

4)*SFC* 的修正

(1)*SFC* 的速度修正。测试系统的标准测试速度范围为(50 ±4)km/h,其他速度条件下测试的 *SFC* 必须通过式(4-6-10)转换至标准速度下的等效 *SFC*。

$$SFC_{标} = SFC_{测} - 0.22(v_{标} - v_{测}) \tag{4-6-10}$$

式中:$SFC_{标}$——标准测试速度下的等效 *SFC*;

$SFC_{测}$——现场实际测试速度条件下的 *SFC*;

$v_{标}$——标准测试速度,取值 50km/h;

$v_{测}$——现场实际测试速度,km/h。

(2)*SFC* 的温度修正。测试系统的标准现场测试路面温度范围为 20℃ ±5℃,其他路面温度条件下由于测试轮胎的弹性和路面本身的抗滑性能会发生变化,因而测试的 *SFC* 须通过表 4-6-9 转换至标准温度下的等效 *SFC*。系统测试要求路面温度控制在 8 ~60℃范围内。

SFC 温 度 修 正 表 4-6-9

温度(℃)	10	15	20	25	30	35	40	45	50	55	60
修正	-3	-1	0	+1	+3	+4	+6	+7	+8	+9	+10

5)不同类型摩擦系数测试设备间相关关系对比试验

(1)基本要求。不同类型摩擦系数测试设备的测值应换算成 *SFC* 后使用,所以制动式摩擦系数测试设备和其他类型横向力式测试设备在使用时必须和 SCRIM 系统进行对比试验,建立测试结果与 SCRIM 系统测值——*SFC* 的相关关系。

(2)试验条件:

①按 *SFC*0 ~30、30 ~50、50 ~70、70 ~100 的范围选择 4 段不同摩擦系数的路段,路段长度可为 100 ~300mm。

②对比试验路段路面应清洁干燥,路面温度应在 10 ~30℃范围内,天气宜为晴天无风。

(3)试验步骤:

①测试系统和需要进行对比试验的其他类型设备按操作手册规定的程序准备就绪。

②两套设备分别以 40km/h、50 km/h、60 km/h、70 km/h、80 km/h 的速度在所选择的 4 种试验路段上各测试 3 次,3 次测试的平均值的绝对差值不得大于 5,否则重测。

③两种试验设备设置的采样频率差值不应超过 1 倍,每个试验路段的采样数据量不应少于 10 个。

(4)试验数据处理:

①分别计算出每种速度下各路段 3 次测试结果的总平均值和标准差,超过 3 倍标准差的值应予以舍弃。

②用数理统计的回归分析方法建立试验设备测值与速度的相关关系式,相关系数 *R* 不得小于 0.95。

③建立不同速度下试验设备测值 SFC 的相关关系式，相关系数 R 不得小于0.95。

6）摩擦系数检测报告

报告应包括横向力系数 SFC 的平均值、标准差、代表值及现场测试速度和温度。

7）路面横向力系数评定

按照现行《公路工程质量检验评定标准》（JTG F80/1—2004）的规定：评定路段内的路面横向力系数，按 SFC 的设计或验收标准值进行评定。

评定路段内路面横向力系数 SFC 的代表值，取 SFC 算术平均值的下置信界限值，即按式（4-6-11）计算。

$$SFC_\gamma = \overline{SFC} - \frac{t_\alpha}{\sqrt{n}}S \tag{4-6-11}$$

式中：SFC_γ——SFC 代表值；

$\overline{SFC}$——SFC 算术平均值；

S——标准差；

n——数据个数；

t_α——t 分布表中随测点数和保证率（或置信度 α）而变的系数，可查有关附表选取；采用的保证率：高速公路、一级公路为95%，其他公路为90%。

当 SFC 代表值不小于设计值或验收标准时，按单个 SFC 计算合格率；当 SFC 代表值小于设计值或标准值时，相应分项工程评为不合格。

【案例4-6-4】 用横向力摩擦力系数测定车对某高速公路沥青路面抗滑性进行检测验收，SFC 验收标准值为54。按20m一点采样间距连续检测，结果如下：测点数 $n=100$，算术平均值 $=63.05$，标准差 $=6.031$，问该路面抗滑性是否合格？

解：已知保证率为95%，$n=100$，查表得 $t_\alpha/\sqrt{n}=0.166$，

$SFC_\gamma = \overline{SFC} - \frac{t_\alpha}{\sqrt{n}}S = 63.05 - 0.166 \times 6.031 = 62.05$，

$SFC_\gamma > 54$，故该路面抗滑性满足要求。

本学习情境小结：

（1）沥青路面属柔性路面，抗弯拉强度较低。其强度与稳定性在很大程度上取决于土基和基层的特性。因而要求土基和基层应具有足够的强度和稳定性。

（2）沥青路面的基本特性主要指其高温稳定性、低温抗裂性、水稳定性、疲劳特性、老化特性。

（3）沥青路面按强度构成原理可分为密实式和嵌挤式两大类；按施工工艺的不同，可分为层铺法、路拌法和厂拌法三类；按结构层组成不同，可分为沥青混凝土路面、沥青碎石路面、沥青贯入式、沥青表面处治等类型。

（4）各种沥青类路面的选择使用，一方面要根据任务要求（道路的等级、交通量、使用年限、修建费用等）和工程特点（施工季节、施工期限、结构组合状况等），另一方面还应考虑材料的供应情况、施工机具、劳力和施工技术条件等因素。

（5）沥青路面的功能性结构层包括透层、黏层、封层。

（6）沥青类结构层的原材料包括沥青、粗集料、细集料、填料等。施工前，应按照规范要求

对原材料进行质量检测。同时,应采用马歇尔试验配合比设计方法,通过目标配合比设计、生产配合比设计及生产配合比验证三个阶段,进行沥青混合料的配合比设计。

(7)沥青混凝土面层铺筑施工中的质量主要从施工厚度的检测、压实度检测、渗水检测、平整度检测、外观检查等方面进行控制。

(8)沥青混合料拌和中的异常现象包括:每天拌和的第一盘沥青混合料易出现废料,热仓料出现超尺寸颗粒,出现花白料、枯料,没有色泽,矿料颗粒形成明显变化等。沥青混合料运输、摊铺和压实中的异常现象主要有:混合料离析、表面异常等。

(9)沥青贯入式路面适用于三级及三级以下公路,也可作为沥青路面的联结层或基层。厚度宜为4~8cm。当贯入层上部加铺拌和的沥青混合料面层时成为上拌下贯式路面。

(10)沥青表面处治适用于三级及三级以下公路的沥青面层。各种封层适用于加铺薄层罩面、磨耗层、水泥混凝土路面上的应力缓冲层、各种防水和密水层、预防性养护罩面层。

(11)微表处主要用于高速公路及一级公路的预防性养护以及填补轻度车辙,也适用于新建公路的抗滑磨耗层。稀浆封层一般用于二级及二级以下公路的预防性养护,也适用于新建公路的下封层。

(12)沥青混凝土面层压实度的控制采取重点对碾压工艺进行过程控制、适度钻孔抽检压实度的方法。

(13)路面压实度以1~3km长的路段为检验评定单元,检验评定段的压实度代表值(算术平均值的下置信界限)为:$K_1 = \overline{K} - S\dfrac{t_\alpha}{\sqrt{n}} \geqslant K_0$。

(14)沥青面层施工过程中必须随时用三米直尺对接缝及与构造物的连接处进行平整度检测,正常路段的平整度采用连续式平整度仪或颠簸累积仪测定。

(15)路面抗滑性能的测试方法有:摆式仪法、横向力系数测试法、构造深度测试法(手工铺砂法、电动铺砂法、激光构造深度仪法)等。

课后训练:

1. 沥青路面的基本特性有哪些?
2. 沥青路面的类型如何划分?沥青类结构层如何选择应用?
3. 什么是透层、黏层、封层?有何区别和联系?
4. 沥青混合料的原材料有哪些?选择填料时应注意什么?
5. 简述沥青混凝土路面施工工艺流程。
6. 若出厂的混合料出现花白料,请问可能存在什么问题?
7. 沥青混合料拌和中出现枯料的原因有哪些?
8. 沥青混合料拌和中出现混合料没有色泽的原因有哪些?
9. 沥青混合料成品的储存有何规定?
10. 混合料的运输中应注意的主要问题是什么?
11. 沥青混合料摊铺过程中,为什么应对摊铺温度随时检查并作好记录?
12. 沥青混凝土路面施工时,碾压分几个阶段?各阶段的作用如何?
13. 沥青混凝土路面的碾压过程中,应从哪些方面严格控制碾压质量?
14. 沥青混凝土路面施工时横向接缝有几种施工方法?适用性如何?
15. SMA面层施工与沥青混凝土面层施工相比有哪些不同?

16. 沥青混凝土路面施工交工验收时的质量检查项目有哪些?

17. 沥青面层施工过程中,沥青面层的厚度如何检测?

18. 沥青贯入式面层与沥青表面处治的特点、应用、施工工艺流程以及交工验收时的质量检查项目有何不同?

19. 结合自己的理解,谈谈你对稀浆封层与微表处的认识。

20. 沥青路面施工中压实度如何检测与评定?

21. 沥青路面平整度的检测方法有哪些? 适用性如何?

22. 沥青路面抗滑性能指标有哪些? 如何检测?

学习情境五　水泥混凝土路面施工

学习目标

1. 了解水泥混凝土面层的特性、破坏现象及其影响因素；

2. 在学习《道路材料应用技术》的基础上，进一步以《公路水泥混凝土路面施工技术规范》(JTG F30—2003)为依据，对材料的知识技能进行整合应用：会合理选择原材料、会做普通水泥混凝土路面的配合比设计、知道原材料及其混合料的技术要求与试验检测频率、知道原材料储存要求、知道水泥混凝土施工允许最长时间要求；

3. 会合理选择水泥混凝土路面的施工方式，并知道其施工流程；

4. 会选择各工序的施工设备，并能确定施工设备数量；

5. 掌握各工序(搅拌、运输、铺筑、接缝、抗滑构造、养生、特殊气候条件下施工)的施工要点；

6. 掌握水泥混凝土路面的施工质量检测项目与检测方法；

7. 会做真空脱水试验、能检测路面构造深度、会对水泥混凝土弯拉强度进行评定。

工作任务

任务1. 选择水泥混凝土路面施工方式；

任务2. 选择水泥混凝土路面施工的材料；

任务3. 水泥混凝土拌和物的搅拌与运输；

任务4. 水泥混凝土面层的铺筑；

任务5. 水泥混凝土面层接缝、抗滑构造的施工与养生；

任务6. 特殊气候条件下的水泥混凝土路面施工；

任务7. 水泥混凝土面层施工质量检查与验收。

学习指南

水泥混凝土路面是以水泥混凝土做面层的路面，依据设计图纸和《公路水泥混凝土路面施工技术规范》(JTG F30—2003)的要求来组织施工，进行材料、各工序施工质量的控制；依据《公路工程质量检验评定标准》(JTG F80/1—2004)的相关规定进行交工验收；依据《公路工程水泥及水泥混凝土试验规程》(JTG E30—2005)、《公路工程集料试验规程》(JTG E42—2005)进行原材料试验操作；依据《公路路基路面现场测试规程》(JTG E60—2008)进行现场检测试验操作。

本学习情境分为9个工作任务：工作任务一是水泥混凝土路面施工的预备知识，工作任务二～工作任务八是水泥混凝土路面施工的工序，工作任务九是路面检测技能训练(包括2个技能训练项目)。学生应沿着如下流程进行学习：

认知水泥混凝土路面结构层→水泥混凝土路面施工方式的选择→水泥混凝土路面施工的材料准备→水泥混凝土拌和物的搅拌与运输→水泥混凝土面层的铺筑→水泥混凝土面层接缝、抗滑构造的施工与养生→特殊气候条件下的施工→水泥混凝土面层施工质量检查与验收→路面检测技能训练

教学方法建议

采用“教、学、做”一体化，结合案例教学法，学习水泥混凝土路面施工的材料准备、各工序施工要点、质量检验评定、试验检测技能。

检查与评价

1. 水泥混凝土路面施工流程图；
2. 水泥混凝土路面施工案例分析报告；
3. 真空脱水混凝土试验记录表；
4. 路面构造深度检测评价方法与检测记录表；
5. 钻孔取芯法测定混凝土强度检测评价方法与检测记录表；
6. 水泥混凝土路面质量控制与检验项目。

学习资料

1. 教材与案例；
2. 中华人民共和国行业标准. 公路水泥混凝土路面施工技术规范(JTG F30—2003). 北京：人民交通出版社,2003；
3. 中华人民共和国行业标准. 公路工程质量检验评定标准(JTG F80/1—2004). 北京：人民交通出版社,2005；
4. 中华人民共和国行业标准. 公路路基路面现场测试规程(JTG E60—2008). 北京：人民交通出版社,2008；
5. 中华人民共和国行业标准. 公路工程集料试验规程(JTG E42—2005). 北京：人民交通出版社,2005；
6. 中华人民共和国行业标准. 公路工程水泥及水泥混凝土试验规程(JTG E30—2005). 北京：人民交通出版社,2005；
7. 交通部公路科学研究院. 公路水泥混凝土路面施工技术规范(JTG F30—2003)实施手册. 北京：人民交通出版社,2007。

工作任务一　认知水泥混凝土路面结构层

一、水泥混凝土路面的类型

水泥混凝土路面是以水泥混凝土做面层的路面，也称为刚性路面，包括普通混凝土(素混凝土)、钢筋混凝土、连续配筋混凝土、预应力混凝土、装配式混凝土、钢纤维混凝土和混凝土预制块铺砌等面层板和基(垫)层所组成的路面。

水泥混凝土面层一般采用设接缝的普通混凝土路面。普通混凝土路面是指除接缝区和局部范围(边缘和角隅)外不配置钢筋的混凝土路面。

二、水泥混凝土面层的特性

1. 水泥混凝土路面的优点

与其他类型路面相比，水泥混凝土路面具有以下优点：

(1)强度高、耐久性好。水泥混凝土路面具有较高的抗压、抗弯拉、抗磨耗的力学性能，因而耐久性好，使用年限较长。

(2)稳定性好。水泥混凝土路面的水稳性、热稳性均较好,强度能随着时间的延长而逐渐提高,不存在沥青路面的“老化”现象。

(3)平整度和粗糙度好。尽管水泥混凝土路面设有接缝,但它的表面很少有起伏、波浪变形,通行各种重型车辆均能够保持良好的平整度。同时,路面在潮湿时仍能保持足够的粗糙度,而使车辆不打滑,能够保持较高的安全行车速度。

(4)养护维修费用少,运输成本低。由于水泥混凝土路面坚固耐久,养护维修的工作量小,故所需的养护费用小而且路面平整,行车阻力小,能提高车速,减少燃料消耗,降低运输成本。

2. 水泥混凝土路面的缺点

水泥混凝土面层的缺点主要有以下几方面:

(1)对水泥和水的需要量大,在水泥供应不足和缺水地区施工困难。

(2)普通水泥混凝土面层设置的接缝增加了施工和养护的复杂性,而且影响行车的舒适性,且易导致路面板边和板角处破坏。

(3)开放交通较迟。水泥混凝土面层完工后,一般要经过14~21d养生才能开放交通,如需提早开放交通,则需采取特殊措施。

(4)修复困难。水泥混凝土面层损坏后,开挖很困难,修补工作量大,且影响交通。

3. 水泥混凝土路面的力学性能与路用性能要求

(1)水泥混凝土面层应具有足够的强度、耐久性,表面抗滑、耐磨、平整。应从材料、施工工艺上严格执行《公路水泥混凝土路面施工技术规范》(JTG F30—2003)的规定。

(2)水泥混凝土面板的弯拉强度远小于抗压强度,当弯拉应力超过混凝土面板弯拉强度时,面板将产生断裂破坏。普通水泥混凝土路面配合比设计的强度指标是弯拉强度而不是抗压强度。

(3)面板顶面、底面的温度变化使板体内产生温度翘曲应力,板的平面尺寸越大,翘曲应力越大。在车辆荷载作用下,混凝土面板产生弯曲,当轮载作用于面板中部时,面板顶面出现压应力而底面承受弯拉应力;当轮载作用于板角时,面板底面承受压应力而顶面出现弯拉应力。在重复荷载作用下,混凝土面板反复承受弯拉应力与压应力的作用,应考虑荷载疲劳应力与温度疲劳应力的综合作用进行混凝土面板厚度的设计。

(4)水泥混凝土是一种脆性材料,它在断裂时的相对拉伸变形很小,在弯曲断裂时的表面相对拉伸变形只有1/10 000~3/10 000,所以在荷载作用下,土基、基层的变形情况对混凝土面板的影响很大,不均匀的变形会导致面板与基层脱空,板体由此而产生断裂。因此,在水泥混凝土面层摊铺前,应对基层进行检查处理,并洒水湿润(防混凝土面层失水产生裂缝);施工时注意接缝设置、切缝时间、养生,以防裂缝及断板。

(5)水泥混凝土路面表面构造应采用刻槽、压槽、拉槽或拉毛等方法制作,以满足表面抗滑的要求。

三、水泥混凝土面层常见的破损现象

水泥混凝土路面的使用性能在行车因素的不断作用下逐渐变差,以致出现各种类型的损坏现象,大体分为接缝破损和混凝土板损坏两个方面。

1. 接缝破损

(1)挤碎。挤碎出现于横向接缝(主要是胀缝)两侧数十厘米宽度内。这是由于胀缝内的滑动传力杆位置不正确,或滑动端的滑动功能失效,或施工时胀缝内局部有混凝土搭连,或胀缝内落入坚硬的杂物等原因,阻碍了板的热胀,使混凝土在膨胀时受到较高的挤压应力,当其超过混凝土的抗剪强度时,板即发生剪切挤碎。

(2)拱起。混凝土面板在受热膨胀而受阻时,某一接缝两侧的板突然向上拱起。这是由于板收缩时缝隙张开,填缝料失效,坚硬碎屑等不可压缩的材料塞满缝隙,使板在膨胀时产生较大的热压应力,从而出现纵向压弯失稳。

(3)错台。错台指横向接缝两侧路面板出现的相对位移。当胀缝下部嵌缝板与上部缝隙未能对齐,或胀缝两侧混凝土壁面不垂直时,使缝旁两板在伸胀挤压过程中会上下错开而形成错台;当地面水通过接缝渗入基层使其软化,或者接缝传荷能力不足或传力效果降低时,都会导致错台的产生;当交通量或基层承载力在横向各幅板上分布不均匀,各幅板沉陷不一致时,纵缝亦会产生错台现象。

(4)唧泥。唧泥指汽车行经接缝时,由缝内喷溅出稀泥浆的现象。在轮载的频繁作用下,基层由于塑性变形累积而同面板脱空,地面水沿接缝下渗而积聚在脱空的空隙内,在轮载作用下积水变成有压水而同基层内浸湿的细料混搅成泥浆,并沿接缝缝隙喷溅出来。唧泥的出现,使面板边缘部分失去支承,因而往往在离接缝1.5~1.8m范围内产生横向裂缝。

此外,纵缝两侧的横缝前后错开、纵缝缝隙拉宽、填缝料丧失和脱落等也属于接缝的破坏。

2. 水泥混凝土面板本身的破坏

水泥混凝土面板本身的破坏主要是断裂和裂缝。面板由于所受内应力超过了混凝土的强度而出现横向或纵向以及板角的断裂和裂缝,其原因主要有:板太薄或轮载太重;行车荷载的渠化作用(荷载作用次数超过允许值);板的平面尺寸太大,使温度翘曲应力过大;养护期间收缩应力过大;基层过量的塑性变形,使板底脱空失去支承;由于材料或施工质量不良,混凝土强度未达到设计要求等。断裂裂缝破坏了路面板的整体性,使板丧失应有的承载力。

在水泥混凝土路面结构设计时必须采取有效的技术措施予以防治。

四、水泥混凝土基层

水泥混凝土基层又称为刚性基层。在重载交通,运输煤、矿石、建筑材料等的公路上,沥青路面结构选用贫混凝土(水泥用量较低的水泥混凝土,LC)做基层比较实用。在交通繁重的公路上,水泥混凝土路面结构应优先选用贫混凝土、碾压混凝土(采用振动碾压成型的水泥混凝土,RCC)做基层。

当采用贫混凝土做沥青路面的基层时,贫混凝土的配合比设计应根据28d龄期的抗弯拉强度试验确定水泥剂量,宜为8%~12%;集料的最大粒径不应大于31.5m;施工质量管理与控制宜用7d龄期的抗压强度评价;其厚度一般为20~28cm,最小厚度应大于15cm。贫混凝土基层的强度要求见表5-1-1。

贫混凝土基层的强度要求 表5-1-1

试验项目	28d抗弯拉强度(MPa)	28d抗压强度(MPa)	7d抗压强度(MPa)
特重、重交通	2.5~3.5	12~20	9~15
中交通	2.0~3.0	9~16	7~12

刚性基层应设置纵、横向接缝。贫混凝土做沥青路面的基层时,接缝中应灌入填缝料,其顶面应设置热沥青或改性沥青、改性乳化沥青黏结层,以加强层间结合。

工作任务二　水泥混凝土路面施工方式的选择

一、选择水泥混凝土路面的施工方式

根据公路等级的不同,按表5-2-1选择水泥混凝土路面的施工方式。

水泥混凝土路面施工方式的选择　　表5-2-1

施工方式	高速公路	一级公路	二级公路	三级公路	四级公路
滑模摊铺机	✓	✓	✓	▲	○
轨道摊铺机	▲	✓	✓	✓	○
三辊轴机组	○	▲	✓	✓	✓
小型机具	×	○	▲	✓	✓
碾压混凝土机械	×	○	✓	✓	▲

注:1. 符号含义:✓应使用;▲有条件使用;○不宜使用;×不得使用。

2. 碾压混凝土亦可用于高速公路、一级公路复合式路面的下面层和贫混凝土(透水)基层。

二、水泥混凝土路面施工流程图

1. 滑模摊铺机施工工艺流程图

水泥混凝土路面滑模摊铺机施工工艺流程图如图5-2-1所示。

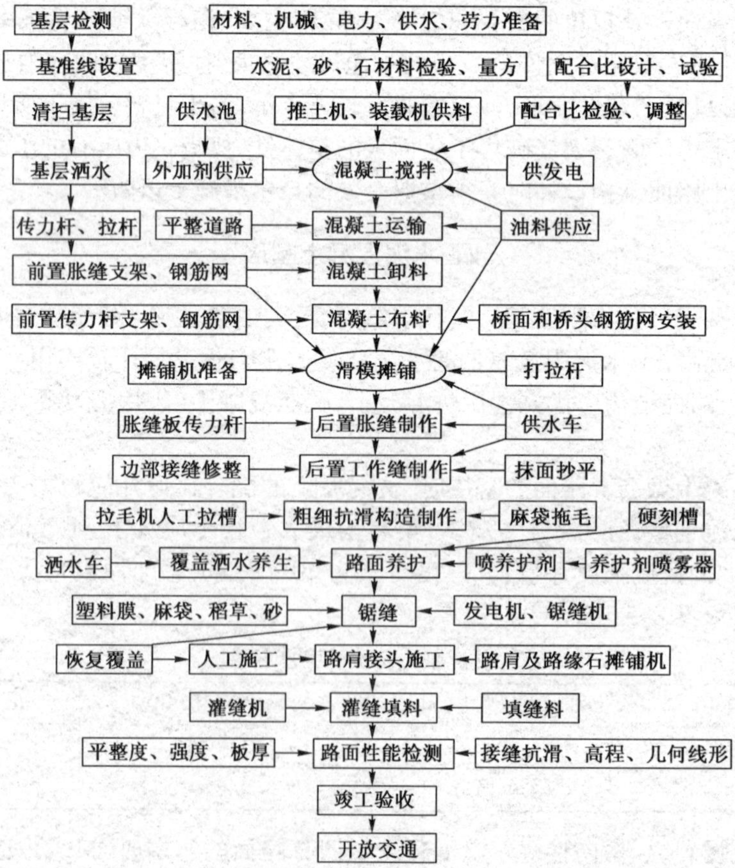

图5-2-1　水泥混凝土路面滑模摊铺机施工工艺流程图

2. 轨道摊铺机施工工艺流程图

水泥混凝土路面轨道摊铺机施工工艺流程图如图 5-2-2 所示。

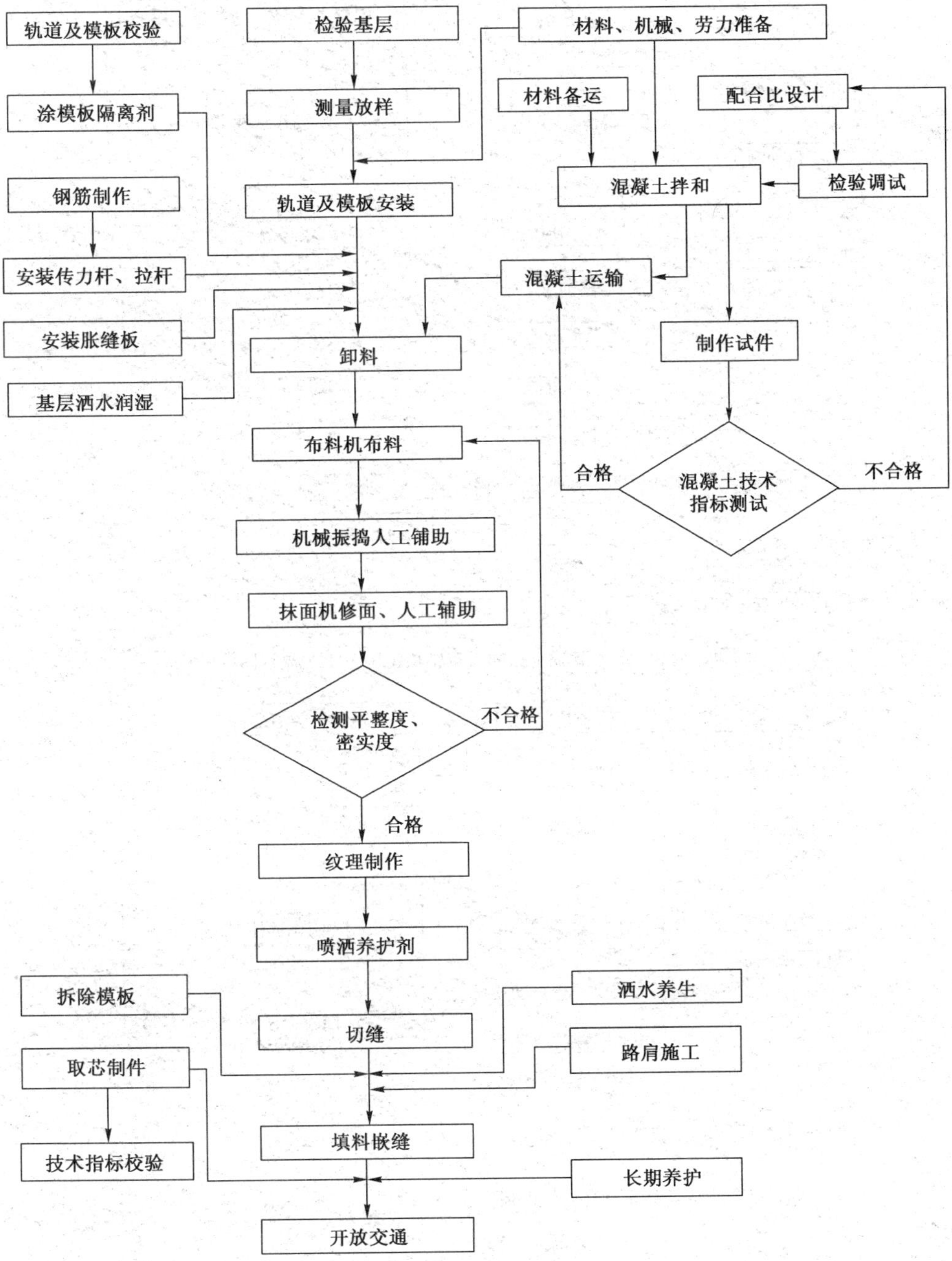

图 5-2-2　水泥混凝土路面轨道摊铺机施工工艺流程图

3. 三辊轴机组施工工艺流程图

水泥混凝土路面三辊轴机组施工工艺流程图如图 5-2-3 所示。

4. 小型机具施工工艺流程图

水泥混凝土路面小型机具施工工艺流程图如图 5-2-4 所示。

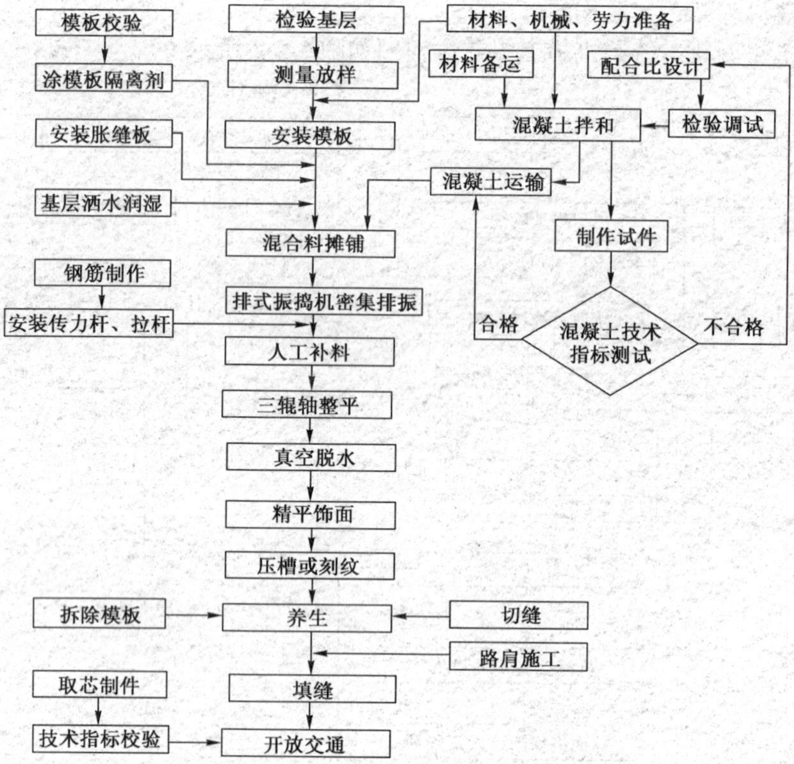

图 5-2-3 水泥混凝土路面三辊轴机组施工工艺流程图

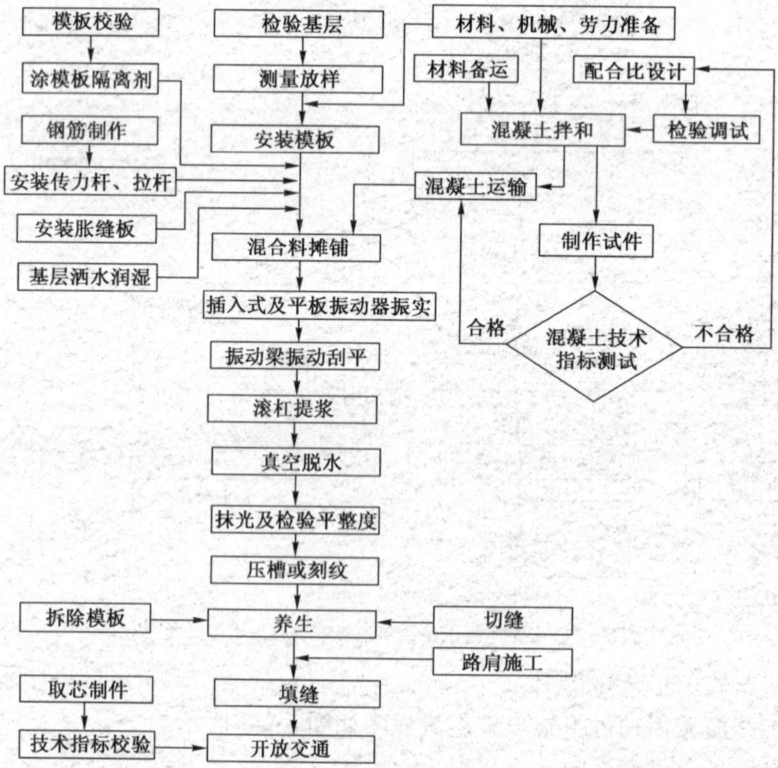

图 5-2-4 水泥混凝土路面小型机具施工工艺流程图

工作任务三　水泥混凝土路面施工的材料准备

开工前，工地试验室应合理选择原材料，并用合格的原材料进行水泥混凝土配合比设计，提交监理工程师进行水泥混凝土配合比验证。

根据路面施工进度安排，及时供给原材料，分批量检验和储存，不合格原材料不得进场。

一、原材料的选择

1. 水泥混凝土路面使用的水泥

水泥品种及强度等级的选择与交通等级密切相关。

(1)水泥品种的选择。特重、重交通路面宜采用旋窑道路硅酸盐水泥，也可采用旋窑硅酸盐水泥或普通硅酸盐水泥；中、轻交通的路面可采用矿渣硅酸盐水泥；低温天气施工或有快通要求的路段可采用 R 型水泥，此外宜采用普通型水泥。

(2)水泥的强度等级。以实测的水泥抗折强度来选择和使用水泥；各交通等级路面水泥抗折强度、抗压强度应符合表 5-3-1 的规定。

各交通等级路面水泥各龄期的实测抗折强度、抗压强度　　表 5-3-1

交通等级	特重交通超重载*		特重交通		重交通		中、轻交通	
水泥混凝土的弯拉强度标准值(MPa)	5.5		5.0		5.0		4.5、4.0	
龄期(d)	3	28	3	28	3	28	3	28
抗压强度(MPa)　≥	23.0	52.5	20.0	47.5	16.0	42.5	11.0	32.5
抗折强度(MPa)　≥	5.0	8.0	4.5	7.5	4.0	7.0	3.5	6.5

注：* 特重交通超重载水泥混凝土路面设计为 5.5MPa 弯拉强度时采用，譬如运煤专线公路、矿区公路、施工专用公路等。

选用水泥时，还应通过混凝土配合比试验，根据其配制弯拉强度、耐久性和工作性优选适宜的水泥品种、强度等级。

(3)水泥的化学成分和物理指标。水泥的化学成分、物理指标应符合《公路水泥混凝土路面施工技术规范》(JTG F30—2003)的有关规定。

(4)采用机械化铺筑时，宜选用散装水泥。散装水泥的夏季出厂温度：南方不宜高于 65℃，北方不宜高于 55℃。混凝土搅拌时的水泥温度：南方不宜高于 60℃，北方不宜高于 50℃，且不宜低于 10℃。

2. 水泥混凝土路面使用的粗集料

1)粗集料的最大粒径与级配范围

卵石最大粒径不宜大于 19.0mm；碎卵石最大粒径不宜大于 26.5mm；碎石最大粒径不应大于 31.5mm。在相同水泥用量与水灰比条件下，最大粒径增加使路面混凝土抗压强度增大，但减小最大粒径有利于提高路面混凝土的弯拉强度；大粒径的集料振捣下沉缓慢，直接影响路面的平整度。

用做路面和桥面混凝土的粗集料不得使用不分级的统料，应采用 2 ~ 4 个粒级的集料进行掺配，并应符合表 5-3-2 合成级配的要求，且碎卵石或碎石中粒径小于 75μm 的石粉含量不宜大于 1%。

粗集料级配范围 表 5-3-2

类型	级配 \ 粒径	方筛孔尺寸(mm)							
		2.36	4.75	9.50	16.0	19.0	26.5	31.5	37.5
		累计筛余(以质量计)(%)							
合成级配	4.75 ~ 16	95 ~ 100	85 ~ 100	40 ~ 60	0 ~ 10	0			
	4.75 ~ 19	95 ~ 100	85 ~ 95	60 ~ 75	30 ~ 45	0 ~ 5	0		
	4.75 ~ 26.5	95 ~ 100	90 ~ 100	70 ~ 90	50 ~ 70	25 ~ 40	0 ~ 5	0	
	4.75 ~ 31.5	95 ~ 100	90 ~ 100	75 ~ 90	60 ~ 75	40 ~ 60	20 ~ 35	0 ~ 5	0
单粒级	4.75 ~ 9.5	95 ~ 100	80 ~ 100	0 ~ 15	0				
	9.5 ~ 16		95 ~ 100	80 ~ 100	0 ~ 15	0			
	9.5 ~ 19		95 ~ 100	85 ~ 100	40 ~ 60	0 ~ 15	0		
	16 ~ 26.5			95 ~ 100	55 ~ 70	25 ~ 40	0 ~ 10	0	
	16 ~ 31.5			95 ~ 100	85 ~ 100	55 ~ 70	25 ~ 40	0 ~ 10	0

2)粗集料的技术要求

粗集料应使用质地坚硬、耐久、洁净的碎石、碎卵石和卵石。粗集料的压碎值、坚固性、针片状颗粒含量、含泥量、碱集料反应等物理力学指标应符合《公路水泥混凝土路面施工技术规范》(JTG F30—2003)的有关规定。

3. 水泥混凝土路面使用的细集料

1)细集料技术指标

细集料应采用质地坚硬、耐久、洁净的天然砂、机制砂或混合砂。细集料的氯化物、坚固性、含泥量、亚甲蓝 MB 值等技术指标应符合《公路水泥混凝土路面施工技术规范》(JTG F30—2003)的有关规定。

2)细集料的级配范围与细度模数

细集料的级配应符合表 5-3-3 的规定。

路面和桥面用天然砂宜为中砂,也可使用细度模数在 2.0 ~ 3.5 之间的砂。同一配合比用砂的细度模数变化范围不应超过 0.3,否则,应分别堆放,并应调整配合比中的砂率。

细集料级配范围 表 5-3-3

砂分级	方筛孔尺寸(mm)					
	0.15	0.30	0.60	1.18	2.36	4.75
	累计筛余(以质量计)(%)					
粗砂	90 ~ 100	80 ~ 95	71 ~ 85	35 ~ 65	5 ~ 35	0 ~ 10
中砂	90 ~ 100	70 ~ 92	41 ~ 70	10 ~ 50	0 ~ 25	0 ~ 10
细砂	90 ~ 100	55 ~ 85	16 ~ 40	0 ~ 25	0 ~ 15	0 ~ 10

4. 水泥混凝土路面使用的水

饮用水可直接作为混凝土搅拌、养护用水。若对水质有疑问时,应按《公路水泥混凝土路面施工技术规范》(JTG F30—2003)的有关规定进行检验。

5. 外加剂

有抗冰(盐)冻要求地区:各交通等级路面、桥面、路缘石、路肩及贫混凝土基层必须使用引气剂;无抗冰(盐)冻要求地区:二级及二级以上公路路面混凝土中应使用引气剂。

路面水泥混凝土往往需要掺减水剂，以满足施工规范规定的最大单位用水量要求。高温施工宜使用引气缓凝（保塑）（高效）减水剂；低温施工宜使用引气早强（高效）减水剂。选定减水剂品种前，必须与所用的水泥进行化学成分和剂量适应性检验。化学成分不适应，必须更换减水剂品种。剂量不适应，应进行减水剂不同掺量的混凝土试验，找到所用水泥的减水剂最佳掺量。

处在海水、海风、氯离子、硫酸根离子环境的或冬季洒除冰盐的路面或桥面钢筋混凝土、钢纤维混凝土中宜掺阻锈剂。

外加剂的产品质量应符合《公路水泥混凝土路面施工技术规范》（JTG F30—2003）的有关规定。供应商应提供有相应资质外加剂检测机构的品质检测报告，检验报告应说明外加剂的主要化学成分，认定对人员无毒副作用。

6. 钢筋

混凝土路面、桥面和搭板所用钢筋网、传力杆、拉杆等钢筋应符合国家有关标准的技术要求。钢筋应顺直，不得有裂纹、断伤、刻痕、表面油污和锈蚀。传力杆钢筋加工应锯断，不得挤压切断；断口应垂直、光圆，用砂轮打磨掉毛刺，并加工成 2 ~ 3mm 圆倒角。

7. 接缝材料

1）胀缝材料

胀缝板、胀缝橡胶填缝条的技术要求应符合《公路水泥混凝土路面施工技术规范》（JTG F30—2003）的有关规定。高速公路、一级公路宜采用塑胶、橡胶泡沫板或沥青纤维板；其他公路可采用橡胶泡沫板、沥青纤维板、杉木板、杨木板、松木板等各种胀缝板。

2）缩缝填缝材料

填缝材料技术指标应符合《公路水泥混凝土路面施工技术规范》（JTG F30—2003）的有关规定。

常温施工式填缝料主要有聚（氨）酯、硅树脂类，以及氯丁橡胶、沥青橡胶类等。加热施工式填缝料主要有沥青玛蹄脂类、聚氯乙烯胶泥类、改性沥青类等。高速公路、一级公路应优选使用树脂类、橡胶类或改性沥青类填缝材料，并宜在填缝料中加入耐老化剂。

3）缩缝背衬垫条

填缝时应使用背衬垫条控制填缝形状系数。背衬垫条应具有良好的弹性、柔韧性、不吸水、耐酸碱腐蚀和高温不软化等性能。背衬垫条材料有聚氨酯、橡胶或微孔泡沫塑料等，其形状应为圆柱形，直径应比接缝宽度大 2 ~ 5mm。

二、路面普通混凝土配合比设计

（一）路面用普通水泥混凝土的技术要求

路面用普通水泥混凝土配合比设计方法以《公路水泥混凝土路面施工技术规范》（JTG F30—2003）为依据，应满足四项技术要求：弯拉强度、工作性、耐久性、经济性。

1. 弯拉强度

配制弯拉强度的计算见式（5-3-1）。

$$f_c = \frac{f_r}{1 - 1.04C_v} + ts \tag{5-3-1}$$

式中：f_c——配制弯拉强度，MPa；

f_r——设计弯拉强度标准值，MPa；

C_v——弯拉强度变异系数,见表5-3-4;

t——保证率系数,见表5-3-5;

s——弯拉强度试验样本的标准差,MPa,见表5-3-4。

弯拉强度试验样本的标准差 s 与变异系数 C_v 表5-3-4

公路等级	高速公路	一级公路		二级公路	三、四级公路	
样本标准差 s(MPa)	0.25~0.50	0.25~0.50		0.45~0.67	0.40~0.80	
弯拉强度变异水平等级	低	低	中	中	中	高
弯拉强度变异系数 C_v 允许变化范围	0.05~0.10	0.05~0.10	0.10~0.15	0.10~0.15	0.10~0.15	0.15~0.20

保证率系数 t 表5-3-5

公路等级	判别概率 P	样本数 n(组)				
		3	6	9	15	20
高速公路	0.05	1.36	0.79	0.61	0.45	0.39
一级公路	0.10	0.95	0.59	0.46	0.35	0.30
二级公路	0.15	0.72	0.46	0.37	0.28	0.24
三、四级公路	0.20	0.56	0.37	0.29	0.22	0.19

2. 工作性

(1)滑模摊铺拌和物最佳工作性见表5-3-6。

滑模摊铺最佳工作性及允许范围 表5-3-6

指标 / 界限	坍落度 S_L(mm)		振动黏度系数 η (N·s/m²)
	卵石混凝土	碎石混凝土	
最佳工作性	20~40	25~50	200~500
允许波动范围	5~55	10~65	100~600

注:1. 滑模摊铺机适宜的摊铺速度应控制在0.5~2.0m/min之间。

2. 本表适用于设超铺角的滑模摊铺机;对不设超铺角的滑模摊铺机,最佳振动黏度系数为250~600N·s/m²;最佳坍落度卵石为10~40mm;碎石为10~30mm。

3. 滑模摊铺时的最大单位用水量,卵石混凝土不宜大于155kg/m³,碎石混凝土不宜大于160kg/m³。

(2)轨道摊铺机、三辊轴机组、小型机具摊铺的路面混凝土坍落度及最大单位用水量应满足表5-3-7的规定。

不同路面施工方式的混凝土坍落度及最大单位用水量 表5-3-7

摊铺方式	轨道摊铺机摊铺		三辊轴机组摊铺		小型机具摊铺	
出机坍落度(mm)	40~60		30~50		10~40	
摊铺坍落度(mm)	20~40		10~30		0~20	
最大单位用水量(kg/m³)	碎石 150~160	卵石 148~158	碎石 148~158	卵石 143~153	碎石 145~155	卵石 140~150

注:1. 表中的最大单位用水量系采用中砂、粗细集料为风干状态的取值,采用细砂时,应使用减水率较大的(高效)减水剂。

2. 使用碎卵石时,最大单位用水量可取碎石与卵石中值。

3. 单位用水量不仅应满足设计水灰比要求,而且与集料的吸水率大小有关。

3. 耐久性

(1)含气量。路面混凝土含气量宜符合表5-3-8的规定。

路面混凝土含气量及允许偏差(%) 表5-3-8

最大粒径(mm)	无抗冻性要求	有抗冻性要求	有抗盐冻要求
16.0	4.5±1.0	5.5±0.5	6.5±0.5
19.0	4.0±1.0	5.0±0.5	6.0±0.5
26.5	3.5±1.0	4.5±0.5	5.5±0.5
31.5	3.5±1.0	4.0±0.5	5.0±0.5

(2)最大水灰(胶)比和最小单位水泥用量。各交通等级路面混凝土满足耐久性要求的最大水灰(胶)比和最小单位水泥用量应符合表5-3-9的规定。最大单位水泥用量不宜大于$400kg/m^3$;掺粉煤灰时,最大单位胶材总量不宜大于$420kg/m^3$。

混凝土满足耐久性要求的最大水灰(胶)比和最小单位水泥用量 表5-3-9

公路等级		高速、一级公路	二级公路	三、四级公路
最大水灰(胶)比		0.44	0.46	0.48
抗冰冻要求最大水灰(胶)比		0.42	0.44	0.46
抗盐冻要求最大水灰(胶)比		0.40	0.42	0.44
最小单位水泥用量(kg/m^3)	42.5级	300	300	290
	32.5级	310	310	305
抗冰(盐)冻时最小单位水泥用量(kg/m^3)	42.5级	320	320	315
	32.5级	330	330	325
掺粉煤灰时最小单位水泥用量(kg/m^3)	42.5级	260	260	255
	32.5级	280	270	265
抗冰(盐)冻掺粉煤灰最小单位水泥用量(42.5级水泥)(kg/m^3)		280	270	265

注:1. 掺粉煤灰并有抗冰(盐)冻性要求时,不得使用32.5级水泥。
2. 水灰(胶)比计算以砂石料的自然风干状态计(砂含水率≤1.0%;石子含水率≤0.5%)。
3. 处在除冰盐、海风、酸雨或硫酸盐等腐蚀性环境中或在大纵坡等加减速车道上的混凝土,最大水灰(胶)比可比表中数值降低0.01~0.02。

(3)严寒地区路面混凝土抗冻标号不宜小于F250,寒冷地区不宜小于F200。

(4)在海风、酸雨、除冰盐或硫酸盐等腐蚀环境影响范围内的混凝土路面和桥面,在使用硅酸盐水泥时,应掺加粉煤灰、磨细矿渣或硅灰掺合料,不宜单独使用硅酸盐水泥,可使用矿渣水泥或普通水泥。

(二)初步配合比设计

首先确定配合比设计的三个参数:水灰比、砂率、单位用水量,然后用体积法或质量法即可求出配制$1m^3$水泥混凝土所需的各材料质量。

1. 水灰比

水灰比的确定要同时考虑弯拉强度、耐久性。按配制弯拉强度计算水灰比,见式(5-3-2)、式(5-3-3);满足耐久性要求的最大水灰(胶)比,查表5-3-9。

碎石或碎卵石混凝土：

$$\frac{W}{C}=\frac{1.5684}{f_c+1.0097-0.3595f_s} \tag{5-3-2}$$

卵石混凝土：

$$\frac{W}{C}=\frac{1.2618}{f_c+1.5492-0.4709f_s} \tag{5-3-3}$$

式中：$\frac{W}{C}$——水灰比；

f_c——配制弯拉强度，MPa；

f_s——水泥实测 28d 抗折强度，MPa。

2. 砂率

砂率应根据砂的细度模数和粗集料种类，按表 5-3-10 取值。

砂的细度模数与最优砂率关系　　表 5-3-10

砂的细度模数		2.2～2.5	2.5～2.8	2.8～3.1	3.1～3.4	3.4～3.7
砂率 S_P(%)	碎石	30～34	32～36	34～38	36～40	38～42
	卵石	28～32	30～34	32～36	34～38	36～40

注：碎卵石可在碎石与卵石混凝土之间内插取值。

3. 单位用水量

按式(5-3-4)、式(5-3-5)计算单位用水量(砂石料以自然风干状态计)。单位用水量的计算值应满足表 5-3-6 或表 5-3-7 中最大用水量的规定，否则应掺外加剂，对于三、四级公路也可采用真空脱水工艺。掺外加剂时，混凝土单位用水量按式(5-3-6)计算。

碎石：

$$W_0=104.97+0.309S_L+11.27\frac{C}{W}+0.61S_P \tag{5-3-4}$$

卵石：

$$W_0=86.89+0.370S_L+11.24\frac{C}{W}+1.00S_P \tag{5-3-5}$$

式中：W_0——不掺外加剂与掺合料混凝土的单位用水量，kg/m^3；

S_L——坍落度，mm，根据选用的施工方式查表 5-3-6 或查表 5-3-7；

$\frac{C}{W}$——灰水比，水灰比之倒数；

S_P——砂率，%。

$$W_{0W}=W_0\left(1-\frac{\beta}{100}\right) \tag{5-3-6}$$

式中：W_{0W}——掺外加剂时混凝土的单位用水量，kg/m^3；

β——所用外加剂剂量的实测减水率，%。

4. 单位水泥用量

单位水泥用量按式(5-3-7)计算；满足耐久性要求的最小水泥用量，查表 5-3-9；施工规范规定的最大单位水泥用量不宜大于 $400kg/m^3$；掺粉煤灰时，最大单位胶材总量不宜大于 $420kg/m^3$。

$$C_0=\left(\frac{C}{W}\right)W_0 \tag{5-3-7}$$

式中：C_0——单位水泥用量，kg/m^3。

5. 单位砂石用量

单位砂石用量可按质量法计算，见式(5-3-8)；或按体积法计算，见式(5-3-9)：

$$\begin{cases} C_0 + W_0 + S_0 + G_0 = M_{CP} \\ S_P = \dfrac{S_0}{S_0 + G_0} \times 100 \end{cases} \tag{5-3-8}$$

$$\begin{cases} \dfrac{C_0}{\rho_c} + \dfrac{W_0}{\rho_w} + \dfrac{S_0}{\rho_s} + \dfrac{G_0}{\rho_g} + 0.01\alpha = 1 \\ S_P = \dfrac{S_0}{S_0 + G_0} \times 100 \end{cases} \tag{5-3-9}$$

式中：C_0、W_0、S_0、G_0——分别为配制 $1m^3$ 混凝土所需的水泥、水、砂、石子的质量，kg/m^3；

M_{CP}——混凝土的表观密度，可取 2 400 ~ 2 450kg/m^3；

S_P——砂率，%。

ρ_c、ρ_w、ρ_s、ρ_g——分别是水泥、水、砂、石子的表观密度，kg/m^3；

α——混凝土的含气量百分数，在不使用引气剂时，α 可取为 1。

6. 粗集料填充体积率

粗集料填充体积率按式(5-3-10)计算，根据施工规范要求，粗集料填充体积率不宜小于 70%。

$$V_f = \frac{G_0}{\rho'_g} \times 100\% \tag{5-3-10}$$

式中：V_f——粗集料填充体积率，%；

G_0——单位粗集料用量，kg/m^3；

ρ'_g——粗集料振实密度，kg/m^3。

(三) 室内配合比试配调整

1. 工作性检验

检验混凝土拌和物是否满足不同摊铺方式的最佳工作性要求，可在保持水灰(胶)比不变的前提下调整单位用水量、外加剂掺量或砂率，得到基准配合比。

2. 强度及耐久性检验

以初选水灰(胶)比为中心，按 0.02 增减幅度选定 3 个不同水灰(胶)比，单位用水量应与基准配合比相同，砂率可分别增加和减少 1%，试拌，测拌和物的工作性和表观密度，当不同水灰比的混凝土拌和物坍落度与要求值之差超过允许偏差时，可通过增减单位用水量进行调整。制作试件，测 28d 弯拉强度。

优选一组配合比，当混凝土表观密度实测值与计算值(即每方混凝土各材料用量之和)之差的绝对值不超过计算值的 2% 时，可不进行修正，否则，应将配合比中每项材料用量均乘以校正系数 δ(即混凝土表观密度实测值与计算值的商)，即为试验室配合比，报监理工程师验证。

(四) 搅拌楼试拌调整

根据料场砂石料含水率、拌和物实测视密度、含气量、坍落度及其损失，调整单位用水量、砂率或外加剂掺量，用搅拌楼试拌，铺筑试验路验证，确定施工配合比。

（五）施工期间配合比微调与控制

1. 微调外加剂掺量

根据施工季节、气温和运距等的变化，可微调缓凝（高效）减水剂、引气剂或保塑剂的掺量，保持摊铺现场的坍落度始终适宜于铺筑，且波动最小。

2. 根据砂石含水量微调水、砂、石称量

降雨后，应根据每天不同时间的气温及砂石料实际含水率变化，微调加水量，同时微调砂石料称量，其他配合比参数不得变更。雨天或砂石料变化时应加强控制，保持现场拌和物工作性始终适宜摊铺和稳定。

（六）普通混凝土路面配合比设计例题

1. 设计要求

（1）设计弯拉强度标准值：设计文件要求 $f_r = 5.0$MPa。

（2）工作性：坍落度为 $S_L = 25 \sim 50$mm。

（3）耐久性：最大水灰比 0.44、最小单位水泥用量 300kg/m^3。

2. 设计依据

（1）《公路水泥混凝土路面施工技术规范》（JTG F30—2003）。

（2）《普通混凝土配合比设计规程》（JGJ 55—2000）。

（3）《公路工程水泥及水泥混凝土试验规程》（JTG E30—2005）。

（4）《公路工程集料试验规程》（JTG E42—2005）。

（5）××高速公路设计文件。

3. 组成材料

（1）水泥：采用××水泥厂生产的 42.5 级水泥，水泥各项指标试验结果（略）。

（2）碎石：采用××石料场生产的石灰岩碎石，粗集料试验结果（略），$d_{max} \leqslant 31.5$mm，采用 4.75～16mm 和 16～26.5mm 的两种碎石，按 30%：70% 的比例掺配，其级配符合要求。

（3）砂：采用××料场生产的 0～4.75mm 水洗砂，细集料试验结果汇总表（略），细集料筛分试验结果（略），细度模数为 3.13。

（4）减水剂：为××公司生产的 FDN-1 混凝土高效减水剂。

4. 配合比设计

1）计算初步配合比

初步配合比的计算（质量法）过程见表 5-3-11。

初步配合比的计算（质量法） 表 5-3-11

序号	项目	符号	计 算 式	参 数 取 值	计算结果	备 注
1	配制强度	f_c	$f_c = \frac{f_r}{1-1.04C_v} + ts$	$f_r = 5.0$MPa $C_v = 0.10$ $t = 0.79$ $s = 0.50$MPa	6.0MPa	
2	水灰比	W/C	$\frac{1.5684}{f_c + 1.0097 - 0.3595 f_s}$	$f_c = 6.0$MPa $f_s = 8.0$MPa	0.38	按施工规范规定，耐久性要求的最大水灰比为 0.44
3	砂率	S_P	根据砂的细度模数 M_x 及粗集料种类查表	$M_x = 3.13$ 粗集料选用碎石	37%	按施工规范表中查取砂率

续上表

序号	项目	符号	计算式	参数取值	计算结果	备注
4	用水量	W_0	$W_0=104.97+0.309S_L+11.27\dfrac{C}{W}+0.61S_P$	$S_L=40$mm $C/W=2.63$ $S_P=37\%$(代入37计算)	170kg	按施工规范表中查取的最大单位用水量160kg,需掺减水剂
			$W_{0W}=W_0\left(1-\dfrac{\beta}{100}\right)$	$W_0=170$kg $\beta=20\%$(代入20计算)	136kg	掺FDN-1混凝土高效减水剂
5	水泥用量	C_0	$C_0=\left(\dfrac{C}{W}\right)W_0$	$C/W=2.63$ $W_0=136$kg	358kg	耐久性要求的最小水泥用量300kg;施工规范要求的最大水泥用量不宜大于400kg
6	砂用量	S_0	$(M_{cp}-W_0-C_0)S_p$	$M_{CP}=2\,450$kg $W_0=136$kg $C_0=358$kg $S_P=37\%$	724kg	
7	碎石用量	G_0	$M_{cp}-W_0-C_0-G_0$	$M_{CP}=2\,450$kg $W_0=136$kg $C_0=358$kg $G_0=724$kg	1 232kg	
8	粗集料填充体积率	V_f	$V_f=\dfrac{G_0}{\rho'_g}\times100$	$G_0=1\,232$kg $\rho'_g=1\,580\text{kg/m}^3$	78%	施工规范规定粗集料填充体积率不宜小于70%,满足要求
9	初步配合比	水泥:水:砂:碎石:减水剂 358:136:724:1232:3.58 1:0.38:2.022:3.441:0.01				

2)室内配合比试配调整

采用水灰比分别为:A组:$W/C=0.38$,$S_P=37\%$;B组:$W/C=0.40$,$S_P=37\%$;C组:$W/C=0.36$,$S_P=37\%$,用水量均为136kg。经拌和,检测三组混凝土坍落度、黏聚性、保水性等性能均符合要求。A、B、C三组的混凝土实测表观密度分别为2 460kg/m^3、2 450kg/m^3、2 460kg/m^3,与假定密度2 450kg/m^{3}相差均不超过2%,可不作调整。混凝土采用搅拌机搅拌,装模后用标准振动台成型,室温放置一昼夜后,拆模并做外观检测、编号,将试块放到标养室养生,其28d强度见表5-3-12。

坍落度及28d弯拉强度 表5-3-12

组别	配合比 水泥:水:砂:碎石:外加剂	水灰比 W/C	灰水比 C/W	坍落度 (mm)	28d弯拉强度 (MPa)
A	358:136:724:1 232:3.58	0.38	2.632	40	6.12
B	340:136:724:1 232:3.40	0.40	2.500	42	5.36
C	378:136:724:1 232:3.78	0.36	2.778	35	6.93

根据以上结果，按照相关的规范，综合耐久性、工作性、经济性要求，拟选择 A 组配合比为施工配合比：

水泥∶水∶砂∶碎石∶外加剂 = 358∶136∶724∶1 232∶3.58 或 1∶0.38∶2.022∶3.441∶0.01

三、原材料检验与储存

1. 原材料检验

将相同料源、规格、品种的原材料作为一批，分批量检验和储存。原材料的检验项目和批量应符合表 5-3-13 的规定。

混凝土原材料的检测项目和频率 表 5-3-13

<table>
<tr><th rowspan="2">材料</th><th rowspan="2">检 查 项 目</th><th colspan="2">检 查 频 度</th><th rowspan="2">试验规程或试验方法</th></tr>
<tr><th>高速、一级公路</th><th>其他公路</th></tr>
<tr><td rowspan="4">水泥</td><td>抗折强度，抗压强度，安定性</td><td>机铺 1 500t 一批</td><td>机铺 1 500t，小型机具 500t 一批</td><td rowspan="4">JTG E30—2005
GB/T 176—2008
GB/T 12959—2008</td></tr>
<tr><td>凝结时间，标稠需水量，细度</td><td>机铺 2 000t 一批</td><td>机铺 3 000t，小型机具 500t 一批</td></tr>
<tr><td>f-CaO、MgO、SO_3 含量，铝酸三钙、铁铝酸四钙，干缩率、耐磨性、碱度，混合材料种类及数量</td><td>每标段不少于 3 次，进场前必测</td><td>每标段不少于 3 次，进场前必测</td></tr>
<tr><td>温度、水化热</td><td>冬、夏季施工随时检测</td><td>冬、夏季施工随时检测</td></tr>
<tr><td rowspan="2">粉煤灰</td><td>活性指数、细度、烧失量</td><td>机铺 1 500t 一批</td><td>机铺 1 500t，小型机具 500t 一批</td><td rowspan="2">GB/T 1596—2005</td></tr>
<tr><td>需水量比、SO_3 含量</td><td>每标段不少于 3 次，进场前必测</td><td>每标段不少于 3 次，进场前必测</td></tr>
<tr><td rowspan="5">粗集料</td><td>针片状、超径颗粒含量，级配，表观密度，堆积密度，空隙率</td><td>机铺 2 500m^3 一批</td><td>机铺 5 000m^3，小型机具 1 500m^3 一批</td><td rowspan="5">JTG E42—2005</td></tr>
<tr><td>含泥量、泥块含量</td><td>机铺 1 000m^3 一批</td><td>机铺 2 000m^3，小型机具 1 000m^3 一批</td></tr>
<tr><td>坚固性、岩石抗压强度、压碎指标</td><td>每种粗集料每标段不少于 2 次</td><td>每种粗集料每标段不少于 2 次</td></tr>
<tr><td>碱集料反应</td><td>怀疑有碱活性集料进场前测</td><td>怀疑有碱活性集料进场前测</td></tr>
<tr><td>含水率</td><td>降雨或湿度变化随时测</td><td>降雨或湿度变化随时测</td></tr>
</table>

续上表

材料	检查项目	检查频度		试验规程或试验方法
		高速、一级公路	其他公路	
砂	细度模数，表观密度，堆积密度，空隙率，级配	机铺 2 000m^3 一批	机铺 4 000m^3，小型机具 1 500m^3 一批	JTG E42—2005
	含泥量、泥块、石粉含量	机铺 1 000m^3 一批	机铺 2 000m^3，小型机具 500m^3 一批	
	坚固性	每种砂每标段不少于 3 次	每种砂每标段不少于 3 次	
	云母含量轻物质与有机物含量	目测有云母或杂质时测	目测有云母或杂质时测	
	含盐量（硫酸盐、氯盐）	必要时测，淡化海砂每标段 3 次	必要时测，淡化海砂每标段 2 次	
	含水率	降雨或湿度变化随时测	降雨或湿度变化随时测	
外加剂	减水剂减水率，液体外加剂含固量和相对密度，粉状外加剂的不溶物含量	机铺 5t 一批	机铺 5t，小型机具 3t 一批	GB/T 8077—2000
	引气剂引气量、气泡细密程度和稳定性	机铺 2t 一批	机铺 3t，小型机具 1t 一批	
养生剂	有效保水率、抗压强度比、耐磨性、耐热性、膜水溶性	开工前或有变化时，每标段 3 次	开工前或有变化时，每标段 3 次	JC 901—2002
	含固量、成膜时间	试验路段测，施工每 5t 测 1 次	试验路段测，施工每 5t 测 1 次	
水	pH 值、含盐量、硫酸根及杂质含量	开工前和水源有变化时	开工前和水源有变化时	GB/T 6920 GB/T 11899

注：1. 开工前，所有原材料项目均应检验；当原材料规格、品种、生产厂、来源变化时，必检。
2. 机铺是指滑模、轨道、三辊轴机组和碾压混凝土摊铺，数量不足一批时，按一批检验。

2. 原材料存储要求

严禁使用受潮的水泥；施工前，应储备正常施工 10～15d 所需的砂石料，大型滑模摊铺施工宜储备 1 个月以上的砂石料。砂石料场要硬化，不同规格的砂石料应用隔离设施，并设标识牌，严禁混杂。在低温天、雨天、大风天及日照强烈的条件下，应在砂石料堆上部架设顶篷或覆盖，覆盖砂石料数量不宜少于正常施工一周的用量。

工作任务四　水泥混凝土拌和物的搅拌与运输

一、水泥混凝土拌和物的搅拌

1. 搅拌设备

（1）总拌和生产能力要求。采用滑模、轨道、碾压、三辊轴机组摊铺时，搅拌场配置的混凝土总拌和生产能力可按式（5-4-1）计算，并按总拌和能力确定搅拌楼数量和型号。

$$M = 60\mu bhv_t \tag{5-4-1}$$

式中：M——搅拌楼总拌和能力，m^3/h；

b——摊铺宽度，m；

v_t——摊铺速度（≥1m/min），m/min；

h——面板厚度，m；

μ——搅拌楼可靠性系数，取 1.2～1.5，根据下述具体情况确定：搅拌楼可靠性高，μ 可取较小值；反之，μ 取较大值；拌和钢纤维混凝土时，μ 应取较大值；坍落度要求较低者，μ 应取较大值。

（2）搅拌场最小生产容量。搅拌楼最小生产容量应满足表 5-4-1 的规定。一般可配备 2～3台搅拌楼，最多不宜超过 4 台，搅拌楼的规格和品牌尽可能统一。

不同摊铺方式的搅拌楼最小配置容量（m^3/h）　　表 5-4-1

摊铺宽度 \ 摊铺方式	滑模摊铺	轨道摊铺	碾压混凝土	三辊轴摊铺	小型机具
单车道 3.75～4.5m	≥100	≥75	≥75	≥50	≥25
双车道 7.5～9m	≥200	≥150	≥150	≥100	≥50
整幅宽≥12.5m	≥300	≥200	≥200	—	—

（3）搅拌机型选择。间歇搅拌楼搅拌精确度高于连续楼，弃料少，宜优先选配间歇搅拌楼。强制双卧轴或行星立轴是搅拌效果最好的机型。自落式小滚筒搅拌机体积计量不准，加水量易失控，导致强度失控，混凝土拌和物质量和匀质性无法保证，采用这种方式铺筑的路面表面砂浆和水泥浆的聚积程度不同，表面色泽不均匀。

（4）搅拌楼的配套设备。每台搅拌楼应配齐自动供料、称量、计量、砂石料含水率反馈控制、外加剂加入装置和计算机自控所需的各种内置设备。同时还应配齐生产所需的其他各种外置设备，包括 3～4 个砂石料仓，1～2 个外加剂池，3～4 个水泥及粉煤灰罐仓。使用袋装水泥时应配备拆包和水泥输送设备。搅拌场应配备适量装载机或推土机供应砂石料。

2. 拌和技术要求

（1）搅拌楼的标定和校验。每台搅拌楼在投入生产前，必须进行标定和试拌。在标定有效期满或搅拌楼搬迁安装后，均应重新标定。施工中应每 15d 校验一次搅拌楼计量精确度。搅拌楼配料计量偏差不得超过表 5-4-2 的规定。不满足时，应分析原因，排除故障，确保拌和计量精确度。采用计算机自动控制系统的搅拌楼时，应使用自动配料生产，并按需要打印每天（周、旬、月）对应路面摊铺桩号的混凝土配料统计数据及偏差。定期测定集料含水率，并进行混凝土的配合比调整。

搅拌楼的混凝土拌和计量允许偏差（%）　　表 5-4-2

材料名称	水泥	掺合料	钢纤维	砂	粗集料	水	外加剂
高速公路、一级公路每盘	±1	±1	±2	±2	±2	±1	±1
高速公路、一级公路累计每车	±1	±1	±1	±2	±2	±1	±1
其他公路	±2	±2	±2	±3	±3	±2	±2

（2）拌和时间。应根据拌和物的黏聚性、均质性及强度稳定性试拌确定最佳拌和时间。一般情况下，单立轴式搅拌机总拌和时间宜为 80～120s，全部原材料到齐后的最短纯拌和时间不宜短于 40s；行星立轴和双卧轴式搅拌机总拌和时间为 60～90s，最短纯拌和时间不宜短

于35s;连续双卧轴搅拌楼的最短拌和时间不宜短于40s。为保证搅拌楼产量,最长总拌和时间不应超过高限值的2倍。

(3)砂石料拌和要求。混凝土拌和过程中,不得使用沥水、夹冰雪、表面沾染尘土和局部曝晒过热的砂石料。

(4)外加剂掺加要求。外加剂应以稀释溶液加入,其稀释用水和原液中的水量应从拌和加水量中扣除。使用间歇搅拌楼时,外加剂溶液浓度应根据外加剂掺量、每盘外加剂溶液筒的容量和水泥用量计算得出。连续式搅拌楼应按流量比例控制加入外加剂。加入搅拌锅的外加剂溶液应充分溶解,并搅拌均匀。有沉淀的外加剂溶液,应每天清除一次稀释池中的沉淀物。

(5)引气混凝土拌和要求。拌和引气混凝土时,搅拌楼一次拌和量不应大于其额定搅拌量的90%。纯拌和时间应控制在含气量最大或较大时。

(6)粉煤灰等掺合料掺加要求。粉煤灰或其他掺合料应采用与水泥相同的输送、计量方式加入。粉煤灰混凝土的纯拌和时间应比不掺的延长10~15s。当同时掺用引气剂时,宜通过试验适当增大引气剂掺量,以达到规定含气量。

3. 拌和物质量检验项目和频率

混凝土搅拌过程中,拌和物质量检验与控制应符合表5-4-3的规定。

混凝土拌和物的质量检验项目和频率 表5-4-3

检查项目	检查频度	
	高速公路、一级公路	其他公路
水灰比及稳定性	每5 000m^3抽检1次,有变化随时测	每5 000m^3抽检1次,有变化随时测
坍落度及其均匀性	每工班测3次,有变化随时测	每工班测3次,有变化随时测
坍落度损失率	开工、气温较高和有变化随时测	开工、气温较高和有变化随时测
振动黏度系数	试拌、原材料和配合比有变化时测	试拌、原材料和配合比有变化时测
钢纤维体积率	每工班测2次,有变化随时测	每工班测1次,有变化随时测
含气量	每工班测2次,有抗冻要求不少于3次	每工班测1次,有抗冻要求不少于3次
泌水率	局部大面积出现泌水现象时必测	局部大面积出现泌水现象时必测
视密度	每工班测2次	每工班测1次
碾压混凝土压实度	每工班测2~3次	每工班测2次
透水(贫)混凝土孔隙率	每200延米测一次,密实(贫)混凝土测视密度、压实度	每200延米测一次,密实(贫)混凝土测视密度、压实度
温度、凝结时间	冬、夏季施工,气温最高、最低时,每工班至少测1~2次	冬、夏季施工,气温最高、最低时,每工班至少测1次
水化发热量	面层或贫混凝土基层出现裂缝时必测	面层或贫混凝土基层出现裂缝时必测
离析	随时观察,出现离析应采取适当均化措施	随时观察
VC值及稳定性	每工班测3次,有变化随时测	每工班测2次,有变化随时测
松铺系数	试铺时多次测定,确定后施工时每工班2次	试铺时多次测定,确定后施工时每工班1次

低温或高温天气施工时，拌和物出料温度宜控制在10～35℃。若拌和物视密度误差大于2%，应及时调整砂石料用量。拌和物应均匀一致，有生料、干料、离析或外加剂、粉煤灰成团现象的非均质拌和物严禁用于路面摊铺。一台搅拌楼的每盘之间，各搅拌楼之间，拌和物的坍落度最大允许偏差为±10mm。拌和坍落度应为最适宜摊铺的坍落度值与当时气温下运输坍落度损失值两者之和。

二、水泥混凝土拌和物的运输

1. 运输设备

混凝土运输车辆可选配车况优良、载质量5～20t的自卸车。自卸车后挡板应关闭紧密，运输时不漏浆撒料，车箱板应平整光滑，其最大运距不应超过20km。远距离运输或摊铺钢筋混凝土路面及桥面时，宜选配混凝土罐车。

应根据施工进度、运量、运距及路况选配车型和车辆总数。总运力应比总拌和能力略有富余，确保新拌混凝土在规定时间内运到摊铺现场。机械摊铺系统配套的运输车辆数量可按式(5-4-2)计算：

$$N = 2n\left(1 + \frac{s\rho_c m}{v_q g_q}\right) \tag{5-4-2}$$

式中：N——汽车辆数，辆；

n——相同产量搅拌楼台数；

s——单程运输距离，km；

ρ_c——混凝土密度，t/m^3；

m——一台搅拌楼每小时生产能力，m^3/h；

v_q——车辆的平均运输速度，km/h；

g_q——汽车载重能力，t/辆。

2. 运输技术要求

(1)装车前，要冲洗干净车厢并洒水湿润，但不允许积水。

(2)减少拌和物离析：装料时，自卸车应挪动车位，搅拌楼卸料落差不应大于2m；车辆起步和停车应平稳；自卸车运输应减小颠簸。

(3)混凝土运输过程中应防止漏浆、漏料和污染路面。

(4)驾驶员要了解混凝土拌和物出料到运输、铺筑完毕允许最长时间，见表5-4-4，途中不得随意耽搁，混凝土一旦在车内停留超过初凝时间，应采取紧急措施处置，严禁混凝土硬化在车厢(罐)内。使用自卸车运输混凝土的最远运输半径不宜超过20km。烈日、大风、雨天和低温天远距离运输时，自卸车应遮盖混凝土，罐车宜加保温隔热套。

(5)运输车辆严禁碰撞模板或基准线，一旦碰撞，应告知测工重新测量纠偏。

(6)车辆倒车及卸料时，应有专人指挥。卸料应到位，严禁碰撞摊铺机、前场施工设备及测量仪器。卸料完毕，车辆应迅速离开。

(7)碾压混凝土卸料时，车辆应在前一辆车离开后立即倒向摊铺机，并在机前10～30cm处停住，不得撞击沥青摊铺机。然后换成空挡，并迅速升起料斗卸料，靠摊铺机推动前进。

混凝土拌和物出料到运输、铺筑完毕允许最长时间　　表 5-4-4

施工气温*(℃)	到运输完毕允许最长时间(h)		到铺筑完毕允许最长时间(h)	
	滑模、轨道	三辊轴、小型机具	滑模、轨道	三辊轴、小型机具
5~9	2.0	1.5	2.5	2.0
10~19	1.5	1.0	2.0	1.5
20~29	1.0	0.75	1.5	1.25
30~35	0.75	0.50	1.25	1.0

注：* 指施工时间的日间平均气温，使用缓凝剂延长凝结时间后，本表数值可增加0.25~0.5h。

工作任务五　水泥混凝土面层的铺筑

一、滑模摊铺机铺筑

1. 机械配备

(1)滑模摊铺机。高速公路、一级公路施工，宜选配能一次摊铺2~3个车道宽度(7.5~12.5m)的滑模摊铺机；二级及二级以下公路路面的最小摊铺宽度不得小于单车道设计宽度。硬路肩的摊铺宜选配中、小型多功能滑模摊铺机，并宜连体一次摊铺路缘石。滑模摊铺机可按表5-5-1的基本技术参数选择。

滑模摊铺机的基本技术参数表　　表 5-5-1

项　目	发动机功率(kW)	摊铺宽度(m)	摊铺厚度(mm)	摊铺速度(m/min)	空驶速度(m/min)	行走速度(m/min)	履带数(个)	整机自重(t)
三车道滑模摊铺机	200~300	12.5~16.0	0~500	0~3	0~5	0~15	4	57~135
双车道滑模摊铺机	150~200	3.6~9.7	0~500	0~3	0~5	0~18	2~4	22~50
多功能单车道滑模摊铺机	70~150	2.5~6.0	0~400 护栏高度 800~1 900	0~3	0~9	0~15	2,3,4	12~27
路缘石滑模摊铺机	≤80	<2.5	<450	0~5	0~9	0~10	2,3	≤10

(2)布料机械。滑模摊铺路面时，可配备1台挖掘机或装载机辅助布料。采用前置钢筋支架法设置缩缝传力杆的路面、钢筋混凝土路面、桥面和桥头搭板时，应选配下列适宜的布料机械：①侧向上料的布料机；②侧向上料的供料机；③带侧向上料机构的滑模摊铺机；④挖掘机加料斗侧向供料；⑤吊车加短便桥钢凳，车辆直接卸料；⑥吊车加料斗起吊布料。

(3)抗滑构造施工机械。可采用拉毛养生机或人工软拉槽制作抗滑沟槽。工程规模大、日摊铺进度快时，宜采用拉毛养生机。高速公路、一级公路宜采用刻槽机进行硬刻槽，其刻槽作业宽度不宜小于500mm，所配备的硬刻槽机数量及刻槽能力应与滑模摊铺进度相匹配。

(4)切缝机械。滑模摊铺混凝土路面的切缝，可使用软锯缝机、支架式硬锯缝机和普通锯缝机。配备的锯缝机数量及切缝能力应与滑模摊铺进度相适应。

(5)滑模摊铺系统机械配套。滑模摊铺系统机械配套宜符合表5-5-2的要求。

滑模摊铺机施工的主要机械和机具配套表 表 5-5-2

工作内容	主要施工机械设备	
	名 称	机型及规格
钢筋加工	钢筋锯断机、折弯机、电焊机	根据需要定规格和数量
测量基准线	水准仪、经纬仪、全站仪*	根据需要定规格和数量
	基准线、线桩及紧线器	300 个桩、5 个紧线器、3 000m 基准线
搅拌	强制式搅拌楼	≥50m^3/h，数量由计算确定
	装载机	2～3m^3
	发电机	≥120kW
	供水泵和蓄水池	≥250m^3
运输	运输车*	4～6m^3 数量由匹配计算确定
	自卸车	4～24m^3 数量由匹配计算确定
摊铺	布料机*、挖掘机、吊车等布料设备	根据需要定规格和数量
	滑模摊铺机 1 台	技术参数见表 5-5-1
	手持振捣棒、整平梁、模板	根据人工施工接头需要定
抗滑	拉毛养生机*1 台	与滑模摊铺机同宽
	人工拉毛齿耙、工作桥	根据需要定规格和数量
	硬刻槽机*刻槽宽度≥500mm，功率≥7.5kW	数量与摊铺进度匹配
切缝	软锯缝机	根据需要定规格和数量
	常规锯缝机或支架锯缝机	根据需要定规格和数量
	移动发电机	12～60kW，数量由施工需要定
磨平	水磨石磨机	需要处理欠平整部位时
灌缝	灌缝机或插胶条工具	根据需要定规格和数量
养生	压力式喷洒机或喷雾器	根据需要定规格和数量
	工地运输车	4～6t，按需要定数量
	洒水车	4.5～8t，按需要定数量

注：* 可按装备、投资、施工方式等不同要求选配。

2. 基准线设置

滑模摊铺混凝土路面的施工应设置基准线。基准线用拉线的设置方法。基准线设置形式有单向坡双线式、单向坡单线式和双向坡双线式三种。基准线应满足下列要求：

(1)基准线宽度：除应保证摊铺宽度外，尚应满足两侧 650～1 000mm 横向支距的要求。

(2)基准线桩纵向间距：直线段不应大于 10m，竖、平曲线路段视曲线半径大小应加密布置，最小 2.5m。

(3)线桩固定时，基层顶面到夹线臂的高度宜为 450～750mm。基准线桩夹线臂夹口到桩的水平距离宜为 300mm。基准线桩应钉牢固。

(4)单根基准线的最大长度不宜大于 450m。

(5)基准线拉力不应小于 1 000N。

(6)基准线的设置精确度应符合表 5-5-3 规定。

(7)基准线设置后，严禁扰动、碰撞和振动。一旦碰撞变位，应立即重新测量纠正。多风季节施工，应缩小基准线桩间距。

基准线设置精确度要求 表 5-5-3

项目	中线平面偏位(mm)	路面宽度偏差(mm)	面板厚度(mm)		纵断高程偏差(mm)	横坡偏差(%)	连接纵缝高差(mm)
			代表值	极值			
规定值	≤10	≤ +15	≥ -3	≥ -8	±5	±0.10	±1.5

注:在基准线上单车道一个横断面测 3 点、双车道测 5 点测定板厚,其平均值为该断面平均板厚。断面平均板厚不应薄于其代表值;极小值不应薄于极值。每 200m 测 10 个断面,其均值为该路段平均板厚,路段平均板厚不应小于设计板厚。不满足上述要求,不得摊铺面板。

3. 摊铺准备

(1)机械机具就位:所有施工设备和机具均应处于良好状态,并全部就位。

(2)基层、封层表面准备:基层、封层表面及履带行走部位应清扫干净。摊铺面板位置应洒水湿润,但不得积水。

(3)横向连接摊铺准备:横向连接摊铺时,前次摊铺路面纵缝的溜肩胀宽部位应切割顺直。侧边拉杆应校正扳直,缺少的拉杆应钻孔锚固植入。纵向施工缝的上半部缝壁应涂沥青。

(4)板厚检查与控制:板厚检查与控制必须在摊铺前的拉线上进行,并要求旁站监理认可。否则摊铺后不合格很难弥补。

4. 布料

(1)布料高度:滑模摊铺机前的正常料位高度应在螺旋布料器叶片最高点以下,亦不得缺料。卸料、布料应与摊铺速度相协调。

(2)松铺系数控制:当坍落度在 10 ~ 50mm 时,布料松铺系数宜控制在 1.08 ~ 1.15 之间。布料机与滑模摊铺机之间施工距离宜控制在 5 ~ 10m。

(3)钢筋结构保护:摊铺钢筋混凝土路面、桥面或搭板时,严禁任何机械开上钢筋网。

5. 滑模摊铺机的施工参数设定及校准

(1)振捣棒位置设定:振捣棒下缘位置应在挤压板最低点以上,振捣棒的横向间距不宜大于 450mm,均匀排列;两侧最边缘振捣棒与摊铺边沿距离不宜大于 250mm。

(2)挤压底板前倾角:挤压底板前倾角宜设置为 3°左右。提浆夯板位置宜在挤压底板前缘以下 5 ~ 10mm 之间。

(3)超铺高程及搓平梁的设置:两边缘超铺高程根据拌和物稠度宜在 3 ~ 8mm 间调整。搓平梁前沿宜调整到与挤压板后沿高程相同,搓平梁的后沿比挤压底板后沿低 1 ~ 2mm,并与路面高程相同。

(4)首次摊铺位置校准:滑模摊铺机首次摊铺路面,应挂线对其铺筑位置、几何参数和机架水平度进行调整和校准,正确无误后,方可开始摊铺。

(5)摊铺参数复核:在开始摊铺的 5m 内,应在铺筑行进中对摊铺出的路面高程、边缘厚度、中线、横坡度等参数进行复核测量。所摊铺的路面精确度应控制在表 5-5-3 的规定值范围内。

6. 铺筑作业技术要点

(1)控制摊铺速度:操作滑模摊铺机应缓慢、匀速、连续不间断地作业。严禁料多追赶,然后随意停机等待,间歇摊铺。摊铺速度应根据拌和物稠度、供料多少和设备性能控制在 0.5 ~ 2.0m/min 之间,一般宜控制在 1m/min 左右。拌和物稠度发生变化时,应先调振捣频率,后改变摊铺速度。

(2)松方高度板调整：应随时调整松方高度板控制进料位置，开始时宜略设高些，以保证进料。正常摊铺时应保持振捣仓内料位高于振捣棒100mm左右，料位高低上下波动宜控制在±30mm之内。

(3)振捣频率控制：正常摊铺时，振捣频率可在6 000～11 000r/min之间调整，宜采用9 000r/min左右。应防止混凝土过振、欠振或漏振。应根据混凝土的稠度大小，随时调整摊铺的振捣频率或速度。摊铺机起步时，应先开启振捣棒振捣2～3min，再缓慢平稳推进。摊铺机脱离混凝土后，应立即关闭振捣棒组。

(4)纵坡施工：滑模摊铺机满负荷时可铺筑的路面最大纵坡为：上坡5%；下坡6%。上坡时，挤压底板前仰角宜适当调小，并适当调小抹平板压力；下坡时，前仰角宜适当调大，并适当调大抹平板压力。当摊铺机板底不小于3/4长度接触路表面时，抹平板压力适宜。

(5)弯道施工：滑模摊铺机施工的最小弯道半径不应小于50m；最大超高横坡不宜大于7%。

(6)插入拉杆：单车道摊铺时，应视路面设计要求配置一侧或双侧打纵缝拉杆的机械装置。2个以上车道摊铺时，除侧向打拉杆的装置外，还应在假纵缝位置配置拉杆自动插入装置。

(7)抹面与表面砂浆厚度控制：软拉抗滑构造时表面砂浆层厚度宜控制在4mm左右，硬刻槽路面的砂浆表层厚度宜控制在2～3mm。

(8)养护5～7d后，方允许摊铺相邻车道。

7. 摊铺中问题处置

(1)摊铺中应经常检查振捣棒的工作情况和位置。路面出现麻面或拉裂现象时，必须停机检查或更换振捣棒。摊铺后，路面上出现发亮的砂浆条带时，必须调高振捣棒位置，使其底缘在挤压底板的后缘高度以上。

(2)摊铺宽度大于7.5m时，若左右两侧拌和物稠度不一致，摊铺速度应按偏干一侧设置，并应将偏稀一侧的振捣棒频率迅速调小。

(3)路面一旦出现横向拉裂现象，应从如下几方面进行检查处理：

①拌和物局部或整体过于干硬、离析、集料粒径过大，不适宜滑模摊铺。或在该部位摊铺速度过快，振捣频率不够，混凝土未振动液化而拉裂。应降低摊铺速度、提高振捣频率。

②应检查挤压底板的位置和前仰角设置是否变化，前倒角时必定拉裂，前仰角过大也可能拉裂，应在行进中调整前两个水平传感器，即改变挤压底板为适宜的前仰角以消除拉裂现象。

③拌和物较干硬或等料停机时间较长，起步摊铺速度过快，也可能拉裂路面。停机等待时间不得超过当时气温下混凝土初凝时间的4/5，超过此时间，应将滑模摊铺机迅速开出摊铺工作面，并做施工缝。

8. 自动抹平板抹面

滑模摊铺过程中应采用自动抹平板装置进行抹面。对少量局部麻面和明显缺料部位，应在挤压板后或搓平梁前补充适量拌和物，由搓平梁或抹平板机械修整。滑模摊铺的混凝土面板在下列情况下可用人工进行局部修整：

(1)用人工操作抹面抄平器，精整摊铺后表面的小缺陷，但不得在整个表面加薄层修补路面标高。

(2)对纵缝边缘出现的倒边、塌边、溜肩现象，应顶侧模或在上部支方铝管进行边缘补料修整。

(3)对起步和纵向施工接头处,应采用水准仪抄平并采用大于3m的靠尺边测边修整。

9. 滑模摊铺结束后的工作

(1)滑模摊铺结束后,必须及时清洗滑模摊铺机,进行当日保养等。

(2)宜在第两天硬切横向施工缝,也可当天软作施工横缝。

(3)应丢弃端部的混凝土和摊铺机振动仓内遗留下的纯砂浆,两侧模板应向内各收进20~40mm,收口长度宜比滑模摊铺机侧模板略长。施工缝部位应设置传力杆,并应满足路面平整度、高程、横坡和板长要求。

10. 滑模摊铺机施工案例

××高速公路水泥混凝土路面厚24cm,采用滑模摊铺机双车道摊铺。

1)拌和设备配套

按双车道滑模施工,搅拌楼生产能力不小于200m^3/h。采用两座50m^3/h和一座120m^3/h的拌和站来满足摊铺能力。搅拌设备的是间歇式的混凝土搅拌站,供料系统是配有电子秤的自动计量设备。

2)混凝土拌和与运输

将原材料砂、石、水泥、外加剂按设计配比加入料仓内后,加入水进行搅拌45s。混凝土运输在45min到1h内完成,否则,即使没有到初凝时间,由于混凝土坍落度损失太大而不适应滑模摊铺。最大运输距离不超过15km,运距超过7km时,用苫布盖上混凝土。

3)滑模摊铺机施工

(1)测量放样:

①由测工确定"中桩"及"边桩",中桩由中线点垂直于中线外侧加1.4m拉出中桩点,边桩为中线点位加路面宽1.4m垂直于中线向外侧拉出边桩点,基准桩直线段间距为10m,曲线段间距为5m。

②用冲击钻在确定的"中桩"及"边桩"点位钻孔打入专用放样钢钎。保证钢钎的牢固和正直。

③放样钢钎钉好后,调整钢钎上活动支架,一般距地面距离为"板厚+30cm",挂上钢线,调整活动支架。使钢丝与路中线平行,由测工用经纬仪进行校核。钢丝长度一般100m左右。

(2)调机、定位:

①在摊铺机前某一横断面上,由路面两侧向内移1m处放置两个桩,桩的高度小于20cm。

②测定桩的高程,计算出钢钎顶部距路面的高差。

③启动摊铺机,调置自动找平状态行走,当尾板到达这一断面时,停机,测量尾板距钢钎顶部的距离是否为刚才的计算值,若不符,则调节两侧高程传感器直至符合为止。

④在待摊铺路面相邻两点中线之间连接一段放样小线。启动摊铺机使其尾侧模板与小线在一条直线上,挂上方向传感器,使摊铺机前进和倒退,看侧模板与小线是否始终在一条直线上,如不符,调整方向传感器直至符合为止。

(3)滑模摊铺机施工:

①虚方控制板:虚方控制板比路面顶高15~20cm为合适,过高时混凝土振捣过程中排气效果差,过低时可能使振捣棒被烧坏。

②振捣棒:振捣棒间距为40cm左右,振捣棒下缘位置应在挤压板最低点以上。滑模摊铺速度均匀,少停机,振捣频率为高频。北方地区气候干燥,风速大的春、秋季施工时,为避免路面开裂,采用贴近表面振捣的方式。

③挤压成型底板:挤压底板前仰角 3°左右,实际上发现挤压不充分产生麻面或挤压力过大时,摊铺机四个传感器中的前两个高度可进行必要的微调 2 ~ 3mm,使实际前仰角发生变化。

④提浆夯实杆:要保证足够的砂浆提浆厚度做抗滑构造和光滑表面,提浆夯实杆低于挤压底板 0.5cm,坍落度 3 ~ 5cm 时有较好的效果。

⑤振动搓平梁:振动搓平梁的高低位置低于挤压底板后缘 1 ~ 2cm。振动搓平梁的左右摆动幅度 2 ~ 3cm,摆动频率 40 ~ 90 次/min。振动搓平梁搓起一根砂浆卷,以便拉杆传力杆插坏的混凝土路面上半部分完全振搓修复好。满足平整度要求,振动搓平梁前的砂浆卷的大小由四个水平传感器来调整。

⑥超级自动抹平板

自动抹平板作用在混凝土路面上的压力宜小不宜大,压力过大会使平整度变差。当施工上坡时,自动抹平板压力会使摊铺机前仰后压,使自动抹平板压力自动增大减轻压力;下坡时同样的道理,加大压力。混凝土较硬时,抹面速度要慢,反之压力要增大。

二、模板架设与拆除

采用轨道摊铺机施工、三辊轴机组施工和小型机具施工时,均需要安装侧向模板。

1. 模板的技术要求

(1)公路混凝土路面板、桥面板和加铺层的施工模板应采用刚度足够的槽钢、轨模或钢制边侧模板,不应使用木模板、塑料模板等其他易变形的模板。

(2)模板几何尺寸的精确度应符合表 5-5-4 的规定。钢模板的高度应为面板设计厚度,模板长度宜为 3 ~ 5m。需要设置拉杆时,模板应设拉杆插入孔。在小半径弯道,为了满足渐变段施工要求,可使用较短的模板。

模板(加工矫正)允许偏差 表 5-5-4

施工方式	高度偏差(mm)	局部变形(mm)	垂直边夹角(°)	顶面平整度(mm)	侧面平整度(mm)	纵向变形(mm)
三辊轴机组	±1	±2	90 ±2	±1	±2	±2
轨道摊铺机	±1	±2	90 ±1	±1	±2	±1
小型机具	±2	±3	90 ±3	±2	±3	±3

(3)为了提高模板的架设稳固性,每米模板应设置 1 处支撑固定装置进行水平固定,如图 5-5-1 所示。

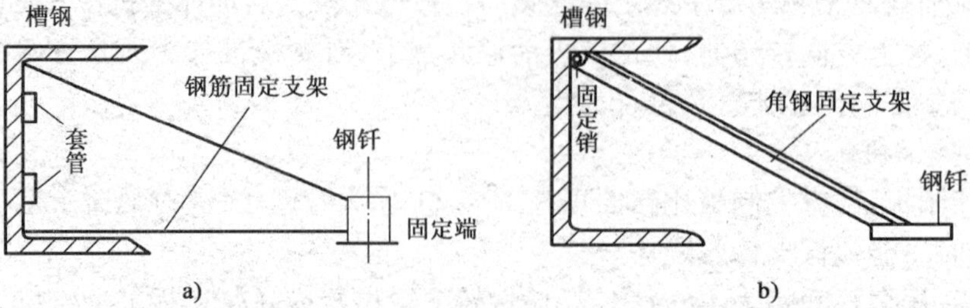

图 5-5-1 (槽)钢模板焊接钢筋或角钢固定示意图

a)焊接钢筋固定支架;b)焊接角钢固定支架

固定的作用主要是防止振捣机、三辊轴、振捣梁、滚杠振动和重力作用下向外水平位移。模板垂直度用垫木楔方法调整。模板底部的空隙,宜使用砂浆垫实或铺垫塑料薄膜,以防止振捣漏浆。

(4)横向施工缝端模板应按设计规定的传力杆直径和间距设置传力杆插入孔和定位套管。两边缘传力杆到自由边距离不宜小于150mm。每米设置1个垂直固定孔套。工作缝端模侧立面见图5-5-2。

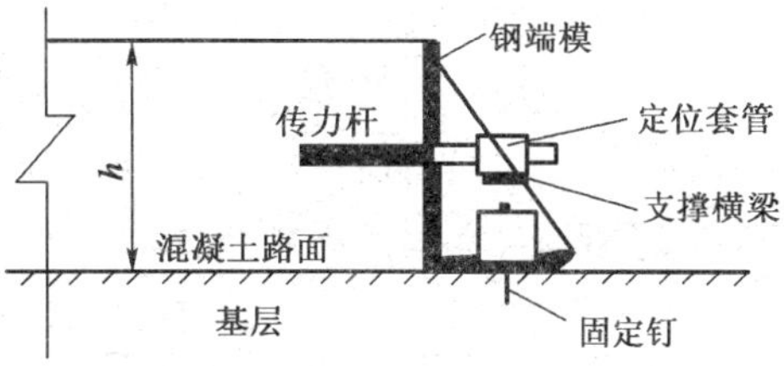

图5-5-2 工作缝端模侧立面

(5)模板或轨模数量应根据施工进度和施工气温确定,并应满足拆模周期内周转需要。一般情况下,模板或轨模总量不宜少于3d摊铺的需要。

2. 模板安装

(1)模板测量放样:支模前在基层上应进行模板安装及摊铺位置的测量放样,每20m应设中心桩;每100m宜布设临时水准点;核对路面标高、面板分块、胀缝和构造物位置。测量放样的质量要求和允许偏差应符合相应规范的规定。

(2)纵横曲线路段支模:纵横曲线路段应采用短模板,每块模板中点应安装在曲线切点上。

(3)轨模安装:轨道摊铺应采用长度为3m的专用钢制轨模,轨模底面宽度宜为高度的80%,轨道用螺栓、垫片固定在模板支座上,模板应使用钢钎与基层固定。轨道顶面应高于模板20~40mm,轨道中心至模板内侧边缘距离宜为125mm。

(4)模板应安装稳固、顺直、平整,无扭曲,相邻模板连接应紧密平顺,不得有底部漏浆、前后错茬、高低错台等现象。模板应能承受摊铺、振实、整平设备的负载行进、冲击和振动时不发生位移。严禁在基层上挖槽,嵌入安装模板。

(5)模板安装检验合格后,与混凝土拌和物接触的表面应涂脱模剂或隔离剂,接头应粘贴胶带或塑料薄膜等密封。

3. 模板安装检验

模板安装完毕,应经过测量人员使用与设计板厚相同的测板作全断面检验,其安装精确度应符合表5-5-5的规定。

模板安装精确度要求 表5-5-5

检测项目 \ 施工方式		三辊轴机组	轨道摊铺机	小型机具
平面偏位(mm),≤		10	5	15
摊铺宽度偏差(mm),≤		10	5	15
面板厚度(mm),≥	代表值	-3	-3	-4
	极值	-8	-8	-9
纵断高程偏差(mm)		±5	±5	±10
横坡偏差(%)		±0.10	±0.10	±0.20
相邻板高差(mm),≤		1	1	2
顶面接茬3m尺平整度(mm),≤		1.5	1	2
模板接缝宽度(mm),≤		3	2	3
侧向垂直度(mm),≤		3	2	4
纵向顺直度(mm),≤		3	2	4

4. 模板拆除及矫正

(1)当混凝土抗压强度不小于 8.0MPa 时方可拆模。当缺乏强度实测数据时,边侧模板的允许最早拆模时间宜符合表 5-5-6 的规定。达不到要求,不能拆除端模时,可空出一块面板,重新起头摊铺,空出的面板待两端均可拆模后再补做。

混凝土路面板的允许最早拆模时间(h) 表 5-5-6

昼夜平均气温(℃)	-5	0	5	10	15	20	25	≥30
硅酸盐水泥、R 型水泥	240	120	60	36	34	28	24	18
道路、普通硅酸盐水泥	360	168	72	48	36	30	24	18
矿渣硅酸盐水泥	—	—	120	60	50	45	36	24

注:允许最早拆侧模时间从混凝土面板精整成形后开始计算

(2)拆模不得损坏板边、板角和传力杆、拉杆周围的混凝土,也不得造成传力杆和拉杆松动或变形。模板拆卸宜使用专用拔楔工具,严禁使用大锤强烈拆卸模板。

(3)拆下的模板应将粘附的砂浆清除干净,并矫正变形或局部损坏,矫正精度应符合表 5-5-4的要求。

三、三辊轴机组铺筑

1. 设备选择与配套

(1)三辊轴整平机的主要技术参数应符合表 5-5-7 的规定。板厚 200mm 以上宜采用直径 168mm 的辊轴;桥面铺装或厚度较小的路面可采用直径为 219mm 的辊轴。轴长宜比路面宽度长出 600 ~ 1 200mm。振动轴的转速不宜大于 380r/min。

三辊轴整平机的主要技术参数 表 5-5-7

型号	轴直径(mm)	轴速(r/min)	轴长(m)	轴质量(kg/m)	行走机构质量(kg)	行走速度(m/min)	整平轴距(mm)	振动功率(kW)	驱动功率(kW)
5001	168	300	1.8 ~ 9	65 ± 0.5	340	13.5	504	7.5	6
6001	219	300	5.1 ~ 12	77 ± 0.7	568	13.5	657	17	9

(2)三辊轴机组铺筑混凝土面板时,必须同时配备一台安装插入式振捣棒组的“排式振捣机”,振捣棒的直径宜为 50 ~ 100mm,间距不应大于其有效作用半径的 1.5 倍,并不大于 500mm。插入式振捣棒组的振动频率可在 50 ~ 200Hz 之间选择,当面板厚度较大和坍落度较低时,宜使用 100Hz 以上的高频振捣棒。

(3)当桥面铺装厚度小于 150mm 时,可采用“振捣梁”。振捣频率宜为 50 ~ 100Hz ,振捣加速度宜为 $4g \sim 5g$(g 为重力加速度)。

(4)当一次摊铺双车道路面时应配备“纵缝拉杆插入机”,并配有插入深度控制和拉杆间距调整装置。

(5)其他施工辅助配套设备可参照表 5-5-2 选配。

2. 三辊轴机组铺筑作业要点

(1)基层处理:布料前应将基层清扫干净,并洒水润湿。

(2)卸料:应有专人指挥车辆均匀卸料。

(3)布料及松铺控制:布料应与摊铺速度相适应,不适应时应配备适当的布料机械。坍落度为10~40mm的拌和物,松铺系数为1.12~1.25。坍落度大时取低值,坍落度小时取高值。超高路段,横坡高侧取高值,横坡低侧取低值。

(4)振捣作业:混凝土拌和物布料长度大于10m时,可开始振捣作业。

密排振捣棒组间歇插入振实时,每次移动距离不宜超过振捣棒有效作用半径的1.5倍,并不得大于500mm,振捣时间宜为15~30s。排式振捣机连续拖行振实时,作业速度宜控制在4m/min以内。具体作业速度视振实效果可由式(5-5-1)计算。

$$v = 1.5\frac{R}{t} \tag{5-5-1}$$

式中:v——排式振捣机作业速度,m/s;

t——振捣密实所必需的时间,s,一般为15~30s;

R——振捣棒的有效作用半径,m。

排式振捣机应匀速缓慢、连续不间断地振捣行进。其作业速度以拌和物表面不露粗集料、液化表面不再冒气泡并泛出水泥浆为准。

(5)安装纵缝拉杆:面板振实后,应立即安装纵缝拉杆。

(6)三辊轴整平机作业:

①作业单元划分:三辊轴整平机按作业单元分段整平,作业单元长度宜为20~30m,振捣机振实与三辊轴整平两道工序之间的时间间隔不宜超过15min。

②料位高差控制:三辊轴滚压振实料位高差宜高于模板顶面5~20mm,过高时应铲除,过低应及时补料。

③滚压方式与遍数:三辊轴整平机在一个作业单元长度内,应采用前进振动、后退静滚方式作业,宜分别2~3遍。最佳滚压遍数应经过试铺确定。

振动滚压遍数并非越多越好,不应过振。滚压遍数与三辊轴机型、坍落度及物料松铺高差的关系可参见表5-5-8。

整平混凝土表面所需的三辊轴振动滚压遍数 表5-5-8

布料高差(mm) / 坍落度 S_L(mm)	进口(5001型 $L=9m$,$M=2\,095kg$)			国产($L=12m$,$d=21.90mm$,$M=3\,800kg$)		
	2	4	6	2	4	6
1.5	3	5	8	1	2	2
4.0	2	3	5	1	1	2
6.0	1	2	3	1	1	1

④在三辊轴整平机作业时,应有专人处理轴前料位的高低情况,过高时,应辅以人工铲除,轴下有间隙时,应使用混凝土找补。

⑤滚压完成后,将振动辊轴抬离模板,用整平轴前后静滚整平,直到平整度符合要求、表面砂浆厚度均匀为止。

⑥表面砂浆厚度宜控制在(4±1)mm,三辊轴整平机前方表面过厚、过稀的砂浆必须刮除丢弃。

(7)精平饰面:应采用3~5m刮尺,在纵、横两个方向进行精平饰面,每个方向不少于两遍。也可采用旋转抹面机密实精平饰面两遍。刮尺、刮板、抹面机、抹刀饰面的最迟时间不得迟于规定的铺筑完毕允许最长时间,见表5-4-4。

四、轨道摊铺机铺筑

1. 机械选型与配套

(1)轨道摊铺机的选型应根据路面车道数或设计宽度按表5-5-9的技术参数选择。最小摊铺宽度不得小于单车道3.75m。

轨道摊铺机的基本技术参数表 表5-5-9

项目	发动机功率(kW)	最大摊铺宽度(m)	摊铺厚度(mm)	摊铺速度(m/min)	整机质量(t)
三车道轨道摊铺机	33~45	11.75~18.3	250~600	1~3	13~38
双车道轨道摊铺机	15~33	7.5~9.0	250~600	1~3	7~13
单车道轨道摊铺机	8~22	3.5~4.5	250~450	1~4	≤7

(2)轨道摊铺机按布料方式不同,可选用刮板式、箱式和螺旋式布料机械。

(3)其他设备可参照表5-5-2。

2. 轨道摊铺机铺筑作业要点

(1)布料:

①基层处理:布料前应将基层清扫干净,并洒水润湿。

②布料方式:使用轨道摊铺机前部配备的螺旋布料器或可上下左右移动的刮板布料,料堆不得过高过大,亦不得缺料。可使用挖掘机、装载机或人工辅助布料。螺旋布料器前的拌和物应保持在面板以上100mm左右,布料器后宜配备松铺高度控制刮板。也可使用有布料箱的轨道摊铺机精确布料,箱式轨道摊铺机的料斗出料口关闭时,装进拌和物并运到布料位置后,轻轻打开料斗出料口,待拌和物堆成"堤状",左右移动料斗布料。

③坍落度与松铺控制:轨道摊铺时的适宜坍落度按振捣密实情况宜控制在20~40mm之间。不同坍落度时的松铺系数K可参考表5-5-10确定,并按此计算出松铺高度。

松铺系数K与坍落度S_L的关系 表5-5-10

坍落度S_L(mm)	5	10	20	30	40	50	60
松铺系数K	1.30	1.25	1.22	1.19	1.17	1.15	1.12

④钢筋混凝土路面布料:当施工钢筋混凝土路面时,宜选用(两台)箱型轨道摊铺机分两层两次布料,可在第一层布料完成后,将钢筋网片安装好,再进行表面第二层布料,然后一次振实;也可两次布料两次振实,中间安装钢筋网。采用双层两遍摊铺钢筋混凝土路面时,下部混凝土的布料与摊铺长度应根据钢筋网片长度和第一层混凝土凝结情况而定,且不宜超过20m。

(2)振实作业:

①振捣棒组作业:轨道摊铺机应配备振捣棒组,振捣方式有斜插连续拖行及间歇垂直插入两种,当面板厚度超过150mm、坍落度小于30mm时,必须插入振捣;连续拖行振捣时,宜将作业速度控制在0.5~1.0m/min之间,并随着坍落度的大小而增减。间歇振捣时,当一处混凝土振捣密实后,将振捣棒组缓慢拔出,再移动到下一处振实,移动距离不宜大于500mm。

②振动板或振动梁作业:轨道摊铺机应配备振动板或振动梁对混凝土表面进行振捣和修整,振动梁的振捣频率宜控制在50~100Hz,偏心轴转速调节到2 500~3 500r/min。经振捣棒组振实的混凝土,宜使用振动板振动提浆,并密实饰面,提浆厚度宜控制在(4±1)mm。

(3)整平饰面：

①整平滚筒作业面：往复式整平滚筒前的混凝土堆积物应涌向横坡高的一侧，保证路面横坡高端有足够的料找平。

②清理与整平：及时清理因整平推挤到路面边缘的余料，以保证整平精度和整平机械在轨道上的作业行驶。

③抹平作业：轨道摊铺机上宜配备纵向或斜向抹平板。纵向抹平板随轨道摊铺机作业行进可左右贴表面滑动并完成表面修整；斜向修整抹平板作业时，抹平板沿斜向左右滑动，同时随机身行进，完成表面修整。

(4)精平饰面：应采用3～5m刮尺，在纵、横两个方向进行精平饰面，每个方向不少于两遍。也可采用旋转抹面机密实精平饰面两遍。刮尺、刮板、抹面机、抹刀饰面的最迟时间不得迟于规定的铺筑完毕允许最长时间，见表5-4-4。

五、小型机具铺筑

1. 小型机具配套

小型机具性能应稳定可靠，操作简易，维修方便，机具配套应与工程规模、施工进度相适应。选配的成套机械、机具应符合表5-5-11的要求。

小型机具施工配套机械、机具配置 表5-5-11

工作内容	主要施工机械机具	
	机械机具名称、规格	数量、生产能力
钢筋加工	钢筋锯断机、折弯机、电焊机	根据需要定规格和数量
测量	水准仪、经纬仪	根据需要定规格和数量
架设模板	与路面厚度等高3m长槽钢模板、固定钢钎	数量不少于3d摊铺用量
搅拌	强制式搅拌楼，单车道≥$25m^3/h$，双车道≥$50m^3/h$	总搅拌产生能力及搅拌楼数量，根据施工规模和进度由计算确定
	装载机	$2\sim3m^3$
	发电机	≥120kW
	供水泵和蓄水池	单车道≥$100m^3$，双车道≥$200m^3$
运输	5～10t自卸车	数量由匹配计算确定
振实	手持振捣棒，功率≥1.1kW	每2m宽路面不少于1根
	平板振动器，功率≥2.2kW	每车道路面不少于1个
	振捣整平梁，刚度足够， 2个振动器，功率≥1.1kW	每车道路面不少于1个振动器 每车道路面不少于1根振动梁
	现场发电机，功率≥30kW	不少于2台
提浆整平	提浆滚杠直径15～20mm，表面光滑无缝钢管，壁厚≥3mm	长度适应铺筑宽度，一次摊铺单车道路面1根，双车道路面2根
	叶片式或圆盘式抹面机	每车道路面不少于1台
	3m刮尺	每车道路面不少于2根
	手工抹刀	每米宽路面不少于1把

续上表

工作内容	主要施工机械机具	
	机械机具名称、规格	数量、生产能力
真空脱水	真空脱水机,有效抽速≥15L/s	每车道路面不少于1台
	真空吸垫,尺寸不小于1块板	每台吸水机应配3块吸垫
抗滑构造	工作桥	不少于3个
	人工拉毛齿耙、压槽器	根据需要定数量
切缝	软锯缝机	根据需要定数量
	手推锯缝机	根据进度定数量
磨平	水磨石磨机	需要处理欠平整部位时
灌缝	灌缝机具	根据需要定规格和数量
养生	洒水车,4.5~8.0t	按需要定数量
	压力式喷洒机或喷雾器	根据需要定规格和数量
	工地运输车,4~6t	按需要定数量

2. 摊铺、振实与整平

(1)摊铺:

①摊铺前检查:混凝土拌和物摊铺前,应对模板的位置、支撑稳固情况,以及传力杆、拉杆的安设等进行全面检查。修复破损基层,并洒水润湿。用厚度标尺板全面检测板厚,与设计值相符方可开始摊铺。

②卸料:专人指挥自卸车,尽量准确卸料。

③人工布料:人工布料应用铁锹反扣,严禁抛掷和耧耙。

④坍落度控制:人工摊铺混凝土拌和物的坍落度应控制在5~20mm之间。

⑤松铺系数控制:拌和物松铺系数宜控制在1.10~1.25之间,料偏干,取较高值;反之,取较低值。

⑥停工等待时间:因故造成1h以上停工或达到2/3初凝时间,致使拌和物无法振实时,应在已铺筑好的面板端头设置施工缝,废弃不能被振实的拌和物。

(2)插入式振捣棒振实:

①在待振横断面上,每车道路面应使用2根振捣棒,组成横向振捣棒组,沿横断面连续振捣密实,并应注意路面板底、内部和边角处不得欠振或漏振。

②振捣棒在每一处的持续时间,应以拌和物全面振动液化、表面不再冒气泡和泛水泥浆为限,不宜过振,也不宜少于30s。振捣棒的移动间距不宜大于500mm;至模板边缘的距离不宜大于200mm。应避免碰撞模板、钢筋、传力杆和拉杆。

③振捣棒插入深度宜离基层30~50mm,振捣棒应轻插慢提,不得猛插快拔,严禁在拌和物中推行和拖拉振捣棒振捣。

④振捣时,应辅以人工补料,应随时检查振实效果、模板、拉杆、传力杆和钢筋网的移位、变形、松动、漏浆等情况,并及时纠正。

(3)振动板振实:

①在振捣棒已完成振实的部位,可开始用振动板纵横交错两遍全面提浆振实,每车道路面应配备1块振动板。

②振动板移位时，应重叠100～200mm，振动板在一个位置的持续振捣时间不应少于15s。振动板须由两人提拉振捣和移位，不得自由放置或长时间持续振动。移位控制以振动板底部和边缘泛浆厚度(3±1)mm为限。

③缺料的部位，应辅以人工补料找平。

(4)振动梁振实：

①每车道路面宜使用1根振动梁。振动梁应具有足够的刚度和质量，底部应焊接或安装深度4mm左右的粗集料压实齿，保证(4±1)mm的表面砂浆厚度。

②振动梁应垂直路面中线沿纵向拖行，往返2～3遍，使表面泛浆均匀平整。在振动梁拖振整平过程中，缺料处应使用混凝土拌和物填补，不得用纯砂浆填补；料多的部位应铲除。

振实是摊铺中的关键工序。4m宽路面小型机具摊铺时应按"2-1-1-1"原则配制机具，即采用2个振捣棒、1块振动板、1根振捣梁和1根滚杠；8m宽路面小型机具摊铺时应按"4-2-2-2"原则配制机具，即采用4个振捣棒、2块振动板、2根振捣梁和2根滚杠。

(5)整平饰面：

①每车道路面应配备1根滚杠(双车道两根)。振动梁振实后，应拖动滚杠往返2～3遍提浆整平。第一遍应短距离缓慢推滚或拖滚，以后应较长距离匀速拖滚，并将水泥浆始终赶在滚杠前方。多余水泥浆应铲除。

②拖滚后的表面宜采用3m刮尺，纵横各1遍整平饰面，或采用叶片式或圆盘式抹面机往返2～3遍压实整平饰面。抹面机配备每车道路面不宜少于1台。

③精平饰面：在抹面机完成作业后，应进行清边整缝，清除粘浆，修补缺边、掉角。应使用抹刀将抹面机留下的痕迹抹平，当烈日暴晒或风大时，应加快表面的修整速度，或在防雨篷遮阴下进行。精平饰面后的面板表面应无抹面印痕，致密均匀，无露骨，平整度应达到规定要求。

3. 真空脱水工艺要求

小型机具施工三、四级公路混凝土路面，应优先采用在拌和物中掺外加剂；无掺外加剂条件时，应使用真空脱水工艺，该工艺适用于面板厚度不大于240mm的混凝土面板施工。

使用真空脱水工艺时，混凝土拌和物的最大单位用水量可比不采用外加剂时增大3～12kg/m^{3}时；拌和物适宜坍落度：高温天30～50mm；低温天20～30mm。

(1)真空脱水机具：

①真空度稳定、有自动脱水计量装置、有效抽速不小于15L/s的脱水机。

②真空度均匀、密封性能好、脱水效率高、操作简便、铺放容易、清洗方便的真空吸垫。每台真空脱水机应配备不少于3块吸垫。

(2)真空脱水作业：

①检查空载真空度：脱水前，应检查真空泵空载真空度不小于0.08MPa，并检查吸管、吸垫连接后的密封性，同时应检查随机工具和修补材料是否齐备。

②吸垫铺放：吸垫铺放应采取卷放，避免皱折；边缘应重叠已脱水的面板500～100mm。

③脱水作业：开机脱水，真空度应逐渐升高，最大真空度不宜超过0.085MPa。脱水量应经过脱水试验确定，但剩余单位用水量和水灰比不得大于最大值的规定，见表5-3-7、表5-3-9。

最短脱水时间不宜短于表5-5-12的规定。当脱水达到规定时间和脱水量要求后(双控)，应先将吸垫四周微微掀起10～20mm，继续抽吸15s，以便吸尽作业表面和吸管中的余水。

最短脱水时间(min) 表 5-5-12

面板厚度 h(mm)	昼夜平均气温 T(℃)					
	3~5	6~10	11~15	16~19	10~25	>25
18	26	24	22	20	18	17
22	30	28	26	24	22	21
24	35	32	30	27	25	24

(3)压实精平。真空脱水后,应采用振动梁、滚杠或叶片、圆盘式抹面机重新压实精平 1~2 遍。

(4)硬刻槽制作抗滑构造。真空脱水整平后的路面,应采用硬刻槽方式制作抗滑构造。

(5)切缝时间。真空脱水混凝土路面切缝时间可比规定时间适当提前。

4. 小型机具施工案例

1)背景材料

××高速公路××互通收费广场水泥混凝土路面,水泥混凝土工程量 780m^3,设计弯拉强度标准值 5.0MPa。

(1)现场机构设置及主要职责。项目部结合混凝土路面施工工程量等实际情况组建了一个水泥混凝土路面施工作业组,见表 5-5-13,加强现场材料、设备、人员等的管理,确保工程优质、安全、快速地完成。

主要施工人员配备 表 5-5-13

序　号	职　务	姓　名	人员配备数量
1	项目总工程师	—	1 人
2	质检工程师	—	1 人
3	施工负责人	—	1 人
4	试验负责人	—	1 人
5	测量负责人	—	1 人
6	专职安全员	—	1 人
7	劳动力及特种机械操作手	—	30 人

(2)水泥:采用强度高、收缩性小、耐酸性强、抗冻性好的水泥,不准使用早强水泥。选用××水泥厂生产的 42.5 级水泥。

(3)碎石:采用未风化、质地坚硬(不夹泥土或软石)、颗粒形状方正的××石料场生产的石灰岩或石英岩碎石,最大粒径不超过 31.5mm。

(4)砂:采用××石料场棱角好、质地坚硬、洁净的天然中粗砂或石英砂岩机制砂,细度模数在 2.0~3.5,小于 0.15mm 的石粉含量应不超过 1%。

(5)减水剂:采用××公司生产的 FDN-1 缓凝高效减水剂。

(6)钢筋:不得有裂缝、断伤,表面无油污、锈蚀。经检验,各项技术性能均符合国家相关标准的质量要求。

(7)水:符合施工技术规范要求。

(8)工程中采用的电缆支架、穿钉、拉线环、积水罐等直接从当地购买。

2)进场主要设备(见表5-5-14)

进 场 主 要 设 备 表5-5-14

序号	设备名称	规格型号	数量	进场日期	技术状况	拟用何处
1	混凝土搅拌楼	JS500	1套	—	良好	混凝土路面
2	混凝土运输车		3辆	—	良好	混凝土路面
3	混凝土振捣棒	50	8根	—	良好	混凝土路面

3)水泥混凝土路面施工方案

(1)试验准备。试验室配备齐全的满足水泥混凝土路面施工的试验检测设备,满足原材料检测、混凝土试验、路面施工验收的试验工作,做好各种原材料的检测工作,并做好各种强度等级混凝土配合比的申报工作,该施工项目的混凝土施工配合比已批复。

(2)测量准备:

①按监理工程师批复的导线点及水准点进行施工放样和高程控制。

②放样资料需提前准备、复核。

③实地放样需复测,放样结果需经监理工程师验收合格后方可开工。

(3)模板安装。根据设计图纸放出设计线并测量出高程,并按照该测量高程确定出模板高度,在模板安装好后再进行复测高程。

模板应安装稳固、顺直、平整、无扭曲,相连模板连接紧密平顺,不得有底部漏浆、前后错茬、高低错台等现象。模板安装检查合格后,与混凝土接触的表面涂机油,接头粘贴海绵胶带密封。

(4)混凝土的搅拌。搅拌设备采用JS500型强制式搅拌设备,并根据拌和物的黏聚性、均质性及强度稳定性试拌确定最佳拌和时间。在施工过程中应严格控制坍落度、均匀性以及混凝土的稳定性,确保混凝土拌和质量。

(5)混凝土的运输。混凝土使用拖拉机进行运输,车箱板平整光滑,运输时不漏浆撒料,并控制运输车的速度,确保混凝土不离析。

(6)施工缝、缩缝、胀缝的设置。拉杆、传力杆所使用的钢筋应符合国家有关标准的技术要求。拉杆使用螺纹钢,传力杆使用光圆钢筋。

胀缝板选用不易变形、弹性复原率高、耐久性好的材料,填缝选用与混凝土板壁粘结牢固、回弹性好、不溶于水、不渗水、高温时不挤出、不流淌、耐老化龟裂、负温拉伸量大、低温时不脆裂、耐久性能好等的材料。在临近胀缝或自由端部的3条缩缝,采用设传力杆假缝形式。每日施工结束或因临时中断施工时,必须设置横向施工缝。

传力杆的套管,要求管壁不小于0.5mm,套管与传力杆密切贴合,套管长度比传力杆一半长度长30mm。

(7)混凝土的浇筑:

①混凝土浇筑前,对模板的位置、支撑稳固情况,以及传力杆、拉杆的安设等进行全面检查,修复破损基层,并洒水润湿,用尺检测板厚与设计值是否相符,合格后方可开始浇筑。

②派专人指挥运输车,尽量准确卸料。

③人工布料用铁锹反扣,并严格控制坍落度,待人工整平后,再进行振捣。对于因故造成1h以上停工或超过2/3初凝时间的,则废除混合料。

④在振捣过程中,随时注意路面板底、内部和边角处,不得欠振或漏振。振捣棒在振捣每

一处的持续时间,以拌和物全面振动液化、表面不再冒气泡和泛水泥浆为限,不过振,也不少于15s,振捣棒的移动间距不大于450mm。对于模板边缘位置的振捣,与模板的距离不大于200mm,且不得小于100mm,避免碰撞模板、钢筋、传力杆和拉杆,振捣棒插入深度离基层30~50mm,振捣轻插慢提,不猛插快拔,严禁在拌和物中推行和拖拉振捣棒振捣。

⑤在振捣棒已完成振实的部位,用平板式振动器纵横交错两遍全面提浆振实。振动板移位时,重叠100~200mm,振动板在一个位置的持续时间不得小于15s。移位控制以振动板底部和边缘泛浆厚度(3±1)mm为限。缺料的部位,人工及时补料找平。

⑥振动梁垂直路面中线沿纵向拖行,往返2~3遍,使表面泛浆均匀平整。在振动梁拖振整平过程中,缺料处应使用较细的混凝土填补,料多部位应全部铲除。

⑦振动梁振实后,拖动滚杆往返2~3遍提浆整平,第一遍应短距离缓慢推滚或拖滚,以后较长距离匀速拖滚,并将水泥浆始终赶在拖杆前方,多余水泥浆全部铲除。

⑧拖滚后的表面用3m刮尺,纵横各一遍整平饰面。

⑨在抹面结束后,进行清边整缝,清除黏浆,修补缺边、掉角。当烈日暴晒或风大时,加快表面的清理速度,或在防雨遮荫棚下进行。

⑩混凝土浇筑完毕,在初凝后就要用麻袋等材料进行覆盖养护,保持混凝土表面处于潮湿状态,确保在混凝土养生初期,无人、畜、车进入现场踩踏和损坏。

⑪纵向施工缝位置应避免与车道轮迹带重合,采用平缝加拉杆型。横向施工缝与路中心线垂直,横向施工缝在缩缝处采用平缝加传力杆型。最大板长不大于6m,最小板长不小于板宽。

⑫在面板强度达到40%设计强度后,对面板进行刻槽施工,一次刻槽宽度不小于500mm,不掉边角,不中途抬起或改变方向,刻槽后立即将路面冲洗干净,并恢复路面养生。

⑬交通管制:为了防止有碍施工质量的问题发生,在收费站进出位置派专人负责交通管制,保证混凝土施工质量。

(8)质量控制(略)。

(9)质量保证措施(略)。

(10)安全生产及文明施工(略)。

工作任务六　水泥混凝土面层接缝、抗滑构造的施工与养生

一、接缝施工

1.纵缝施工

(1)纵向施工缝:当一次铺筑宽度小于路面和硬路肩总宽度时,应设纵向施工缝,其位置应避开轮迹带,并重合或靠近车道线,构造可采用平缝加拉杆型。采用滑模施工时,纵向施工缝的拉杆可用摊铺机的侧向拉杆装置插入。采用固定模板施工方式时,应在振实过程中从侧模预留孔中手工插入拉杆。

(2)纵向施工缝:当一次铺筑宽度大于4.5m时,应采用假缝拉杆型纵向缩缝,即锯切纵向缩缝。纵缝位置应按车道宽度设置,并在摊铺过程中用专用的拉杆插入装置插入拉杆。

(3)钢筋混凝土路面、桥面和搭板的纵缝拉杆可由横向钢筋延伸穿过接缝代替。钢纤维混凝土路面切开的假纵缝可不设拉杆,纵向施工缝应设拉杆。

(4)插入的侧向拉杆应牢固,不得松动、碰撞或拔出。若发现拉杆松脱或漏插,应在横向相邻路面摊铺前重新钻孔植入。当发现拉杆可能被拔出时,宜进行拉杆拔出力(握裹力)检验。

2. 横缝施工

(1)横向施工缝施工。每天摊铺结束或摊铺中断时间超过30min时,应设置横向施工缝,其位置宜与胀缝或缩缝重合;确有困难不能重合时,施工缝应采用设螺纹传力杆的企口缝形式。横向施工缝应与路中心线垂直。横向施工缝在缩缝处采用平缝加传力杆型,在胀缝处其构造与胀缝相同。

(2)横向缩缝施工:

①普通混凝土路面横向缩缝宜等间距布置,不宜采用斜缝;不得不调整板长时,最大板长不宜大于6.0m,最小板长不宜小于板宽。板长与板宽即面板平面尺寸的确定方法见《公路水泥混凝土路面设计规范》(JTG D40—2002)或学习情境一。

②在中、轻交通的混凝土路面上,横向缩缝可采用不设传力杆的假缝型,如图5-6-1a)所示。

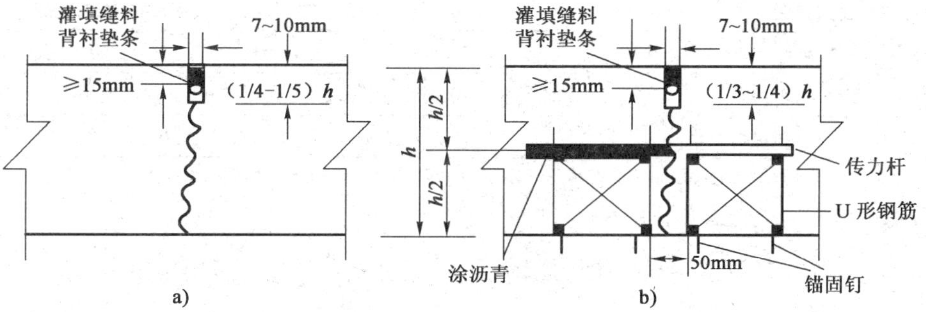

图5-6-1 横向缩缝构造示意图

③在特重和重交通公路、收费广场、邻近胀缝或路面自由端的3条缩缝应采用假缝加传力杆型。

缩缝传力杆的施工方法可采用前置钢筋支架法或传力杆插入装置(DBI)法,支架法的构造见图5-6-1b)。钢筋支架应具有足够的刚度,传力杆应准确定位,摊铺之前应在基层表面放样,并用钢钎锚固,宜使用手持振捣棒振实传力杆高度以下的混凝土,然后机械摊铺。传力杆无防粘涂层一侧应焊接,有涂料一侧应绑扎。用DBI法置入传力杆时,应在路侧缩缝切割位置作标记,保证切缝位于传力杆中部。

(3)胀缝施工:

①普通混凝土路面的胀缝应设置胀缝补强钢筋支架、胀缝板和传力杆,胀缝构造如图5-6-2所示。钢筋混凝土和钢纤维混凝土路面可不设钢筋支架。胀缝宽20~25mm,使用沥青或塑料薄膜滑动封闭层时,胀缝板及填缝宽度宜加宽到25~30mm。传力杆一半以上长度的表面应涂防黏涂层,端部应戴活动套帽。胀缝板应与路中心线垂直,缝壁垂直;缝隙宽度一致;缝中完全不连浆。

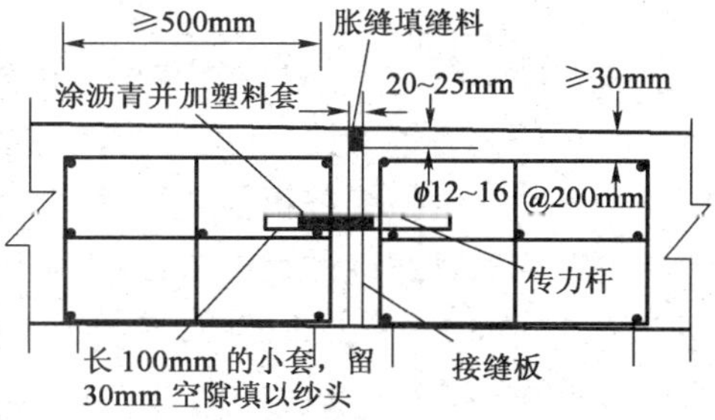

图5-6-2 胀缝构造示意图

②胀缝应采用前置钢筋支架法施工，也可预留一块面板，高温时再铺封。前置法施工，应预先加工、安装和固定胀缝钢筋支架，并在使用手持振捣棒振实胀缝板两侧的混凝土后再摊铺。宜在混凝土未硬化时，剔除胀缝板上部的混凝土，嵌入(20～25)mm×20mm 的木条，整平表面。胀缝板应连续贯通整个路面板宽度。

3. 拉杆、胀缝板、传力杆等设置精度

拉杆、胀缝板、传力杆及其套帽、滑移端设置精确度应符合表 5-6-1 的要求。

拉杆、胀缝板、传力杆及其套帽、滑移端设置精确度 表 5-6-1

项　目	允许偏差(mm)	测量位置
传力杆端上下左右偏斜偏差	10	在传力杆两端测量
传力杆在板中心上下左右偏差	20	以板面为基准测量
传力杆沿路面纵向前后偏位	30	以缝中心线为准
拉杆深度偏差及上下左右偏斜偏差	10	以板厚和杆端为基准测量
拉杆端及在板中上下左右偏差	20	杆两端和板面测量
拉杆沿路面纵向前后偏位	30	纵向测量
胀缝传力杆套帽长度不小于 100mm	10	以封堵帽端起测
缩缝传力杆滑移端长度大于 1/2 杆长	20	以传力杆长度中间起测
胀缝板倾斜偏差	20	以板底为准
胀缝板的弯曲和位移偏差	10	以缝中心线为准

注：胀缝板不允许混凝土连浆，必须完全隔断。

4. 切缝

贫混凝土基层、各种混凝土面层、加铺层、桥面和搭板的纵、横向缩缝均应采用切缝法施工。切缝作业应符合下列规定：

(1)切横向缩缝：

①横向缩缝的切缝方式有全部硬切缝、软硬结合切缝和全部软切缝三种，切缝方式的选用应由施工期间该地区路面摊铺完毕到切缝时的昼夜温差确定，宜参照表 5-6-2 选用。

根据施工气温所推荐的切缝方式 表 5-6-2

昼夜温差*(℃)	切 缝 方 式	缩 缝 切 深
<10	硬切缝，最长时间不得超过 24h	硬切缝，1/4～1/5 板厚
10～15	软硬结合切缝，每隔 1～2 条提前软切缝，其余用硬切缝补切	软切深度不应小于 60mm；不足者应硬切补深到 1/3 板厚，已断开的缝不补切
>15	宜全部软切缝，抗压强度约为 1～1.5MPa，人可行走；软切缝不宜超过 6h	软切缝深大于等于 60mm，未断开的接缝，应硬切补深到不小于 1/4 板厚

注：* 降雨后刮风会引起路面温度骤降，若面板昼夜温差在表中规定的范围内，则应按表中方法提早切缝。

②对分幅摊铺的路面，应在先摊铺的混凝土板横缩缝已断开的部位作标记，后摊铺的路面应对齐已断开的横缩缝提前软切缝。

③有传力杆缩缝的切缝深度应为 1/3～1/4 板厚，最浅不得小于 70mm；无传力杆缩缝的切缝深度应为 1/4～1/5 板厚，最浅不得小于 60mm。

(2)切纵向施工缝与涂沥青。高速公路和一级公路及路基高度大于等于 10m 的高边坡、软基及填挖交界路段、桥头搭板、桥面板的纵向施工缝，应在上半部涂满沥青，然后硬切缝，并填缝。二级及其以下公路一般路段的纵向施工缝在上半部涂满沥青后，可不切缝。

(3)切纵向缩缝。对已插入拉杆的纵向假缩缝，切缝深度不应小于 1/3 ~ 1/4 板厚，最浅切缝深度不应小于 70mm，纵、横缩缝宜同时切缝。

(4)缩缝结构。缩缝切缝宽度宜控制在4 ~ 6mm，切缝时锯片晃度不应大于 2mm。可先用薄锯片锯切到要求深度，再使用 6 ~ 8mm 厚锯片或叠合锯片扩宽填缝槽，填缝槽深度宜为 25 ~ 30mm，宽度宜为 7 ~ 10mm。缩缝切缝、填缝(槽)、垫条细部尺寸如图 5-6-3 所示。

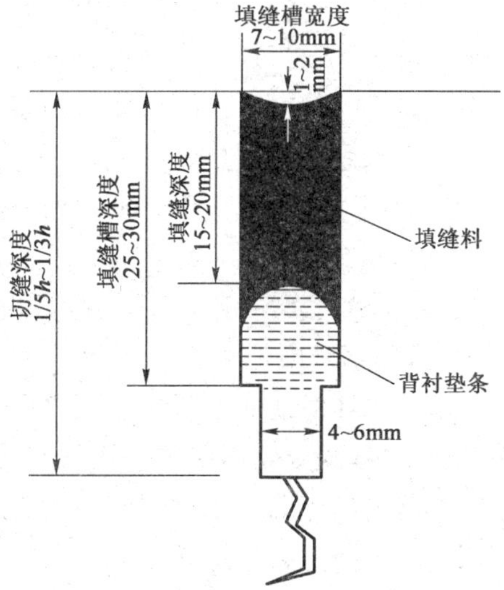

图 5-6-3　缩缝切缝、填缝(槽)、垫条细部尺寸

(5)变宽度路面的切缝要求。在变宽度路面上，宜先切缝划分板宽。匝道上的纵缝宜避开轮迹带位置。横缝应垂直于每块面板的中心线。变宽度路面缩缝，允许切割成小转角的折线，相邻板的横向缩缝切口必须对齐，允许偏差不得大于 5mm。

5. 灌缝

混凝土板养生期满后，应及时灌缝。

(1)灌缝技术要求：

①清缝：应先采用切缝机清除接缝中夹杂的砂石、凝结的泥浆等，再使用压力大于等于 0.5MPa的压力水和压缩空气彻底清除接缝中的尘土及其他污染物，确保缝壁及内部清洁、干燥。缝壁检验以擦不出灰尘为灌缝标准。

②配填缝料：使用常温聚氨酯和硅树脂等填缝料时，应按规定比例将两组分材料按 1h 灌缝量混拌均匀后使用。

③热灌填缝料应保温使用：使用加热填缝料时应将填缝料加热至规定温度。加热过程中应将填缝料融化，搅拌均匀，并保温使用。

④灌缝的形状系数控制：灌缝的形状系数(即灌缝槽的深宽比)宜控制在 2 左右，灌缝深度宜为 15 ~ 20mm，最浅不得小于 15mm，见图 5-6-3。先挤压嵌入直径 9 ~ 12mm 多孔泡沫塑料背衬条，再灌缝。灌缝顶面热天应与板面齐平；冷天应填为凹液面，中心低于板面 1 ~ 2mm。填缝必须饱满、均匀、厚度一致，并连续贯通，填缝料不得缺失、开裂和渗水。

⑤填缝料的养生与保护：常温施工式填缝料的养生期，低温天宜为 24h，高温天宜为 12h。加热施工式填缝料的养生期，低温天宜为 2h，高温天宜为 6h。在灌缝料养生期间应封闭交通。

(2)胀缝和桥台隔离缝的填缝：路面胀缝和桥台隔离缝等应在填缝前凿去接缝板顶部嵌入的木条，涂黏结剂后，嵌入胀缝专用多孔橡胶条或灌进适宜的填缝料，当胀缝的宽度不一致或有啃边、掉角等现象时，必须灌缝。

二、抗滑构造施工

1. 抗滑构造技术要求

各交通等级混凝土面层交工时的表面抗滑技术要求应符合《公路工程质量检验评定标准》(JTG F80/1—2004)的要求，见表 5-8-3，构造深度应均匀，耐磨抗冻，不影响路面和桥面的平整度。

2. 抗滑构造施工

(1)软拖细观构造施工。摊铺完毕或精整平表面后,宜使用钢支架拖挂 1 ~ 3 层叠合麻布、帆布或棉布,洒水湿润后作拉毛处理。布片接触路面的长度以 0.7 ~ 1.5m 为宜,细度模数偏大的粗砂,拖行长度取小值;砂较细,取大值。人工修整表面时,宜使用木抹。用钢抹修整过的光面,必须再拉毛处理,以恢复细观抗滑构造。

(2)软拉宏观构造施工。当日施工进度超过 500m 时,抗滑沟槽制作宜选用拉毛机械施工,没有拉毛机时,可采用人工拉槽方式。在混凝土表面泌水完毕 20 ~ 30min 内应及时进行拉槽。拉槽深度应为 2 ~ 4mm,槽宽 3 ~ 5mm,槽间距 15 ~ 25mm。可施工等间距或非等间距抗滑槽,为减小噪声,宜采用后者。衔接间距应保持一致。

(3)硬刻槽施工:

①特重和重交通混凝土路面宜采用硬刻槽,凡使用圆盘、叶片式抹面机精平后的混凝土路面、钢纤维混凝土路面必须采用硬刻槽方式制作抗滑沟槽。

②可采用等间距刻槽,其几何尺寸与软拉宏观构造施工的相同;为降低噪声宜采用非等间距刻槽,尺寸宜为:槽深 3 ~ 5mm,槽宽 3mm,槽间距在 12 ~ 24mm 之间随机调整。

③路面结冰地区,硬刻槽的形状宜使用上宽 6mm、下窄 3mm 的梯形槽;硬刻槽机重量宜重不宜轻,一次刻槽最小宽度不应小于 500mm;硬刻槽时不应掉边角,亦不得中途抬起或改变方向,并保证硬刻槽到面板边缘。抗压强度达到 40% 后可开始硬刻槽,并宜在两周内完成。硬刻槽后应随即将路面冲洗干净,并恢复路面的养生。

④一般路段可采用横向槽或纵向槽,在弯道或要求减噪的路段宜使用纵向槽。

⑤年降雨量小于 250mm 地区的各级公路混凝土路面,可不拉毛和刻槽;年降雨量为 250 ~ 500mm的地区,当组合坡度小于 3% 时,可不拉毛与刻槽;高寒和寒冷地区混凝土路面的停车带边板和收费站广场,可不制作抗滑沟槽;隧道内混凝土路面和钢纤维混凝土路面可不做抗滑构造。

3. 抗滑构造恢复

新建路面或旧路面抗滑构造不满足要求时,可采用硬刻槽或喷砂打毛等方法加以恢复。

三、混凝土路面养生

1. 养生方式选择

混凝土路面铺筑完成或软作抗滑构造完毕后应立即开始养生。确保混凝土表面始终处于潮湿状态。

机械摊铺的各种混凝土路面、桥面及搭板宜采用喷洒养生剂同时保湿覆盖的方式养生。在雨天或养生用水充足的情况下,也可采用覆盖保湿膜、土工毡、土工布、麻袋、草袋、草帘等洒水湿养生方式,不宜使用围水养生方式。

2. 喷洒养生剂养生

混凝土路面采用喷洒养生剂养生时,喷洒应均匀,成膜厚度应足以形成完全密闭水分的薄膜,喷洒后的表面不得有颜色差异。

喷洒时间宜在表面混凝土泌水完毕后进行。喷洒高度宜控制在 0.5 ~ 1m。使用一级品养生剂时,最小喷洒剂量不得少于 0.30kg/m^2;合格品的最小喷洒剂量不得少于 0.35kg/m^2。不得使用易被雨水冲刷掉的和对混凝土强度、表面耐磨性有影响的养生剂。

当喷洒一种养生剂达不到90%以上有效保水率要求时，可采用两种养生剂各喷洒一层或喷一层养生剂再加覆盖的方法。

3. 覆盖复合养生膜或塑料薄膜养生

覆盖塑料薄膜养生的初始时间，以不压坏细观抗滑构造为准。薄膜厚度（韧度）应合适，宽度应大于覆盖面600mm。两条薄膜对接时，搭接宽度不应小于400mm，养生期间应始终保持薄膜完整盖满。

4. 其他材料覆盖洒水养生

（1）宜使用保湿膜、土工毡、土工布、麻袋、草袋、草帘等覆盖物保湿养生并及时洒水，保持混凝土表面始终处于潮湿状态，并由此确定每天的洒水遍数。

（2）昼夜温差大于10℃以上的地区或日平均温度小于等于5℃施工的混凝土路面应采取保温保湿养生措施。

5. 养生时间

养生时间应根据混凝土弯拉强度增长情况而定，不宜小于设计弯拉强度的80%，应特别注重前7d的保湿（温）养生。一般养生天数宜为14～21d，高温天不宜少于14d，低温天不宜少于21d。掺粉煤灰的混凝土路面，最短养生时间不宜少于28d，低温天应适当延长。

6. 养生期保护

混凝土面板养生初期，严禁人、畜、车辆通行；在达到设计强度40%后，行人方可通行。在路面养生期间，平交道口应搭建临时便桥。面板达到设计弯拉强度后，方可开放交通。

工作任务七　特殊气候条件下的施工

一、一般规定

（1）混凝土路面铺筑期间，应收集月、旬、日天气预报资料，遇有影响混凝土路面施工质量的天气时，应暂停施工或采取必要的防范措施，制订特殊气候的施工方案。

（2）混凝土路面施工如遇下述条件之一者，必须停工：

①现场降雨：主要为了防止刚铺筑的塑性混凝土表面水泥浆被冲刷，或垮边，既无法保证正常施工工艺进行，又影响路面平整度和建造质量。

②刮大风：风力大于6级，风速在10.8m/s以上的强风天气。

③高温季节：现场气温高于40℃或拌和物摊铺温度高于35℃。

④负温季节：摊铺现场连续5昼夜平均气温低于5℃，夜间最低气温低于-3℃。

二、雨季施工

1. 防雨准备

雨天施工，应做好以下防雨准备：

（1）原材料及搅拌站防雨准备。地势低洼的搅拌场、水泥仓、备件库及砂石料堆场，应按汇水面积修建排水沟或预备抽排水设施。搅拌楼的水泥和粉煤灰罐仓顶部通气口、料斗及不得遇水部位应有防潮、防水覆盖措施，砂石料堆应覆盖防雨。

（2）新铺路面防雨准备。雨天施工时，在新铺路面上应备足防雨篷、帆布、塑料布或薄膜。

（3）运输车防雨准备。雨季施工时，运输自卸车辆应加顶盖或遮盖防雨篷布。

(4)现场防雨篷要求。防雨篷支架宜采用可推行的焊接钢结构，并具有人工饰面拉槽的足够高度。

2. 防雨水冲刷

(1)摊铺中遭遇阵雨时，应立即停止铺筑混凝土路面，并紧急使用防雨篷、塑料布或塑料薄膜等覆盖尚未硬化的混凝土路面。

(2)被阵雨轻微冲刷过的路面，视平整度和抗滑构造破损情况，采用硬刻槽或先磨平再刻槽的方式处理。对被暴雨冲刷后，路面平整度严重劣化或损坏的部位，应尽早铲除重铺。

(3)降雨后开工前，应及时排除车辆内、搅拌场及砂石料堆场内的积水或淤泥。运输便道应排除积水，并进行必要的修整。摊铺前应扫除基层上的积水。

三、风 天 施 工

风天应用风速计在现场定量测风速或观测自然现象，确定风级，并按表 5-7-1 的规定采取防止塑性收缩开裂的措施。

刮风天施工防止塑性收缩开裂的基本措施有三项：

(1)尽早喷足量养生剂阻止蒸发。

(2)在不压坏抗滑构造的前提下，既喷大量养生剂，又尽快覆盖保温保湿膜或塑料薄膜，阻断蒸发。

(3)保证平整度的机械抹面，压缩掉因快速蒸发形成的水泥路面体积收缩量，略压低 1 ~ 2mm表面厚度，即可消除平面开裂。再喷足量养生剂或覆盖塑料薄膜、麻袋、草袋等养生，并保持抗滑构造不被压坏。

刮风天混凝土路面防止塑性收缩开裂措施 表 5-7-1

风 力	相应自然现象	风速(m/s)	防止路面塑性收缩开裂措施
1 级软风	烟能表示风向，水面有鱼鳞波	≤1.5	正常施工，喷洒一遍养生剂，原液剂量 0.30kg/m^2
2 级轻风	人面有感，树叶沙沙响，风标转动，水波显著	1.6 ~ 3.3	应加厚喷洒一遍养生剂，剂量 0.45kg/m^2
3 级微风	树叶和细枝摇晃，旗帜飘动，水面波峰破碎，产生飞沫	3.4 ~ 5.6	路面摊铺完成后，立即喷洒第一遍养生剂，拉毛后，再喷洒第二遍养生剂。两遍剂量共0.60kg/m^2
4 级和风	吹起尘土和纸片，小树枝摇动，水波出白浪	5.7 ~ 7.9	除拉毛前后喷两遍养生剂外(两遍剂量共 0.60kg/m^2)，还需覆盖塑料薄膜
5 级清劲风	有叶小树开始摇动，大浪明显，波峰起白沫	8.0 ~ 10.7	使用抹面机抹面，加厚喷一遍剂量 0.45kg/m^{2}养生剂，并覆盖塑料薄膜或麻袋草袋，使用钢刷做细观抗滑构造，使用硬刻槽机刻出抗滑沟槽；无机械抹面措施时，应停止施工
6 级强风	大树枝摇动，电线呼呼响，出现长浪，波峰吹成条纹	10.8 ~ 13.8	必须停止施工

四、高温季节施工

施工现场的气温高于 30℃，拌和物摊铺温度在 30 ~ 35℃之间，同时，空气相对湿度小于 80% 时，混凝土路面和桥面的施工应按高温季节施工的规定进行。

高温天铺筑混凝土路面和桥面应采取下列措施：

(1)当现场气温大于等于30℃时，应避开中午高温时段施工，可选择在早晨、傍晚或夜间施工，夜间施工应有良好的操作照明，并确保施工安全。

(2)砂石料堆应设遮阳篷；抽用地下冷水或采用冰屑水拌和；拌和物中宜加允许最大掺量的粉煤灰或磨细矿渣，但不宜掺硅灰；拌和物中应掺足够剂量的缓凝剂、高温缓凝剂、保塑剂或缓凝(高效)减水剂等。

(3)自卸车上的混凝土拌和物应加遮盖。

(4)应加快施工各环节的衔接，尽量压缩搅拌、运输、摊铺、饰面等各工艺环节所耗费的时间。

(5)可使用防雨篷作防晒遮荫篷。在每日气温最高和日照最强烈时段遮荫。

(6)高温天气施工时，混凝土拌和物的出料温度不宜超过35℃，并应随时监测气温、水泥、拌和水、拌和物及路面混凝土温度。必要时加测混凝土水化热。

(7)在采用覆盖保湿养生时，应加强洒水，并保持足够的湿度。

(8)切缝时间应视混凝土强度的增长情况或按250温度小时计，宜比常温施工适当提早切缝，以防止断板。特别是在夜间降温幅度较大或降雨时，应提早切缝。

五、低温季节施工

当摊铺现场连续5昼夜平均气温低于5℃，夜间最低气温在 -3 ~ 5℃之间，混凝土路面和桥面的施工应按低温季节施工规定的措施进行。

低温天铺筑混凝土路面和桥面等应采取下列技术措施：

(1)拌和物中应优选和掺加早强剂或促凝剂。

(2)应选用水化总热量大的R型水泥或单位水泥用量较多的32.5级水泥，不宜掺粉煤灰。

(3)搅拌机出料温度不得低于10℃，摊铺混凝土温度不得低于5℃。在养生期间，应始终保持混凝土板最低温度不低于5℃。否则，应采用热水或加热砂石料拌和混凝土，热水温度不得高于80℃，砂石料温度不宜高于50℃。

(4)应加强保温保湿覆盖养生，可先用塑料薄膜保湿隔离覆盖或喷洒养生剂，再采用草帘、泡沫塑料垫等保温覆盖初凝后的混凝土路面。遇雨雪必须再加盖油布、塑料薄膜等。

(5)应随时检测气温、水泥、拌和水、拌和物及路面混凝土的温度，每工班至少测定3次。

混凝土路面或桥面弯拉强度未达到1.0MPa或抗压强度未达到5.0MPa时，应严防路面受冻。低温天施工，路面或桥面覆盖保温保湿养生天数不得少于28d，拆模时间应符合表5-5-6的规定。

工作任务八　水泥混凝土面层施工质量检查与验收

一、水泥混凝土面层铺筑过程中的质量控制

施工质量的控制、管理与检查应贯穿整个施工过程，应对每个施工环节严格把关，对出现的问题立即进行纠正直至停工整顿。

施工全过程的质量动态检测、控制和管理内容应包括施工准备、铺筑试验路段和施工过程中各项技术指标的检验，出现施工技术问题的报告、论证和解决等。

施工单位应随时对施工质量进行自检。自检项目和频率：原材料的自检项目和频率见表5-3-13；拌和物的自检项目和频率见表5-4-3；混凝土路面铺筑过程中的自检项目和频率按表5-8-1的规定进行，铺筑质量要求见表5-8-2。当施工、监理、监督人员发现异常情况，应加大检测频率，找出原因，及时处理。

混凝土路面的检验项目、方法和频率　　表5-8-1

项次	检查项目	检验方法和频率	
		高速公路、一级公路	其他公路
1	弯拉强度	每班留2～4组试件，日进度<500m取2组；≥500m取3组；≥1 000m取4组，测f_{cs}、f_{min}、C_v	每班留1～3组试件，日进度<500m取1组；≥500m取2组；≥1 000m取3组，测f_{cs}、f_{min}、C_v
	钻芯劈裂强度	每车道每3km钻取1个芯样，硬路肩为1个车道，测f_{cs}、f_{min}、C_v、板厚h	每车道每3km钻取1个芯样，硬路肩为1个车道，测f_{cs}、f_{min}、C_v，板厚h
2	板厚度	路面摊铺宽度内每100m左右各2处，连接摊铺每100m单边1处，参考芯样	路面摊铺宽度内每100m左右各1处，连接摊铺每100m单边1处，参考芯样
3	3m直尺平整度	每半幅车道100m 2处10尺	每半幅车道100m 2处10尺
	动态平整度	所有车道连续检测	所有车道连续检测
4	抗滑构造深度	铺砂法：每幅200m 2处	铺砂法：每幅200m 1处
5	相邻板高差	尺测：每200m纵横缝2条，每条3处	尺测：每200m纵横缝2条，每条2处
6	连接摊铺纵缝高差	尺测：每200m纵向工作缝，每条3处，每处间隔2m 3尺，共9尺	尺测：每200m纵向工作缝，每条2处，每处间隔2m 3尺，共6尺
7	接缝顺直度	20m拉线测：每200m 6条	20m拉线测：每200m 4条
8	中线平面偏位	经纬仪：每200m 6点	经纬仪：每200m 4点
9	路面宽度	尺测：每200m 6处	尺测：每200m 4处
10	纵断高程	水准仪：每200m 6点	水准仪：每200m 4点
11	横坡度	水准仪：每200m 6个断面	水准仪：每200m 4个断面
12	断板率	数断板面板块数占总块数比例	数断板面板块数占总块数比例
13	脱皮裂纹露石缺边掉角	量实际面积，并计算与总面积比	量实际面积，并计算与总面积比
14	路缘石、约束基石的顺直度和高度	20m拉线测：每200m 4处	20m拉线测：每200m 2处
15	填缝料、接缝砂的灌缝饱满度	尺测：每200m接缝测6处	尺测：每200m接缝测4处
16	切缝深度	尺测：每200m 6处	尺测：每200m 4处
17	胀缝表面缺陷	每条观察填缝及啃边断角	每条观察填缝及啃边断角
18	胀缝板连浆	每条胀缝板安装时测量	每条胀缝板安装时测量
	胀缝板倾斜	尺测：每块胀缝板每条两侧	尺测：每块胀缝板每条两侧
	胀缝板弯曲和位移	尺测：每块胀缝板每条3处	尺测：每块胀缝板每条3处
19	传力杆偏斜	钢筋保护层仪：每车道4根	钢筋保护层仪：每车道3根

注：路面钻芯劈裂强度应换算为实际面板弯拉强度进行质量评定。

各级公路混凝土路面铺筑质量要求 表 5-8-2

项次	检查项目		允许值	
			高速公路、一级公路	其他公路
1	弯拉强度①(MPa)		100%符合施工规范附录 A.1 或质量检评标准附录 C 的规定。见本学习情境工作任务九的项目 3:水泥混凝土弯拉强度测试与评定	
2	板厚度(mm)		代表值≥ -5;极值≥ -10,C_v值符合设计规定	
3	平整度	σ(mm)	≤1.2	≤2.0
		IRI(m/km)	≤2.0	≤3.2
		3m 直尺最大间隙 Δh(mm)	≤3(合格率应≥90%)	≤5(合格率应≥90%)
4	抗滑构造深度(mm)	一般路段	0.70~1.10	0.50~1.00
		特殊路段②	0.80~1.20	0.60~1.10
5	相邻板高差(mm)		≤2	≤3
6	连接摊铺纵缝高差(mm)		平均值≤3;极值≤5	平均值≤5;极值≤7
7	接缝顺直度(mm)		≤10	
8	中线平面偏位(mm)		≤20	
9	路面宽度(mm)		≤ ±20	
10	纵断高程(mm)		±10	±15
11	横坡度(%)		±0.15	±0.25
12	断板率(%)		≤0.2	≤4
13	脱皮裂纹露石缺边掉角(%)		≤0.2	≤3
14	路缘石、约束基石的顺直度和高度(mm)		≤20	≤20
15	填缝料、接缝砂的灌缝饱满度(mm)		≤2	≤3
16	切缝深度(mm)		≥50	≥50
17	胀缝表面缺陷		不应有	不宜有
18	胀缝板连浆(mm)		≤20	≤20
	胀缝板倾斜(mm)		≤20	≤25
	胀缝板弯曲和位移(mm)		≤10	≤15
19	传力杆偏斜(mm)		≤10	≤13

注:①路面钻芯劈裂强度应换算为实际面板弯拉强度进行质量评定。

②特殊路段指高速公路、一级公路的立交、平交、变速车道等处;以及其他公路的急弯、陡坡、交叉口或集镇附近。

二、水泥混凝土面层交工验收阶段质量检验

施工单位的质检结果应按表 5-8-2 的规定,以 1km 为单位进行整理。混凝土路面完工后,施工单位应提交全线检测结果、施工总结报告及全部原始记录等齐全资料,以《公路工程质量检验评定标准》(JTG F80/1—2004)为依据,申请交工验收。

1. 基本要求

(1)基层质量必须符合规定要求,并应进行弯沉测定,验算的基层整体模量应满足设计要求。

(2)水泥强度、物理性能和化学成分应符合国家标准及有关规范的规定。

(3)粗细集料、水、外掺剂及接缝填缝料应符合设计和施工规范要求。

(4)施工配合比应根据现场测定水泥的实际强度进行计算,并经试验选择采用最佳配合比。

(5)接缝的位置、规格、尺寸及传力杆、拉力杆的设置应符合设计要求。

(6)路面拉毛或机具压槽等抗滑措施,其构造深度应符合施工规范要求。

(7)面层与其他构造物相接应平顺,检查井井盖顶面高程应高于周边路面 1 ~3mm。雨水口标高按设计比路面低 5 ~8mm,路面边缘无积水现象。

(8)混凝土路面铺筑后按施工规范要求养生。

2. 实测项目

水泥混凝土面层交工验收阶段的检查项目、检查频度、质量要求或允许偏差等见表 5-8-3。

水泥混凝土面层实测项目 表 5-8-3

项次	检查项目		规定值或允许偏差		检查方法和频率	权值
			高速公路、一级公路	其他公路		
1	弯拉强度(MPa)		在合格标准之内		按质量检评标准附录 C 检查(或见工作任务九的项目 2:水泥混凝土弯拉强度测试与评定)	3
2	板厚度(mm)	代表值	-5		按质量检评标准附录 H 检查,每 200m 每车道 2 处	3
		合格值	-10			
3	平整度	σ(mm)	1.2	2.0	平整度仪:全线每车道连续检测,每 100m 计算 σ、*IRI*	2
		IRI(m/km)	2.0	3.2		
		最大间隙 h(mm)	—	5	3m 直尺:半幅车道板带每 200m 测 2 处×10 尺	
4	抗滑构造深度(mm)		一般路段不小于 0.7 且不大于 1.1;特殊路段不小于 0.8 且不大于 1.2	一般路段不小于 0.5 且不大于 1.0;特殊路段不小于 0.6 且不大于 1.1	铺砂法:每 200m 测 1 处	2
5	相邻板高差(mm)		2	3	抽量:每条胀缝 2 点;每 200m 抽纵、横缝各 2 条,每条 2 点	2
6	纵、横缝顺直度(mm)		10		纵缝 20m 拉线,每 200m 4 处;横缝沿板宽拉线,每 200m 4 条	1
7	中线平面偏位(mm)		20		经纬仪:每 200m 测 4 点	1
8	路面宽度(mm)		±20		抽量:每 200m 测 4 处	1
9	纵断高程(mm)		±10	±15	水准仪:每 200m 测 4 断面	1
10	横坡(%)		±0.15	±0.25	水准仪:每 200m 测 4 断面	1

注:表中 σ 为平整度仪测定的标准差;*IRI* 为国际平整度指数;h 为 3m 直尺与面层的最大间隙。

3. 外观鉴定

(1)混凝土板的断裂块数,高速公路和一级公路不得超过评定路段混凝土板总块数的 0.2%,其他公路不得超过 0.4%。不符合要求时,每超过 0.1% 减 2 分。对于断裂板应采取适当措施予以处理。

(2)混凝土板表面的脱皮、印痕、裂纹和缺边掉角等病害现象，对于高速公路和一级公路，有上述缺陷的面积不得超过受检面积的0.2%，其他公路不得超过0.3%。不符合要求时，每超过0.1%减2分。对于连续配筋的混凝土路面和钢筋混凝土路面，因干缩、温缩产生的裂缝，可不减分。

(3)路面侧石直顺、曲线圆滑，越位20mm以上者，每处减1~2分。

(4)接缝填筑饱满密实，不污染路面。不符合要求时，累计长度每100m减2分。

(5)胀缝有明显缺陷时，每条减1~2分。

工作任务九　路面检测技能训练

综上所述，水泥混凝土面层铺筑施工中的质量主要从混凝土的弯拉强度检测、板的厚度检测、平整度检测、抗滑构造深度检测、几何尺寸检测、外观检查等方面进行控制。

下面介绍路面构造深度检测、水泥混凝土弯拉强度测试与评定的方法与步骤。

项目1：路面构造深度检测

路面构造深度的测试方法有手工铺砂法、电动铺砂仪法和车载式激光构造深度仪法等。车载式激光构造深度仪法的数据采集、传输、记录和处理分别由专用软件自动控制进行。下面主要介绍手工铺砂法和电动铺砂仪法。

1.手工铺砂法测试路面构造深度

1)目的与适用范围

本方法适用于测定沥青路面及水泥混凝土路面表面构造深度，用以评定路面表面的宏观构造。

2)仪具与材料

本方法需用下列仪具与材料：

(1)人工铺砂仪：由量砂筒、推平板组成。

①量砂筒：形状尺寸如图5-9-1所示。一端是封闭的，容积为(25±0.15)mL，可通过称量砂筒中水的质量以确定其容积V，并调整其高度，使其容积符合规定要求。带一专门的刮尺将筒口量砂刮平。

②推平板：形状尺寸如图5-9-2所示。推平板应为木制或铝制，直径50mm，底面粘一层厚1.5mm的橡胶片，上面有一圆柱把手。

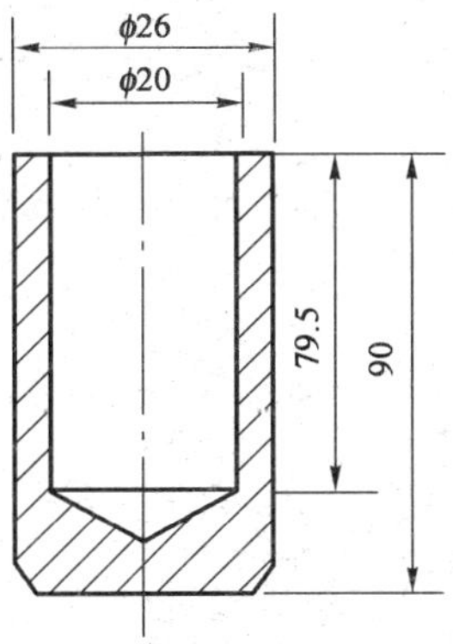

图5-9-1　量砂筒(尺寸单位：mm)

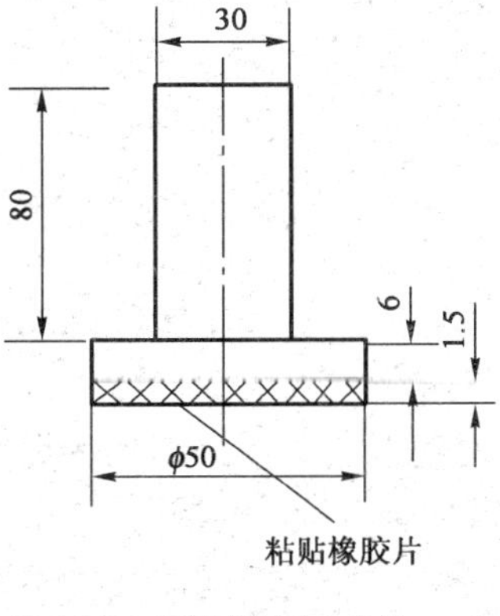

图5-9-2　推平板(尺寸单位：mm)

③刮平尺：可用30cm钢板尺代替。

(2)量砂：足够数量的干燥洁净的匀质砂，粒径0.15～0.3mm。

(3)量尺：钢板尺、钢尺，或专用的构造深度尺。

(4)其他：装砂容器(小铲)、扫帚或毛刷、挡风板等。

3)方法与步骤

(1)准备工作：

①量砂准备：取洁净的细砂，晾干过筛，取0.15～0.3mm的砂置于适当的容器中备用。量砂只能在路面上使用一次，不宜重复使用。

②对测试路段按随机选点的方法决定测点所在横断面位置。测点应选在行车道的轮迹带上，距路面边缘不应小于1m。

(2)试验步骤：

①用扫帚或毛刷子将测点附近的路面清扫干净，面积不小于30cm×30cm。

②用小铲装砂，沿筒壁向量砂筒中注满砂，手提量砂筒上方，在路表面上轻轻地叩打3次，使砂密实，补足砂面用钢尺一次刮平。

注意：不可直接用量砂筒装砂，以免影响量砂密度的均匀性。

③将砂倒在路面上，用底面粘有橡胶片的推平板由里向外重复做摊铺运动，稍稍用力将砂细心地尽可能地向外摊开，使砂填入凹凸不平的路表面的空隙中，尽可能将砂摊成圆形，并不得在表面上留有浮动余砂。

注意：摊铺时不可用力过大或向外推挤。

④用钢板尺测量所构成圆的两个垂直方向的直径，取其平均值，准确至5mm。

⑤按以上方法，同一处平行测定不少于3次，3个测点均位于轮迹带上，测点间距3～5m。该处的测定位置以中间测点的位置表示。

注意：同一处应该由同一个试验员进行测定。

4)计算

(1)路面表面构造深度测定结果按式(5-9-1)计算：

$$TD = \frac{1\,000V}{\frac{\pi D^2}{4}} = \frac{31\,831}{D^2} \tag{5-9-1}$$

式中：TD——路面表面构造深度，mm；

V——砂的体积，25cm^3；

D——摊平砂的平均直径，mm。

(2)每一处均取3次路面构造深度的测定结果的平均值作为试验结果，准确至0.01mm。

(3)计算每一个评定区间路面构造深度的平均值、标准差、变异系数。

5)报告

(1)列表逐点报告路面构造深度的测定值及3次测定的平均值，当平均值小于0.2mm时，试验结果以<0.2mm表示。

(2)每一个评定区间路面构造深度的平均值、标准差、变异系数。

手工铺砂法测定路面构造深度记录表样表见表5-9-1。

手工铺砂法测定路面构造深度记录表 表 5-9-1

工程名称：__________ 合同号：__________ 编号：__________

试表×-×

任务单号		试验环境	
试验日期		试验设备	
试验规程		试验人员	
评定标准		复核人员	

施工单位：__________ 工程部位：__________

现场桩号：__________ 试样描述：__________

测点位置		砂的体积（cm^3）	铺砂直径 D(mm)		构造深度 TD(mm)		备注
桩号	横距(m)		1	2	单值	平均	
设计值(mm)			平均值(mm)		标准差(mm)		
变异系数(%)			测点数			合格率(%)	
结论							

2. 电动铺砂仪法测试路面构造深度

1）目的和适用范围

本方法适用于测定沥青路面及水泥混凝土路面表面构造深度，用以评定路面表面的宏观构造。

2）仪具与材料

本方法需要下列仪具与材料：

（1）电动铺砂仪：利用可充电的直流电源将量砂通过砂漏铺设宽度 5cm、厚度均匀一致的器具，如图 5-9-3 所示。

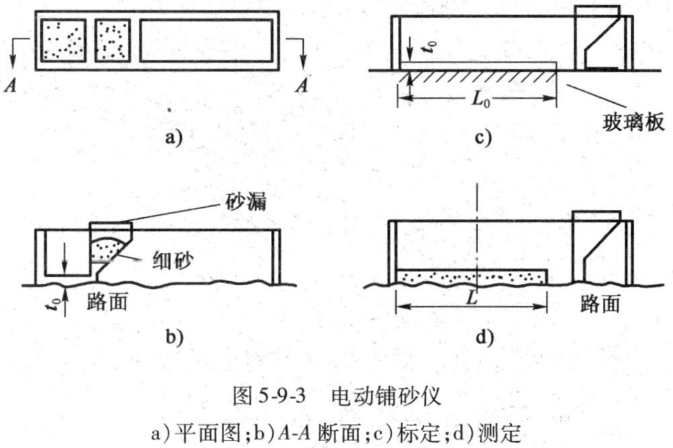

图 5-9-3 电动铺砂仪

a）平面图；b）A-A 断面；c）标定；d）测定

(2)量砂:足够数量的干燥洁净的匀质砂,粒径为0.15~0.3mm。

(3)标准量筒:容积50mL。

(4)玻璃板:面积大于铺砂器,厚5mm。

(5)其他:直尺、扫帚、毛刷等。

3)方法与步骤

(1)准备工作:

①量砂准备:取洁净的细砂,晾干过筛,取0.15~0.3mm的砂置于适当的容器中备用。量砂只能在路面上使用一次,不宜重复使用。

②对测试路段按随机取样选点的方法决定测点所在横断面位置。测点应选在行车道的轮迹带上,距路面边缘应不小于1m。

(2)电动铺砂器标定:

①将铺砂器平放在玻璃板上,将砂漏移至铺砂器端部。

②使灌砂漏斗口和量筒口大致齐平。通过漏斗向量筒中缓缓流入准备好的量砂至高出量筒成尖顶状,用直尺沿筒口一次刮平,其容积为50mL。

③使漏斗口与铺砂器砂漏上口大致齐平。将砂通过漏斗均匀倒入砂漏,漏斗前后移动,使砂的表面大致齐平,但不得用任何其他工具刮动砂。

④开支电动马达,使砂漏向另一端缓缓运动,量砂沿砂漏底部铺成图5-9-4所示的宽5cm的带状,待砂全部漏完后停止。

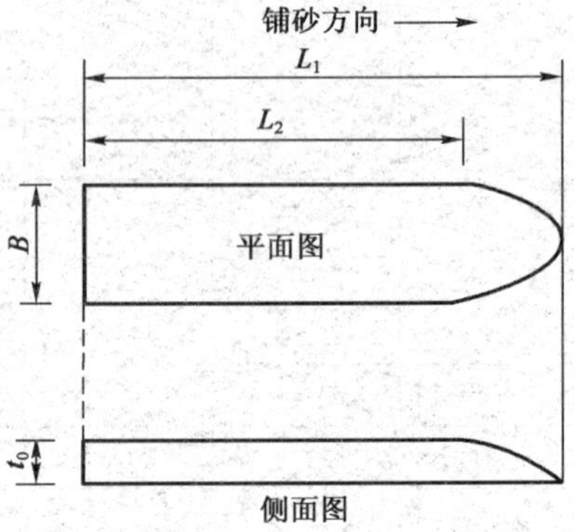

图5-9-4　决定L_0及L的方法

⑤按图5-9-4,依式(5-9-2)由L_1及L_2的平均值决定量砂的摊铺长度L_0,准确至1mm。

$$L_0 = \frac{(L_1 + L_2)}{2} \tag{5-9-2}$$

⑥重复标定3次,取平均值L_0,准确至1mm。

注意:标定应在每次测试前进行,用同一种量砂,由承担测试的同一试验员进行。

(3)测试步骤:

①将测试地点用毛刷刷净,面积大于铺砂仪。

②将铺砂仪沿道路纵向平稳地放在路面上,将砂漏移至端部。

③按电动铺砂器标定之(2)~(5)相同的步骤,在测试地点摊铺50mL量砂,按图5-9-4的方法量取摊铺长度L_1及L_2,由式(5-9-3)计算L,准确至1mm。

$$L = \frac{(L_1 + L_2)}{2} \tag{5-9-3}$$

④按以上方法,同一处平行测定不少于3次,3个测点均位于轮迹带上,测点间距3~5m。该处的测定位置以中间测点的位置表示。

4)计算

(1)按式(5-9-4)计算铺砂仪在玻璃板上摊铺的量砂厚度t_0:

$$t_0 = \frac{V}{BL_0} \times 1\,000 = \frac{1\,000}{L_0} \tag{5-9-4}$$

式中：t_0——量砂在玻璃板上摊铺的标定厚度，mm；

V——量砂体积，50mL；

B——铺砂仪铺砂宽度，50mm；

L_0——玻璃板上 50mL 量砂摊铺的长度，mm。

（2）按式（5-9-5）计算路面构造深度 TD：

$$TD = \frac{L_0 - L}{L_0} t_0 = \frac{L_0 - L}{L L_0} \times 1\,000 \tag{5-9-5}$$

式中：TD——路面的构造深度，mm；

t_0——量砂在玻璃板上摊铺的标定厚度，mm；

L_0——玻璃板上 50mL 量砂摊铺的长度，mm；

L——路面上 50mL 量砂摊铺的长度，mm。

（3）每一处均取 3 次路面构造深度的测定平均值作为试验结果，准确至 0.1mm。

（4）计算每一个评定区间路面构造深度的平均值、标准差、变异系数。

5）报告

（1）列表逐点报告路面构造深度的测定值及 3 次测定的平均值，当平均值小于 0.2mm 时，试验结果以 <0.2mm 表示。

（2）每一个评定区间路面构造深度的平均值、标准差、变异系数。

电动铺砂仪法测试路面构造深度记录样表见表 5-9-2。

电动铺砂仪法测试路面构造深度记录表　　　　表 5-9-2

工程名称：＿＿＿＿＿＿　　合同号：＿＿＿＿＿＿　　编号：＿＿＿＿＿＿

任务单号		试验环境	
试验日期		试验设备	
试验规程		试验人员	
评定标准		复核人员	

施工单位：＿＿＿＿＿＿　　　　工程部位：＿＿＿＿＿＿

现场桩号：＿＿＿＿＿＿　　　　试样描述：＿＿＿＿＿＿

<table>
<tr><td colspan="2">测点位置</td><td rowspan="2">L_0 (mm)</td><td rowspan="2">t_0 (mm)</td><td rowspan="2">L_1 (mm)</td><td rowspan="2">L_2 (mm)</td><td rowspan="2">L (mm)</td><td colspan="2">构造深度 TD(mm)</td><td rowspan="2">备注</td></tr>
<tr><td>桩号</td><td>横距(m)</td><td>单值</td><td>平均</td></tr>
<tr><td rowspan="3"></td><td rowspan="3"></td><td rowspan="3"></td><td rowspan="3"></td><td></td><td></td><td></td><td></td><td rowspan="3"></td><td rowspan="3"></td></tr>
<tr><td></td><td></td><td></td><td></td></tr>
<tr><td></td><td></td><td></td><td></td></tr>
<tr><td rowspan="3"></td><td rowspan="3"></td><td rowspan="3"></td><td rowspan="3"></td><td></td><td></td><td></td><td></td><td rowspan="3"></td><td rowspan="3"></td></tr>
<tr><td></td><td></td><td></td><td></td></tr>
<tr><td></td><td></td><td></td><td></td></tr>
<tr><td colspan="2">设计值(mm)</td><td colspan="2"></td><td colspan="4">平均值(mm)</td><td colspan="2">标准差(mm)</td></tr>
<tr><td colspan="2">变异系数(%)</td><td colspan="2"></td><td colspan="2">测点数</td><td colspan="2"></td><td></td><td>合格率(%)</td></tr>
<tr><td>结论</td><td colspan="9"></td></tr>
</table>

项目2:水泥混凝土弯拉强度测试与评定

混凝土弯拉强度试验方法应使用标准小梁法或钻芯劈裂法,试件使用标准方法制作,标准养生时间为28d。

1. 水泥混凝土弯拉强度试验

1)目的、适用范围

本方法规定了测定水泥混凝土抗弯拉强度的方法,以提供设计参数,检查水泥混凝土施工品质和确定抗弯拉强度弹性模量试验加荷标准。

本方法适用于各类水泥混凝土棱柱体试件。

2)仪具

(1)压力机或万能试验机:应符合T 0551中2.3的规定。

(2)抗弯拉试验装置(即三分点处双点加荷和三点自由支承式混凝土抗弯拉强度与抗弯拉弹性模量试验装置),如图5-9-5所示。

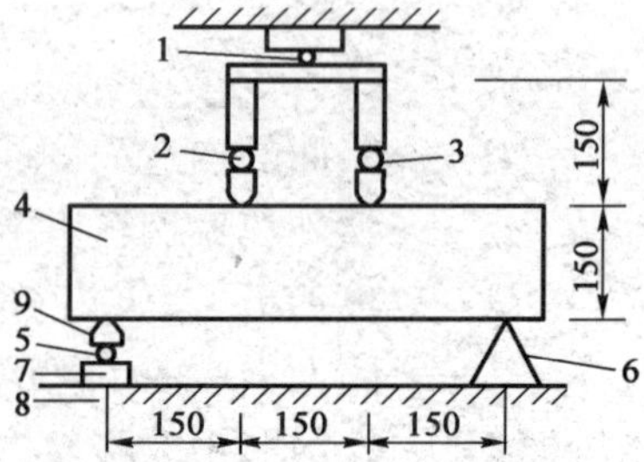

图5-9-5　抗弯拉试验装置(尺寸单位:mm)
1-一个钢球;2、3-两个钢球;4-试件;5、6-固定支座;7-活动支座;8-机台;9-活动船形垫块

3)试件制备和养护

(1)试件尺寸:水泥混凝土抗弯拉强度试验标准试件尺寸为150mm×150mm×550mm或150mm×150mm×600mm,同时在试件长向中部1/3区段内表面不得有直径超过5mm、深度超过2mm的孔洞。

(2)混凝土抗弯拉强度试件应取同龄期者为一组,每组3根同条件制作和养护的试件。

4)试验步骤

(1)试件取出后,用湿毛巾覆盖并及时进行试验,保持试件干湿状态不变。在试件中部量出其宽度和高度,精确至1mm。

(2)调整两个可移动支座,将试件安放在支座上,试件成型时的侧面朝上,几何对中后,务必使支座及承压面与活动船形垫块的接触面平稳、均匀,否则应垫平。

(3)加荷时,应保持均匀、连续。当混凝土的强度等级小于C30时,加荷速度为0.02~0.05MPa/s;当混凝土的强度等级大于等于C30且小于C60时,加荷速度为0.05~0.08MPa/s;当混凝土的强度等级大于等于C60时,加荷速度为0.08~0.10MPa/s。当试件接近破坏而开始迅速变形时,不得调整试验机油门,直至试件破坏,记下破坏极限荷载F(N)。

(4)记录下最大荷载和试件下边缘断裂的位置。

5)试验结果

(1)当断面发生在两个加荷点之间时,抗弯拉强度f_f按式(5-9-6)计算:

$$f_f = \frac{FL}{bh^2} \tag{5-9-6}$$

式中:f_f——抗弯拉强度,MPa;

F——极限荷载,N;

L——支座间距离,mm;

b——试件宽度,mm;

h——试件高度,mm。

(2)以3个试件测值的算术平均值为测定值。3个试件中最大值或最小值中如有一个与中间值之差超过中间值的15%,则把最大值和最小值舍去,以中间值作为试件的抗弯拉强度;如最大值和最小值与中间值之差值均超过中间值15%,则该组试验结果无效。

3个试件中如有一个断裂面位于加荷点外侧,则混凝土抗弯拉强度按另外两个试件的试验结果计算。如果这两个测值的差值不大于这两个测值中较小值的15%,则以两个测值的平均值为测试结果,否则结果无效。

如果有两根试件均出现断裂面位于加荷点外侧,则该组结果无效。

注意:断面位置在试件断块短边一侧的底面中轴线上量得。

抗弯拉强度计算精确到0.01MPa。

(3)采用100mm×100mm×400mm非标准试件时,在三分点加荷的试验方法同前,但所取得的抗弯拉强度值应乘以尺寸换算系数0.85。当混凝土强度等级大于等于C60时,应采用标准试件。

6)试验报告

试验报告应包括以下内容:

(1)要求检测的项目名称、执行标准。

(2)原材料的品种、规格和产地。

(3)试验日期及时间。

(4)仪器设备的名称、型号及编号。

(5)环境温度和湿度。

(6)水泥混凝土抗弯拉强度值。

(7)要说明的其他内容。

水泥混凝土抗弯拉强度试验记录表样表见表5-9-3。

水泥混凝土抗弯拉强度试验记录表 表5-9-3

工程名称:________ 合同号:________ 编号:________

任务单号		试验环境	
试验日期		试验设备	
试验规程		试验人员	
评定标准		复核人员	

结构物名称:________ 结构部位(现场桩号):________

试样描述:________ 设计强度(MPa):________

成型方式:________ 养护方式:________

龄期(d):________

试样编号	试件编号	试件宽度 b (mm)	试件高度 h (mm)	断裂面位置描述	破坏极限荷载 F (kN)	尺寸换算系数	抗弯拉强度测值 f_f (MPa)	抗弯拉强度测定值 f_f' (MPa)	备注
	①	②	③	④	⑤	⑥	⑦	⑧	

2. 水泥混凝土圆柱体劈裂抗拉强度试验

1)目的、适用范围

本方法规定了测定圆柱体试件和现场钻芯取样的劈裂抗拉强度方法。

本方法适用于各类水泥混凝土的圆柱体试件和现场芯样。

2)仪器设备

(1)压力机或万能试验机:应符合 T 0551 中 2.3 的规定。

(2)劈裂夹具、木质三合板垫层、钢垫条。钢垫条为平面,厚度不小于 10mm,长度不短于试件边长。木质三合板或硬质纤维板垫层的宽度为 20mm,厚为 3 ~ 4mm,长度不小于试件长度,垫层不得重复使用。支架为钢支架。

(3)钢尺:分度值为 1mm。

3)试件制备和养护

(1)试件的标准尺寸 ϕ150mm × 300mm。

(2)对于现场芯样,长径比大于等于 1。适宜的长径比在 1.9 ~ 2.1 之间,最大长径比不能超过 2.1。芯样最小直径为 100mm,直径至少是公称最大粒径的 2 倍。芯样在进行强度试验前需进行调湿,一般应在标准养护室养护 24h。

4)劈裂试验步骤

(1)至试验龄期时,自养护室取出试件,用湿布覆盖,避免其湿度变化。测量出直径、高度并检查外形,尺寸量测至 1mm。

(2)在试件中部画出劈裂面位置线。圆柱体的母线公差为 0.15mm。这两条母线应位于同一轴向平面内,彼此相对,两条线的末端在试件的端面上相连,应为通过圆心的直径,以明确标明承压面。将试件、劈裂夹具、垫条和垫层放在压力机上,借助夹具两侧杆将试件对中。开动压力机,当压力机压板与夹具垫条接近时,调整球座使压力均匀接触试件,当压力到 5kN 时,将夹具的测杆抽掉。

(3)当混凝土的强度等级小于 C30 时,加荷速度为 0.02 ~ 0.05MPa/s;当混凝土的强度等级大于等于 C30 且小于 C60 时,加荷速度为 0.05 ~ 0.08MPa/s;当混凝土的强度等级大于等于 C60 时,加荷速度为 0.08 ~ 0.10MPa/s。当试件接近破坏而开始迅速变形时,不得调整试验机油门,直至试件破坏,记下破坏极限荷载 F(N)。

5)试验结果

(1)圆柱体劈裂抗拉强度 f_{ct} 按式(5-9-7)计算:

$$f_{ct} = \frac{2F}{\pi d_m \times l_m} \tag{5-9-7}$$

式中:f_{ct}——圆柱体劈裂抗拉强度,MPa;

F——极限荷载,N;

d_m——圆柱体截面的平均直径,mm;

l_m——圆柱体平均长度,mm。

(2)劈裂抗拉强度测定值的计算及异常数据的取舍原则为:以 3 个试件测值的算术平均值为测定值。如 3 个试件中最大值或最小值中有一个与中间值的差值超过中间值的 15% 时,则取中间值为测定值;如有两个测值与中间值的差值均超过上述规定时,则该组试验结果无效。

计算结果精确至 0.01MPa。

6）试验报告

试验报告应包括以下内容：

（1）要求检测的项目名称、执行标准。

（2）原材料的品种、规格和产地。

（3）试验日期及时间。

（4）仪器设备的名称、型号及编号。

（5）环境温度和湿度。

（6）圆柱体劈裂抗拉强度值。

（7）要说明的其他内容。

水泥混凝土圆柱体劈裂抗拉强度试验记录表样表见表 5-9-4。

水泥混凝土圆柱体劈裂抗拉强度试验记录表　　表 5-9-4

工程名称：________　　合同号：________　　编号：________

任务单号		试验环境	
试验日期		试验设备	
试验规程		试验人员	
评定标准		复核人员	

结构物名称：________　　结构部位（现场桩号）：________

试样描述：________　　设计强度（MPa）：________

成型方式：________　　养护方式：________

龄期（d）：________

试样编号	试件编号	直径 d_m（mm）	长度 l_m（mm）	破坏荷载 F（kN）	劈裂抗拉强度测值 f_{ct}（MPa）	劈裂抗拉强度测定值 f_{ct}'（MPa）	备注
①	②	③	④	⑤	⑥	⑦	⑧

3. 水泥混凝土弯拉强度评定

（1）按现行《公路水泥混凝土路面施工技术规范》（JTG F30—2003）或《公路工程质量检验评定标准》（JTG F80/1—2004）规定的检查频率，高速公路和一级公路每工作班制作 2 ~ 4 组试件：日进度大于等于 1 000m 取 4 组，大于等于 500m 取 3 组，小于 500m 取 2 组；其他公路每工作班制作 1 ~ 3 组试件：日进度大于等于 1 000m 取 3 组，大于等于 500m 取 2 组，小于 500m 取 1 组。每组 3 个试件的平均值作为一个统计数据。

（2）混凝土弯拉强度的合格标准：

①试件组数大于 10 组时，平均弯拉强度合格判断式见式（5-9-8）：

$$f_{cs} \geqslant f_r + K\sigma \tag{5-9-8}$$

式中：f_{cs}——混凝土合格判定平均弯拉强度，MPa；

f_r——设计弯拉强度标准值，MPa；

K——合格判定系数，见表5-9-5；

σ——强度标准差。

合格判定系数　　表5-9-5

试件组数 n	11~14	15~19	≥20
合格判定系数 K	0.75	0.70	0.65

当试件组数为11~19组时，允许有一组最小弯拉强度小于0.85f_r，但不得小于0.80f_r。当试件组数大于20组时，其他公路允许有一组最小弯拉强度小于0.85f_r，但不得小于0.75f_r。高速公路和一级公路均不得小于0.85f_r。

②试件组数等于或少于10组时，试件平均强度不得小于1.10f_r，任一组强度均不得小于0.85f_r。

(3)当标准小梁合格判定平均弯拉强度f_{cs}和最小弯拉强度f_{min}中有一个不符合上述要求时，应在不合格路段每公里每车道钻取3个以上ϕ150mm的芯样，实测劈裂强度，通过各自工程的经验统计公式换算弯拉强度，其平均弯拉强度f_{cs}和最小值f_{min}必须合格，否则，应返工重铺。

(4)实测项目中，水泥混凝土弯拉强度评为不合格时，相应分项工程评为不合格。

【案例5-9-1】 水泥混凝土路面的设计弯拉强度f_r为5.0MPa，用标准小梁法测得9组试件的弯拉强度分别为6.0MPa、6.2MPa、6.4MPa、6.6MPa、6.2MPa、6.7MPa、6.3MPa、6.6MPa、6.1MPa，请对弯拉强度进行质量评定。

解：质量检验评定标准附录C规定：试件组数等于或少于10组时，试件平均强度f_{cs}不得小于1.10f_r，任一组强度均不得小于0.85f_r。

$$f_{cs} = \frac{6.0 + 6.2 + \cdots + 6.1}{9} = 6.34(\text{MPa})$$

$$1.10f_r = 1.10 \times 5 = 5.50(\text{MPa})$$

$$0.85f_r = 0.85 \times 5 = 4.25(\text{MPa})$$

弯拉强度满足规范要求，按百分制打分，该实测项目为100分。

本学习情境小结：

(1)水泥混凝土路面是刚性路面、高级路面。水泥混凝土面层一般采用设接缝的普通混凝土路面，除接缝区和局部范围(边缘和角隅)外不配置钢筋。

(2)根据公路等级选择水泥混凝土路面的施工方式。常见的施工方式有：滑模摊铺机施工水泥混凝土路面、轨道摊铺机施工水泥混凝土路面、三辊轴机组施工水泥混凝土路面、小型机具施工水泥混凝土路面。

(3)以《公路水泥混凝土路面施工技术规范》(JTG F30—2003)为依据，介绍了水泥混凝土路面的原材料及其混合料的技术要求与试验检测频率、原材料储存要求、普通水泥混凝土路面的配合比设计方法、水泥混凝土施工允许最长时间要求等内容。

(4)按施工规范选择各工序的施工设备、确定施工设备的数量。

(5)按施工规范要求,确定各工序(搅拌、运输、铺筑、接缝、抗滑构造、养生、特殊气候条件下施工)的施工质量控制要点。

(6)依据《公路工程质量检验评定标准》(JTG F80/1—2004)的相关规定进行交工验收。

(7)依据施工规范的规定,进行真空脱水试验。

(8)依据《公路路基路面现场测试规程》(JTG E60—2008)进行水泥混凝土路面的构造深度试验操作。

(9)依据《公路工程水泥及水泥混凝土试验规程》(JTG E30—2005)进行水泥混凝土弯拉强度、劈裂抗拉强度试验,依据《公路工程质量检验评定标准》(JTG F80/1—2004)进行弯拉强度评定。

课后训练:

1. 水泥混凝土路面配合比设计的相关内容可参阅什么规范?是弯拉强度还是抗压强度控制设计?如何计算配制弯拉强度?

2. 水泥混凝土路面配合比设计时,如何选用水泥的品种及水泥强度等级?

3. 熟悉最大粒径、公称最大粒径的概念。水泥混凝土路面粗集料的最大粒径有限制吗?能用统料吗?如何做粗集料的级配设计?

4. 水泥混凝土路面用砂的细度模数有规定吗?熟悉砂的筛分试验及细度模数的计算。

5. 水泥混凝土路面配合比设计的基本要求有哪些?

6. 水泥混凝土路面配合比设计的三个参数是哪些?如何确定?水灰比有最大水灰比限制吗?单位水泥用量有最小、最大用量限制吗?单位用水量有最大值限制吗?如果超过最大单位用水量限制,该采取什么措施?

7. 如何确定减水剂的掺量?

8. 如何验算粗集料的体积填充率?

9. 试验室配合比是否需要监理试验室或业主中心试验室验证?

10. 原材料的抽检项目及频率可查阅什么规范?

11. 原材料的储存有何规定?

12. 水泥混凝土拌和楼,如何考虑砂石材料的含水率?

13. 如何控制水泥混凝土拌和物的拌和质量?

14. 掌握真空脱水混凝土试验操作。

15. 水泥混凝土路面的施工方式有哪些?如何进行选择?

16. 熟悉各施工方式的施工流程图。

17. 水泥混凝土的搅拌及运输要注意什么问题?水泥混凝土是否有允许最长施工时间的规定?

18. 水泥混凝土路面摊铺前,基层如何处理?

19. 插入式振捣棒、平板振捣器、排式振捣机、振动梁、滚杠、三辊轴、3m 刮尺、抹面机如何搭配工作?如何控制施工质量?

20. 水泥混凝土路面有哪些接缝?如何掌握切缝时间及切缝方式?

21. 断板的影响因素有哪些?在施工中如何避免断板?

22. 水泥混凝土路面、沥青路面的抗滑性各是怎样保证的?如何施工水泥混凝土路面的抗滑构造?

23. 熟悉水泥混凝土路面滑模摊铺施工方案。
24. 熟悉水泥混凝土路面小型机具摊铺施工方案。
25. 能自己编写水泥混凝土路面三辊轴施工方案。
26. 水泥混凝土路面的基本要求有哪些？
27. 水泥混凝土路面的实测项目有哪些？哪些应是关键实测项目？
28. 熟悉构造深度的试验操作。
29. 熟悉水泥面板厚度的质量评定。
30. 熟悉水泥混凝土路面弯拉强度试验方法及质量评定。
31. 能对水泥混凝土路面的外观进行鉴定。

学习情境六　路面实施性施工组织设计编制

学习目标

1. 熟悉实施性施工组织设计的基本内容；

2. 了解路面工程实施性施工组织设计编制的主要内容和编制步骤；

3. 熟悉路面工程实施性施工组织设计编制的要点；

4. 会编制路面工程施工进度计划（包括路面工程进度图绘制、工程进度计划编制、资源组织计划编制、施工进度计划的检查与调整等）；

5. 熟悉施工总平面图的内容，会布置路面工程施工总平面图；

6. 熟悉工程质量控制与施工组织保证措施；

7. 熟悉路面施工机械设备配套；

8. 能读懂、分析路面工程实施性施工组织设计。

工作任务

编制路面工程的分部工程或分项工程的实施性施工组织设计（包括工程概况、时间组织作业方法、施工方案、工程进度计划、施工总平面图、资源组织计划、工程质量控制与施工组织保证措施等）。

学习指南

“路面工程实施性施工组织设计”是指导路面工程施工的主要依据之一。路面工程实施性施工组织设计编制工作是施工组织管理人员在具备路面工程基本理论、基本构造、基本计算、设计方法与施工方法等基础知识，熟悉路面工程设计文件与图纸、招标文件、施工技术规范等基础资料，掌握时间组织作业方法与工程进度图绘制等基本技能，综合运用路面工程预算定额，熟悉相关技术规范与施工规程的前提下，依据路面工程项目所在地区的工程概况、自然条件，劳动力、原材料、主要机械与设备等供应，以及路面施工质量要求等具体情况，拟订路面施工方案，绘制工程施工进度图，经过路面工程施工时间组织、空间组织与资源组织后，编制路面工程实施性施工组织设计。

本学习情境基于路面工程实施性施工组织设计编制的工作过程，分解为 2 个工作任务与 1 个技能训练。学生应沿着如下流程进行学习：

认知路面实施性施工组织设计内容组成 → 熟悉路面施工组织设计应收集的资料 → 掌握路面实施性施工组织设计编制的方法 → 掌握实施性施工组织设计编制的流程 → 完成路面分部工程或分项工程实施性施工组织设计的编制

教学方法建议

基于路面工程实施性施工组织设计编制的工作过程，实现“教、学、做”一体化的教学方法，结合路面工程项目实例教学法，完成路面工程实施性施工组织设计的编制任务。

检查与评价

1. 路面工程实施性施工组织设计编制应收集的基础资料报告;

2. 路面工程实施性施工组织设计编制报告;

3. 路面施工机械设备配套设计报告。

学习资料

1. 教材与工程项目案例;

2. 中华人民共和国行业标准. 公路工程技术标准(JTG B01—2003). 北京:人民交通出版社,2004;

3. 中华人民共和国行业标准. 公路路面基层施工技术规范(JTJ 034—2000). 北京:人民交通出版社,2000;

4. 中华人民共和国行业标准. 公路沥青路面施工技术规范(JTG F40—2004). 北京:人民交通出版社,2005;

5. 中华人民共和国行业标准. 公路水泥混凝土路面施工技术规范(JTG F30—2003). 北京:人民交通出版社,2003;

6. 中华人民共和国行业标准. 公路工程质量检验评定标准(JTG F80/1—2004). 北京:人民交通出版社,2004;

7. 王秉纲,张起森. 公路施工手册——路面. 北京:人民交通出版社,2008;

8. 王首绪,张起森. 公路施工组织及概预算. 北京:人民交通出版社,2007;

9. 魏道升,刘浪. 路桥施工组织设计范例. 北京:人民交通出版社,2008;

10. 张润. 路基路面施工及组织管理. 北京:人民交通出版社,2004;

11. 务新超. 公路施工组织设计与管理. 北京:高等教育出版社,2009。

工作任务一 认知路面实施性施工组织设计文件的组成

公路工程设计和施工的各个阶段必须编制相应的施工组织设计文件。在初步设计阶段拟订“施工方案”;在技术设计阶段提出“修正的施工方案”;在施工图设计阶段编制“施工组织计划”;在招投标阶段编制“指导性施工组织设计”; 在施工阶段编制“实施性施工组织设计”。

在公路工程的施工准备阶段,由施工单位编制的施工组织设计称为“实施性施工组织设计”。“路面工程实施性施工组织设计”是指导路面施工的主要依据之一。所编制的路面实施性施工组织设计应针对路面工程实际,科学合理、易于操作,有利于保证路面工程质量和工程进度,使路面施工能连续、均衡有序地进行。在编制过程中,施工单位应对设计文件和设计交底全面熟悉、认真研究,组织有关人员进行现场核对和施工调查,若有必要,应按有关程序提出修改设计意见并报请变更设计。

一、实施性施工组织设计文件的基本内容

实施性施工组织设计文件包括以下几个方面的基本内容:

(1)工程概况。简要叙述工程项目的性质、建设规模、主要特点、建造地点周围环境条件、拟建工程情况、建设总期限、各单位工程分批交付生产和使用的时间,以及有关上级部门及建设单位对工程的要求等已确定因素的情况和分析。

(2)工程进度计划。主要有工程项目的施工组织管理机构、施工力量和施工期限的安排、施工任务的组织分工和总体进度计划的安排、施工区段的划分、作业方法的确定、工程进度图的绘制,以及主要工程、重点工程、控制工期的工程和特殊工程的施工方案、临时工程的安排等。

(3)资源组织计划。主要有劳动力需要量及进场计划、主要材料供应计划,以及机械、设备配备情况及进场计划等表格和文字说明。

(4)施工总平面图。对整个施工场地作全面的总体规划和布置。如施工机械位置、材料构件堆放位置、临时设施位置的安排等。

(5)有关质量、工期、安全、环保及文明施工的保证措施等。

(6)其他内容。比如施工现场准备工作,冬雨季等特殊季节的施工安排,临时设施工程的计划和定点,施工用水、电、气、道路及场地平整等工作的安排,工程采用新结构、新材料、新工艺、新技术的试制和试验工作,技术、劳务等培训计划,以及各项施工申请工作等。

(7)施工组织设计评价。通过技术经济比较分析,对施工组织设计进行方案、组合、顺序、周期、生产要素等要素调整,以期使设计趋于最优化。施工组织设计主要从经济、环境两个方面进行综合评价。

施工组织计划的经济评价主要是采用现代经济分析方法,对拟建工程项目建设期和生产经营期内投入产出等诸多经济因素进行调查、预测、研究、计算和论证,比较选择出最佳方案的过程,其目的在于力求在允许的条件下使投资项目获得最佳的经济效益。

施工组织的环境评价主要研究环境各组成要素及整体的组成、性质及变化规律,以及对人类生产、生活及生存的影响。它的目的是为了保护、控制、利用、改造环境质量,使其与人类的生存和发展相适应。

施工组织设计的评价指标可概括为以下几方面:①同样的生产要素投入而工期最短;②同样的质量标准而生产要素投入最少;③同样的生产要素投入、同样的质量标准,操作安全和环保性最好。

施工组织设计的技术经济效果也可作为今后总结、交流、考核的依据。

二、路面实施性施工组织设计文件编制的内容和步骤

1.路面工程实施性施工组织设计编制的内容

路面工程实施性施工组织设计编制的内容除了与上述内容基本相同外,还应根据路面工程施工的自身特点,在具体编制路面工程施工进度计划时,重点考虑以下几个方面:①路面工程按均衡流水作业法组织施工;②施工现场与路面料场基地应统筹兼顾;③充分考虑路面施工的特殊技术要求;④布置好路面工程的堆料点、运料线、行车路线等;⑤重点考虑主要路面施工机械的数量、规格以及配套设计等;⑥做好路面施工劳动力、其他机械设备、材料供应计划。

2.路面工程实施性施工组织设计编制的步骤

(1)根据路面工程设计结构类型进行料场勘察与选择,确定材料供应范围及加工方法。

(2)确定各路面结构层的施工方法,选择施工机具和安排施工顺序。

(3)计算路面工程量。

(4)编制流水作业施工进度图,绘制路面工程网络计划图,布置施工现场,组织施工队和作业班组。

(5)编制工程进度日程图。

(6)计算所需生产要素(工、料、机)及平衡分期的需要量,编制材料运输日程计划。

(7)编制施工组织设计说明书。

三、路面实施性施工组织设计文件编制的要点

(一)工程概况

(1)工程项目所处的地理位置,合同段路线起终点、路线全长,工程特点、性质等说明。

(2)工程项目所处地形条件与气候情况:地形条件概况。多年平均降水量大小,干温季节情况,雨季分布,月平均降水量大小等。气温总体情况,历年平均气温,平均最高气温,平均最低气温,极端最低气温等情况。季风大小,一般风速与定时最大风速情况等。

(3)沿线水文、工程地质情况。

(4)公路设计标准与主要技术指标包括:公路等级、设计速度、设计交通量、路基组成情况、路基宽度、路面宽度、平曲线最小半径、路线最大纵坡、设计荷载等技术指标。

(5)路面结构形式、各结构层的组成名称与厚度、路面结构设计图等。

(6)路面主要工程量:有关路面设计各类结构层的工程量。

(二)时间组织作业方法

在施工过程中,根据作业单位对各施工段施工顺序的不同,时间组织有三种基本作业方法:顺序作业法、平行作业法、流水作业法。

(1)顺序作业法。指当施工任务有若干个施工段时(人为划分或自然形成),完成一个施工段后,再去接着完成另一个施工段,依次按顺序进行,直至完成全部施工任务的作业方法。如多层路面结构工程,先后操作程序是:路槽、底基层、基层、面层和路肩。其施工顺序选择除了取决于工艺要求外,还与施工组织安排相关。

(2)平行作业法。指当施工任务有若干个施工段时,各个施工段同时开工、平行生产、同时完工的作业方法。在平行作业法中,施工任务含有多少个施工段,就相应地组织多少个施工队。路面工程属于线形工程,作业面很大,根据工程或技术的需要,可采用平行作业法组织施工。

(3)流水作业法。当施工任务有若干个施工段时,将不同施工段的同一工序交给专业施工队执行,各专业施工队依次在各个施工段上完成相同的工作内容,前一施工段上施工结束后转移至另一施工段,后一工序则由其他专业施工队继续执行,从而保证建设项目的施工全过程在时间和空间上实现有节奏、连续、均衡施工。

在进行路面施工组织设计时,这三种作业方法既可以单独运用,也可以综合运用。

在平行作业法的基础上,按照流水作业法的原则组织施工,以达到适当缩短工期,而又使劳动力、材料、机具需要量保持均衡,从而既可以发扬平行作业法和流水作业法的长处,又可克服两法的不足,这种方法叫平行流水作业法。

工程实践表明,平行作业法施工工期虽然最短,但劳动力和材料以及机具设备需要量集中,不经济。流水作业法需要劳动力的峰值最低,但工期相对来说稍长,劳动需要量曲线峰谷交错,均衡性不够理想。平行流水作业法施工工期及劳动力高峰值介于前两种方法之间,劳动力曲线及材料供应情况在三种方法中最理想。

（三）编制施工方案

施工方案的内容很多，概括起来主要有：施工方法的确定、施工机具的选择、施工顺序的安排、科学的施工组织、合理的施工进度、现场的平面布置及各种技术措施等。施工方案中既有施工技术方面的问题，又有科学施工组织和管理方面的问题。

1.施工方法的确定

各个施工过程均可以采用各种不同的方法进行施工，而每一种方法都有其各自的优点和缺点。

确定施工方法的目的在于从若干可行的施工方法中选择适于该工程的最先进、最合理、最经济的施工方法，从而达到降低工程成本和提高劳动生产率的预期效果。确定施工方法的主要依据有以下几个方面：

（1）工程特点。主要指工程项目的规模、构造、工艺要求、技术要求等方面的特点。

（2）工期要求。明确该工程的总工期或分部工程的工期属于紧迫、正常、充裕三种情况中的哪一种。

（3）施工组织条件。主要指气候等自然条件，施工单位的技术水平和管理水平，以及设备、材料、资金等供应的可能性。

例如：水泥稳定碎石基层施工，可采用路拌法和厂拌法等；水泥混凝土面层施工，可采用滑模式摊铺法和轨道式摊铺法等；沥青表面处治路面施工，可采用层铺法和拌和法两种。不管采用何种方法，都将对施工方案产生很大影响。

确定施工方法主要是针对该工程的主导施工过程而言。在进行此项工作时，要注意突出重点，凡采用新技术、新工艺和对该工程的施工质量起关键作用的项目，或技术较为复杂、工人操作不够熟练的工序，在施工方案中均应详细说明施工方法和技术措施，必要时单独编制施工作业设计；对于常见的一般结构形式、工人已熟练掌握的常规做法，则可不必详述。

在确定施工方法的同时，还应明确指出该施工项目的质量标准及确保质量与安全的措施。

2.施工机具的选择

施工机具的选择应以满足施工方法的需求为基本依据。但是，在现代化的施工条件下，许多时候是以选择施工机具类型为主而来确定施工方法的，所以施工机具的选择往往成为主要的问题。

1）施工机具选择的原则

（1）只能在现有的或可能获得的机具中进行选择，不可能得到的机具不能作为一个供选择的方案。

（2）所选择的机具必须满足施工需要，并要避免大机小用。

（3）选择施工机具时，要考虑互相配套，充分发挥主机的作用。

（4）在选择施工机具时，必须从全局出发，不仅要考虑到在该工程或某分部工程施工中使用，还要考虑到同一现场上其他工程或其他分部分项工程是否也可以使用。

2）机械的配置

（1）路面基层施工主要机械设备的配置：

①基层混合料拌和设备：稳定土厂（场）拌设备和稳定土路拌设备。

②基层混合料摊铺、平整机械：混合料摊铺机，平地机，石屑或场料撒布车。

③基层混合料装运机械：装载机和运输车辆。

④基层混合料压实设备：压路机等。

⑤清除设备和养生设备:清除车,洒水车等。

(2)沥青路面施工主要机械设备的配置:

①沥青混合料的拌和设备:根据工程规模、工作量和工期要求选择性能良好、产量稳定的沥青混合料拌和设备,且生产能力比摊铺能力小30%左右,高速公路、一级公路一般选用生产量高的强制式沥青混合料搅拌设备。

②沥青混凝土摊铺机:根据摊铺机的生产率、类型、宽度、速度和要求振动的主要部位进行选择。

③沥青路面压实机械:沥青路面压实的压路机有光轮压路机、轮胎压路机和振动压路机三种。

④沥青路面其他配套机械设备:沥青运输车、沥青乳化设备、沥青洒布车等。

(3)水泥混凝土路面施工主要机械设备的配置。水泥混凝土路面施工按工序配置的设备主要有:混凝土搅拌楼、装载机、运输车、布料机、挖掘机、吊车、滑模摊铺机、整平梁、拉毛养生机、切缝机、洒水车等。

①滑模式摊铺施工机械:水泥混凝土搅拌楼容量应满足滑模摊铺机施工速度1m/min的要求;高等级公路施工宜选配宽度为7.5~12.5m的大型滑模摊铺机;远距离运输宜选混凝土罐送车;可配备一台轮式挖掘机辅助布料。

②轨道式摊铺施工机械:除水泥混凝土生产和运输设备外,还要配备卸料机、摊铺机、振动机、整平机、拉毛养生机等。

3. 施工顺序的安排

施工顺序是施工活动在时间、空间上安排先后的顺序体现。施工顺序安排是编制施工方案的重要内容之一,施工顺序安排得好,可以加快施工进度,减少人工和机械的停歇时间,并能充分利用工作面,避免施工干扰,达到均衡、连续的施工,实现科学组织施工,做到加快工期,降低施工成本,而不增加资源。

安排施工顺序的基本原则:

(1)在符合工艺的要求下,应重点考虑影响全局的关键工程的合理施工顺序。公路工程项目各施工过程之间存在一定的工艺顺序关系,例如沥青混凝土路面的混合料摊铺后必须尽快进行机械碾压,这两道工序必须紧密衔接。而某些关键的工程(如路线工程中的某大桥、某隧道),若不在前期完工,将导致其他工程不能施工而延长工期,因此,必须集中力量首先完成关键工程。

(2)必须使施工顺序与施工方法、施工机具相互协调。例如,滑模式摊铺施工水泥混凝土路面的施工顺序与采用轨道式摊铺施工的顺序不相同,所以施工方法不同,采用的机具设备不同,其施工顺序也必然不同。

(3)必须考虑施工质量的要求。在安排施工顺序时,要以确保施工质量作为前提条件,影响工程质量时,要重新安排或者采取必要的技术措施。

(4)必须考虑水文、地质、气候的影响。安排施工顺序时,必须充分考虑洪水、雨季、冬季、季风、不良地质地段等因素的影响。有的因素对施工顺序的安排起着决定作用,如路面基层无机结合料稳定类结构层应在第一次重冰冻(-3~-5℃)到来之前半个月到一个月内完成。

(5)施工过程必须合理组织。安排施工顺序必须符合施工过程的连续性、协调性、均衡性、经济性原则,应能使工期最短。

(6)必须考虑安全生产的要求。

（四）编制工程进度计划

1. 编制工程进度计划的依据

（1）工程的全部施工图纸及有关水文、地质、气象和其他技术经济资料。

（2）以开工、竣工为期限，安排施工进度计划。

（3）施工总体部署与主要工程的施工方案。

（4）施工单位可投入的施工力量及当地可利用的资源情况。

（5）劳动力、机械设备供需情况。

2. 编制工程进度计划的步骤

（1）收集、研究施工图纸和有关资料及施工条件。

（2）划分施工项目，计算实际工程数量。

（3）编制合理的施工顺序和施工方案。

（4）计算各施工过程的实际工作量（劳动量）。

（5）确定各施工过程的劳动力需要量（及工种）和各种施工机械的规格型号、台班数量。

（6）设计与绘制施工进度图。

（7）检查与调整施工进度计划。

3. 工程进度图的种类

工程进度图通常以图表表示，主要有横道图法、垂直图法和网络图法等三种。

（1）横道图。横道图由两大部分组成，左面部分是以分部或分项工程为主要内容的表格，包括了相应的工程量、定额和劳动量等计算依据；右面部分是指示图表，它是由左面表格中的有关数据经计算得到的。指示图表用横向线条形象地表示出分部、分项工程的施工进度：线的长短表示施工期限；线的位置表示施工过程；线上的数字表示劳动力数量；线的不同符号表示作业队或施工段别。横道图能表示出各施工阶段的工期和总工期，并综合反映了各分部、分项工程间的先后顺序。

（2）垂直图（垂条图）。垂直图（垂条图）以纵坐标表示施工日期，以横坐标表示里程或工程位置，而各分部分项工程的施工进度则相应地以不同的斜线表示。工程量在图表上方相应地表示，施工组织平面示意图可在图表的下方相应地表示，资源平衡可在图表右侧以曲线表示。

（3）网络图。网络图与横道图、垂直图比较，不但能反映施工进度，而且更能清楚地反映出各个工序、各施工项目之间错综复杂的相互联系、相互制约的生产和协作关系。不论是集中性工程，还是线形工程，都可以用网络图表示工程进度。网络图是一种比较先进的工程进度图的表示形式。

网络计划技术是从整个系统着眼，它把一项工程作为一个系统，将系统中相互依存、相互制约的要素之间的关系用网络图的形式形象地显示出来。

网络计划技术不但是一种编制计划的方法，而且还是一种科学的施工管理方法。它有助于管理人员合理地组织生产，使他们做到心中有数，知道管理的重点应该放在何处，怎样缩短工期，在哪里挖掘潜力，如何降低成本。

4. 划分施工项目、确定施工方法

在编制单位工程施工进度计划时，首先要划分施工项目的细目，即划分为若干道工序、若干种操作，并填入相应的栏内。划分施工项目时应注意：

（1）划分施工项目应与施工方法相一致，使进度计划能够完全符合施工实际进展情况，真正起到指导施工的作用。

(2)划分施工项目的粗细程度一般要按施工定额(施工图阶段按预算定额)的细目和子目来填列,这样既简明清晰,又便于查定额计算。

(3)施工项目在进度计划表内填写时,应按工程的施工顺序排列(指横道图),而且应首先安排好主导工程。

(4)施工项目划分一定要结合工程结构特点仔细分项填列,切不可漏填,以免影响进度计划的准确性。

确定施工方法首先要考虑工程特点和机具的性能,其次要考虑施工单位所具有的机具条件和技术状况,最后还要考虑技术操作上的合理性。确定施工方法后,还应根据具体条件选择最先进的合理的施工组织方法。

5. 计算工程量与劳动量

(1)工程数量计算。施工进度计划项目列好以后,即可根据施工图纸及有关工程数量的计算规则,按照施工顺序的安排,分别计算各个施工过程的工程数量并填入表中。工程数量的计算单位,应与相应定额的计算单位相一致。

(2)劳动量计算。所谓劳动量,就是施工过程的工程量与相应的时间定额的乘积。如劳动力数量与生产周期的乘积,机械台数与生产周期的乘积。人工操作时叫劳动量,机械操作时又叫作业量。

劳动量可按式(6-1-1)计算:

$$D = \frac{Q}{C} \text{或} D = QS \tag{6-1-1}$$

式中:D——劳动量(工日或台班);

Q——工程量;

C——产量定额;

S——时间定额。

劳动量的计量单位,对于人工为“工日(时)”,对于机械则为“台班(时)”。

计算劳动量时,应根据现行的相应定额(施工定额或预算定额)计算。

受施工条件或施工单位人力、设备数量的限制,对生产周期起控制作用的那个劳动量称为主导劳动量。一般取生产周期较长的劳动量作为主导劳动量。

当人员、机械数量不变时,采用二班制或三班制将会缩短施工过程的生产周期。当主导劳动量生产周期过于突出,就可以采用二班或三班制作业缩短生产周期。

6. 生产周期计算

由于要求工期不同和施工条件的差异,其具体计算方法有以下两种:

(1)以施工单位现有的人力、机械的实际生产能力以及工作面大小,来确定完成该劳动量所需的持续时间(周期)。一般可按式(6-1-2)计算:

$$T = \frac{D}{Rn} \tag{6-1-2}$$

式中:T——生产周期(即持续天数);

D——劳动量(工日或台班);

R——人数或机械台数;

n——生产工作班制数。

(2)根据规定的工期来确定施工队(班组)人数或机械台数。在某些情况下,可以根据已规定的或后续工序需要的工期来计算在一班制、二班制或三班制条件下,完成劳动量所需作业队的人数或机械台数。一般按式(6-1-3)计算:

$$R = \frac{D}{tn} \tag{6-1-3}$$

【案例 6-1-1】 某沥青混合料路面基层摊铺工程,基层为厚 15cm 的水泥稳定碎石,路面宽22.5m,路段长 15km,基层较面层每侧加宽 0.25m,厂拌水泥稳定碎石,机械铺筑,试计算:①该工程所需人工的劳动量和机械的作业量;②该工程的生产周期;③如果该工程要求工期为 50d 时,试确定一班制作业时所需人数和机械台数。

解:因属于施工图设计阶段,故采用"公路工程预算定额",其步骤如下:

1. 确定该工程基层的工程量

已知:路面宽 22.5m,路段长 15km,基层较面层每侧加宽 0.25m,则:

$$基层工程量 = (22.5 + 0.25 \times 2) \times 15\,000 = 345\,000(m^2)$$

2. 计算劳动量和作业量

假设某施工企业选用 150kW 以内的平地机进行施工,查相应的预算定额[121 -(2 -1 -9) -5]。

由上述定额表查得人工时间定额为 4.6 工日/1 000m^2,则劳动量为:

$$D_R = 345\,000 \div 1\,000 \times 4.6 = 1\,587(工日)$$

由上述定额表查得每 1 000m^2 的机械时间定额为:150kW 以内自行式平地机 0.31 台班;6 ~8t光轮压路机 0.14 台班;12 ~15t 光轮压路机 1.27 台班;6 000L 以内洒水汽车 0.31 台班,则机械的作业量为:

150kW 以内自行式平地机:

$$D_A = 345\,000 \div 1\,000 \times 0.31 = 106.95(台班)$$

6 ~8t 光轮压路机:

$$D_B = 345\,000 \div 1\,000 \times 0.14 = 48.3(台班)$$

12 ~15t 光轮压路机:

$$D_C = 345\,000 \div 1\,000 \times 1.27 = 438.15(台班)$$

6 000L 以内洒水汽车:

$$D_D = 345\,000 \div 1\,000 \times 0.31 = 106.95(台班)$$

3. 计算生产周期

假设某施工企业有工人 20 人,2 台 150kW 以内的自行式平地机,2 台光轮压路机,6 台 12 ~15t 光轮压路机以及 5 台 6 000L 以内洒水汽车,按 1 班/d 制施工,则其生产周期计算如下:

人工: $t_R = D_R \div R_R \times n = 1\,587 \div 20 \times 1 = 79.4(天) \approx 80(d)$

150kW 以内自行式平地机: $t_A = 106.95 \div 2 \times 1 = 53.5(d) \approx 54(d)$

6 ~8t 光轮压路机: $t_B = 48.3 \div 2 \times 1 = 24.2(d) \approx 25(d)$

12 ~15t 光轮压路机: $t_c = 438.15 \div 6 \times 1 = 73.02(d) \approx 74(d)$

6 000L 以内洒水汽车: $t_d = 106.95 \div 5 \times 1 = 21.4(d) \approx 22(d)$

由于受施工条件或施工单位人力、设备数量的限制,对生产周期起控制作用的那个劳动量称为主导劳动量。一般取生产周期较长的劳动量作为主导劳动量。因此在该工程中,人工的生产周期最长,该劳动量为主导劳动量。因此,该工程的生产周期按 80d 控制。

4. 计算工人数及机械台数

当要求 150d 工期时，如按 1 班/天制，工人数及机械台数计算如下：

人数：$R_R = D_R \div z \times n = 1\,587 \div 50 \times 1 = 31.7$(人) ≈ 32(人)

150kW 以内自行式平地机：$R_A = 106.95 \div 50 \times 1 = 2.14$(台) ≈ 3(台)

6 ~ 8t 光轮压路机：$R_B = 48.3 \div 50 \times 1 = 0.97$(台) ≈ 1(台)

12 ~ 15t 光轮压路机：$R_C = 438.15 \div 50 \times 1 = 8.76$(台) ≈ 9(台)

6 000L 以内洒水汽车：$R_d = 106.95 \div 50 \times 1 = 2.14$(台) ≈ 3(台)

7. 施工进度计划的检查与调整

施工组织设计是一个科学的有机整体，编制的正确与否直接影响工程的经济效益。施工管理的目的是使施工任务能如期完成，并在企业现有资源条件下均衡地使用人力、物力、财力，力求以最少的消耗取得最大的经济效果。因此，当施工进度计划初步完成后，应按照施工过程的连续性、协调性、均衡性及经济性等基本原则进行检查与调整，这是一个细致的、反复的过程。现简述如下：

(1)施工工期。施工进度计划的工期应当符合上级或合同规定的工期，并尽可能缩短，以保证工程早日交付使用，从而达到最好的经济效果。

(2)劳动力消耗的均衡性。每天出勤的工人人数力求不发生大的变动，即劳动力消耗力求均衡。图 6-1-1 是劳动力需要量的三种典型图示，表明劳动力需要量与施工期限之间的关系。如前所述，正确的施工组织设计应该使劳动力需要量均衡，以减少服务性的各种临时设施和避免因调动频繁而形成的窝工。图 6-1-1a)在短期内出现高峰现象，图 6-1-1b)则起伏不定，这两种在施工安排上应力求避免。图 6-1-1c)是最好的情况。

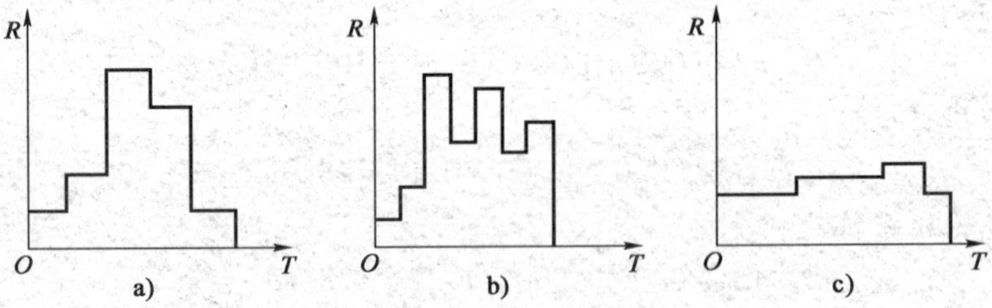

图 6-1-1　劳动力需要量示意图

任何一项工程的施工组织设计，由于施工人数和施工时间不同，均有可能出现上述三种情况中的一种。故在编制施工进度图时，应以劳动力需要量均衡为原则，对施工进度进行恰当的安排和必要的调整。

劳动力消耗的均衡性，可用劳动力不均衡系数 K 表示。劳动力不均衡系数大于或等于 1，一般不超过 1.5。其按式(6-1-4)计算：

$$K = \frac{R_{max}}{R_{平均}} \tag{6-1-4}$$

式中：R_{max}——施工期人数最高峰值；

$R_{平均}$——施工期间加权平均工人人数。

(3)施工工期和劳动力均衡性的调整。如果要使工期缩短，则可对工期较长的主导劳动量施工采取措施，如增加班制或工人数(包括机械数量)来达到缩短总工期的目的。

若所编计划的工期不允许再延长，而劳动力出现较大的不均衡，则可在允许的范围内，通过调整工序的开工或完工日期，使劳动力需要量较为均衡。

某些工程由于特定的条件，工期没有严格限制，而在投资、主要材料及关键设备等某一方面有时间或数量的限制时，就要将这些特定条件作为控制因素进行调整。复杂的工程要获得符合工期均衡的最合理优化计划方案，必须进行多次反复调整计算，这个计算过程十分复杂，当前电子计算机技术的出现，为优化计算提供了理想的工具。

8. 工程进度计划编制注意事项

（1）安排工程进度时，应扣除双休日和法定节假日，并充分估计气候等因素或其他原因的停工时间。此外，还要考虑必要的准备时间、必需的外部协调时间，确保工程能按期完成。

（2）注意统筹兼顾、保证重点、留有余地、方便调整。公路工程是野外施工作业，影响施工的因素很多，不可预见的不确定因素无法避免。因此，安排工程进度时要综合考虑多方面的影响因素，统筹兼顾，保证重点。特别是对于施工难度大、物资资源供应条件差的工程，更应注意留有调整的余地。

（3）充分考虑施工的季节性。如沥青路面和水泥混凝土路面应避免冬季施工等。

（4）对初步方案进行优化时，注意外购材料和各种设备分批到达工地的合同日期，确保施工项目的开工时间。

（五）施工总平面图

施工总平面图是建设项目施工阶段建设区域平面布置的一种简明图解形式，用以表示在建的建筑物、构筑物和现有的建筑物、构筑物，为施工服务的临时性生产、行政和生活用房，机械设备、室内和露天仓库，道路、给排水管线、电力和热力网及其他管线的相对平面位置。

根据施工过程空间组织原则，对施工过程所需工艺流程、施工设备、原材料堆放、动力供应、场内运输、半成品生产、仓库料场、生活设施等项目进行空间布置，特别是平面的规划与设计，并以平面图的形式加以表达，这项工作称为施工总平面图设计。

1. 施工总平面图的组成内容

（1）原有河流、居民点、交通路线（公路、铁路、大车道等）、车站、码头、通信、运输点等及工地附近与施工有关的建筑物。

（2）施工用地范围和工程主要项目，沿路线里程的大中桥、隧道、渡口、交叉口、集中土石方等的位置；道班房、加油站等运输管理服务建筑物位置。

（3）施工组织设计的成果，如采料场、附属工厂和基地、仓库、临时动力站（如抽水站、发电所、供热站等）、临时便道、便桥、电源线路、变压器位置以及大型机械设备的停放、维修场直接标在图上。

（4）施工管理机构，如项目部、工程处、施工队及工程指挥系统的驻地。

（5）其他与施工有关的内容，如地质不良地段、国家测量标志、气象台、水文站、防洪、防风、防火、安全设施等需要表示的内容。

2. 施工总平面图布置的原则

通过施工平面图设计，为主体工程提高工效、革新技术、保证质量、安全生产、降低成本以及文明生产创造条件。施工总平面图布置的具体原则是：

（1）充分利用原有地形、地物，在保证施工顺利的前提下，少占农田，因地制宜，以利降低成本。

（2）充分考虑水文、地质、气象等自然条件的影响。

（3）临时道路的布置做到永久、临时相结合，并设置回车道，保证场内外运输畅通，路面质量要达到晴、雨无阻。

(4)力求材料直达工地,减少二次搬运和场内的搬运距离,并将笨重的和大型的预制构件或材料设置在使用点附近,所有货物的运输量和起重量必须减至最小。

(5)场地规划必须科学合理:①加工等附属企业基地应尽可能设在原料产地或运输集汇点(如车站、码头);②附属企业内部的布置应以生产工艺流程为依据,并有利于生产的连续性;③施工管理机构的位置必须有利于全面指挥,生活设施要考虑工人的休息和文化生活;④场地布置应与施工进度、施工方法、工艺流程和机械设备相适应。

(6)生活、生产、安全、消防、环保、市容、卫生、劳保等应符合国家有关规定,要慎重考虑避免自然灾害(如洪水、泥石流、山崩)的措施。

施工总平面图是以整个工程项目或一个合同段为对象的平面布置。从工程沿线的地形情况、料场位置、运输路线、生活设施等的位置和相互关系出发进行布置,施工总平面图布置示意图如图 6-1-2 所示。

(六)资源组织计划

1. 劳动力供应计划

根据已确定的施工进度计划可计算出各个施工项目每天所需的人工数,将同一时间内所有施工项目的人工数进行累加,即可绘出每日人工数随时间变化的劳动力需要量图。同时还可编制劳动力需要量计划,附于施工进度图之后,为劳动部门提供劳动力进退场时间,保证及时调配,搞好平衡,以满足施工的需要。如现有劳动力不足或剩余时,应提出相应的解决措施,或者增开工作面,以按时或提前完成任务。劳动力需要量计划样表见表 6-1-1。

劳动力需要量计划表 表 6-1-1

序号	工种名称	需要人数及时间										备注
		××年度					××年度					
		一季度	二季度	三季度	四季度	合计	一季度	二季度	三季度	四季度	合计	
1												
2												
3												
4												

编制: 复核:

2. 主要材料供应计划

主要材料包括施工需要的地方供应材料和特殊材料,如钢材、水泥、木材、沥青、石灰等,以及有关临时设施和拟采取的各种施工技术措施用料,预制构件及其他半成品亦列入主要材料计划中。

材料的需要量可按照工程量和定额规定进行计算,然后根据施工项目的施工进度编制年、季、月主要材料计划。主要材料(包括预制构件、半成品)计划应包括材料的规格、名称、数量、来源及运输方式等,主要材料供应计划样表见表 6-1-2。材料计划是为物资部门提供采购供应、组织运输、筹建仓库及堆料场的依据,它不仅表明材料运到工地的日期和数量关系,而且是计算运输量和运输工具数量的可靠性资料。同时,在材料供应图表中亦反映出不同时期内材料的储备数量,用以确定仓库的面积,因而它是施工组织设计中的主要图表之一。

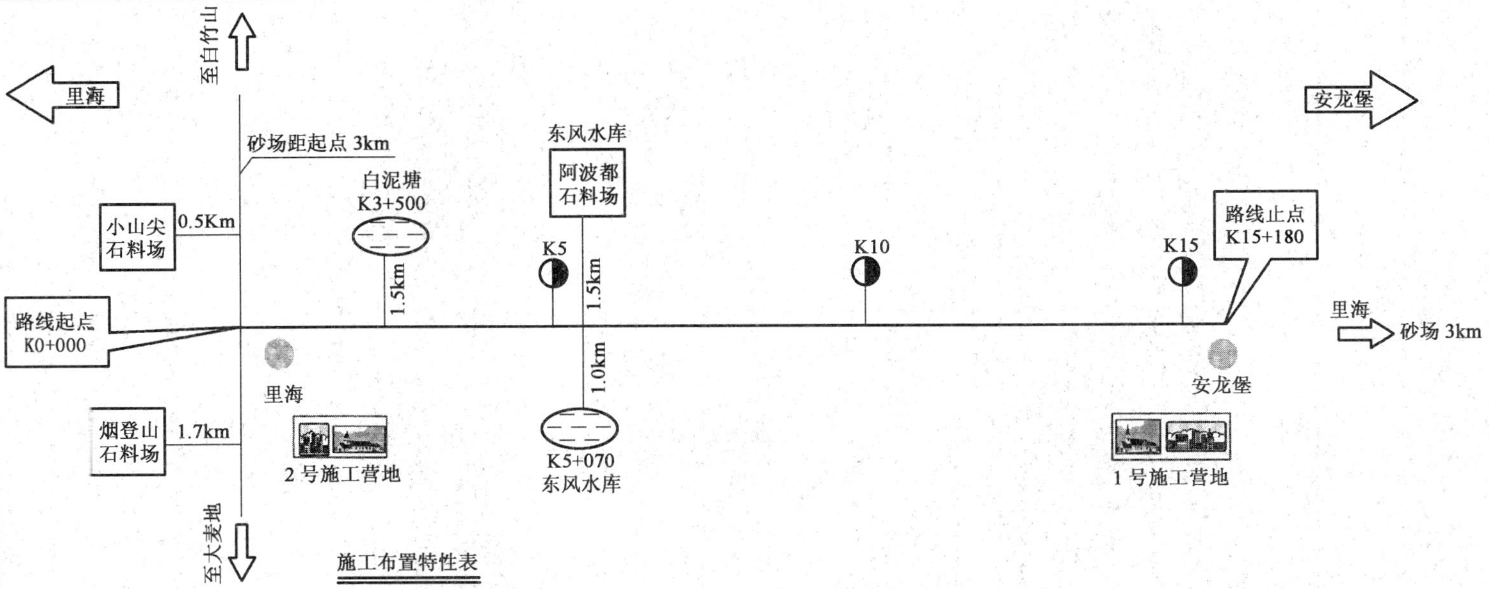

施工布置特性表

序号	项目名称	布置位置	布置内容	备注
1	1 号施工营地	安龙堡乡	项目部驻地，施工一、三队驻地和材料仓库	
2	2 号施工营地	里海	施工二、四队驻地，材料仓库，石料堆放场	
3	筑路材料	阿波都、烟登山、小尖山	石料场	
		上图所标位置	砂料场，平均运距 3km	
		江砂距正线 90km	C20 涵洞盖板用砂	
		双柏	水泥	

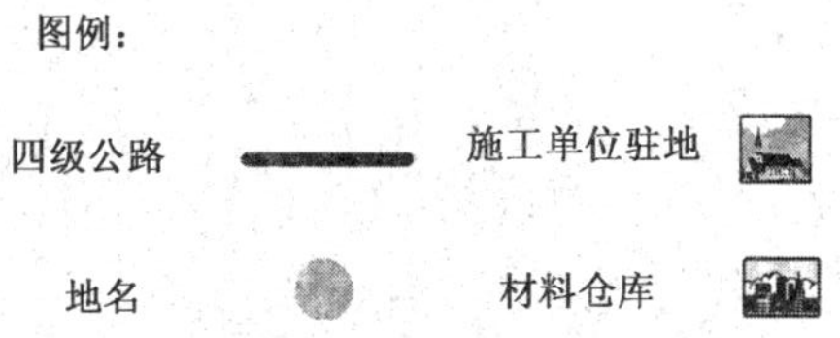

图 6-1-2　××公路路面工程施工总平面图

主要材料供应计划表 表 6-1-2

序号	材料名称及规格	单位	数量	来源	运输方式	××年度					××年度					备注
						一季度	二季度	三季度	四季度	合计	一季度	二季度	三季度	四季度	合计	
1	2	3	4	5	6	7	8	9	10	11	12	13	14	15	16	17

编制： 复核：

3. 主要施工机具、设备计划

在确定施工方法时，已经考虑了各个施工项目应选择何种施工机具或设备。为了做好机具、设备的供应工作，应根据已确定的施工进度计划，将每个项目采用的施工机械种类、规格和需用数量，以及使用的具体日期等综合起来编制施工机具、设备计划，主要施工机具、设备计划样表见表 6-1-3，以配合施工，保证施工进度的正常进行。

主要施工机具、设备计划表 表 6-1-3

序号	机具名称及型号	数量		使用期限		××年度										备注
		台班	台辆	开始日期	结束日期	一季度		二季度		三季度		四季度		合计		
						台班	台辆	台班	台辆	台班	台辆	台班	台辆	台班	台辆	
1	2	3	4	5	6	7	8	9	10	11	12	13	14	15	16	17

编制： 复核：

主要施工机具、设备需要量包括基本施工过程、辅助施工过程所需的主要机具、设备，并应考虑设备进、出厂（场）所需台班以及使用期间检修、轮换的备用数量。

4. 工程施工资源组织计划案例

1）背景材料

（1）工程概况。某公路工程为一级公路，路线位于地形相对较为平坦的地区，沿线无影响路线布设的重大构造物，但沿线村镇密集，农田排灌渠网密布，路线所经地区多为高产良田，且电力、电信线路较多。路线长度为 15.603 55km，路基宽 22.5m，行车道宽度 2×2×3.5m，中间带宽度 2.5m（中央分隔带 1.5m，两侧路缘带各 0.5m），两侧硬路肩各 2.5m，两侧土路肩各 0.5m。

路线跨河修建中桥 2 座，设计荷载为公路-I 级汽车荷载；小桥 14 座；涵洞 119 道，渡槽15 处。

气候条件：当地属暖温季风气候，多年平均降水量 800～1 000mm，干温季节分明，雨季主要集中在 7～9 月，约占全年降水量的 70% 以上，月平均降水量一般为 150～250mm。11 月到次年 5 月降水量较少，一般为旱季，降水量仅占全年的 20%。测区气温总体是夏无酷暑、冬无严寒、四季有风。历年平均气温 12.1～12.7℃，7 月平均最高气温 20℃，1 月平均最低气温 5℃，极端最低气温有时可达 -11.5℃，冬、春季风较大，一般风速为 2～4m/s，定时最大风速为 28m/s。

水文条件：测区沿线水系较发育，河流主要为季节性河流，流量较小。

工程地质概况：主要地层岩性——上部为可塑～硬塑状黏土和亚黏土，平均厚1.5～3.5m，山前土层较薄，以亚黏土为主，中部上层较厚，以黏土为主，下部为碎石土、卵石土和砂砾土，物质成分复杂，土层水平向和垂直向相变较大，从勘探情况看，该地层工程地质条件良好，上部土层容许承载力[σ_0]在180kPa以上，能基本满足一、二级公路天然地基的设计要求。

该合同段所需的材料、钢筋、水泥全部由施工单位自行采购，沿线石料较为缺乏，需到料场采购，已有汽车和拖拉机运输道路。电力较为充足，但需与供电部门达成协议，并准备一定量的自备发电量，以应急需。公路沿线有较多的山沟、小河、水库、村镇水井，工程和生活用水较为方便。

(2)主要技术标准(见表6-1-4)。

主要技术指标表 表6-1-4

公路等级	一级	公路等级	一级
设计速度(km/h)	60.0	最大纵坡(%)	3.16
路基宽度(m)	22.5	设计荷载	公路-I级汽车荷载
路面宽度(m)	14.0(2×2×3.5)	路面结构	水泥稳定碎石＋沥青混凝土
最小平曲线半径(m)	810.0		

(3)主要工程量及合同工期。

①该合同段的主要工程数量见表6-1-5。

主要工程数量表 表6-1-5

序号	工程项目	单位	数量	备注
1	清理现场	m^2	320 673	
2	路基土方开挖	m^3	17 845	
3	路基填筑	m^3	641 696	借方
4	防护工程	m^3	191 575	M7.5浆砌片石
5	排水沟	m^3	16 946	
6	砂砾垫层	m^3	65 031	
7	片石垫层	m^3	15 000	
8	换填土	m^3	20 000	
9	钢筋混凝土盖板涵	道	119	C25混凝土盖板393m^3， M10浆砌片石基础2 456m^3，钢筋26.366t
10	中桥	座	2	
11	小桥	座	14	
12	渡槽	处	15	
13	25cm5%水泥稳定碎石	m^2	227 812	
14	20cm5%水泥稳定碎石	m^2	84 259	
15	3cmAK-15沥青混凝土	m^2	296 468	
16	5cmAC-20沥青混凝土	m^2	302 708	
17	6cmAC-25沥青混凝土	m^2	224 691	

②该合同段预计工期为18个月，拟计划开工日期为2006年1月22日，计划完工时间为2007年7月22日。

(4)施工总目标：

①工期目标。按照招标文件规定的开工日期，建设工期18个月，根据施工单位的施工管理水平及施工能力，拟提前工期1个月，即在2007年6月15日完成全部工程。总日历天数为510d。

②质量目标。实现“优良”工程，确保一次合格率达100%，优良率达85%以上。

③安全生产目标。杜绝人身伤亡事故和重大交通、机械事故发生，施工负伤率低于行业标准。

2)资源需要量计划表

根据该合同段的工程量分布情况和总体施工进度计划，拟投入该合同的劳动力需要量动态表见表6-1-6，主要材料供应计划表、主要施工机械设备进场计划表分别见表6-1-7、表6-1-8。

劳动力需要量动态表 表6-1-6

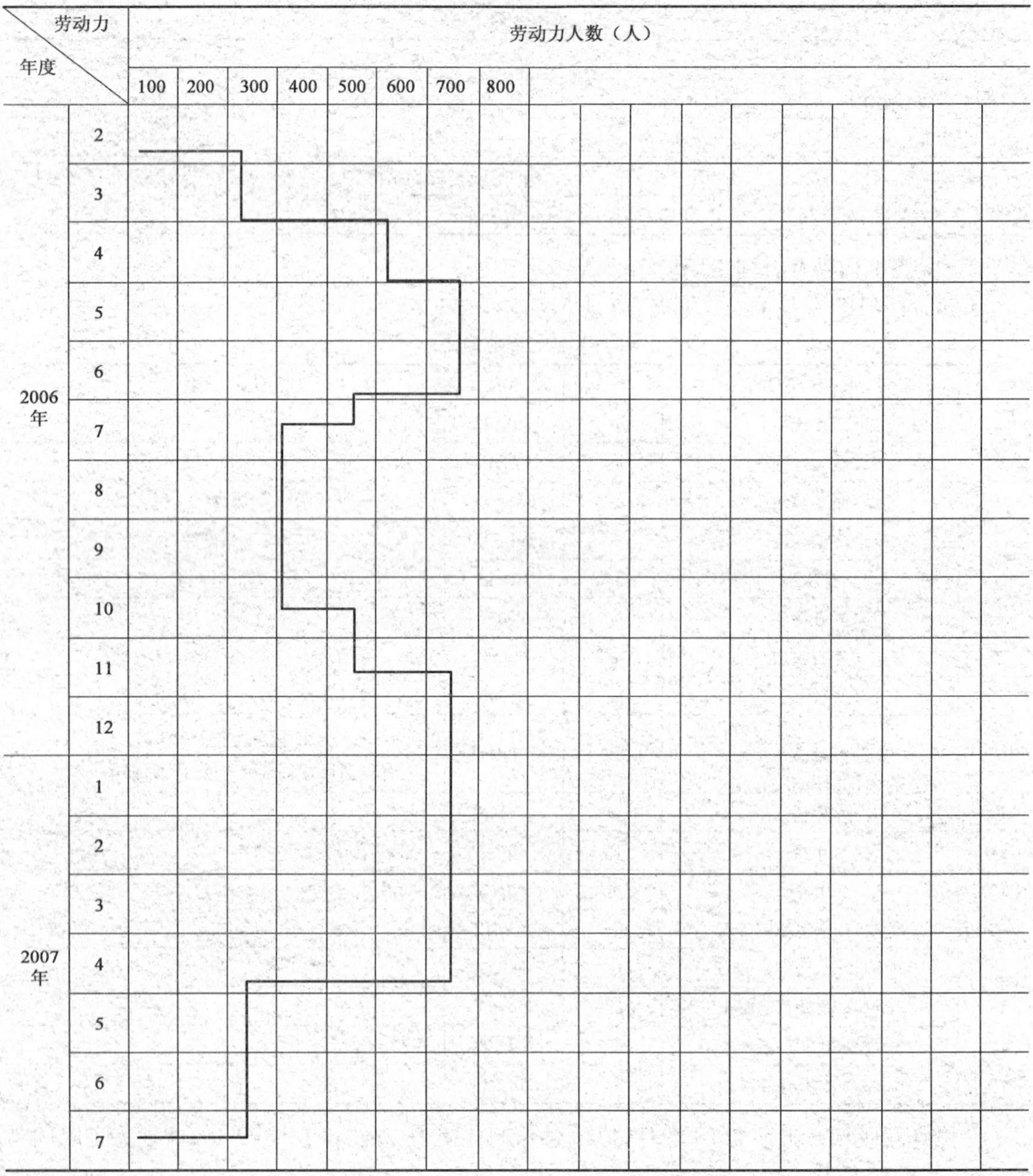

主要材料供应计划表 表 6-1-7

序号	材料名称	单位	数量	2006 年				2007 年		
				一季度	二季度	三季度	四季度	一季度	二季度	三季度
1	原木	m^3	340	40	65	50	80	65	40	
2	I 级钢筋	t	165	21	41	41	41	21		
3	II 级钢筋	t	598	60	120	148	150	120		
4	32.5 级水泥	t	34				34			
5	42.5 级水泥	t	25 015	2 000	4 000	2 000	6 000	6 000	5 015	
6	石油沥青	t	5 684				27	2 130	3 527	
7	砂	m^3	69 387	10 000	10 000	10 000	15 000	15 000	9 387	
8	碎石	m^3	200 539	30 000	4 000	2 000	22 000	52 000	90 539	
9	块石	m^3	26 267	3 000	5 300	3 000	6 500	6 500	1 967	
10	黏土	m^3	5 703	2 500	3 203					
11	钢绞线	kg	25 844	4 168	5 668	5 668	6 172	4 168		
12	橡胶支座	个	1 280				640	640		

主要施工机械设备进场计划表 表 6-1-8

序号	设备名称	单位	进场数量	2006 年				2007 年		
				一季度	二季度	三季度	四季度	一季度	二季度	三季度
1	挖掘机	台	12	9	3					
2	推土机	台	12	9	3					
3	装载机	台	12	9	3					
4	压路机	台	15	2	2		8	4	4	
5	平地机	台	3		1			4	4	
6	汽车吊	台	6	2	2		2			
7	洒水车	台	3	1	1			1		
8	自卸汽车	辆	52	40	12			5	6	
9	混凝土运输车	套	2	1	1					
10	混凝土输送泵	台	2	1	1					
11	空压机	辆	2	1	1					
12	发电机	台	2	1	1					
13	桩基础钻机	套	9	9						
14	混凝土拌和站	套	1	1						
15	砂浆搅拌机	台	60	40	20					
16	小型柴油发电机	台	60	40	20					
17	小型打夯机	台	50	25				25		
18	振动器	台	20	20						

续上表

序号	设备名称	单位	进场数量	2006年				2007年		
				一季度	二季度	三季度	四季度	一季度	二季度	三季度
19	强制式混凝土搅拌机	台	4	4						
20	桥梁板钢模	套	2	2						
21	墩柱钢模板	套	2	2						
22	张拉设备	套	1	1						
23	钢筋加工设备	套	1	1						
24	木工加工设备	套	0	1						
25	稳定土厂拌设备	套					1	1		
26	沥青混合料拌和设备	套						1	1	
27	沥青混凝土摊铺机	台						1	1	

（七）工程质量控制与施工组织保证措施

1. 工程质量控制措施

工程质量好坏，直接关系到国民经济全局，关系到人民生活。因此，在施工中必须特别注意工程质量，牢固树立“百年大计，质量第一”的思想，做到“好中求快、好中求省”。

施工单位的基本活动是建造各类固定资产，施工的目的是要满足国家建设的需要，满足人民生活的需要；施工的直接动机是创造使用价值，这就决定建筑施工必须把使用价值放在第一位，十分重视和努力提高工程质量。

质量保证体系是施工企业在合同条件下为了实施业主规定的工程质量要求，并向业主证实质量保证能力所建立的质量体系。

质量体系是各要素的构成、内容、各个部分的组织配合和相互关系等结合的总体。施工企业质量体系结构包含企业领导的职权和职责、组织结构、资源、工作程序等方面。这些方面既包括人员和物质资源、施工和检测设备、施工经历等硬件性的技术因素，也包括组织结构人员的责任、权限、工作程序等软件性管理因素。只有当它们在质量方针和质量目标指导下，按一定结构相互联结成为一个协调的有机活动体时，施工企业才能经济、合理地完成满足需要的公路工程项目。

在建筑施工中，质量与速度的关系是经常遇到的问题，它们既是对立的，又是统一的，必须处理好速度、产值和质量之间的关系。在施工管理中，必须认识到速度与质量的矛盾，那种只顾追求速度、追求产值而不顾质量的思想是不容许的。

制订施工阶段施工组织设计时，保证与提高工程质量的措施主要有以下方面：

（1）认真学习和复核设计图纸，了解设计意图，并做好逐级技术交底工作。

（2）建立和健全各级质量检验机构，坚持专业性检查和群众性检查相结合，贯彻班组自检、互检制度。

（3）严格执行现行的国家施工、验收规范和有关操作规程，如《建筑安装工程施工验收规范》、《建筑安装工程质量检验评定标准》、《公路工程质量检验评定标准》等。

(4)及时填报各项工程验收报表，特别是隐蔽工程的验收签证、施工日志等，建立技术档案，保存原始资料。

(5)建立和健全试验机构，充实试验人员，认真做好原材料、半成品、构件和设备的检验工作。

(6)搞好施工机械的检修工作，经常保持机械设备的完好和精度。

(7)做好质量事故的分析，找出产品质量缺陷的原因，采取预防措施，尽可能把质量问题消除于出现之前。

2. 施工安全措施

安全施工是指依据工程情况、设计要求和现场条件，创建安全的施工现场，采取安全的施工安排和技术措施，实行严格的安全管理，遵守安全的作业和操作要求等所进行的确保人员和财产安全的施工活动。

文明施工是体现现代施工文明，即施工程序合理，不扰民，符合环保、安全和卫生要求的施工。安全施工是文明的重要组成部分，文明施工是实现施工安全的重要保证。

在编制施工阶段的实施性施工组织设计时，应特别强调安全技术措施和安全制度的制订；要把安全生产放在工作的重要位置，作为生产工作不可缺少的组成部分来抓。遵守安全规定，贯彻以防为主的方针，提高对事故的预见性，防微杜渐。

(1)安全生产的组织工作。安全生产是一项综合性的工作，它关系施工管理的各个方面。特别是采用新技术、新结构和新的施工方法，以及新工人、新设备、新工具日益增多等情况，除建立健全安全生产机构外，还要根据具体情况，在各级行政和技术负责人的领导下，选择认真负责、懂得安全并富有经验的技术人员承担专职安全工作，他们要能及时发现明显和潜在的危险情况，及时制止作业，为生产创造安全环境，以防患于未然。

除了加强组织外，技术措施也是非常重要的。安全技术措施是根据不同的工程和具体工作条件，在施工方法、平面布置、材料设备上提出保证安全生产的措施、必须遵守和注意的事项。

(2)安全管理制度。生产管理和技术管理的规章制度，是统一组织职工进行生产活动的准则，是保证正常生产的有力工具。没有规章制度，就没有准绳，就容易出问题，因此，保证安全生产必须建立和健全切实可行的规章制度。

①安全生产制度。必须建立和认真贯彻安全生产责任制，做到分级负责、分片负责、事事有人负责、时时有人负责，把安全生产方针贯彻到日常生产的各个环节中，把安全和生产真正地统一起来。

②安全教育制度。各级组织应经常利用各种有效形式，广泛开展安全生产宣传活动，组织职工学习有关安全生产政策、法令，教育职工树立安全和生产统一的思想，自觉遵守安全生产规章制度。

③安全技术措施制度。安全技术措施是施工设计的重要组成部分，是指导安全生产的技术文件，也是进行安全生产交底的重要依据，因此，没有编制安全技术措施的工程一律不准施工。

④安全交底制度。安全交底是具体贯彻安全技术措施的主要方法，是一项经常性的工作，也是最实际最深刻的安全教育。各级领导在布置生产任务时，对施工安全要提出明确的要求，把施工技术和安全技术同交底，并组织工人讨论，订立保证安全的措施，使人人心中有数，个个做到安全。

⑤安全检查制度。为了及时发现和消除不安全因素,应加强经常性的安全检查,并根据施工和季节变化的特点,每年定期进行 2 ~4 次群众性安全检查。

⑥事故分析制度。各施工单位应严肃认真地贯彻执行国务院发布的《伤亡事故报告规程》,发生工伤事故后,应组织实地调查,找出事故原因,掌握事故发生的规律,采取预防措施。

⑦制订安全生产应急预案。

3. 环境保护措施

公路工程建设的规模大、路线长、涉及范围广,对环境的影响较大。特别是施工阶段对沿线环境的影响,对附近居民的生产、生活造成的干扰,随着机械化施工水平的提高也越来越大。因此,在施工组织设计中应采取各种措施,减少由于施工对环境的影响,具体有以下几个方面:

(1)生态环境的保护措施:

①对施工界限内、外的植被、树木等尽量维持原状。因施工必须砍伐时,必须事先征得有关部门、所有者和业主的同意,严禁乱砍乱伐。

②临时用地范围内的裸露地表,宜植草或种树进行绿化。借土区、弃土区应采取措施防止水土流失,例如修建挡土墙和排水沟等。

③营造良好环境,在施工现场和生活区设置足够的临时卫生设施,经常进行卫生清理,同时在生活区周围种植花草、树木,美化生活环境。

④工程完工后,及时彻底进行现场清理,并按设计要求采用植被覆盖或其他处理措施。

⑤对各种有害物质(如燃料、废料、垃圾等),按有关规定进行处理,防止对动、植物造成损害。

(2)水资源保护措施:

①靠近生活水源的施工,应用沟壕或堤坝或采取其他措施隔开生活水源,避免污染生活水源。

②清洗机械、施工设备的废水严禁直接排入江河,禁止机械在运转中产生的油污未经处理就直接排放,禁止维修机械的油水直接排放入江河,以免造成河流和水源污染。

(3)大气环境保护及粉尘的防治措施:

①在设备选型时选择低污染、低噪声、振动小的设备,安装空气污染控制系统。

②沥青混合料、水泥混凝土、稳定土拌和站场地应选择离居民聚居地较远,对居民生产、生活影响较小的位置,并采取一定的防尘、防噪声措施。

③施工时间应符合当地居民的生活习惯。

④对施工现场和运输道路配备洒水设备,经常进行洒水湿润,减少扬尘。

⑤运输水泥、砂、石、土等如有漏失,及时清扫干净,保持施工现场和施工道路整洁,做到文明施工。

4. 施工现场管理措施

(1)工程施工在批准的红线内进行,需要临时租用施工场地或临时占用道路时,应依法办理有关手续,先批后用。

(2)工地宜实行半封闭金属板材围挡,高度满足环保要求,颜色与周边环境协调,出入口设规整密闭的大门,实行半封闭施工。

(3)临时办公、生活设施布置应方便生活,尽量少占地,符合消防和卫生的有关规定,生活区和办公区要有明确的划分。

(4)施工现场及办公、生活区要设连续、通畅的排水系统，确保施工现场平整洁净、没有积水。

(5)临时用电要编制用电量及线路布置计划，制订安全用电技术措施与电器防火、防雨、防湿措施。工地照明要保证高度、充足、均匀、不闪烁。

(6)大门旁要设置完整、醒目、整洁的施工标牌及“二图四板”。“二图”即施工现场平面布置图、效果图，“四板”即工程简介、质量保证体系、安全生产管理办法、文明施工管理措施等。

(7)施工现场人员一律佩戴工作胸卡和安全帽。

5. 施工秩序管理措施

(1)开工前应编制实施性施工组织设计，经审查同意后实施。

(2)严格执行开工报告制度，项目开工前应提交书面开工申请报告，批准后方可开工。

(3)遵守外部管理程序(即监理程序和报验制度)，以及项目经理部的内部管理程序。

(4)施工期间严格实行计划管理，按计划组织施工。

(5)认真遵守分部、分项工程质量检验评定程序。

(6)对关键工序、特殊工序加强过程监督管理。

(7)认真按政府主管部门、业主、监理的有关技术法规及规范组织施工，坚决执行强制性标准。

工作任务二　路面实施性施工组织设计案例

一、× ×绕城高速公路第×合同段沥青混凝土路面面层施工组织设计

(一)工程概况

1. 工程简介

× ×绕城高速公路，设计速度为100km/h，起点位于× ×市× ×乡× ×村南，接已建成的× ×高速公路，设“互通式立交”，终点接已建成的另一条高速公路，设枢纽型“互通式立交”。该项目建设里程为52.052km。

该合同段(标段)起止桩号为K15 +400 ~ K30 +500，路线全长15.100km，处于高速公路的主线，有一座互通式立交。

该合同段工程内容主要包括沥青混凝土路面面层：透层、改性沥青封层、沥青混凝土下面层及改性沥青混凝土中、上面层。

2. 沿线地质情况

× ×绕城高速公路位于我国公路自然区 II_5 区，沿线土质以黄色低液限黏土为主，也有部分低液限粉质土和灰白泥灰岩等石质路段。由于地下水位埋深大，地基强度较一般路线的大，一些高填土路基和部分有弱、中等强度的膨胀性土基均已作特殊处理。

3. 交通、通信

路线相距较近的公路有两条高速公路和国道干线G107公路等，还有一些县乡道路、乡村道路，公路交通方便。铁路运输也相当方便。附近城市通信设施完备齐全，通信便利。

4. 路面工程技术标准

路基宽度：主线路基宽度为33.50m，单向单车道匝道路基全宽8.5m，单向双车道匝道路

基全宽10.0m,双向单车道匝道路基全宽15.5m。

路面宽度:主线路面宽度为6×3.75 m,硬路肩宽度为2×3.00 m。单向单车道匝道路面宽3.75m,单向双车道匝道路面宽2×3.5m,双向单车道匝道路面宽2×3.5m。

主线路面面层结构形式:5cm厚中粒式改性沥青混凝土(AC-16)上面层,6cm厚中粒式改性沥青混凝土(AC-20)中面层和7cm(8cm)厚粗粒式沥青混凝土(AC-25)下面层。

5.该合同段主要工程量

(1)透层:551 214m^2。

(2)厚1cm改性沥青下封层:53 9001m^2。

(3)厚8cm粗粒式沥青混凝土下面层:12 213m^2。

(4)厚7cm粗粒式沥青混凝土下面层:520 773m^2。

(5)厚6cm SBS中粒式改性沥青混凝土中面层:616 088m^2。

(6)5cm厚中粒式改性沥青混凝土上面层:603 875m^2。

(7)桥面连续缝玻纤土工格栅GGA-1010:共309m^2。

(二)编制依据及原则

1.编制依据

(1)《××绕城高速公路路面工程施工招标文件》。

(2)国家标准规范及公路工程施工设计等相关技术资料。

(3)当地气候、环境条件、人文背景等相关参考资料。

(4)施工单位施工经验、施工能力、人员及机械设备状况等内在条件。

(5)《公路工程标准施工招标文件》(2009年版)。

(6)相关法律、法规、地方规定及相关条款等参考资料。

(7)施工图纸。

2.编制原则

(1)科学采用先进技术,保证施工质量。

(2)科学安排施工计划,保证各项施工连续、均衡。

(3)严格按照有关施工技术规范和技术要求进行施工,保证业主满意。

(三)总体施工组织计划

1.施工原则

该合同段施工跨越一个雨季、一个冬季,鉴于该合同段的整体分布及施工的艰巨性,要保质保量按期完成该合同段工程,在施工总体安排上,项目部采用全面展开、平行推进、集中突破的原则,采用大流水作业方式的施工布局。

2.施工组织机构设置

公司在接到中标通知书后,于2004年7月18日即派遣人员到达工地,着手各项前期准备工作,并于7月24日成立了以××为项目经理,包括副经理、总工程师、总质检工程师在内的××绕城高速公路第×合同段项目部。

根据该工程项目的具体特点及该省重点工程建设的实际要求,为了优质、高效地按合同工期完成该合同段全部工程项目,施工单位集中全公司优良机械设备和参加过各种高等级公路路面施工、具有丰富经验的工程技术人员组成骨干力量,设置了包括工程部、质检部、合同部、财务部、材料部、机务部、中心实验室、测量队、经理办公室九个职能部门。

3. 质量管理方针和质量管理目标、安全管理目标、环境保护目标

(1)质量管理方针:雕塑路桥精品、筑就现代文明。

(2)质量管理目标:(略)。

(3)安全管理目标:(略)。

(4)环境保护目标:(略)。

4. 工程进度目标

确保合同工期,2005 年 5 月 15 日前完成全部路面工程。

5. 项目部、拌和厂的设置及施工现场"三通一平"

(1)项目部设在××公路的右侧××乡××村,距离拌和厂 200m 左右。

(2)拌和厂设在××公路右侧,拌和厂占地 3 万多 m^2,交通便利。

(3)项目部采用标准化建设,住宿区、办公区分开设置。门牌明确,布置合理,院内植草种花,营造出一个宽松温馨的工作生活环境。

(4)拌和厂内搭建活动钢结构彩板房为办公、试验等场所。料场集中布置,并根据不同规格、品种的集料竖立明确标示牌,设置隔离墙并进行地面硬化处理;临时用地均用推土机铲除表皮杂草及腐殖土,整平后用振动压路机碾压密实,然后浇筑 15cm 厚的水泥混凝土;碎石料隔开堆放,周围开挖排水边沟,用于排除污水及雨水。根据进料的路线合理设置施工便道,建立地磅房。施工人员进场后,积极与地方取得联系,实现了施工现场"三通一平"。

6. 施工总体安排

(1)施工顺序。该合同段的总体施工按先主线、后互通匝道的顺序安排。

(2)主要控制工期及阶段性目标。合同工期为 2004 年 9 月 1 日~2005 年 5 月 15 日。阶段目标如下:

①到 7 月 31 日,完成项目部的临建工作,征地及架设高压线和通信线的手续也全部完成。同时广泛调查了地方材料产地来源,正与当地协作安装碎石加工设备,并组织地方材料的生产,签订地方材料供应合同。组织材料人员进驻各地料场,准备组织地方材料生产。

②2004 年 8 月 1 日~2004 年 8 月 10 日,组织完成项目的临建施工、场地平整硬化、沥青拌和楼的基础浇筑及中心实验室建设。

③2004 年 8 月 15 日起,组织地方材料进场,争取在 8 月 25 日之前储备 20% 的沥青混凝土地方材料。

④项目部在组织项目部临建施工的同时,组织两台沥青拌和设备(一台玛莲尼 3000 型和一台日工 3000 型间歇式沥青拌和楼集中拌和)的安装工作,力争 8 月 20 日之前,将两台沥青拌和楼安装调试完毕。

⑤8 月 25 日之前,组织下面层试验段的施工并做好正式开工前的所有准备工作。

⑥根据施工进度的需要提前完成透层、下封层的施工,保证面层的连续施工。10 月 31 日之前下面层全部铺筑完成。

⑦2005 年 5 月 15 日前完成全线中、上面层的施工。

7. 工期及阶段目标实现的保证

为了顺利实现工期目标及阶段性目标,项目部对人员、机械设备、测量及试验检测设备、材料等方面作了相应的组织计划,以确保目标的实现。

(1)人员组织计划。主要施工及管理人员已按合同要求进入工地,具体见表 6-2-1。

主要施工及管理人员 表 6-2-1

姓　　名	岗　　位	职　　称	进入工地时间
	项目经理	高级工程师	2004 年 7 月 25 日
	项日副经理	工程师	2001 年 7 月 28 日
	项目总工程师	高级工程师	2004 年 7 月 25 日
	总质检工程师兼工程质检部长	高级工程师	2004 年 7 月 25 日
	路面工程师	高级工程师	2004 年 7 月 25 日
	实验室主任	高级工程师	2004 年 7 月 28 日
	路面工程师	工程师	2004 年 7 月 28 日
	测量队长	工程师	2004 年 7 月 28 日
	材料部长	工程师	2004 年 7 月 28 日
	合同部长	工程师	2004 年 7 月 28 日
	机务部长	工程师	2004 年 7 月 28 日
	人财部长	会计师	2004 年 7 月 28 日
	计量工程师	工程师	2004 年 7 月 28 日
	经理办公室主任	工程师	2004 年 7 月 28 日
	路面质检工程师	工程师	2004 年 7 月 28 日
	路面质检工程师	工程师	2004 年 7 月 28 日
	测量工程师	工程师	2004 年 7 月 28 日
	路面现场工程师	工程师	2004 年 7 月 28 日
	路面现场工程师	工程师	2004 年 7 月 28 日

其他技术人员 10 人;试验工、测量工、现场技术工人等 20 人;摊铺机机长、拌和楼机长、压路机驾驶员、装卸机驾驶员、挖掘机驾驶员、汽车驾驶员等 100 人;普通工人 100 人。

(2)试验、测量仪器设备进场计划。主要试验、测量仪器设备已按合同要求进入工地,见表 6-2-2。

试验、测量仪器设备 表 6-2-2

序号	仪器设备名称	规 格 型 号	单　　位	数　　量	备　　注
1	压力试验机	JYE-200C	台	1	
2	路面材料强度试验仪	LQY-100	台	1	
3	混凝土抗压试模		组	20	
4	电动脱模器	HB-III	台	1	
5	数控多功能电动击实仪	SD-III	台	1	
6	马歇尔电动击实仪	DFIII	台	1	
7	数显自控沥青延度仪	SY-Z(1.5)C	台	1	1.5m
8	电脑沥青针入度仪	LZR-2	台	1	
9	沥青黏度仪	LN-I	台	1	
10	电脑沥青软化点仪	HDIR-III	台	1	
11	电控沥青闪点仪		台	1	
12	沥青混合料电脑全自动抽提仪		台	1	
13	沥青混合料搅拌机	KBH-II	台	1	

续上表

序号	仪器设备名称	规 格 型 号	单　位	数　量	备　注
14	旋转式沥青薄膜烘箱	85 型	台	1	
15	沥青含量测定仪	美国 NCT	台	1	
16	电脑马歇尔稳定度测定仪	DF-5 型	台	1	
17	自控数显恒温水浴	CF-B	台	1	
18	连续式路面平整度仪	XLPY-F	台	1	
19	路面弯沉仪		台	1	5.4m
20	顶击式振摆仪	ϕ300	台	1	
21	沥青溶剂回收仪	HHS-1	台	1	
22	马式指标测定仪	HDMS-20B	台	1	
23	SBS 改性沥青检测设备	XSP-SS	台	1	
24	砂、石压碎值仪		套	2	套
25	针片状规准仪		套	1	
26	砂、石漏斗		套	1	
27	沥青路面取芯机	LXK-D	台	1	
28	车载试验仪	ZJ-I	台	1	
29	红外线测温仪	HBY-B	台	1	
30	标准养护箱	BN	台	1	
31	摆式摩擦系数仪				
32	路面深度构造仪				
33	砂、石方孔标准筛	ϕ300	套	1	各1套
34	沥青方孔标准筛	ϕ300	套	1	
35	电子天平	5kg	台	2	
36	电子天平	3kg	台	1	
37	电子天平	2kg	台	1	
38	浸水天平	FA-1004	台	1	
39	路面水分渗透仪		台	1	
40	铝盒(饭盒)		台	1	
41	核子密度仪	美国 3440	台	1	
42	灌砂筒	ϕ105	套	2	
43	多功能直读式测钙仪	8 型	台	1	
44	数显液塑限联合测定仪	TYS 型	台	1	
45	干燥箱		台	1	
46	6m 平整度检测尺		把	1	
47	3m 平整度检测尺		把	1	
48	1m 水平尺		把	1	
49	50cm 水平尺		把	1	
50	台秤		把	3	10kg
51	磅秤		把	1	100kg
52	光学显微镜	100Xx	把	10	
53	抗压夹具	新标准	套	1	
54	全站仪	GTS60210P	台	1	

续上表

序号	仪器设备名称	规格型号	单位	数量	备注
55	水准仪	J_2苏光	台	1	
56	经纬仪	DS_3苏光	台	5	
57	塔尺	5m	把	5	
58	3m 板尺		套	1	
59	对讲机	建伍	台	6	
60	Fx-4800 计算机		台	2	
61	对中杆	2m	套	1	

(3)施工机械设备的进场计划。施工机械设备已按合同要求进入工地,见表6-2-3。

施工机械设备 表6-2-3

序号	机械名称	规格型号	额定功率、容量或吨位	数量	新旧程度(%)
1	沥青混凝土拌和楼	玛莲尼3000型	260t/h	1套	100
2	沥青混凝土拌和楼	日工3000型	260t/h	1套	100
3	沥青贮料罐		500t	2套	95
4	SBS 改性沥青设备	兰亭高科 SG-12	10~12t/h	2台	95
5	小型油库		贮量20t	2个	95
6	摊铺机	ABG423		2台	95
7	非接触型平衡梁			2套	95
8	钢轮压路机	DD-110	11t	2台	98
9	钢轮压路机	DD-130	13t	2台	98
10	轮胎压路机	XP260	26t	2台	95
11	运输车		15t	30台	90
12	发电机	800kW		1台	95
13	装载机	ZL50G		8台	95
14	沥青洒布车	ZST2000	10t	2台	95
15	后场小型机具			2套	90
16	手扶式压路机	YZS-06B		2台	93
17	洒水车	EQ142	8t	3台	95
18	挖掘机	日本小松	220	1台	95
19	地磅	ZCS-80	80t	1台	95

(4)主要材料需要量计划。主要材料需要量计划见表6-2-4。

主要材料需要量计划表 表6-2-4

序号	结构名称	计算面积(m^2)	厚度(cm)	质量(t)	沥青(t)	矿料(t)
1	上面层 SK-16A	603 875	5cm	74 276.6	3 713.8	70 562.8
2	中面层 AC-20	616 088	6cm	91 304.2	3 834.8	87 469.4
3	下面层 AC-25	520 773	7cm	89 312.6	3751.1	85 561.5
4	下面层 AC-25	12 213	8cm	2 393.8	100.6	2 293.2
5	改性沥青下封层	539 001	1cm	6 468.0	776.2	5 691.8
6	透层	551 214			220.5	
合计				263 755.2	12 397.0	251 578.7

(5)路面材料月使用计划统计表见表 6-2-5。

路面材料月使用计划表　　　　表 6-2-5

年　　份	月　　份	沥青(t)	矿料(t)	备注工程量
2004 年	9 月	4 692.1	90 954.2	
	10 月	3 834.8	87 469.4	
	11 月			
2005 年	3 月	983.8	18 692.2	
	4 月	2 459.8	46 730.3	
	5 月	426.5	7 732.6	

(6)材料保证措施：

①组织机构：项目部、材料部负责材料的采购、保管等管理工作，项目经理主抓，下设地方材料采购组。

②料源：沥青中、下面层用矿料选定在××市，××市分布着大大小小的料场，能够满足施工的要求；沥青由业主指定提供料源。

③面层玄武岩：上面层玄武岩由业主提供料源，可满足施工的要求。

④备料计划：从 8 月 15 日起开始备料。

8. 施工总平面图(略)

9. 工程进度图

该项目对应的工程进度图(以横道图为例)见图 6-2-1。

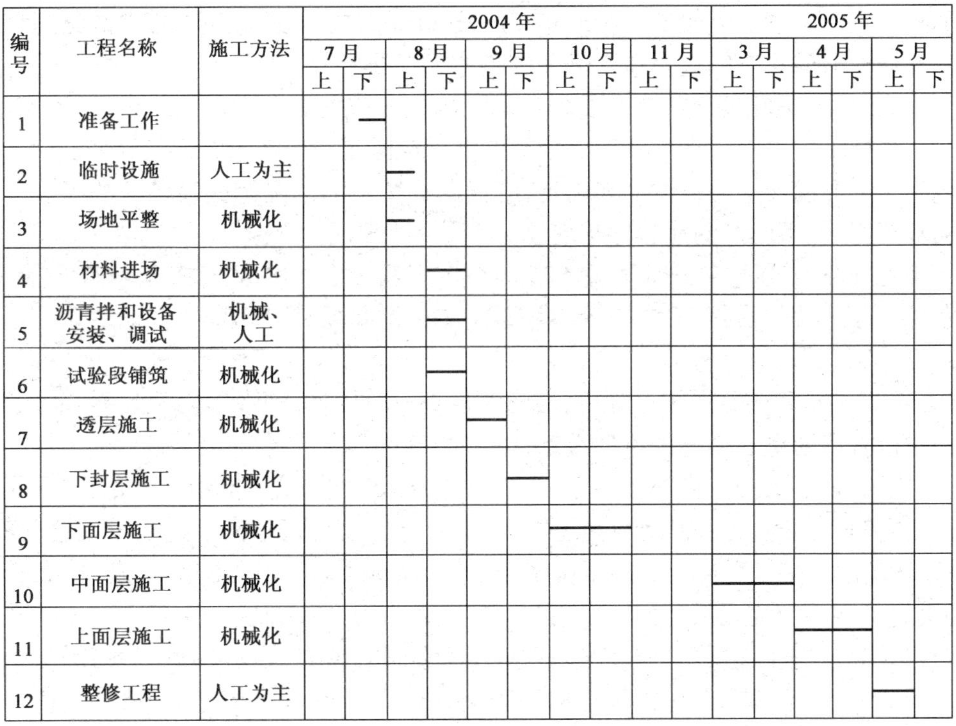

图 6-2-1　路面工程施工进度横道图

（四）沥青透层施工组织

（1）水泥稳定碎石基层验收合格后，进行透层的施工。

（2）基层表面的清扫，拟用森林灭火鼓风机清理工作面的浮尘，对个别污染严重的地段用人工配合水车进行冲刷清洗，不得有灰尘和泥土。同时应将松散碎石颗粒和其他不适合的附着物清干净，保证基层顶面干净，尽量使基层顶面集料的颗粒能有部分外露。

（3）透层采用慢裂阴离子专用乳化沥青，按规定的用量严格进行控制，沥青用量一般控制在0.4kg/m^{2}左右。喷洒前两天应通知监理工程师，洒布过程应严格控制，保证喷洒均匀，同时应注意环境保护。喷洒时应注意保护路缘石，防止污染路缘石。

（4）乳化沥青的各项性能指标经实验室检测必须满足合同文件及技术规范要求。

（5）乳化沥青的洒布采用沥青洒布车均匀喷洒，洒布车应配有独立的操作油泵、速率计、计量器、压力表、读取油温的温度计等装置。喷洒的温度应满足规范要求，沥青喷洒时不得有冻结、破乳等现象。喷洒温度应通过试洒来确定，应根据现场实际情况调整喷油嘴的喷洒角度和喷油量。沥青喷洒后，不应有漏油和打花现象。

（五）沥青下封层施工组织

（1）透层施工完毕后，经监理工程师验收合格后，立即进行下封层施工。透层表面设置沥青下封层，按单层沥青表面处置实施。

（2）封层采用改性沥青，沥青的各项性能指标经实验室检测必须满足合同文件及技术规范要求。

（3）沥青下封层采用S05～S10集料，集料必须清洁、干燥，无风化，无杂质，具有足够的耐磨耗性，符合粒径规格的颗粒含量不少于80%，其他技术指标应满足有关规范的要求。

（4）沥青封层的施工应选择合适的季节和天气施工，并根据上基层验收情况制订合理的进度计划和作业时间。一般选择在干燥和较热的天气施工。

（5）沥青的洒布采用沥青洒布车均匀喷洒。洒布车应配有独立的操作油泵、速率计、计量器、压力表、读取油温的温度计等装置。喷洒的温度应满足规范要求，沥青喷洒时不得有冻结、破乳等现象。喷洒温度应通过试洒来确定，应根据现场实际情况调整喷油嘴的喷洒角度和喷油量。沥青喷洒后，不应有漏油和打花现象。

（6）洒完乳化沥青后，立即洒铺S05～S10集料，可采用人工撒布或碎石撒布车布料。石屑要保持干燥，撒布应均匀不结块，不成堆或漏撒，对局部不合适的粒径，人工予以平整。

（7）在沥青洒布和碎石撒布过程中，应随时检查材料用量，沥青用量为1.44kg/m^2，且施工中还应随时检查用油量。碎石撒布量为10.0m^3/1 000m^2，由现场直接控制。

（8）石料撒铺完后，应立即进行碾压，碾压采用6～8t钢筒式压路机进行稳压，首先在摊铺的全宽范围内静压两遍，使表面集料均匀嵌入、稳定，然后再进行补充碾压，使混合料密实、坚固，并保证该层的平整度和横坡。碾压速度控制在10km/h以下，碾压2～3遍。

（9）沥青封层施工完成后，经监理工程师同意后，方可开放交通。

（10）沥青封层施工完成后，应及时请监理工程师进行检查验收，以利下道工序进行施工。

（11）沥青封层施工中，要保护好结构物表面、路缘石、排水设施等不被污染；在施工过程中应注意安全操作，配备必需的劳保用品，使施工人员不受伤害。

（12）沥青封层施工检查验收项目按有关规范文件执行。

（六）沥青面层施工组织

1. 施工方案

沥青混凝土面层的施工，采用一台玛莲尼3000型和一台日工3000型间歇式沥青拌和楼集中拌和，大吨位自卸汽车运至施工现场，作业面由2台ABG423摊铺机成梯形单幅一次铺筑沥青混凝土面层，在规定的温度范围内，按试验段得出的碾压组合碾压成型。

下面层采用基准钢丝法控制沥青混凝土的标高和厚度，中面层和上面层均采用平衡梁法控制铺筑层的厚度。

2. 开工前准备

沥青混凝土面层施工前主要抓下列几项准备工作：

（1）场地准备。在拌和设备安装完毕后，料场及拌和设备周围一定范围内应将场地表面硬化处理，防止集料被污染。运输便道也铺填适当碎石以保证场地的洁净及运料车的通行，做好场内的排水系统，确保场内无积水。做好料场的隔离设施，避免集料混杂，从而影响级配。

（2）原材料准备。对所需的材料作全面的检查，择优选用，实行准入制，即在购买地方材料之前必须经监理工程师或其授权机构确认合格并签发相应准入证后，方可进行采购入场。

准备足够的储料场和储料设备，提前做好储料工作，保证沥青路面的正常铺筑。

3. SBS改性沥青现场加工

1）改性沥青来源

根据招标文件的要求，采用现场加工生产的SBS改性沥青，这样有利于保证改性沥青的各项技术指标，从而保证改性沥青混合料的各项技术指标，最终保证结构层的整体质量。

2）生产改性沥青所需的设备、人员、材料

（1）设备：

选用SG-1211型移动式SBS改性沥青设备，其生产能力为每台10～12t/h，整套设备分为四大系统，即控制系统、加热系统、计量系统、剪切系统。

（2）人员：

项目部：由一名副经理负责操作人员培训、设备调迁、安装调试、加工生产等。

拌和站管理和操作人员：由拌和站具体分工负责，必须经过岗前培训，能熟练掌握SBS改性沥青加工工艺、生产条件及成品贮存。

检测人员：由中心实验室和工地实验室配备两名试验员专职负责检测。

（3）材料：

基质沥青：采用国产AH-70重交通道路沥青，质量要按设计文件和现行《公路沥青路面设计规范》（JTG D50—2006）的各项技术指标严格要求，对批量进货检测合格后贮存应用于改性沥青加工。

SBS改性剂：对选购的SBS改性剂，先进行室内改性沥青加工生产，并进行配伍性试验，对加工生产的改性沥青的各项技术指标进行检测；经过正确的生产工艺和适合的生产条件下加工的改性沥青，通过试验手段检测各项技术指标是否合格，从而验证改性剂是否能应用于生产。

改性剂剂量：实际生产中以满足改性沥青各项技术指标的要求为控制依据。

3）SBS改性沥青生产加工工艺

SG-1211型移动式改性沥青设备为现场生产方式，生产方法采用高速剪切均化磨法。

(1)生产前准备:

①材料:

a. 确定基质沥青和改性剂的型号、生产厂家、产品合格证。

b. 对符合购货合同的基质沥青进行各项技术指标的验证,验证合格后应用于试生产和正常生产,对检验不合格的产品清除出场,不予使用。

②设备:

a. 安装:根据拌和场地和沥青拌和楼的位置对设备进行安装,尽量便于改性沥青生产后的应用,包括配套的动力设施。

b. 调试:主要对设备的 SBS 与基质沥青的上料系统、SBS 与基质沥青的计量称重系统、加热恒温系统、溶胀搅拌系统、高速剪切研磨系统、空气机供应系统、成品贮存系统、自动控制系统、动力供应系统进行调试。

③人员:

a. 机长 1 人,负责设备的调度,保证设备正常运作。

b. 操作手 2 人,负责设备的正确操作和维护保养。

c. 试验检测人员 2 人,负责原材料检测、试生产成品料检测,记录检测数据,上报实验室负责人和质检工程师,判定成品能否用于生产。

d. SBS 改性剂上料人员 3 ~ 5 人,负责 SBS 改性剂的拆袋和上料工作。

(2)两罐式生产工艺:

①该项目所用改性设备有 2 个溶胀搅拌罐,有 3 台高速剪切均化磨机串联分步工作,采用两罐式生产工艺、三次剪切研磨的生产方法,可保证所有溶胀的沥青混合物得到相同遍数的研磨,使聚合物粒径均匀,已研磨与未研磨浆料严格分离,三台磨机的磨盘间隙从大到小逐步排列,并可根据需要进行调节,充分保证了沥青的改性质量。

生产工艺:基质沥青 + SBS→溶胀→剪切→孕育→检测合格→投入改性沥青混凝土生产。

②两罐式生产工艺。打开阀门 H_1,给 1 号罐加入 165 ~ 175℃的基质沥青,在阀门 H_1 打开 2min 之后,打开阀 S_1,按一定比例加入 SBS 改性剂,同时起动搅拌电动机,在搅拌叶桨的旋转作用下,基质沥青和 SBS 进行充分拌和、溶胀。

1 号罐加入完基质沥青和 SBS 改性剂后,对 2 号罐进行投料,同时启动搅拌机对其进行充分搅拌、溶胀。

待过 15 ~ 20min 后,起动 1 号、2 号、3 号均化磨机,将 1 号罐中混合料依次通过 H_2、H_5、H_{16}阀门,分别进行三次研磨。

将 1 号罐经过三次研磨后的改性沥青注入成品储存罐 5 号中进行 170℃的孕育保存,40min 后交付。

1 号罐研磨结束后,关闭 H_2,同时往 1 号罐中加入基质沥青和 SBS,5min 后打开 H_2 阀门,对 2 号罐混合料进行研磨。

以后,便可以对 1 号、2 号罐进行循环放料、加料。

试验检测:对改性沥青的各项指标和细度进行检测,各项技术指标和细度同时满足才合格,对不合格产品进行过程分析,查找原因,进行再生产直到合格,只有合格的改性沥青才能用于沥青混合料生产。

③注意事项:

a. 温度的控制:

溶胀温度:165 ~ 175℃。将基层沥青在165 ~ 175℃的温度下投入溶胀罐中。

剪切研磨温度:180℃左右。

发育温度:170℃左右。

生产中各个阶段的温度,应具体通过试生产来决定。

b. 时间的控制:

溶胀时间:30 ~ 40min。

剪切研磨时间:由试生产决定(每罐混合浆料每次剪切时间为5 ~ 8min)。

孕育时间:40min。

c. 改性沥青在现场随产随用。需短时间贮存时,转入贮存罐,并进行不间断搅拌或泵送循环,在贮存期间改性沥青不得降低使用效果。

d. 对存放时间较长的改性沥青在使用前进行试验检测,通过检测来判定是否能用于施工。

e. 对成品改性沥青的细度要求:粒径小于5μm的含量在90%以上,检测时制作出适当厚度的试片,用100倍光学显微镜观察,并用数码相机成像打印备查。

f. 改性沥青的生产量与拌和设备相匹配,做到随产随用,且供稍大于需。

(3)试生产。根据实验室内初步选定的改性剂量,将其加入到基质沥青中,并按上述生产工艺进行改性沥青的试生产。对加入不同剂量改性剂生产的改性沥青进行试验检测,并记录检测数据,以确定改性剂的用量。

通过试生产来确定溶胀时间、温度;剪切时间、温度;孕育时间、温度;贮存时间、温度;改性沥青的生产能力,经验值为10 ~ 12t/h。

用合格的改性沥青制作改性沥青混合料,通过试验检验混合料各项技术指标,从而验证改性沥青最终能否用于工程施工。

4. 沥青混合料配合比设计(略)

5. 铺筑试验路段,做好技术总结(略)

6. 进行开工前的技术交底

严格执行技术规范和高速公路施工技术标准,遵守操作。制订合理的、先进的施工方案和科学的施工工艺,进行开工前的技术培训和技术交底工作,使所有参与人员对自己的本职工作均能达到"应知"和"应会",充分做到五个明确,即岗位明确、职责明确、质量标准明确、施工工序明确、操作规程明确。除此之外,施工期间还经常性地对存在的问题及时总结研讨,及时消化解决,并适时地补充一些新的要求。

7. 沥青混合料的拌制

该合同段采用一台玛连尼MAP-3000型和一台日工3000型间歇式沥青拌和楼拌制沥青混合料,拌料前对拌和设备及配套设备进行检查,使动态仪器处于正常工作状态。定期对计量装置进行校对,保证混合料中沥青用量及集料用量的允许偏差符合技术规范要求。

8. 沥青混合料的运输

(1)沥青混合料采用大吨位自卸汽车运输,车辆底部及两侧均清扫干净,并涂油水混合液,不让多余的混合液聚积在车箱底部。

(2)车辆装料由前至后分堆放料,每装一斗料,挪动一下汽车的位置,以减少粗细集料的离析。

(3)车辆的运输能力大于拌和能力和摊铺能力。在现场等候的卸料车不少于5辆,使摊铺机连续均匀不间断地进行铺筑。

9. 沥青混合料的摊铺

该合同段面层作业面采用两台 ABG423 型沥青混凝土摊铺机成梯队铺筑。下面层采用基准钢丝调平,使标高、纵横坡度均符合设计要求。中面层和上面层均采用平衡梁法(非接触式)进行施工。

10. 沥青混合料的碾压

沥青混合料采用单幅一次碾压成型的方法。根据试验提供的资料配备压实机具,选择压实组合方式及碾压速度、遍数等。沥青混合料压实方式分为初压、复压、终压三个阶段,分别采用不同型号的压路机。碾压应按慢速、均匀、由轻到重的原则进行。

11. 接缝处理(略)

12. 雨季、低温施工(略)

13. 结构层质量检测(略)

(七)确保工程质量和工期的措施

根据××绕城高速公路的具体特点,结合公司贯标实施情况,把该项目列为公司 2004～2005 年度的重点工程之一,有决心、有信心、有能力确保该项目工程质量达到“优良标准”。

1. 质量保证措施

(1)质量保证体系的建立。

(2)质量体系的组成:①试验检测;②测量体系。

(3)质量体系的运行。

(4)项目工程质量管理制度的建立。

(5)工艺技术、工序自检控制。

(6)检验、试验控制。

(7)工程质量通病防治措施。要结合该工程特点认真研究沥青路面工程施工中所出现的质量通病,如泛油、波浪、拥包、裂缝、坑槽及平整度差等,制订相应措施加以解决。

(8)工程质量承诺。加强施工中的质量管理和质量控制,保证该工程质量按合同要求达到优良工程。

2. 进度保证措施

按合同工期向业主移交工程,为此,将采取以下保证措施:

(1)人员的保证。建立以项目经理为核心的施工进度领导小组,落实各层次的进度管理人员,确定各自的责任,明确其任务。项目部要做到提前指挥、高速运转,同时配备业务精、技术好、事业心强、有施工经验的技术人员;各专业施工队伍及其作业层由施工骨干组成。为确保工期目标的顺利实现,制定了严格的项目技术管理制度,职责分配到个人。

(2)设备保障。根据该工程的实际情况,投入的设备完全能满足需要。

(3)制订科学合理的施工进度计划,建立严密的工期目标体系,充分考虑各种可能因素对计划实施的影响,制订工期计划目标时留有余地。

(4)加强同气象预报部门的联系,提前做好防暴雨及抗高温的施工准备工作,做好冬季、雨季的施工进度保障工作,并针对冬季、雨季制订了不同的应对措施。

(5)临时停水、停电的准备工作。现场配置发电机组,设置水池、备用水车,解决临时停水、停电对工程的影响,保证进度计划的实施。

(6)在施工良好季节,经监理工程师批准后组织力量加班加点,轮班作业。

(7)加快内部机制改革,深挖职工内部潜力及职工的创造性、积极性。

(8)积极主动与设计部门和监理部门密切合作，对施工中出现的技术、质量等难题，组织攻关，迅速解决技术等难题，加快施工顺利进展。

(9)资金的保证。制订了详细的资金管理计划，保证工程施工所需资金及时到位及正确使用，为工期目标的实现提供经济保证。

(八)安全保证体系

项目部设有一位副经理主管安全，并设专职安全员，施工班组设兼职安全员，建立健全安全规章制度，做好岗前安全教育。油库设在安全距离以外，设专人值班警卫，配备防火、防雷、防爆设施。在施工车辆与地方交通干扰较大的交叉地段设置标志或派人疏导交通。

(九)环境保护措施(略)

(十)文明施工措施(略)

(十一)职业健康措施

为了有计划、有步骤地改善劳动条件，防止伤亡事故发生，消除职业病和环境卫生的危害，保障职工生命安全和身体健康，搞好周围环境保护，促进生产发展，做好文明施工，依据《中华人民共和国职业病防治法》、《中华人民共和国尘肺病防治条例》、《中华人民共和国环境噪音污染防治法》、《化学危险品安全管理条例》及有关法律、法规，结合项目部、路面施工的实际情况，制定职业健康管理制度。

(十二)其他事项(略)

二、路面施工机械设备配套案例

(一)路面基层施工机械组合

我国公路路面基层厂拌法施工广泛采用的机械组合方式有以下几种：

A 组合：拌和设备 + 自卸汽车 + 推土机 + 平地机 + 压路机。

B 组合：拌和设备 + 自卸汽车 + 摊铺机 + 压路机。

1. B 组合的优势

(1)一次成型，能够满足厚度和高程要求。

(2)保持混合料级配均匀。

(3)能够保证在规定的时限内完成从加水拌和到碾压成型的全部工序。

(4)能够保持最佳含水率。

(5)能够节约材料，防止混合料丢失。

(6)作业速度较快。

(7)整体上看，经济效益高于 A 组合。

2. A 组合的缺陷

(1)工序较复杂。

(2)摊铺作业时间长，可能对水泥稳定类材料的初凝有影响。

(3)最佳含水率难以保持。

(4)厚度、均匀性和高程都难以保证。

(5)容易造成大粒料的丢失。

由此可见，A 组合适合于二级以及二级以下公路基层厂拌法施工，B 组合适合高速公路、一级公路基层厂拌法施工。

路拌法和厂拌法施工采用的机械组合方式见表6-2-6。

基层施工机械选型配套　　表6-2-6

作业内容	使用机械	适用场合
路拌法施工	集料撒布机、稳定土拌和机、洒水车、平地机、压路机	用于二级以下的路面基层施工，对配合比要求严格的二级公路不适宜
厂拌法施工	厂拌稳定土拌和设备、自卸车、稳定土摊铺机、压路机、洒水车	用于高速、一级、二级公路的路面基层施工

（二）沥青面层施工机械组合

1. 主要机械的确定

在沥青混凝土面层的施工中，为了保证机械化施工的连续性，沥青混凝土搅拌设备、混合料运输车辆、沥青混凝土摊铺机的合理配合是一个关键，而面层成型的质量又与沥青混凝土搅拌设备和沥青混凝土摊铺设备的合理选配密切相关，并在很大程度上决定了沥青混凝土面层施工机群的生产率。故沥青混凝土面层施工中的第一主导机械是沥青混凝土搅拌设备，第二主导机械是沥青混凝土摊铺机。其施工工序及选用的机械设备见表6-2-7。

沥青混凝土面层施工工序及选用的机械设备　　表6-2-7

施工工序	施工机械及设备	施工工序	施工机械及设备
沥青混凝土混合料的拌制	沥青混凝土搅拌设备（附设沥青脱桶设备、发电机组）	沥青混合料的摊铺	沥青混凝土摊铺机
沥青混合料的运输	自卸汽车	沥青混合料的压实	静力光轮、轮胎、振动压路机
基层的检查及处理	有关检测仪器、沥青洒布车、乳化沥青机	压实度及路面成型检测	有关检测仪器及数据处理器

2. 沥青混凝土摊铺机的选型

在对沥青混凝土摊铺机进行选型时，应结合所铺筑沥青混凝土面层的宽度、厚度及技术要求进行考虑。确定摊铺作业方式（以全幅式摊铺或梯队作业方式为宜）后，应选择精度高、故障率低的沥青混凝土摊铺机，所确定摊铺的型号、台数应与沥青混凝土搅拌设备的生产能力相适应。履带式沥青混凝土摊铺机的牵引力及接地面积都较大，可减少对下层的作用，对下层的平整度也不太敏感，故高等级公路沥青混凝土面层的铺筑应优先考虑选择履带式沥青混凝土摊铺机。

3. 运输车辆的配置

对于沥青混凝土混合料的运输，应根据铺筑现场的具体位置、施工条件、摊铺能力、运输路线、运距和时间，以及混合料种类和数量等，合理配置运输车辆的型号及数量。配置时既应保证拌和设备及摊铺机连续生产，又不能使车辆因工地卸料和等待时间过长而造成浪费。

4. 碾压机械的选型与组合

压实机械对沥青混凝土混合料的压实主要取决于它的单位线压力，而不同单位线压力的选定由路面材料的强度和压实后应达到的承载能力决定。应根据结构层的类型、要求的压实度和压实后的厚度选定。

沥青混凝土混合料的压实工序分为初压、复压和终压。初压的目的是整平和稳定混合料，同时为复压创造有利条件，是压实的基础；复压的目的是使混合料密实、稳定、成型，混合料的密实程度取决于这道工序；终压的目的是消除轮迹，最后形成平整的压实面。沥青混凝土混合料在不同碾压工序下，压路机的数据选择见表6-2-8。

沥青混凝土混合料碾压中压路机的选择数据表 表6-2-8

压实阶段	单位线压力(N/m)	行驶速度(km/h)	质量(t)	选型
初压	3 000 ~ 4 000	1.5 ~ 2	6 ~ 10 6 ~ 10	双轮两轴压路机 振动压路机(静压)
复压	4 000 ~ 7 600	2.5 ~ 3.5 3.5 ~ 4.5 5 ~ 6	12 ~ 15 12 ~ 15 6 ~ 10	三轮压路机 轮胎压路机 振动压路机(振压)
终压	3 000 ~ 4 000	2.5 ~ 3.5	6 ~ 10 6 ~ 10	双轮两轴压路机 振动压路机(静压)

当沥青混合料矿料含量增加或最大尺寸增大，以及沥青稠度高时，应选择较大压实能力的压路机，以使面层压实后的密实度达到要求。选择压路机质量和振幅应与摊铺层的厚度相适应。摊铺层厚度小于6cm时，应选用振幅为0.35 ~ 0.6mm的中型振动压路机(2 ~ 6t)，以避免沥青混合料出现推料、波浪、压坏矿料等现象；在压实较厚的摊铺层时(厚度大于10cm)，应选用高振幅(可达1.00mm)的大、中型振动压路机(6 ~ 10t)。此外，若有陡坡、转弯的路段，应考虑压路机操作的机动灵活性。

压路机的数量由摊铺机生产率、压路机生产率及有效压实时间(指混合料从摊铺后的温度冷却至最低压实温度所需时间)来决定。有效压实时间在摊铺初期经观察、测试和试验得出。

压路机生产率 Q_r 按式(6-2-1)计算：

$$Q_r = \frac{60(b_1 - b_2)LK_B}{(L/v + t)n} \tag{6-2-1}$$

式中：b_1——一次碾压宽度，m；

b_2——相邻两碾压带的重叠宽度，$b_2 = 0.15 \sim 0.25$m；

L——碾压路段的长度，m；

K_B——时间利用系数，$K_B = 0.8 \sim 0.9$；

v——压路机作业速度，m/min；

n——同一地点碾压遍数；

t——换向、换挡时间，$t = 0.07 \sim 0.08$min。

施工环境温度与碾压温度值的关系见表6-2-9。

施工环境温度与碾压温度值 表6-2-9

环境温度(℃)	碾压温度(℃)	环境温度(℃)	碾压温度(℃)
<10	20 ~ 40	20 ~ 30	50 ~ 80
15	40 ~ 50	>30	100

(三)路面施工设备配套案例

1. 背景材料

某一级公路沥青混凝土路面面层施工,道路全长52km,面层结构为:表面层厚4cm,下面层厚5cm,路面全宽2×7.5m。根据工期要求,日平均铺筑1.5km,采用全幅梯队铺筑方法。试对该路面面层施工进行机械设备的选型及配套。

2. 施工设备配套

1)第一主导机械的确定与选型

以沥青混凝土搅拌设备作为第一主导机械,设沥青混凝土混合料压实后的密度 $\rho=2.35t/m^3$,每日铺筑下面层所需沥青混合料数量为:

$$V=LBh\rho=1.5\times10^3\times2\times7.5\times0.05\times2.35=2643.8(t/d)$$

设沥青混合料的耗损率为5%,搅拌设备每日工作10h,时间利用系数为0.9,则搅拌设备的实际生产率为:

$$Q=(1+5\%)\frac{V}{t}\frac{1}{K_B}=(1+5\%)\times\frac{2\,643.8}{10\times0.9}=308(t/h)$$

故可选用两套生产率为160t/h,并配置140t成品料仓的沥青混凝土搅拌设备。

2)第二主导机械的确定与选型

根据施工要求,可选用国内外有关厂家生产的沥青混凝土摊铺机作为第二主导机械,摊铺机的最大摊铺宽度在7.5m以上,两台摊铺机采用梯队作业,由沥青混合料摊铺机生产率公式 $Q=hBv_0\rho K_B$,其工作速度为:

$$v_0=\frac{Q}{hB\rho K_B}=\frac{308}{0.05\times15\times2.35\times1}=174.8(m/h)$$

采用该摊铺速度进行铺筑以保证摊铺机摊铺作业的连续性。

3)沥青混合料运输车辆的配置

根据施工要求,沥青混合料运输车辆采用15t(后倾翻式)自卸车以使混合料在运输中的降温小。设最大运距40km,自卸车在工地卸料和等待的总时间为5min,车辆自行平均时速45km/h。

$$T=\frac{60m}{Q}=\frac{60\times15}{308}=2.92(min)$$

取车辆储备系数 $\alpha=1.15$,可得运输车辆对应不同运距的最少车辆,见表6-2-10。

沥青混合料运输车辆配置 表6-2-10

运距(km)	2	5	10	15	18	20	22	25	28	30	35	38	40
自卸车辆(辆)	4	8	11	13	18	21	23	29	32	34	39	42	44

4)压实机械的选型与配套

对沥青混凝土混合料铺层的压实,初压和终压采用8t串联振动压路机进行碾压(静压),复压采用15t轮胎压路机和8t串联式振动压路机(振动压实)一道进行;压路机初选数量见表6-2-11,各工序压路机的实际数量经摊铺初期观察、测量和试验后再确定。

5)其他机械设备的选型与配套

其他机械设备的选型与配套见表6-2-11。

沥青混凝土面层施工机械与设备配套一览表　　表 6-2-11

机械设备名称	数　量	性　能
沥青混凝土搅拌设备	2 套	间歇式,每套 160t/h(带 140t 成品料仓)
沥青混凝土摊铺机	2 台	自动传感,最大摊铺宽度大于 7.5m
轮胎压路机	3 台	9~15t(可调)
振动压路机	3 台	8t,双轮双振
自卸汽车	44 辆(最多)	15t,后倾翻式
装载机	3 台	载质量 50t
沥青洒布车	1 辆	5 000L
乳化沥青机	1 台	4t/h
柴油发电机组	2~3 套	发电总功率 800kW
锯缝机	1 台	
沥青脱桶设备	2 套	每套 4t/h
柴油罐或重油罐	6 个	每个 20 000L

三、技能训练项目:编制××公路路面工程实施性施工组织设计

1. 背景材料

1)工程概况

(1)地理位置。××高速公路路线全长 160.682km。第×合同段路线起点桩号为 K48+000,终点桩号为 K72+924.991,全长 24.925km。

(2)气候、水文条件。该项日所经区域属中亚热带向北亚热带过渡的季风湿润气候,光热充足,雨量充沛,无霜期长,严寒期短。春季潮湿阴雨,夏季暴雨高温,伏秋易旱,冬少严寒。年平均气温 16~17℃,极端高温 41℃,极端低温 -5℃,年降雨量 1 400~2 000mm。雨季集中于 4~9月,四季有大风,春秋冬季偏北大风,夏季多地方性大风。沿线地表水系发达,地下水丰富。

(3)道路交通、电力、通信及其他服务条件:

①该项目位于两个城市境内,沿线交通比较发达。

②沿线电力资源丰富,电网密布,工程用电可与地方电力部门协商解决。

③沿线市、县均有程控电话,可直接与世界各地通信联系。

2)主要工程量

(1)沥青混凝土路面路段:

①16cm5% 水泥稳定碎石上基层:545 806m^2。

②20cm5% 水泥稳定碎石上基层:39 030m^2。

③16cm5% 水泥稳定碎石下基层:569 350m^2。

④沥青透层:588 205m^2。

⑤沥青黏层:1 149 400m^2。

⑥沥青封层:588 205m^2。

⑦厚 4cm AC-13 沥青混凝土上面层:594 975m^2。

⑧厚 5cm AC-20 沥青混凝土中面层:568 940m^2。

⑨厚 6cm AC-20 沥青混凝土下面层:25 927m^2。

⑩厚 6cm AC-25 沥青混凝土下面层:554 400m^2。

(2)水泥混凝土路面路段:

①18cm5% 水泥稳定碎石基层:1 505m^2。

②25cm 水泥混凝土面板:1 285m^2。

③16cm5% 水泥稳定碎石基层:1 874m^2。

④18cm 水泥混凝土面板:1 600m^2。

3)工程主要特点

(1)该项目合同工期控制在 12 个月之内,考虑到冬季低温、春季多雨的影响,施工期相对比较紧张,必须突出重点,加强控制,争取主动,保证在合同期内完成施工任务。

(2)该路是进入风景区的重要通道,必须采取措施,保护自然环境,防止水土流失,减少环境污染。

(3)工程有利条件:

①沿线砂石材料非常丰富,且运距较近。

②路基工程进度较快,主线基本可以贯通。

③施工单位积累了丰富的路面施工经验,对于多种问题都能提前预见并采取相应的措施,可避免不必要的损失。

4)编制依据及原则

(1)编制依据:

①《××高速公路路面工程施工招标文件》。

②国家标准规范及公路工程施工设计等相关技术资料。

③当地气候、环境条件、人文背景等相关参考资料。

④施工单位施工经验、施工能力、人员及机械设备状况等内在条件。

⑤《公路工程标准施工招标文件》(2009 年版)。

⑥相关法律、法规、地方规定及相关条款等参考资料。

⑦施工图纸、补遗书。

(2)编制原则:

①科学采用先进技术,保证施工质量。

②科学安排施工计划,保证各项施工连续、均衡。

③严格按照有关施工技术规范和技术要求进行施工,保证业主满意。

2. 工作任务

(1)编制该项目沥青混凝土路面实施性施工组织设计。

(2)编制该项目水泥混凝土路面实施性施工组织设计。

以上工作任务由学生任选 1 个,并独立完成。

3. 编制提示

根据以上背景材料,仔细分析,查阅相关资料,结合路面工程实施性施工组织设计的原则、依据、要求、主要内容、编制方法与步骤等,参考工作任务二路面实施性施工组织设计案例,完成以下内容的编制:

(1)工程项目施工总体目标(质量目标、安全目标、环境保护目标、工期目标等)。

(2)资源组织计划(施工组织管理机构设置、工程项目主要人员组成、施工队伍与班组组建、劳动力数量、主要材料数量、机械设备型号与数量、主要材料与机械设备运输方式等)。

(3)主要工程项目的施工方案与施工方法(施工准备、路面基层施工方案与施工方法、沥青混凝土面层与水泥混凝土面层施工方案与施工方法、附属工程施工方案等)。

(4)各分项工程施工顺序(路面工程施工总工期、施工准备、基层施工、透层与封层施工、沥青混凝土面层与水泥混凝土面层施工、附属工程施工、其他工作等)。

(5)工程项目施工进度图(施工进度总体设计与安排)。

(6)施工总平面图。

(7)工程质量和工期的保证措施。

(8)施工安全保证措施。

(9)关键工程的施工方案、方法及其措施。

(10)其他说明的事项。

本学习情境小结:

(1)路面工程实施性施工组织设计在确定施工方案和进度计划时,重点要考虑:①按均衡流水法组织施工;②路上与基地统筹兼顾;③路面施工的特殊技术要求;④布置好堆料点、运料线、行车路线等;⑤主要施工机械的数量、规格;⑥劳力、其他设备、材料供应计划。

(2)路面工程实施性施工组织设计步骤:①根据路面设计类型,进行料场勘察与选择,确定材料供应范围及加工方法;②选择施工方法和确定施工顺序;③计算工程量;④编制流水作业图,布置工地,组织施工队组;⑤编制工程进度日程图;⑥计算所需生产要素(工、料、机)及平衡分期的需要量,编制材料运输日程计划;⑦编制施工组织设计说明书。

(3)工程概况主要叙述工程项目所处的地理位置、地形条件与气候情况、沿线水文、工程地质情况、公路设计标准与主要技术指标、路面结构、主要工程量等内容。

(4)在进行公路施工组织设计时,时间组织有三种基本作业方法:顺序作业法、平行作业法、流水作业法。这三种作业方法既可以单独运用,也可以综合运用,例如平行流水作业法。

(5)施工方案包括的内容很多,概括起来主要有:施工方法的确定、施工机具和设备的选择、施工顺序的安排、科学的施工组织、合理的施工进度、现场的平面布置及各种技术措施。既有施工技术方面的问题,又有科学施工组织和管理问题。

(6)编制工程进度计划的步骤:收集、研究施工图纸和有关资料及施工条件;划分施工项目,计算实际工程数量;编制合理的施工顺序和选择施工方法;计算各施工过程的实际工作量(劳动量);确定各施工过程的劳动力需要量(及工种)和机械台班数量及规格;设计与绘制施工进度图;检查与调整施工进度。

(7)施工总平面图是建设项目施工阶段建设区域平面布置的一种简明图解形式,用以表示在建的建筑物、构筑物和现有的建筑物、构筑物及为施工服务的临时性生产、行政和生活用房、机械设备、室内和露天仓库、道路、给排水管线、电力和热力网及其他管线的相对平面位置。根据施工过程空间组织原则,对施工过程所需工艺流程、施工设备、原材料堆放、动力供应、场内运输、半成品生产、仓库料场、生活设施等,进行空间的特别是平面的规划与设计,并以平面图的形式加以表达。

课后训练：

1. 叙述路面工程实施性施工组织设计编制内容和步骤。

2. 工程项目的概况由哪些内容组成？

3. 叙述顺序作业法、平行作业法、流水作业法、平行流水作业法的基本概念。

4. 一个具体项目的施工方案一般包括哪些内容？

5. 叙述路面工程施工机械的配置和组合情况。

6. 安排施工顺序的基本原则是什么？

7. 叙述横道图法、垂直图法和网络图法的优缺点。

8. 叙述工程进度编制的步骤。

9. 某沥青混合料路面基层摊铺工程，基层为厚25cm水泥稳定碎石，路面宽25m，路段长20km，基层较面层每侧加宽0.25m，按厂拌水泥稳定碎石，机械铺筑，试计算：①该工程所需人工的劳动量和机械的作业量；②该工程的生产周期；③如果该工程要求工期为50d时，试确定两班制作业时所需人数和机械台数。

10. 施工总平面图包括哪些内容？

11. 施工过程中有哪些安全管理制度？

12. 某一级公路沥青混凝土路面面层施工，道路全长68km，路面结构层设计：面层上层厚4cm，面层下层厚6cm，路面全宽4×7.5m。根据工期要求，日平均铺筑1.0km，采用全幅梯队铺筑方法，试对该路面面层施工进行机械设备的选型及配套。

附图：公路路面结构设计图

路面结构图

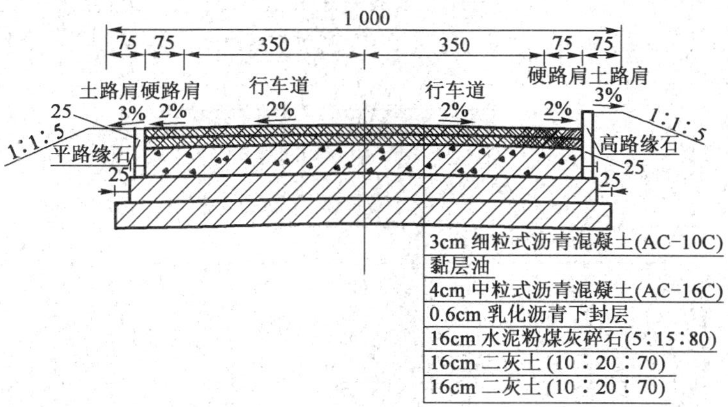

平路缘石大样图

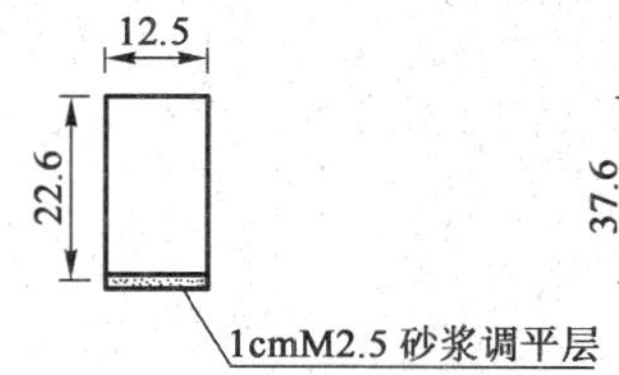

高路缘石大样图

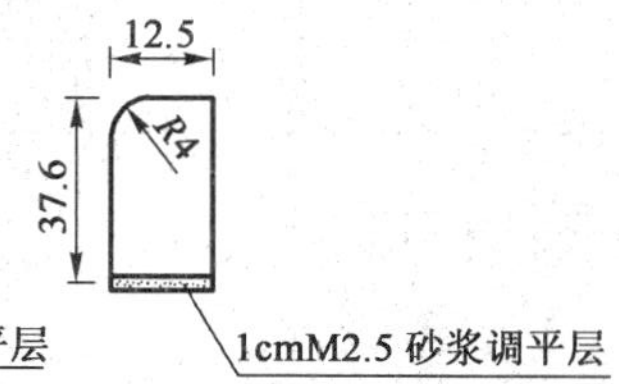

设计参数

项　目		数　值
起讫桩号		K0+000~K2+368.009
自然区划		II_5
路面设计使用年限		12 年
设计标准轴载		BZZ-100
车道系数		0.6
交通量年平均增长率 (%)		7.02
弯沉设计累计当量轴次（万次）		603.624(中等交通)
设计弯沉值 (1/100mm)		29.066
路基土组		低液限粉土
干湿类型		中湿
土基回弹模量 EO(MPa)		42.5
土基顶面设计弯沉值 (1/100mm)		219.188
路面结构层回弹模量 (MPa)	3cm 细粒式沥青混凝土(AC-10C)	1 400
	黏层油	
	4cm 中粒式沥青混凝土(AC-16C)	1200
	0.6cm 乳化沥青下封层	
	16cm 水泥粉煤灰碎石(5:15:80)	1 600
	16cm 二灰土 (10:20:70)	750
	16cm 二灰土 (10:20:70)	750
路面结构层顶面设计弯沉值 (1/100mm)	3cm 细粒式沥青混凝土(AC-10C)	29.056
	黏层油	
	4cm 中粒式沥青混凝土(AC-16C)	31.701
	0.6cm 乳化沥青下封层	
	16cm 水泥粉煤灰碎石(5:15:80)	35.235
	16cm 二灰土 (10：20：70)	71.506
	16cm 二灰土 (10：20：70)	81.387

附注：

1. 图中尺寸均以厘米 (cm) 为单位。
2. 图中所示混合料配合比为参考值，施工时应按试验方法确定，水泥粉煤灰碎石基层 7d 抗压强度不小于 3.0MPa；二灰土底基层 7d 抗压强度不小于 0.6MPa。
3. 路缘石为 C25 混凝土预制块，平路缘石尺寸为 12.5cm×22.6cm×99cm，适用于一般路段；高路缘石尺寸为：12.5cm×37.6cm×99cm，适用于高填方集中排水路段。
4. 施工时路缘石下的砂浆调平层间隔设置，以给路面边部下渗水留出通道。

	某二级公路沥青路面结构设计图	设计		复核		审核		比例		图号	SIII-1

路面结构图

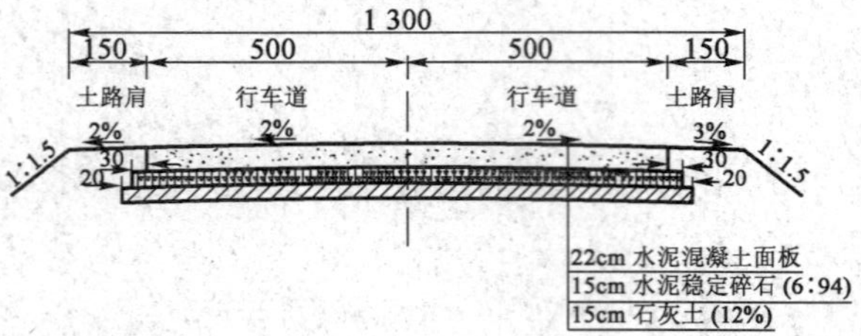

设计参数

公路自然区划	IIs	路基干湿类型	中湿
设计行车速度	40km/h	路基回弹模量 (MPa)	35.0
设计车道标准荷载累计作用次数	6.124×10^{6}	石灰土回弹模量 (MPa)	550
交通量年平均增长率	6.2%	水泥稳定碎石回弹模量 (MPa)	1 500
设计基准期	20 年	水泥混凝土弯拉强度 (MPa)	5.0
安全等级	四级	水泥混凝土弯拉弹性模量 (GPa)	31
交通等级	重	最大温度梯度 (°C/m)	88
路基土类	低液限黏土		

水泥混凝土面板平面布置图 1∶150

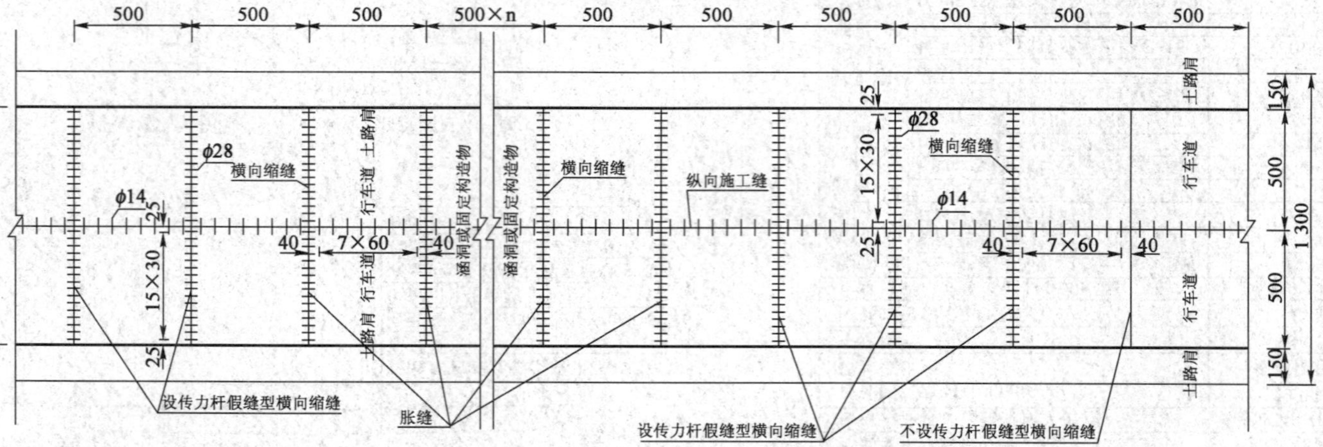

水泥混凝土路面每道缝钢筋工程数量表

一块板长 (5.0m) 全幅路宽纵向施工缝钢筋数量	全幅路宽一条设传力杆横向胀缝钢筋数量		全幅路宽一条设传力杆假缝型横向缩缝钢筋数量	全幅路宽一条设传力杆平缝型横向施工缝钢筋数量	一个锐角角隅钢筋数量
φ14 拉杆钢筋 (kg)	φ12(φ8) 钢筋 (kg)	φ28 传力杆钢筋 (kg)	φ28 传力杆钢筋 (kg)	φ28 传力杆钢筋 (kg)	φ14 钢筋 (kg)
6.78	191.37	77.28	77.28	77.28	6.24

附注：

1. 图中尺寸除钢筋直径以毫米（mm）计外，其余均以厘米（cm）计。
2. 本图适用于 K3+000~K3+800 路段。
3. 水泥混凝土面板长、宽均为 5m。
4. 水泥混凝土的配合比应按照设计的弯拉强度通过试验确定。
5. 图中所示水泥稳定碎石、石灰土的配合比为参考值，施工时应按照试验法确定，其 7d 抗压强度分别不小于 3MPa、0.7MPa。

	某二级公路水泥混凝土路面结构设计图	设 计		复 核		审 核		比 例		图 号	S III-2-1

附图二

不设传力杆假缝型横向缩缝

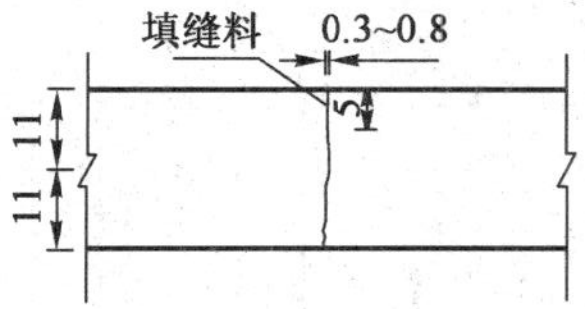

设传力杆假缝型横向缩缝

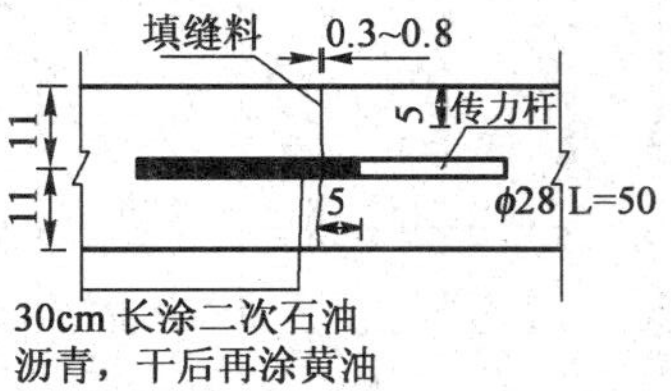

设传力杆平缝型横向施工缝

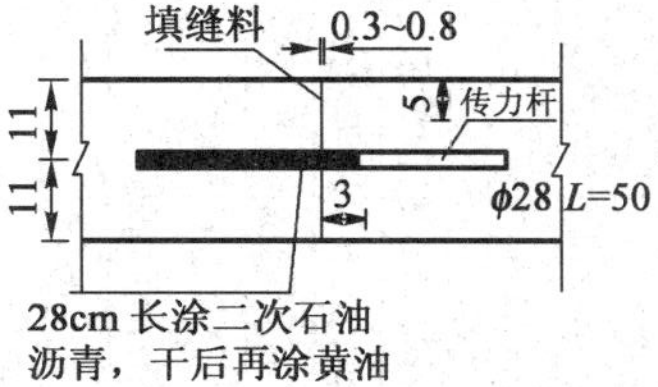

纵向施工缝

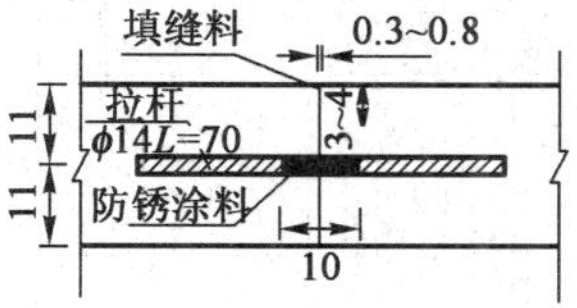

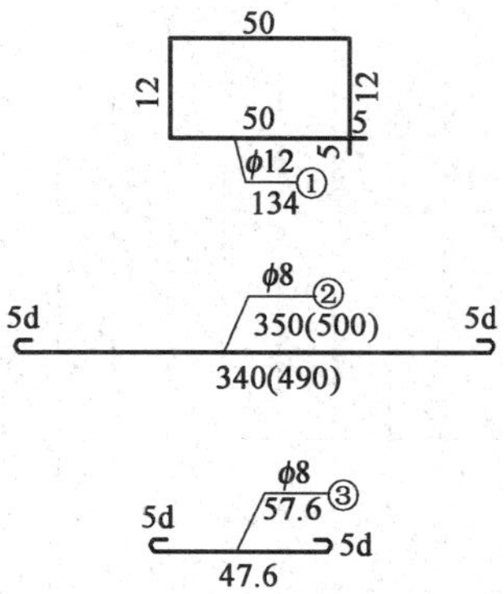

设传力杆横向胀缝

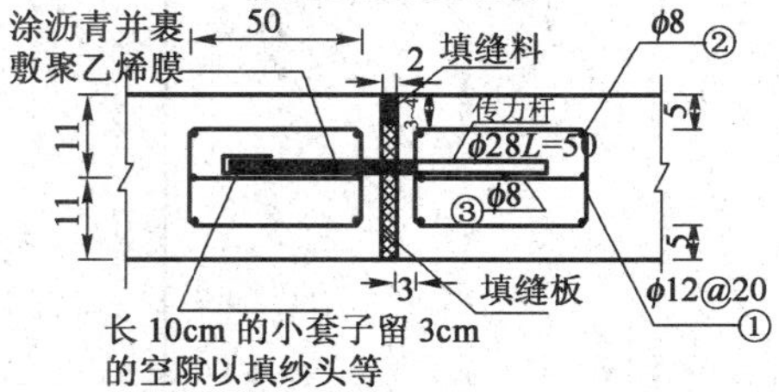

角隅钢筋布置图

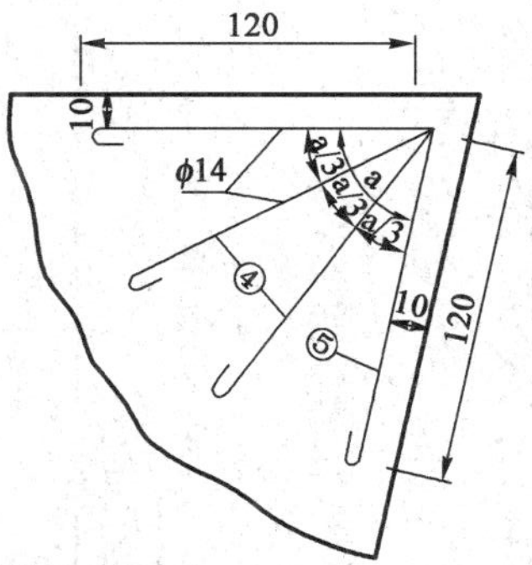

附注：

1. 图中尺寸除钢筋直径以毫米 (mm) 计外，余均以厘米 (cm) 计。
2. 本图按一次铺筑宽度为 5m 进行设计；如实际施工时按全幅铺筑，纵向施工缝则改为纵向缩缝，纵向缩缝为设拉杆的假缝型。
3. 拉杆采用 ϕ14 螺纹钢筋，拉杆长 70cm，间距 60cm，布置干板厚中央；施工时拉杆的间距应根据横向接缝的实际位置予以调整，最外侧的拉杆距横向接缝或自由端的距离不小于 10 cm。
4. 在每日施工结束或因临时原因中断施工时，必须设置横向施工缝，位置应尽可能选在缩缝或胀缝外。设在缩缝处的施工缝，采用加传力杆的平缝型；设在胀缝处的施工缝，其构造与胀缝相同。
5. 涵洞两侧或临近其他固定构造物处设置 2 条胀缝；除临近胀缝或自由端的 3 条横向缩缝采用设传力杆的假缝型外，其他横向缩缝采用不设传力杆的假缝形式。
6. 传力杆采用 ϕ28 光面钢筋，传力杆长 50cm，间距 30cm。
7. 胀缝接缝板采用涂沥青的松木板。接缝填缝料可选用硅酮密封胶、橡胶沥青。
8. 设传力杆横向胀缝中①、③箍筋间距按 20cm 布置。

		某二级公路水泥混凝土面板接缝设计图	设计		复核		审核		比例		图号	SIII-2-2

附图三

附录:学习效果评价参考表

此处提供两种学习效果评价模式,供教学时参考。

学习效果评价模式 1

学 生 自 评 表

姓名: 班级: 组号: 学号:

主要学习记录 (预习、笔记、质疑、作业等)				
考 核 项 目	好 (8～10 分)	中 (4～7 分)	差 (0～3 分)	备 注
1. 提前获取相关信息的程度				
2. 对工作任务及学习任务的理解程度				
3. 对基本概念、基本知识的理解程度				
4. 对基本公式适用范围的认知程度				
5. 解题步骤的熟练程度及正确性				
6. 灵活运用基本公式的能力				
7. 查阅相关技术规范的能力				
8. 绘制图表的能力及正确性				
9. 听取学习小组中他人意见的程度				
10. 自己的团队协作精神和沟通表达能力				
小 计				
合 计				
自我评价(成功之处、不足之处、需要改进之处)				

学习小组评价表

考 核 项 目	好 (8～10 分)	中 (4～7 分)	差 (0～3 分)	备 注
1. 提前获取相关信息的程度				
2. 对工作任务及学习任务的理解程度				
3. 对基本概念、基本知识的理解程度				
4. 对基本公式适用范围的认知程度				
5. 解题步骤的熟练程度及正确性				
6. 灵活运用基本公式的能力				
7. 查阅相关技术规范的能力				
8. 完成学习任务的质量				
9. 听取学习小组中他人意见的程度				
10. 团队协作精神和沟通表达能力				
小 计				
合 计				
总体评价(成功之处、不足之处、需要改进之处)				
组内成员签名				

教 师 评 价 表

考核项目	好 (8~10分)	中 (4~7分)	差 (0~3分)	备 注
1. 提前获取相关信息的程度				
2. 对工作任务及学习任务的理解程度				
3. 对基本概念、基本知识的理解程度				
4. 对基本公式适用范围的认知程度				
5. 解题步骤的熟练程度及正确性				
6. 查阅相关技术规范的能力				
7. 绘制图表的能力及正确性				
8. 完成学习任务的质量				
9. 平时学习表现				
10. 钻研问题的程度				
小 计				
合 计				
总体评价(成功之处、不足之处、需要改进之处)				
教师签名				

注:对于平时学习表现,每旷课1次扣1分,迟到、早退1次各扣0.5分;课堂纪律表现不好者,视情节扣0.5~1分;不按时交作业扣1分,不交作业不得分。

学习效果评价模式2

学 生 自 评 表

姓名: 班级: 组号: 学号:

主要学习记录 (预习、笔记、质疑、作业等)				
考核项目	好 (8~10分)	中 (4~7分)	差 (0~3分)	备 注
1. 提前获取相关信息的程度				
2. 对工作任务及学习任务的理解程度				
3. 对基本概念、基本知识的理解程度				
4. 对施工工艺流程及施工要点的掌握程度				
5. 查阅相关技术规范的能力				
6. 对施工环节中质量问题的分析能力				
7. 对施工质量的检测与评价能力				
8. 完成学习任务的质量				
9. 听取学习小组中他人意见的程度				
10. 自己的团队协作精神和沟通表达能力				
小 计				
合 计				
自我评价(成功之处、不足之处、需要改进之处)				

学习小组评价表

考核项目	好（8～10分）	中（4～7分）	差（0～3分）	备注
1 提前获取相关信息的程度				
2. 对工作任务及学习任务的理解程度				
3. 对基本概念、基本知识的理解程度				
4. 对施工工艺流程及施工要点的掌握程度				
5. 查阅相关技术规范的能力				
6. 对施工环节中质量问题的分析能力				
7. 对施工质量的检测与评价能力				
8. 完成学习任务的质量				
9. 听取学习小组中他人意见的程度				
10. 团队协作精神和沟通表达能力				
小计				
合计				
总体评价（成功之处、不足之处、需要改进之处）				
组内成员签名				

教师评价表

考核项目	好（8～10分）	中（4～7分）	差（0～3分）	备注
1. 提前获取相关信息的程度				
2. 对工作任务及学习任务的理解程度				
3. 对基本概念、基本知识的理解程度				
4. 对施工工艺流程及施工要点的掌握程度				
5. 查阅相关技术规范的能力				
6. 对施工环节中质量问题的分析能力				
7. 对施工质量的检测与评价能力				
8 完成学习任务的质量				
9. 平时学习表现				
10. 钻研问题的程度				
小计				
合计				
总体评价（成功之处、不足之处、需要改进之处）				
教师签名				

注：对于平时学习表现，每旷课1次扣1分，迟到、早退1次各扣0.5分；课堂纪律表现不好者，视情节扣0.5～1分；不按时交作业扣1分，不交作业不得分。

参 考 文 献

[1] 中华人民共和国行业标准. JTG B01—2003 公路工程技术标准[S]. 北京:人民交通出版社,2004.
[2] 中华人民共和国行业标准. JTG D50—2006 公路沥青路面设计规范[S]. 北京:人民交通出版社,2006.
[3] 中华人民共和国行业标准. JTG D40—2002 公路水泥混凝土路面设计规范[S]. 北京:人民交通出版社,2003.
[4] 中华人民共和国行业标准. JTG F40—2004 公路沥青路面施工技术规范[S]. 北京:人民交通出版社,2004.
[5] 中华人民共和国行业标准. JTG F30—2003 公路水泥混凝土路面施工技术规范[S]. 北京:人民交通出版社,2003.
[6] 中华人民共和国行业标准. JTJ 034—2000 公路路面基层施工技术规范[S]. 人民交通出版社,2000.
[7] 中华人民共和国行业标准. JTG F80/1—2004 公路工程质量检验评定标准(土建工程)[S]. 北京:人民交通出版社,2005.
[8] 中华人民共和国行业标准. JTG E60—2008 公路路基路面现场测试规程[S]. 北京:人民交通出版社,2008.
[9] 金仲秋,夏连学. 公路设计技术[M]. 2 版. 北京:人民交通出版社,2007.
[10] 马敬坤,宁金成. 公路施工组织设计[M]. 2 版. 北京:人民交通出版社,2008.
[11] 文德云,彭富强. 路基路面施工技术[M]. 北京:人民交通出版社,2006.
[12] 徐培华,郑南翔,徐玮. 高等级公路路基路面施工质量控制技术[M]. 北京:人民交通出版社,2005.
[13] 周德军. 公路与桥梁检测技术[M]. 北京:人民交通出版社,2005.
[14] 金桃,张美珍. 公路工程检测技术[M]. 3 版. 北京:人民交通出版社,2009.
[15] 胡长顺,黄辉华. 高等级公路路基路面施工技术[M]. 北京:人民交通出版社,1995.
[16] 何挺继,胡永彪. 水泥混凝土路面施工与施工机械[M]. 北京:人民交通出版社,1999.
[17] 交通部公路科学研究院. 公路水泥混凝土路面施工技术规范(JTG F30—2003)实施手册[M]. 北京:人民交通出版社,2007.
[18] 王秉纲,张起森. 公路施工手册—路面[M]. 北京:人民交通出版社,2008.
[19] 王首绪,张起森. 公路施工组织及概预算[M]. 北京:人民交通出版社,2007.
[20] 魏道升,刘浪. 路桥施工组织设计范例[M]. 北京:人民交通出版社,2008.
[21] 张润. 路基路面施工及组织管理[M]. 北京:人民交通出版社,2004.
[22] 中华人民共和国行业标准. JTJ 052—2000 公路工程沥青及沥青混合料试验规程[S]. 北京:人民交通出版社,2000.

[23] 中华人民共和国行业标准. JTG E42—2005　公路工程集料试验规程[S]. 北京:人民交通出版社,2005.
[24] 中华人民共和国行业标准. JTG E51—2009　公路工程无机结合料稳定材料试验规程[S]. 北京:人民交通出版社,2009.
[25] 中华人民共和国行业标准. JTG E30—2005　公路工程水泥及水泥混凝土试验规程[S]. 北京:人民交通出版社,2005.
[26] 中华人民共和国行业标准. JTG E41—2005　公路工程岩石试验规程[S]. 北京:人民交通出版社. 2005.
[27] 中华人民共和国行业标准. JTG E40—2007　公路土工试验规程[S]. 北京:人民交通出版社,2007.
[28] 人民交通出版社,中国标准出版社. 公路工程常用金属材料与钢结构标准汇编[M]. 北京:人民交通出版社,2008.